COMO FAZER
UMA MONOGRAFIA

COMO FAZER UMA MONOGRAFIA

Délcio Vieira Salomon

Preparação do original
MITSUE MORISAWA

wmf martinsfontes

SÃO PAULO 2017

1ª edição
1971 (PUC de Minas Gerais)
2ª edição
1972 (Interlivros – Belo Horizonte, MG)
3ª edição revista e atualizada
1991 (Martins Fontes)
11ª edição revista e atualizada *2004*
13ª edição *2014*
2ª tiragem *2017*

Preparação do original
Mitsue Morisawa
Acompanhamento editorial
Helena Guimarães Bittencourt
Revisões gráficas
Célia Regina Camargo
Andréa Stahel M. da Silva
Dinarte Zorzanelli da Silva
Produção gráfica
Geraldo Alves
Paginação
Studio 3 Desenvolvimento Editorial

Dados Internacionais de Catalogação na Publicação (CIP)
(Câmara Brasileira do Livro, SP, Brasil)

Salomon, Délcio Vieira
Como fazer uma monografia / Délcio Vieira Salomon ; preparação do original Mitsue Morisawa. – 13ª ed. – São Paulo : Editora WMF Martins Fontes, 2014.

Bibliografia.
ISBN 978-85-7827-900-4

1. Metodologia 2. Pesquisa 3. Trabalhos científicos – Redação I. Morisawa, Mitsue. II. Título.

14-10051 CDD-001.42

Índices para catálogo sistemático:
1. Metodologia da pesquisa 001.42
2. Pesquisa : Metodologia 001.42

Editora WMF Martins Fontes Ltda.
Rua Prof. Laerte Ramos de Carvalho, 133 01325-030 São Paulo SP Brasil
Tel. (11) 3293-8150 Fax (11) 3101-1042
e-mail: info@wmfmartinsfontes.com.br http://www.wmfmartinsfontes.com.br

Índice

ADENDOS

Prefácio

Após vários anos, esgotadas sucessivas tiragens, o *Como fazer uma monografia* renasce.

Não apenas uma edição melhorada. Cortes, acréscimos, interpolações, atualizações... muita coisa foi feita. A estrutura e os objetivos, entretanto, continuam os mesmos. Afinal, foram sua razão de ser e os fatores de sua aceitação e procura dos milhares de exemplares publicados.

Este o motivo que me obrigou a iniciar a *Introdução* original com um novo texto (I), em que procuro esboçar minha concepção de Metodologia do Trabalho Científico e do lugar que ocupa na formação do profissional de nível superior.

Pareceu-me não só relevante como necessário fazê-lo, sobretudo diante da crise de qualidade de ensino e de formação em que está metida a Universidade brasileira.

Despretensiosamente, o novo *Como fazer uma monografia* se propõe contribuir para a recuperação acadêmica dos cursos superiores, notadamente os das áreas de ciências humanas e sociais.

Apesar de escrito para estudantes, certamente prestará serviços a professores interessados na produção intelectual de seus alunos e a responsáveis pela reformulação de currículos e programas.

Em 1974, quando do lançamento da quarta edição, escrevi, à guisa de novo prefácio, algumas palavras de agradecimento a pessoas que muito me incentivaram. Não posso deixar de reproduzi-las. Por dever de ofício. E a uma delas – o Prof. MORSE

BELÉM TEIXEIRA* – por já não se encontrar entre nós, uma dívida que nem a saudade consegue pagar, e que, em circunstância especial, assim se pronunciou a respeito deste manual:

> O trabalho que ora se entrega à curiosidade intelectual da mocidade universitária e que irá desempenhar um papel muito importante na orientação dos estudos e na formação do espírito científico desta mesma mocidade é fruto da perplexidade do professor altamente interessado no rendimento intelectual de seus alunos e que os descobre totalmente desprevenidos do prévio instrumental de trabalho exigido de todos quantos se vão entregar às atividades do conhecimento, que é a posse dos dados básicos do procedimento da inteligência que pretende demonstrar aspectos da realidade. Não se trata de um trabalho original, no sentido de haver o autor descoberto novos caminhos para o conhecimento, coisa que ele, em sua competência e experiência, sabe impossível, mas da ordenação, dentro da melhor tradição dos livros de metodologia científica, de um acervo enorme de informações, ordenadamente dispostas, segundo o caminho mais fácil da inteligência, sobre o modo de proceder-se para a apreensão rigorosa do conhecimento. A novidade está em ser este o mais completo trabalho no gênero feito no Brasil, o que, em si mesmo, não é surpreendente pela escassez de tais obras em nossa bibliografia universitária – mas que, pela excelência de critérios e pela extraordinária clareza com que foi composto, poderá figurar entre as melhores que se têm publicado nos países onde a preocupação pelo trabalho científico é um dos indicadores mais positivos de desenvolvimento.

À professora HELOÍSA LIBERALLI BELLOTTO, o meu não menos especial agradecimento pela resenha sobre o manual, publicada em *Anais de História* da Faculdade de Filosofia de Assis, 1971, p. 183-8, particularmente quando diz:

---

* Embora a ABNT, em sua NBR 10520: 2002, item 5, determine que as chamadas sejam com maiúscula somente na primeira letra do nome e sobrenome, preferi manter a caixa alta em todas as chamadas feitas no corpo do livro para manter o padrão usado nas edições e reimpressões anteriores.

Obra única no gênero, entre nós, onde apenas trabalhos de pequeno círculo de divulgação têm aparecido, em setores especializados e abrangendo um ou outro aspecto da investigação científica e seus resultados, *Como fazer uma monografia* permite o acompanhar de todo o trabalho – desde os hábitos de ler e aprender até a publicação. Sua utilidade é evidente que ultrapassa a modéstia do autor, restringindo-a ao âmbito acadêmico, e vem atingir professores, pesquisadores e especialistas na área das ciências humanas e sociais.

Estendo, finalmente, o agradecimento especial à professora argentina STELLA M. FERNÁNDEZ que, em carta, assim se expressou sobre o livro, pedido, na época, ao Instituto de Psicologia da UCMG:

> Acabo de recibir su libro "Como fazer uma monografia: Elementos de metodologia do trabalho científico", que esperaba ansiosamente. Sumamente interesante el plan del mismo, además que esta obra – como Ud. mismo senãla en la Introducción – es fundamental para los alumnos del ciclo universitario [...], pues como señala Ud. mismo el desconcierto, sobre todo de los alumnos del nivel terciario, al iniciar los estudios y al exigírseles la realización de una tarea, es total, dada la orfandad de recursos que en ese sentido arrastran desde el secundario. Su obra es para mí en estos momentos de importancia fundamental porque inicio en este cuatrimestre el dictado de la cátedra Metodología del Trabajo Intelectual.

Se das dezenas de cartas e referências destaco apenas estas, não o é obviamente para fins de publicidade, mas simplesmente porque são de todas representativas e souberam compreender e valorizar com o peso da própria autoridade o significado de minha tarefa: atender à necessidade básica do calouro universitário e do iniciante na investigação, de ser motivado e, sobretudo, orientado para o *trabalho intelectual* e, conseqüentemente, para o *trabalho científico* como forma e método de realização do próprio conhecimento científico.

Resta-me uma palavra de especial agradecimento à Editora Martins Fontes. Por acreditar no *Como fazer uma monografia*. Sinto-me honrado e feliz por ter ingressado como autor nesta casa de publicação, cujo acolhimento foi tão grande quanto a organização e a visão empresarial que a tornaram nacional e internacionalmente reconhecida.

B. Horizonte, novembro de 1989
Délcio Vieira Salomon

Introdução

> *[...] seja um novo meio de instruir-me que acrescentarei àqueles de que costumo servir-me.*
>
> DESCARTES

I

Por causa do *Como fazer uma monografia*, durante estes anos todos fui convidado várias vezes para fazer palestras, participar de seminários, dar cursos de especialização, em nível de graduação e pós-graduação, em diversos lugares do Brasil.

Em outubro de 1985, solicitaram-me uma conferência no VII Congresso Brasileiro de Fisioterapia, sobre "A metodologia do trabalho científico na formação do fisioterapeuta". Esta comunicação, fundida com a experiência acumulada e o *feedback* inevitável dos contatos com os participantes dos cursos ministrados, e, particularmente, com as reflexões e análises feitas em minha tese de livre-docência – *Da problematização no processo investigatório* –, constitui o motivo e quase todo o conteúdo desta primeira parte da Introdução.

1 – Ainda que de forma esboçada, há necessidade de expor minha concepção de metodologia e sua função no curso superior.

A metodologia – enquanto discurso do método –, ao tornar-se científica, filia-se às metaciências (como uma das três "ciências das ciências" *internas*, segundo a classificação de BUNGE), ao lado da lógica da ciência, da filosofia da ciência, da psicologia do conhecimento, da sociologia do conhecimento e da história da ciência.

Ocupação e preocupação do metodólogo é o método. Recurso de que sempre se vale todo aquele que procura conhecer, fazer ou agir em situação nova.

Em *Da problematização no processo investigatório*, eu já escrevia, comentando KAPLAN (103: p. 27)[1]:

> condição necessária, mas não suficiente – o método não tem força por si mesmo de produzir aquilo que se almeja (em nosso caso, o conhecimento científico). Não tem, simplesmente porque não existe. Passa a existir no momento em que começa o processo de conhecer. É um construir-se contínuo e descontínuo tanto quanto o próprio processo de conhecer. Isso não é jogo de palavras. Quando é que se pensa em método? Quando se tem um problema a enfrentar, um objetivo a alcançar. Então, por medo de errar, por economia ou para evitar o capricho ou o acaso, somos levados a procurar os meios. Estes não existem; então, somos obrigados a criá-los. Quem procura, num livro de métodos e técnicas de pesquisa, o método para pesquisar, não o encontra. Está-se colocando na mesma situação daquele indivíduo que pedia ao filósofo grego uma razão convincente para estudar lógica. Ao que o filósofo teria respondido: Se ainda não conheces a lógica, como saberás que minha razão é convincente? (160: p. 8).

Do mesmo modo que se "aprende a nadar, nadando", aprende-se a produzir conhecimento, produzindo, a fazer trabalho científico, fazendo. Manual, guia de *como fazer*, é útil e até imprescindível, como transmissão de experiência no processo de aprendizagem, para dar diretrizes e caminhos mais econômicos e seguros, e fornecer os instrumentos e as técnicas operacionais mais indicadas. Mas, como escrevi em minha tese de livre docência,

> o conhecer – por ser um processar – faz criar o método de conhecer. Quem entende método como condição necessária, entende que metodologia (como discurso construído pelos homens, ainda que na expressão de um só homem, sobre o método) é ape-

1. O número entre parênteses após cada citação corresponde ao estabelecido para a respectiva referência bibliográfica existente no final do livro. No caso (103: p. 27) corresponde a KAPLAN, A. *A conduta na pesquisa* (*The Conduct of Inquiry*). São Paulo: Herder, 1969, p. 27.

nas abordagem sobre suas experiências, mesmo quando as experiências não foram descritas em sua espontaneidade, mas transformadas em um discurso demonstrativo. Teríamos o relato (novamente a "forma") do método, não o método (160: p. 9).

Assim como a metodologia se coloca como disciplina e prática acadêmicas no curso superior, visando à formação de um profissional de alto nível, ela se desdobra em tríplice função ou, se se quiser, em três modalidades de utilização – em três outras metodologias:

1) *Metodologia do trabalho intelectual e científico* – que poderia, inclusive, dividir-se em duas, mas, por razões históricas, tem-se mantido sua unidade (afinal a tradição tem-nos mostrado que são inseparáveis os atos, as atitudes e os hábitos de pensar, ler e escrever). O objeto desta metodologia pode ser delineado tal qual o fizeram RAÚL GUTIÉRREZ SAENS e JOSÉ SANCHEZ GONZÁLEZ em *Metodología del trabajo intelectual*:

- a aprendizagem significativa;
- a motivação do trabalho intelectual;
- as qualidades do intelectual;
- metodologia do estudo, abrangendo tópicos como:
  - a atitude em aula;
  - o ambiente de estudo;
  - as partes de um livro;
  - a leitura e suas modalidades;
  - a biblioteca e sua utilização;
  - anotações, esquemas, resumos;
  - as fichas e sua classificação;
- metodologia do trabalho científico:
  - a pesquisa científica;
  - métodos gerais de pesquisa científica;
  - estrutura de um trabalho científico;
  - etapas de elaboração de um trabalho científico;
  - redação de um trabalho científico;
  - normalização da documentação (particularmente sobre citações, referências bibliográficas, notas).

2) *Metodologia científica* – concebida como metaciência, a ocupar-se do método científico e sua relação com o conhecimento científico, enquanto processo e produto, tanto em nível individual (o conhecimento produzido no e pelo pesquisador, o cientista) como em nível institucional (a ciência como instituição e prática sociais). Nesta concepção, a metodologia científica não só se ocuparia do estudo do método geral da ciência, como propõe BUNGE, mas também de assuntos epistemológicos, com a preocupação voltada para a natureza do método científico, enquanto processo historicamente descoberto para se fazer ciência. Daí por que constituem desdobramentos do objeto da metodologia científica:

- o conhecimento científico;
- a construção da teoria científica;
- a lei e a proposição científica;
- a categoria – conceito e constructo abstrato;
- a hipótese;
- a explicação científica;
- as variáveis e sua função na explicação científica;
- o processo da pesquisa e seus três momentos ou contextos: o heurístico, o da justificação, o da aplicação.

De maneira mais sistemática, o "espaço metodológico quadripolar" proposto por BRUYNE é eminentemente elucidativo, sobretudo para as ciências humanas e sociais:

a) *o pólo epistemológico*: em que o objeto principal são os processos discursivos, tanto os gerais ou clássicos – como a indução, a dedução e a analogia –, como os específicos das ciências humanas e sociais – como o método quantitativo, o hipotético-dedutivo, o fenomenológico e o dialético;
b) *o pólo teórico*: com a preocupação voltada para os quadros de referência, principalmente o positivismo, a compreensão, o funcionalismo, o estruturalismo;
c) *o pólo morfológico*: com as modalidades dos quadros de análise, tais como tipologias, tipo ideal, sistemas, modelos estruturais;

d) *o pólo técnico*: onde se delineariam teoricamente os modos de investigação, como experimento, estudo de caso, estudos comparativos, simulação ou modelo operatório (35: p. 25-36).

3) *Metodologia da pesquisa* ou, como normalmente se denomina, *Métodos e Técnicas de Pesquisa* – disciplina acadêmica construída a partir do princípio aceito de que não há produção de conhecimento científico, ou melhor, de ciência, a não ser através da pesquisa. Mas, como há ciência e ciência, assim, há pesquisa e pesquisa. Daí a necessidade de o curso superior formar metodologicamente o pesquisador, fornecendo-lhe a teoria e o instrumental metodológicos. Métodos e técnicas de pesquisa – estratégia e táticas indicadas para as diversas fases do processo: da problematização, da coleta de dados e informações, da mensuração, da formação do marco teórico de referência, da formulação de hipóteses, do levantamento de variáveis e seu relacionamento, da análise de dados, da prova ou da comprovação ou não da hipótese. Obviamente este tipo de metodologia ocupar-se-á das técnicas próprias de cada *design* específico, como o do experimento *ex ante facto*, o experimento *ex post facto*, o *survey*, o "estudo de caso" etc.

Essa tríplice metodologia abrange toda uma programação indispensável em qualquer currículo de curso superior que se proponha ser de qualidade.

2 – Tal concepção leva-me a reproduzir aqui a visão que tenho da metodologia na formação do profissional de nível superior. É ao mesmo tempo uma proposta.

Já na terceira edição do *Como fazer uma monografia*, manifestava esta preocupação:

> Talvez o fato de estarmos lecionando Metodologia e Técnicas de Pesquisa na Universidade tenha constituído o fator mais relevante para a culminação desse objetivo (o de transformar as próprias aulas em "laboratório" comum – do professor e dos alunos – de pesquisa e realização científica). Mas também poderia ter ocorrido o contrário: ater-nos ao ensino do método – do "co-

mo fazer" – justamente para evitar o desafio de "realmente fazer". A questão se colocou diante de nós em forma de opção: ou assumiríamos a função de professor de metodologia como escape à autêntica produção científica (mesmo através da docência) ou aceitaríamos o repto de *realizar ciência*, juntamente com nossos alunos, *através da metodologia*. Optamos por este segundo caminho, apesar de mais árduo. Não deixa, porém, de ser gratificador. Para uns, nossa atividade poderá parecer ou ser rotulada de "didática, sem ser docente"; para outros, "docente, sem ser didática". A nós importa que seja metodologicamente eficiente.

A partir do momento em que questionamos e até criticamos a Universidade como "estabelecimento de ensino" e como "agência profissionalizante" e voltamos nossa reflexão para as raízes do problema, para a razão de ser da Universidade, as coisas começam a clarear diante de nós.

Nosso marco de referência são os objetivos da Universidade contemporânea: a indissociabilidade do ensino-pesquisa e extensão leva-a a formar cientificamente profissionais e fornecer recursos humanos de qualidade à sociedade que mantém. Isso significa que o núcleo, o estofo de todo profissional qualificado de nível universitário, é o cientista. Toda formação profissional é, no fundo, uma transformação. Não só do leigo em especialista, mas, sobretudo, do cientista em profissional. E esta metamorfose encontra na metodologia um grande agente de transformação.

2.1 – Constitui um dos principais objetivos da Universidade de nossos dias a produção da ciência em seus dois níveis: o da produção do conhecimento científico (nível da interioridade, da subjetividade do produtor do conhecimento) e o da produção da ciência propriamente dita (nível da exterioridade, da objetividade, ou seja, ciência como instituição e prática social do saber).

Procede a observação de ADOLPHO CRIPPA, em seu trabalho *A Universidade*, ao referir-se à origem e evolução da Universidade:

> A Universidade apresenta-se inicialmente como uma "corporação" de pessoas que se consagram ao saber, alguns ensinan-

> do, muitos aprendendo. O que caracteriza a instituição universitária é a atividade docente. Quem faz a instituição é o mestre. [...] No século XIX, assume consistência uma mudança nessa intencionalidade que começara a ser prevista no fim do século XVIII. FICHTE já havia afirmado que nada devia ser ensinado nas cátedras que já estivesse nos livros. A mudança de intencionalidade que se opera é a seguinte: de centro de ensino passa a ser centro de investigação e de pesquisa. A missão dos mestres já não podia ser a de ensinar, guiando os discípulos nos caminhos da ciência e do saber, mas a de fazer progredir a pesquisa, além do adquirido. A *instituição docente* transforma-se em *instituição-pesquisa*. O ideal deixa de ser a sabedoria para ser a procura do saber, ou seja, a investigação (54: p. 58-9).

Sem ignorar que esta mudança de diretriz vá desembocar em nossos dias numa ruptura capaz de cindir a Universidade em duas (a universidade-ensino e a universidade-pesquisa), sendo aquela a casa de todos e esta a de alguns "privilegiados pela natureza ou pela sorte", como criticamente observou ADOLPHO CRIPPA, cabe-nos enfatizar o objetivo que não se pode perder, pois sua perda significaria a da própria Universidade, qual seja, o da produção do conhecimento científico, através do processo "ensino-aprendizagem", conjuntamente com o da formação do espírito científico.

Há necessidade de o aluno produzir o *seu* conhecimento científico, por mais especializado, técnico ou prático que seja o seu curso. Ainda que a Universidade de hoje seja uma universidade de massa, em oposição à universidade de elite, de tempos atrás, como bem observou UMBERTO ECO em *Como se faz uma tese* (64: p. XIII), jamais seria possível subtrair-lhe a função de produtora de ciência, de conhecimento científico, do saber e do saber-fazer, sobretudo por parte do aluno. Ser aluno universitário não significa simplesmente matricular-se em um curso e estar apto a receber o conhecimento que já existe e lhe é transmitido. O processo de transmissão de conhecimento importado de outros centros de ciência, na maioria estrangeiros, não é apenas um processo reprodutivo. Cabe ao aluno – afirmação tão sovada quanto verdadeira – ser o sujeito ativo da produção de seu conhecimento, pois a ciência que há de aprender (ou melhor: apreender, dominar – que é o mesmo que compreender) não existe como entidade abstrata fora de si, embora possa ser apontada como algo organizado ou sistematizado em tratados e conservado em centros de documentação, museus, bibliotecas, arquivos e bancos de dados. Parafraseando KAPLAN (103: p. 9), direi que não é um produto acabado. É um processo que se realiza na e pela inteligência de cada um que participa desse processo. É algo de dinâmico e vivo e em constante transformação. O conhecer é como o pensar e este, como já mostrara WILLIAM JAMES, é como um fluxo em cadeia, uma corrente de energia que nunca cessa, enquanto o cérebro estiver funcionando (apud 42: p. 141).

Ora, é uma tese de metodologia científica e de filosofia da ciência (independente de o ser também de psicologia e sociologia do conhecimento) que só se faz ciência e, por conseguinte, só se atinge o conhecimento em nível científico mediante investigação, reflexão, pesquisa. A pesquisa como trabalho de procura, a partir da problematização, está para a ciência como o método está para a própria investigação científica. Ambos são condição necessária, embora não suficiente. Repetindo – não há conhecimento científico sem pesquisa, concebendo-se esta em toda a sua abrangência, desde o experimento de laboratório até o tratamento escrito, dissertativo ou monográfico, realizado sob os requisitos da metodologia científica. Se, nesta dimensão, cabe ao aluno ser ativo, aos responsáveis pelo curso – os professores – cabe introduzi-lo nas atividades de pesquisa gradualmente e na mesma progressão em que realiza seu curso.

A partir de um determinado momento, este aluno tomará consciência de que nele e por ele se inicia um processo complexo de aprendizagem de ordem superior, em que a reflexão, o exercício da consciência crítica, o emprego do raciocínio, dos processos discursivos, da análise à síntese, da criatividade à demonstração, da inferência à verificação constituem as atividades que se sobrepõem ao mero ato de ler e de ouvir para se informar. Tomará consciência de que terá de agir por autodeterminação, mesmo orientado, na assimilação do meio social, em vez de simplesmente adaptar-se a ele, por aceitação passiva de um saber reproduzido. Deste longo processo de auto-realização faz parte a depuração do aparelho conceitual tão prejudicado por deformações adquiridas no curso secundário e ao longo da vida, quando veio acumulando vícios e formas estereotipadas de pensar.

À medida que esse processo se desenrola, o aluno irá dando os primeiros passos na pesquisa, aplicando a metodologia indicada para obter a compreensão do comportamento dos fenômenos ou a solução dos problemas detectados, conforme a natureza do curso. Por tratar-se de aprendizagem, portanto processo de aquisição e modificação de comportamento, atitudes, posturas e não mera acumulação de conhecimento transferido, o aluno agirá por níveis, etapas, fases. Provavelmente seus primeiros ensaios serão do tipo exploratório, como o de quem tateia o terreno, à base de "hipóteses de trabalho" ou na tentativa de formular adequadamente problemas. Só posteriormente, com mais experiência e treinamento, terá condições de abordar determinados fenômenos teoricamente, e assim mesmo por degraus: o descritivo antes de tentar o interpretativo; este, antes de ousar o explicativo e até o preditivo.

Em termos de realização pessoal do conhecimento e até da formação profissional, esta é a função mais importante do curso superior. Uma falsa idéia, infelizmente difundida no meio acadêmico, a respeito da metodologia científica, e que vem provocando inúmeras distorções e preconceitos, é a de que, nos cursos de graduação, é impraticável, senão impossível, os alunos realizarem autênticos trabalhos científicos; por conseguinte, por meio deles, atingirem o conhecimento científico. Assim a função da metodologia científica seria simplesmente a de fornecer noções e regras lógicas para identificar e avaliar a cientificidade dos informes e relatórios de pesquisa consultados. Não se vê, no espaço da metodologia científica geral, o papel da metodologia do trabalho científico, como teoria e prática do método de produzir conhecimento em nível científico, como lugar e ocasião de desenvolvimento de habilidades intelectuais, enfim como o campo natural de treinamento do trabalhador intelectual. Evidencia-se a má-fé entre os ferrenhos defensores desta posição. Só admitem conceber o trabalho científico – identificado com a pesquisa – se realizado através do "método teórico formal", conforme denúncia de BACHRACH, em *Introdução à pesquisa psicológica* (13: p. 11 e cap. III). Trata-se da mesma ideologia neopositivista do imperialismo metodológico que reduz a pesquisa científica ao modelo do experimento (notadamente o *ex ante facto*) e o método científico ao ritual hipotético-dedutivo de comprovação de proposições teóricas de natureza explicativa, extraídas de teorias já consagradas. Daí a defesa de que somente com a instituição do pesquisador científico, formado em cursos de pós-graduação, é possível atingir aquele objetivo. A conseqüência da aplicação dessa concepção tem sido o acelerado esvaziamento de nossos cursos de graduação, cada vez mais descaracterizados em sua cientificidade e no tratamento correto dos problemas de conhecimento e sua subordinação aos cursos de pós-graduação da mesma área. Estes passam a arrogar-se o papel de Lógica Suprema ou de Suprema Corte de Avaliação de desempenho daqueles. Ao esvaziamento dos cursos de graduação tem correspondido, numa correlação forte de variáveis, sua transformação em meras agências profissionalizantes, cuja função tem sido ensinar (freqüentemente até sem treinamento supervisionado) técnicas específicas, extraídas de ciência aplicada, cujo inventário é apresentado como definição operacional da própria profissão.

Na terceira edição deste *Como fazer uma monografia*, em prefácio, tive oportunidade de dizer:

> O método científico não há de ser considerado como algo pertinente exclusivamente ao curso de pós-graduação, como se este, pelo simples fato de ter-se institucionalizado para formar o cientista, extinguisse, num passe de mágica, as finalidades dos cursos de graduação.

Hoje, dezenove anos após, percebo que esta denúncia é mais atual do que naquela época e se reveste do caráter de um manifesto de recuperação dos cursos de graduação.

A tese principal que estou há muito defendendo é que o fundamental no curso de graduação é criar uma mentalidade científica, condição necessária para se formar o profissional de nível superior. Da formação dessa mentalidade faz parte integrante e insubstituível a realização pessoal do conhecimento científico. E para se conseguir produzir o próprio conhecimento científico, ou seja, para se adquirir ativamente a ciência necessária à formação profissional, o caminho por excelência é o trabalho científico. É o que tentaremos mostrar nesta Introdução.

2.2 – A atividade do aluno, enquanto sujeito ativo de sua formação, manifesta-se de duas formas, no que se refere à sua relação com as ciências que deve dominar: *extrair* e *produzir*. Ambas se completam. É óbvio que o aluno tem necessidade de extrair conhecimento já produzido e sistematizado, acervado em documentos e bibliografias. Afinal, o processo de aprendizagem superior, tanto quanto o de pesquisa, há de ser entendido dialeticamente: regem-no os dois princípios da lógica científica – o da *heterotesis*, ou da contradição, e do "trânsito dialético". Pelo primeiro, todo conhecimento novo é negação do anterior, pois surge da contradição, da problematização, da contrastação do conhecimento anterior e disponível com a realidade que pretende compreender ou explicar; pelo segundo, a formulação de um novo conhecimento só se verifica a partir da existência do anterior; em outras palavras, nenhum conhecimento se inicia a partir da estaca zero. A superação da contradição que venha a desembocar em uma síntese supõe a existência de dois pólos em oposição, entre os quais se opera o movimento oscilatório do pensamento.

Daí a necessidade de se iniciar e treinar o aluno em atividades que constituem o cotidiano de todo trabalhador intelectual e, quando bem-feitas, a base de sua produtividade: leitura, análise de textos, pesquisa bibliográfica, documentação, sínteses... enfim, as mesmas que se evidenciam como condições ou requisitos para a realização de um trabalho científico ou técnico, enquanto tratamento escrito de problemas formulados, cuja solução demanda investigação e reflexão, tanto quanto observação, coleta de provas empíricas e até experimentação.

É imensa a possibilidade de os alunos fazerem "trabalhos de extração" como iniciação necessária aos "trabalhos de produção", mesmo levando-se em conta seu número cada vez maior em sala de aula. Importa, porém, ensinar a metodologia correta, criar motivos de realização, fornecer condições (bibliotecas aparelhadas, incentivos à documentação). Não se há de desprezar a introdução de um sistema de reforço e recompensa (como divulgação dos melhores trabalhos, concursos de dissertações monográficas etc.). Evidentemente tudo isso implica, mais do que mudança de estrutura curricular, mudança de mentalidade. Estou plenamente convencido de que os resultados positivos serão colhidos não a longo, mas a médio prazo.

A experiência nos tem mostrado que o calouro universitário, ao contrário do que muitos professores pensam, é ávido por conhecer e praticar estas "técnicas" básicas do trabalho intelectual e se sente valorizado quando encontra o mestre que as ensine, lhe dê orientação e avalie seu desempenho, apontando erros e acertos.

2.3 – Um terceiro aspecto importante a ser assinalado é que, através do "trabalho científico" colocado como atividade de ensino-aprendizagem no curso de graduação, consegue-se atingir a almejada transformação do "ensino verbalista" em "ensino ativo". Dentro desta perspectiva, pode-se garantir que grande parte do ensino reduzido ao processo de transmissão-recepção, de professor que "dita a lição", através da tradicional "aula magistral", e aluno que a recebe, será substituída pela realização do "trabalho científico", forma eficiente de construção solidária – de professor e aluno – do saber científico. A metodologia do "trabalho científico" apontada elimina, de seu campo de consideração, a dissertação meramente formal feita a partir de *temas* (e não de *problemas*!...) e à base de cegas compilações de textos, verdadeiras colchas de retalhos, em que o aluno persegue simplesmente a quantidade de páginas escritas e o aparato da apresentação material.

LARROYO, em *Lógica y metodología de las ciencias*, observou que "o pensamento científico começa com perguntas, com dificuldades, não com premissas, como acreditava o velho racionalismo" (109: p. 210). Ora, o tratamento escrito de problemas formulados pelo próprio aluno e que o leva a procurar a resposta nos livros, na documentação e na observação dos fenômenos ou do comportamento humano e social é o que constitui a essência do "trabalho científico" proposto como atividade de ensino-aprendizagem.

A característica do pensamento científico é ser um pensamento de procura, não um sistema de verdades demonstradas. Por conseguinte, o processo é heurístico, de descoberta, de problematização, de questionamento, de abertura, em que o exercício da consciência crítica é uma constante, em que a mente se vê desprovida de resposta, se vê assaltada por dúvidas, mas também se sente motivada a tentar por conta própria. O aluno, nesta situação, valoriza a orientação que recebe, pois sabe que ela é o aval de que necessita para encontrar o que procura. Enfim, o "trabalho científico" aqui indicado é o legítimo meio de o aluno realizar sua capacidade – ao mesmo tempo criadora e crítica – e de mostrar o quanto progride no processo de autoformação. É trabalhando intelectualmente desta maneira que ele evolui de aprendiz para profissional.

Analisando-se as atividades que o aluno tem de executar e as habilidades que tem de desenvolver no tratamento escrito, metodologicamente conduzido, evidencia-se claramente a justificativa dessa asserção.

Não é certamente ousadia afirmar que, através do "trabalho escrito", assumido como a mais importante atividade do processo ensino-aprendizagem, se dá a posse daquelas "virtudes intelectuais" enaltecidas pela filosofia grega e que o gênio de ARISTÓTELES compendiou em cinco tipos, na *Ética a Nicômaco*: a *epistéme* ou ciência – caracterizada pela atitude de procura, de afirmação do julgamento e de demonstração; a *téchne* – arte ou prática da produção intelectual, expressão grega do nosso "saber fazer"; a *nous* – ou intuição, que leva o indivíduo a captar os princípios em que se fundamenta o saber;

a *sophia* ou sabedoria – conjugação de ciência e intuição, pela qual se vai além das relações causais entre os fenômenos para se atingir sua estrutura íntima; e, finalmente, a *frónesis* ou prudência – hábito intelectual pelo qual se aplicam corretamente os princípios universais da lei aos casos concretos que se apresentam (83: p. 41). A estas cinco "virtudes intelectuais", julgo não ser fora de propósito afirmar que se deva acrescentar a mais importante qualidade não prevista pelo estagirita: a *consciência crítica* que nos faz penetrar no âmago das contradições de que se compõe e se alimenta o mundo dos homens e das idéias.

Um convite: pensemos no "trabalho científico" como imagem projetada do processo da pesquisa científica, em seus três grandes contextos ou momentos, o qual se desdobra sucessiva e progressivamente, perseguindo um desfecho final. Num primeiro *contexto – o da descoberta* – domina a problematização. A partir da escolha de um tópico temático ou da contrastação entre um corpo de conhecimentos adquiridos ou à disposição e a realidade, surge o problema que há de ser técnica e logicamente bem formulado para dar início à pesquisa ou ao tratamento escrito. Neste momento é que se nota toda a força do pensamento interrogativo e problematizante. A consciência de que uma dúvida ou a percepção de que a realidade resiste a nossos esquemas mentais, a teorias já construídas, lança fatalmente o trabalhador intelectual, o pesquisador, na atividade da procura. Não é por acaso que "investigação" traz em seu étimo a idéia de vestígio, de pistas que devem ser seguidas, perseguidas, inquiridas, pesquisadas, para se encontrar a solução. As primeiras conjeturas ou hipóteses como respostas provisórias aos problemas formulados possibilitam a conversão do pensamento problematizante em trabalho de coleta de dados, de informações e de provas para as proposições formuladas. Lançam o sujeito do conhecimento, o pesquisador que já se prenuncia como "descobridor", no *contexto da justificação*. A análise – quantitativa ou qualitativa – dos dados colhidos e dos argumentos encontrados, das provas, condiciona a aceitação ou rejeição das hipóteses e possibilita a estruturação de uma nova teoria ou, no mínimo, de um novo conhecimento comprovadamente científico. Surgem inevitavelmente duas vias: uma que conduz ao *contexto da aplicação*, em que o conhecimento ou a teoria atingidos se convertem em medidas de ação e a pesquisa, em "estudo programático", em que a técnica e a prática traduzem idéias, transformam em concretudes as abstrações construídas pela pesquisa; e a outra via, que leva o pensamento do pesquisador a voltar-se dialeticamente para nova contrastação entre o conhecimento recém-produzido pela pesquisa (ou pelo "trabalho científico") e a realidade que, por ser dinâmica, sempre em mudança, já é alcançada em outro momento de seu devir, de modo que proporcione, como perspicazmente observou BUNGE, o recomeço do ciclo da investigação, com "formulação ou indicação de novos problemas" (39: p. 23).

Essa analogia entre pesquisa e "trabalho científico" pode ser detectada também quando se acompanha a trajetória seguida pelo aluno durante a execução de uma legítima dissertação monográfica. No início há a escolha de um assunto relevante e significativo para ele – intimamente relacionado com sua pessoa e com a realização profissional que almeja. Trabalha, por um certo tempo, neste tema, para atingir a maior especificação e delimitação possível, convertendo-o em problemas logicamente formulados, para que sejam capazes de movê-lo à procura das soluções. É levado a planejar a ação de seu empreendimento. Para tal terá de elaborar um plano de trabalho em que as fases do percurso são projetadas, a metodologia do processo é traçada e as técnicas para cada fase do emprego do método escolhido são previstas. O trabalhador intelectual tem de fazer exaustivo levantamento bibliográfico, para que possa ser bem-sucedido na documentação e na formação do conhecimento que servirá de referencial teórico para a abordagem dos problemas e como corpo de conhecimento que há de ser contrastado com a realidade de seu objeto de estudo – condição para se produzir o novo conhecimento. Após documentar-se fortemente, terá de exercitar todo o seu poder de análise e síntese e, durante vários dias, entregar-se à reflexão e à crítica. Relacionará proposições a fim de dar cumprimento ao processo discursivo da dedução, da inferenciação e, finalmente, da demonstração. Saberá que toda afirmação terá de integrar justificativas e provas, argumentos racionais e fatos comprobatórios, do contrário seu trabalho perderá o caráter de cientificidade. Em outras palavras, enquanto trabalha no tratamento escrito dos problemas formulados, o aluno precisará desenvolver seu raciocínio para apresentar o questionamento, demonstrar, interpretar, definir, explicar. Para tirar conclusões corretas, deverá empregar cuidadosamente a lógica. Se, ao lado de todo esse processamento, ainda teve oportunidade de realizar alguma atividade empírica em torno do tema, com coleta de dados, registros, observação e respectiva análise quantitativa e qualitativa, crescerá intelectualmente – progredirá –, vivendo a realidade que, freqüentemente, só é conhecida através de informações.

Somente quem já experimentou realizar um trabalho nesses moldes está em condições de afirmar algo a respeito da possibilidade e da validade desse meio ou desse instrumento que, na perspectiva em que está sendo apontado, passa a ser didático e pedagógico, com todo o poder de modificar o tradicional sistema de cursos e aulas. Seria ele capaz ainda de provar que é a melhor forma de aproveitamento e progresso intelectual e profissional. Por outro lado, quem nunca experimentou inegavelmente não pode subestimar sua validade e eficácia, pois faltar-lhe-ia autoridade para tal.

2.4 – É frase feita e já endossada por reformadores da Universidade que esta deva inserir-se no seu tempo e voltar-se para os problemas contemporâneos. Este é o quarto aspecto desta abordagem, ou seja, a questão da escolha e formulação do problema para o qual nasce o "trabalho científico" como forma de solução.

No prefácio da terceira edição do *Como fazer uma monografia*, tive ocasião de dizer:

> A Universidade há de aceitar os problemas contemporâneos como objeto de consideração científica, para elucidá-los, analisá-los e resolvê-los numa perspectiva realmente universitária. Mas se os professores não formarem realmente uma institui-

ção atenta ao aparecimento dos problemas, à sua identificação, como poderão abordá-los? Se não tiverem liberdade e incentivo para trazer os problemas a serem dissecados dentro da própria universidade, como poderão por eles se interessar? Em termos diletantes? Sem a responsabilidade, a motivação e a elevação que a instituição da inteligência estaria a exigir? A Universidade não pode reduzir-se a uma casa de cristal ou a um monumento ao estático saber acadêmico.

Que isso não tenha ocorrido plenamente, nem se realizado institucionalmente na Universidade brasileira desde 1964 até nossos dias, é outro problema. Houve muitos fatores, sobretudo a própria contradição operacional da reforma universitária de 1968 – ainda vigente! –, que o impediram. Não vem ao caso aqui e agora discutir a questão. Mas o importante é lembrar que a adoção do trabalho científico, com toda a sua metodologia, como atividade do curso superior de graduação, ajuda extraordinariamente o professor a cumprir sua função docente, advinda desta missão da Universidade, qual seja, a de tratar de problemas contemporâneos. De problemas que se tornam relevantes, para o tratamento escrito, justo por serem contemporâneos. Assim o levantamento de temas a serem confiados aos alunos deveria sempre ser feito sob o critério da contemporaneidade, mesmo quando se trata de sua importância histórica situada no passado. Não esqueçamos de que o passado só goza de significação, para nós, por causa de sua repercussão no presente e no futuro. Parece ser esta a perspectiva que PARDINAS tem, quando aponta entre as características de relevância que o problema para a pesquisa deva ter, a contemporaneidade, ao lado da relevância científica e da relevância humana (140: p. 127).

2.5 – Um último aspecto a respeito da função da metodologia do trabalho científico na formação profissional refere-se ao poder de sua institucionalização na reformulação do curso de graduação. Se bem situado, pode ser considerado a linha dorsal desta reformulação.

Pela reforma universitária ainda vigente, o curso de graduação está estruturado em dois ciclos: o básico e o profissional. O básico com o objetivo de corrigir deficiências do curso secundário, fundamentar o próprio curso superior que por ele se inicia e orientar o aluno em suas opções, abrindo-lhe horizontes, dentro duma visão de quem defende a educação como aprendizagem para o futuro, levando o estudante a "colocar-se à frente da história e não de frente para ela", na arguta observação de ALVIN TOFLER, em *Aprendendo para o futuro*. Neste caso, em função do trabalho científico e este em função da formação científica do aluno, dar-se-á atenção especial às atividades que constituem, como atrás foi lembrado, as habilidades do trabalhador intelectual: método de estudo superior, leitura veloz e eficiente, documentação, análise e síntese de textos, treinamento em reflexão, discussão, debate, exposição oral e redação escrita. No ciclo básico há necessidade de um curso teórico e prático de Lógica, que pode ser, inclusive, a lógica do pensamento científico, sobretudo depois da extinção da Filosofia como disciplina curricular no curso colegial, efetivada pelo governo militar na década de 60, sob o ditame da ideologia da segurança nacional. Neste curso de Lógica, caso não seja reforçado com outro curso paralelo de Metodologia Científica, juntamente com incursões no terreno da lógica da ciência, far-se-ia treinamento no emprego da teoria e lógica em dissertações escritas e exposições orais, sobre assuntos atinentes às disciplinas do curso, com orientação de professores. Solidariamente às demais disciplinas básicas e introdutórias (tanto fixas como variáveis, tanto obrigatórias como optativas), os alunos seriam paulatinamente introduzidos em atividades de extração do conhecimento científico elaborado, em resumo de textos, fichamento e até em redação de dissertações monográficas de pouca envergadura – individual e em grupo. Como se sabe, o trabalho monográfico, enquanto tratamento escrito de um tema bem delimitado e convertido em problema, à base de pesquisa bibliográfica, análise e reflexão, pode ser estruturado nas seguintes fases: escolha do assunto, delimitação e formulação do problema, plano de trabalho, construção a partir da seleção do material documentado, elaboração estruturada em suas três partes inevitáveis – introdução, desenvolvimento, conclusão – e apresentada em forma de redação, que, por sua vez, obedece às normas da ABNT. Ora, um trabalho dessa natureza pode muito bem ser confiado a um grupo de cinco a sete alunos, no qual todos deverão fazer a pesquisa bibliográfica e a documentação, a partir da discussão da escolha do assunto e interesses envolvidos, visando à formulação do problema. Em seguida, através de reuniões de discussão, constituir-se-ia o plano de trabalho, a distribuição de tarefas e o desenvolvimento de cada parte, sob a responsabilidade de cada elemento do grupo. Ao final, o coordenador do grupo realizaria a construção total com a respectiva redação definitiva.

Uma vez iniciado o ciclo profissional, haveria mais e maiores oportunidades de desenvolver cuidadosamente a metodologia do trabalho científico, inclusive fazendo participar do currículo uma disciplina metodológica (a Metodologia Científica, Métodos e Técnicas da Pesquisa Científica etc.), e, através de programação e, sobretudo, de cronogramação, em cada disciplina poder-se-ia conseguir dos alunos elaboração de legítimas monografias. À medida que o curso profissional avançasse, haveria grande probabilidade de elaboração de autênticos trabalhos de pesquisa, feitos e relatados de acordo com as normas metodológicas.

A fase final do curso (um ou dois semestres), sem nenhuma dificuldade de vulto, antes, com todo o proveito, poderia converter-se em "cursos monográficos", particularmente quando se monta o currículo não como manda o figurino do Conselho Federal de Educação, mas em forma modular, em que cada período convertido em módulo seria destinado a uma temática em torno da qual se agrupariam disciplinas afins. O currículo neste caso deveria prever disciplinas com conteúdo bastante especificado e centrado num só tema, de caráter opcional, mas ligado às diversas especializações profissionais do curso. Estes cursos monográficos seriam reais trabalhos de realização científica de professores e alunos ocupando-se de um problema relevante e tratado monograficamente. É bem viável também a alternativa de se vincular a programação de tais cursos à obrigatoriedade, por parte do aluno, de elaboração de um trabalho monográfico (dissertação, memória científica, *paper*, monografia propriamente dita), sem a pretensão e extrapolante exigência de se constituir em verdadeira tese. Se esta obrigatoriedade vier significar condição para a colação de grau e concretizar-se em forma de apresentação pública, com defesa e avaliação, ter-se-ia atingido a plenitude do objetivo didático-pedagógico da Metodologia do Trabalho Científico como disciplina e prática no processo de ensino-aprendizagem do curso de graduação. Importantíssima, diria até imprescindível à eficácia deste método de ensino-aprendizagem que aqui está sendo apontado, é a avaliação do trabalho pelo mestre. Uma técnica de avaliação que indico neste *Como fazer uma monografia* tem-se revelado de grande utilidade para o aluno. Trata-se da "Tabela de avaliação", onde constam os elementos a serem avaliados, como: formulação do problema, conteúdo, leitura, assimilação, independência do texto e capacidade crítica, documentação, plano, estrutura do trabalho, lógica de exposição, linguagem, redação, observância das normas da ABNT. Tais elementos são acompanhados de sua descrição, mais uma coluna com os valores de cada item e sua respectiva avaliação alcançada. Finalmente, um espaço, ao lado de cada item, para se justificar a avaliação e mostrar as falhas do trabalho. Tenho observado que tal é o interesse que esta técnica desperta no aluno, quando depara com o julgamento e apreciação de seu trabalho, que sou levado a reconhecer que é nesse momento do processo que se dá a tomada de consciência de estar realmente aprendendo e progredindo, e, por isso, reforça-se a confiança em sua capacidade de produzir o conhecimento científico necessário à sua formação profissional.

Se professores e alunos entenderem o significado desta inovação didática, ou seja, "o trabalho científico como atividade principal do curso superior", e se dispuserem a fazer oficialmente a experiência, acredito que o curso de graduação será recuperado. Ouso afirmar que é pelo trabalho científico, como o indicado nesta exposição, que se consegue o encontro produtivo, o "diálogo criador" de professor e aluno, de que falava BACHELARD e que era por ele apontado como único capaz de salvar a escola do sadismo pedagógico. Não resisto à tentação de transcrever aqui uma passagem de HILTON JAPIASSU, ao comentar essa proposta de BACHELARD, em seu livro *Para ler Bachelard*:

> Durante sua longa carreira de professor, Bachelard procurou a todo custo, e demonstrou isso na prática, evitar o engodo do sadismo pedagógico, caracterizado pelo autoritarismo e pelo dogmatismo. Ele próprio foi muito menos alguém que ensina do que alguém que *desperta*, *estimula*, *provoca*, *questiona* e se deixa questionar. Quis sentir na pele e viver intensamente o que ele chama de "psicologia da despsicologização", na medida em que vivenciou as dificuldades daqueles (seus alunos) que pretendia esclarecer ou libertar através do estudo de uma ciência em mutação, e não do ensino de uma doutrina científica dogmática. Para ele a ciência não é algo que se conte, transmita ou imponha. Pelo contrário, é preciso que sua emergência seja vivida. E os mestres devem comunicar a seus alunos seu próprio *élan*. Ao denunciar o caráter bastante aristocrático do ensino das ciências, Bachelard escreve: "Se fôssemos além dos programas escolares até as realidades psicológicas, compreenderíamos que o ensino das ciências precisa ser inteiramente reformado; dar-nos-íamos conta de que as sociedades modernas parecem não ter conseguido integrar a ciência na cultura geral" [...] Bachelard se refere à Escola que deve continuar ao longo da vida. "Uma cultura bloqueada pelo tempo escolar é a própria negação da cultura científica. Só há ciência por uma Escola permanente" [...] O que interessa a Bachelard é enunciar, negativa ou afirmativamente, os princípios de uma nova pedagogia que são, naturalmente, os de sua nova epistemologia: necessidade do obstáculo pedagógico e do fracasso; indiferença relativamente à disciplina ensinada, pois o elemento decisivo é a atitude do professor; pedagogia do descontínuo e da incerteza permitindo a separação da rigidez introduzida pelas idéias recebidas. Se as relações do mestre com o aluno comandam a finalidade do ensino, constituem também as condições exemplares do exercício da liberdade e da procura em comum da verdade (97: p. 76).

2.6 – Como conclusão desta reflexão importa evidenciar que o trabalho científico praticado pelo aluno em forma de tratamento escrito e com certa assiduidade ao longo do curso de graduação, para que este seja legítimo curso de formação profissional superior, é uma exigência dessa mesma formação e uma necessidade do aluno, por causa de sua condição de ser aprendiz. Endosso todas as palavras de ROBERT BARRASS, em *Os cientistas precisam escrever*, dando-lhes maior dimensão didático-pedagógica, particularmente a sua referência ao ato de escrever, identificando este com o próprio trabalho científico. Diz ele:

> Não basta ensinar ciência aos cientistas. Precisamos também ajudá-los a serem eficientes como cientistas. Há uma certa ironia no fato de ensinarmos nossos estudantes de ciência e engenharia a utilizarem instrumentos e técnicas, alguns dos quais talvez nunca venham a empregar em sua vida profissional, e, no entanto, não os ensinarmos a escrever – exatamente aquilo que precisarão fazer diariamente como estudantes e como administradores, executivos, dirigentes, cientistas e engenheiros (16: p. 6).

II

Este manual de Metodologia do Trabalho Científico é destinado a estudantes de curso superior e iniciantes na pesquisa. Ao mesmo tempo fornece sugestões a professores interessados em desenvolver nos alunos hábitos de estudo, investigação e produção. Pretende ser uma forma concreta de realizar parcela do pensamento de todos quantos nos apercebemos de que o fundamental no curso universitário é criar uma mentalidade científica, condição necessária para formar tanto o cientista como o profissional de alto nível. É o atendimento a inúmeras solicitações de alunos, colegas e amigos já conscientes de que fazer e aplicar ciência começa a ser uma realidade no Brasil e uma exigência natural de currículos e programas.

A experiência de vários anos de magistério na Universidade Católica e na Federal de Minas Gerais, notadamente no campo da metodologia e técnicas de pesquisa em psicologia, ciências sociais e criminologia, serve-me de quadro de referência para a estruturação do livro. Os elementos aqui colocados são propedêuticos ao ensino e ao treinamento na atividade científica. Não é, portanto, mais um manual de metodologia da pesquisa. Trabalhos desse último tipo tendem a ser necessariamente específicos para cada setor, e a bibliografia, ainda que quase totalmente importada, parece satisfazer às necessidades. Nossa contribuição difere, por reduzir-se a uma introdução geral a todos eles.

Para atender ao objetivo firmado, o assunto é abordado em três partes. A primeira trata dos requisitos básicos para qualquer empreendimento intelectual: método e hábitos do estudo eficiente, da leitura proveitosa e veloz e de suas conseqüências naturais, ou seja, a síntese, a assimilação dos documentos e a técnica de armazenamento e organização do material coletado. A segunda propõe introduzir o aluno na atividade de produção, através de reflexões sobre a natureza do trabalho científico, cuja expressão mais significativa é a pesquisa, e se completa com informações e indicações técnicas de elaboração dos trabalhos acessíveis ao iniciante, como a recensão, a divulgação e o relatório de pesquisa. A terceira e última parte, que dá origem ao título do livro, é toda consagrada à monografia, aspiração de quantos ingressam na carreira científica. Quatro capítulos a compõem: o primeiro se ocupa *da* natureza da monografia, discute sua origem, significado, atualização e relações com outros trabalhos congêneres. O segundo detém-se naquilo que é essencial para o êxito na elaboração de um trabalho científico: a escolha acertada do assunto. Merece um destaque, pois a questão é digna de ser enfocada não só em vista do tratamento escrito, mas também como meio de levar o iniciante a optar pela especialização que estará ligada à sua vida. O terceiro capítulo, inteiramente informativo, destina-se a apresentar ao aluno o instrumento básico de trabalho, qual seja a biblioteca e o centro de documentação. O último é que se encarrega seqüencialmente das fases da elaboração da monografia: a especificação do tema monográfico (que é completado com um apêndice ao livro); a pesquisa bibliográfica; a documentação; a crítica; a construção; e a redação. Esse processo se desenvolve paralelamente ao da pesquisa e, ao final, os dois se fundem no tratamento escrito do problema investigado. Para facilitar ao interessado o julgamento do próprio trabalho concluído e como sugestão a professores para avaliar trabalhos monográficos, é apresentada, em segundo apêndice, uma tabela, recurso didático que temos adotado e que tem trazido resultados objetivos e satisfatórios.

1 – Acredito que a organização do manual se justifica por si mesma perante aqueles que têm a visão do problema ou a prática do ensino da metodologia. Retrata parte duma concepção a respeito do curso superior e dos objetivos da metodologia como disciplina curricular. A formação da mentalidade científica, como finalidade precípua da Universidade, demanda a aquisição de método para pensar e para trabalhar. A própria inteligência, que tantos concebem como o valor máximo a ser cultivado e desenvolvido, necessita de método para melhor atingir sua finalidade. Justamente porque é um processo. Um processo alcança mais rápido seu fim se conduzido pelo caminho mais curto ou mais adequado. E isso é genuinamente (até etimologicamente) método. Sob o ponto de vista do conhecimento que se deseja ter a respeito de alguma coisa, método é o caminho a percorrer para se chegar à verdade. O método é uma exigência, uma necessidade, um fator de segurança e economia nas operações de toda ordem, sobretudo nas de ordem intelectual. A ciência não é outra coisa que método. Pelo método se excluem o capricho, o acaso nas investigações e se determinam os meios e a organização da pesquisa. Depois de garantida a mentalidade científica é que a Universidade tem condições de se preocupar com a formação profissional de seus alunos. A metodologia científica, como ciência auxiliar das demais e como campo de treinamento da atividade intelectual e da pesquisa, vem ao encontro do objetivo primeiro do curso superior, a fim de realizá-lo de maneira segura e racional. Mas introduzir o aluno no trabalho de pesquisa, informá-lo sobre a filosofia da ciência e a lógica da investigação, sem antes ajudá-lo a desenvolver o hábito do estudo, da reflexão, do rigor da análise, da crítica e da documentação, parece-nos não ser o caminho acertado.

Imaginamos o iniciante no trabalho científico como aquele que, implicado num processo de autodesenvolvimento, vai paulatinamente se transformando: terá de ser antes estudioso para, em seguida, tornar-se trabalhador intelectual, pesquisador e, finalmente, autor. Essas fases, claro, não se excluem nem cessam pela aparição da ulterior; antes, se completam e se superpõem a partir de determinado momento de cada uma.

Ademais, temos verificado vários fatores que todos os anos se repetem:

a) o número significativo de alunos que ingressam no curso superior e durante um a dois anos ainda continuam sem o método básico de vida intelectual;
b) a necessidade freqüentemente exposta por tantos que recebem encargos para resumir autores, e teorias, sem saber como fazê-lo;
c) a tendência de promover cada vez mais os tradicionais trabalhos de estágio em forma monográfica. A monografia já está sendo hoje uma prática acadêmica bastante difundida.

Em face dessas constatações, e a fim de dar nossa modesta contribuição ao estudante brasileiro, é que criamos coragem para trazer à luz um acervo constantemente atualizado de observações, reflexões e anotações, aliadas à experiência de vários anos.

2 – Para atingir nosso escopo, procuramos adotar, indicar e aplicar um método e uma diretriz que se completam e se confundem. A diretriz foi a de sermos o mais objetivo, prático e direto possível, tanto na exposição como na formulação das técnicas. Evitamos o papel de conselheiro e preceptor e muito mais o de catador de regras de bom senso. Quando há possibilidade de fundamentação teórica, tentamos produzi-la, quando não há, apelamos para o critério da experiência acumulada e da análise racional. Essa diretriz nos leva assiduamente a exemplificar com fatos nascidos no terreno em que atuamos como professor.

O método adotado procura reviver a estratégia daquele que há trezentos anos surgiu como o "prefácio do pensamento moderno" e contemporâneo, criado pelo gênio de DESCARTES, a nós transmitido sinteticamente em quatro itens:

> O primeiro consistia em nunca aceitar, por verdadeira, coisa nenhuma que não conhecesse como evidente; isto é, devia evitar cuidadosamente a precipitação e a prevenção; e nada incluir em meus juízos que não se apresentasse tão clara e tão distintamente ao meu espírito que não tivesse nenhuma ocasião de o pôr em dúvida.
>
> O segundo – dividir cada uma das dificuldades que examinasse em tantas parcelas quantas pudessem ser e fossem exigidas para melhor compreendê-las.
>
> O terceiro – conduzir por ordem os meus pensamentos, começando pelos objetos mais simples e mais fáceis de serem conhecidos, para subir, pouco a pouco, como por degraus, até o conhecimento dos mais compostos, e supondo mesmo certa ordem entre os que não se precedem naturalmente uns aos outros.
>
> E o último – fazer sempre enumerações tão completas e revisões tão gerais, que ficasse certo de nada omitir (58: p. 67-8).

Um ponto a esclarecer: ao referir-me a DESCARTES e citá-lo freqüentemente neste manual, estou não só buscando a fonte da metodologia como prestando uma homenagem ao descobridor do método científico. Isso não significa que seja cartesiano. Apesar de o *Discurso do método* ter exercido forte influência em minha formação, creio ter conseguido vacinar-me contra seu racionalismo idealista (das idéias claras e distintas) e seu mecanicismo linear.

Primeira parte

Capítulo I

O método do estudo eficiente

Não recearei dizer, porém, que julgo haver tido muita sorte em ter-me encontrado, desde a mocidade, em certos caminhos que me conduziram a considerações e máximas com as quais formei um método pelo qual, parece, tenho um meio de aumentar gradualmente o meu conhecimento.

DESCARTES

Introdução. 1 – Investigações de habilidades de estudar entre estudantes. 2 – Investigações sobre cursos de "como estudar". 3 – Fundamentos do método do estudo eficiente e principais técnicas do "estudo pela leitura". 4 – A "técnica por excelência". 5 – O *How to Study* de MORGAN.

Este capítulo não visa transmitir a arte de estudar nem a pedagogia do estudo. Fosse esse o propósito, o assunto mereceria ser exposto em manual à parte. Seu objetivo é muito simples e direto: comunicar ao interessado os fundamentos do método do estudo eficiente e as técnicas principais que são resultado de várias investigações. Houve o cuidado em selecioná-las em função do aluno que ainda não aprendeu a estudar com proveito através da leitura de livros de texto e outras fontes de informação. De modo específico são indicados *meios práticos* àqueles que têm necessidade de *render mais na atividade de estudo* para poderem produzir um trabalho monográfico ou de nível semelhante.

Não se frustre o leitor: se tem interesse em aprender a estudar no sentido cabal da expressão ou se tem necessidade de recuperar-se de deficiências graves quanto ao hábito de estudar, este capítulo não o satisfará. Terá de recorrer a manual de "como estudar". No final do capítulo examinamos um dos mais indicados, o *How to Study* de MORGAN, recomendado com tranqüilidade pela experiência de vários anos de magistério.

Refiro-me, neste capítulo, às investigações sobre as habilidades de estudar entre estudantes e aos cursos de "como estudar", por duas razões: para mostrar o fundamento científico das indicações e a fim de comunicar minha confiança na introdução deste recurso pedagógico nas escolas de todos os níveis, como uma das mais importantes soluções ao problema da deficiência do ensino brasileiro.

Ao fazer um resumo do livro de MORGAN, pretendi completar minha contribuição ao leitor e, ao mesmo tempo, extrair o que me pareceu mais de acordo com a linha adotada neste manual. Embora aceite o universal critério "ninguém deve escrever se não tem algo de novo a comunicar", julgo também que estaremos agindo certo toda vez que divulgarmos a produção alheia que informa, cria e promove. O *How to Study* realiza plenamente esta exigência.

1 – Investigações de habilidades de estudar entre estudantes

Indicar normas de estudo baseadas apenas na própria experiência, no bom senso ou por julgamento de valor não é atitude científica e, talvez, não seja correto. O caminho apontado é o da investigação: propor, observar, experimentar, analisar e tirar as conclusões. Hoje, mais do que em qualquer época da história, somos muito exigentes em matéria de soluções; desejamos comprovação. O problema do estudo eficiente poderia ser resolvido cientificamente de duas maneiras: pelo método experimental ou por meio de uma pesquisa de campo, do tipo *survey*. No primeiro caso, a partir de uma teoria geral com fundamentação psicológica e pedagógica de um levantamento exploratório dos elementos do problema e mediante intuição, poderíamos realizar uma série de pesquisas, com grupos experimental e de controle. Obteríamos, sem dúvida, conclusões mais seguras. Mas seria um processo longo e por demais dispendioso. No segundo caso, utilizando as técnicas de amostragem, faríamos o levantamento, a descrição e a interpretação das várias habilidades que os estudantes usam na situação de estudo (leitura, assistência a aulas, exames, anotações etc.), tendo o cuidado de controlar variáveis como idade, sexo, nível de escolaridade, grau de aproveitamento, nível de inteligência, situação socioeconômica. Os resultados do *survey* seriam confrontados. As técnicas adotadas, com maior percentagem, pelos estudantes de mais alto nível de sucesso seriam consideradas "habilidades" recomendáveis. Como se vê, esse procedimento se baseia numa hipótese de trabalho: "Se os melhores as usam, devem ser as mais indicadas."

De acordo com esse segundo modelo já foram feitas muitas pesquisas a respeito das vantagens dos chamados "métodos do estudo eficiente".

Sendo de interesse, segue breve relato de algumas delas. Maiores detalhes podem ser fornecidos pela bibliografia indicada. Quase todas foram realizadas através de questionários, entrevistas e acompanhamento. Aproveitamos parte do levantamento de pesquisas publicadas que KELLY conseguiu efetivar e divulgar em sua *Psicologia educacional* (104: cap. XIX).

CHARTERS, por exemplo, constatou que, entre 258 alunas pré-universitárias, menos da metade usava o processo eficiente para preparar suas tarefas (48: p. 41-8).

BUTTERWECK chegou à conclusão de que, em um grupo de primeiranistas universitários, menos de 25% usavam os métodos necessários para um estudo inteligente (41: p. 66-76).

CUFF, mediante um questionário de 75 itens, investigou as atividades de estudo de 1.250 alunos, de vários graus, chegando à seguinte conclusão:

> As médias dos resultados dos diferentes grupos não revelam diferenças progressistas, nem dignas de confiança. Isto parece indicar que os hábitos de estudo se formam cedo, resultando do método de ensaio-e-erro, ou de outro fator seletivo ou fixativo e que, daí por diante, os vetores tendem a permanecer constantes, a não ser que um programa planejado por professores atentos produza modificações (56: p. 295-301).

C. B. WILSON, em investigação feita entre alunos de curso secundário, verificou que eles pouco progridem em matéria de técnica de estudo, durante os anos de ginásio e colégio (179: p. 362-3).

CAMDEN observou um pequeno progresso, estatisticamente insignificante, na aquisição de técnicas de estudo à proporção que os alunos avançam nos dois últimos anos (43).

EURICH, usando uma escala de cem itens para verificar se os "bons alunos" obteriam um número de pontos sensivelmente superior ao dos alunos medíocres, em níveis ginasial e pré-universitário, constatou particularmente que:

a) os resultados revelaram uma notável semelhança entre os dois grupos, ou seja, pelas respostas aos cem itens, ambos os grupos empregavam as mesmas técnicas;
b) uma análise minuciosa da escala indicou que, dos cem itens, apenas em quatro é que se diferenciavam claramente (67: p. 577-91).

ROSS e KLEISE, em pesquisas feitas com alunos de nível superior, chegaram à conclusão de que "os inteligentes e os não-inteligentes usam as mesmas técnicas de estudo e que o grupo mais capaz alcança êxito porque usa com habilidade o método, usado inadequada ou indiferentemente pelos que não obtêm o mesmo sucesso" (157: p. 551-62).

MILLS afirma que, na opinião de professores e diretores de escolas secundárias, há uma diferença nítida e real entre os hábitos de estudo e as necessidades dos alunos brilhantes e dos médios (127: p. 619-24).

Numa outra investigação, MILLS, ECKERT e WILLIAMS descobriram que os bons alunos de nível secundário possuem hábitos de estudo diferentes dos alunos medíocres, principalmente no que diz respeito às técnicas, envolvendo melhor disposição para o estudo, ou seja, "esforço, curiosidade, perseverança e bom senso" (128: p. 755).

2 – Investigações sobre cursos de "como estudar"

São cursos de natureza geralmente extracurricular, cuja finalidade é orientar o aluno no sentido de adquirir o conhecimento das técnicas de estudo e do uso eficiente delas.

Um bom planejamento para tais cursos deve conter tópicos como: meios para auxiliar a concentração; distribuição de horários; método eficiente de leitura; solução de problemas; esquemas; ampliação de vocabulário; tomada de apontamentos; preparação de temas; estágios e relatórios; memorização; comunicação; revisão; preparação para exames; uso de bibliotecas; estudo em grupo etc.

Neles deve haver exposição teórica e, sobretudo, atividades práticas e treinamento, sob orientação de um professor.

Cursos mais completos acrescentam ainda, em sua programação, serviços de orientação educativa, orientação profissional, terapias.

GATCHELL mediu a influência dos cursos de como estudar sobre o progresso escolar de nível secundário: o grupo que freqüentou o curso de técnicas de estudo demonstrou superioridade em quase todas as disciplinas (75: p. 123-9).

Às mesmas conclusões chegaram WAGNER e STROBEL (175: p. 577-89).

MORGAN declara, no prólogo de seu livro:

> O programa de estudo que aqui se apresenta está baseado em investigações educativas levadas a efeito durante anos, e tem sido devidamente comprovado sobre milhares de estudantes. Sabemos que dá bons resultados (131: p. 7).

Segundo esse autor, nos Estados Unidos,

> muitas universidades oferecem cursos de como estudar. No início eram dados somente para os estudantes que tinham dificuldades; contudo, depois perceberam que os bons alunos poderiam, também, beneficiar-se desses cursos. Freqüentemente são os que mais aproveitam. Podem-se ver os resultados de um desses programas de como estudar no gráfico que se segue (131: p. 13):

Valor dos programas de como estudar

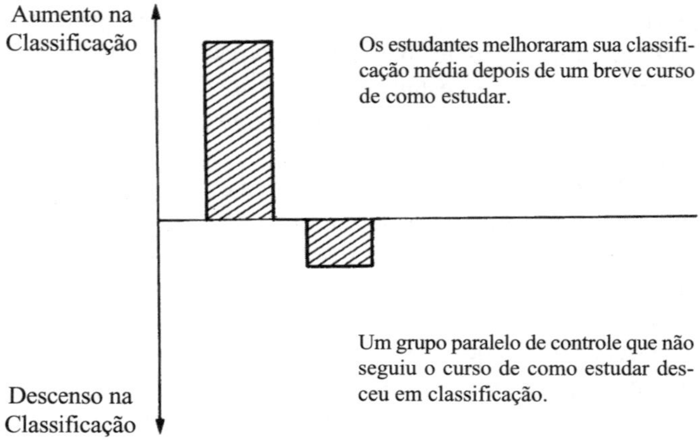

Comparação das classificações médias dos estudantes da Universidade de Stanford, depois de terem seguido um breve curso de como estudar, com os que não seguiram tal curso. (Baseado em SHART, S. L. Efective Study Methods. *Journal of Higher Education*, p. 271-2, 1943.)

3 – Fundamentos do método do estudo eficiente e principais técnicas do "estudo pela leitura"

Entre duas pessoas que tenham o mesmo nível mental (QI), processos cognitivos bastante semelhantes e o mesmo grau de escolaridade, é possível que uma seja mais eficiente que a outra, no estudo? Acredito que sim e tenho constatado, com freqüência, que isso ocorre. E o motivo me parece, também, óbvio: o método de estudar. Não é o único fator da diferença de rendimento. Mas é um fator sempre presente e tenho alguma base para acreditar que seja o principal.

A eficiência do estudo depende de método. Mas o método depende de quem o aplica. São duas afirmações que julgamos como primeiros princípios ou "leis" do estudo eficiente. Não nos deteremos em analisá-los, apenas os consideraremos como marcos ou pontos de partida para as indicações e técnicas do estudo eficiente que faremos daqui em diante.

Quem recomenda o método a uma pessoa e depois a outra pode estar certo de que esta o usará de um modo, aquela de outro. De uma pode-se conseguir cem por cento de resultado, da outra, talvez, bem menos. É que o uso e o resultado do método estão intimamente relacionados com capacidade, tipo de personalidade, feitio de inteligência, experiências e hábitos de quem o emprega.

Entretanto, temos de considerar, também, o aspecto objetivo do método. Este em si costuma ser simples. O que o torna, porém, complicado, difícil e impraticável é, muitas vezes, o conjunto de regras e técnicas que o compõem ou se estabelecem como se fossem ele mesmo. A estratégia é, quase sempre, simples e fácil. As táticas é que costumam ser numerosas, complexas e difíceis. Generalizo este ponto de vista para o método em todas as situações e estou seguro de aplicá-lo ao método do estudo eficiente.

Tenho observado que um feixe de técnicas bem aplicadas, principalmente por quem deseja extirpar hábitos negativos de estudo, é o suficiente. Quantas vezes ouvi, em sala de aula, estudantes reclamarem de certos livros de técnicas de estudo, porque eram tantas e tão elevadas as exigências e "conselhos" ali apresentados que somente um ser perfeito seria capaz de praticá-los.

Infrutífero seria discutir aqui qual o melhor método de estudo eficiente. Inclusive porque nos parece não haver diversidade de métodos de estudo. Apenas há divergências entre os autores, na ênfase e na enumeração de processos e técnicas.

Em síntese, o método do estudo eficiente se reduz aos seguintes pontos fundamentais:

a) *finalidade*: desenvolver hábitos de estudo eficiente que não se restrinjam apenas a determinado setor de atividade ou matéria específica, mas hábitos que sejam válidos, pelo processo de transferência de aprendizagem, para as demais situações, e eficientes para o transcurso da vida;

b) *abrangência*: servir de instrumento a todos os que tenham as mesmas necessidades e interesses, em qualquer fase de desenvolvimento e escolaridade, podendo aperfeiçoar-se à medida que o indivíduo progride, através de seus próprios recursos;

c) *processamento*: ser *global – parcial – global*, seguindo assim o princípio geral que rege a evolução biológica: o do desenvolvimento "difuso-analítico-sintético".

Como o processamento é a razão de ser do método, teremos condições de estabelecer que as técnicas do estudo eficiente derivam dessas três fases, conforme se pode perceber no esquema abaixo. Leia-o refletidamente e imagine-o colocado como uma resposta ao seu problema de estudante interessado em maior rendimento escolar. Se o desenvolvesse, seria levado a escrever um programa de como estudar e, já foi dito, não é essa minha intenção.

É preferível este sistema esquematizado de apresentação do método por parecer mais objetivo e de mais fácil apreensão. Como se vê, o quadro se divide em três categorias: as fases; as atitudes; as técnicas a serem empregadas.

3.1 – Método do estudo eficiente

Fases	**Atitude e comportamento**	**Técnicas básicas do "estudo pela leitura"**
1. Global	Curiosidade Interesse Propósito definido	1. Perguntar-se antes do estudo-leitura: • qual é o assunto? • o que sei sobre isso? • que acho que vai tratar-se aqui? 2. Pausa para responder-se mentalmente a essas perguntas. 3. Leitura rápida sobre todo o livro (quando é o primeiro contato com ele): • tentar obter o plano da obra • informações sobre o autor e seu trabalho • tentar descobrir seu método expositivo

<table>
<tr><th>Fases</th><th>Atitude e comportamento</th><th>Técnicas básicas do "estudo pela leitura"</th></tr>
<tr><td></td><td>"Olho clínico"

Atenção

Não-passividade</td><td>4. Leitura rápida sobre o capítulo, a lição:
• tentar apenas se informar do que se trata
• tentar esboçar o plano do capítulo ou do texto
• estabelecer rapidamente relações com temas anteriores
• sem anotações – veloz
• esta primeira leitura é sem análises – levada a cabo, mesmo sem entender tudo</td></tr>
<tr><td>2. Parcial</td><td>Concentração
Análise
Crítica

Síntese

Sistematização

Ordenação lógica</td><td>5. Nova leitura: demorada, refletida:
• assinalar as partes importantes
• obtenção da idéia principal
• obtenção dos detalhes importantes
• assinalar a lápis no livro
• relacionar as partes
• criticar (se for o caso) pontos de vista do autor
• confrontá-los com os próprios
• levantar dúvidas
• procurar respostas

6. Anotações (de preferência em fichas):
• breves transcrições
• esquemas
• resumos próprios
• conclusões tiradas
• análises e críticas pessoais (se for o caso)
• documentar-se não apenas para o presente, o imediato. A anotação deve servir para o futuro. Daí ser concisa, sem ser obscura

7. Relacionar o assunto com o anterior e o seguinte:
• consultar outras fontes. Não se escravizar ao livro de textos</td></tr>
<tr><td>3. Global</td><td>Concentração

Persistência

Adaptação às situações reais, fora do contexto lido</td><td>8. Revisão e assimilação:
• rever toda a anotação feita
• confrontar com o texto
• repetir para si o aprendido, imaginando que o está comunicando a alguém
• treinar-se para que tal "comunicação" tenha clareza e seqüência lógica
• testar a memória para assegurar-se de que não esqueceu algo importante. Não decorar, mas assimilar</td></tr>
</table>

O estudante que adquirir o hábito de estudar com tal método pode estar tranqüilo de que obterá grandes vantagens. Conseguirá maior produção ideativa e racional. Sua memória intelectual aumentará sensivelmente. Obterá maior capacidade de análise e de síntese. Terá mais facilidade na comunicação. Sobretudo, se completar o próprio método com a prática da "discussão" de assuntos em equipe ou em grupo de estudo. A experiência ensina que o estudo em grupo só tem eficácia se todos os elementos já vão para o estudo coletivo com o conhecimento da matéria. O estudo coletivo servirá para resolver dúvidas, estabelecer confronto dos próprios pontos de vista com os dos colegas. Ajuda a desenvolver, sobretudo, a capacidade de comunicação. A ilusão de muitos estudantes é estabelecer o estudo em grupo como uma das modalidades de estudar pela primeira vez um assunto. Geralmente o resultado é negativo e constitui perda inestimável de tempo.

O método anteriormente apontado apresenta ainda uma grande utilidade: armazenagem de conhecimentos e documentação para a vida.

3.2 – O método e o pequeno conjunto de técnicas práticas aqui expostos prendem-se a um eixo comum: a leitura proveitosa. O leitor não há de inferir, por isso, que estou identificando o estudo com a leitura proveitosa do livro de textos. Esta tem sido a prática condicionadora da formação intelectual de nossos estudantes brasileiros, mas não concordo que seja a mais indicada, a mais producente. Sabemos até que tem sido um dos maiores obstáculos ao desenvolvimento científico de nosso país. Torna-se fonte de mediocridade intelectual ou de memorismo vazio, quando não de eruditismo improdutivo que "soa, mas não cria". O estudante que intenciona desenvolver-se e mais tarde transformar-se em autêntico trabalhador intelectual, a par da atividade de "estudar para fazer o curso", tem de se interessar curiosamente por outras fontes de informação que não o livro de texto, habituar-se a ler os autores e suas teorias e, sobretudo, *procurar com vontade e persistência respostas aos problemas que ele mesmo levanta*. Tem de habituar-se a questionar e verificar por iniciativa própria, para tirar as suas conclusões.

Sabemos que dentro da estrutura do nosso ensino superior é praticamente impossível atingir, em todos os setores, o objetivo da "escola-laboratório", onde o aluno pratica, experimenta, investiga. A maior parte de sua formação intelectual e profissional se faz através de livros. Mas que não seja exclusivamente através de livros de textos, de manuais adotados. Mesmo sem possibilidade de praticar, experimentar e investigar, *deverá desenvolver o hábito de estudar fora dos compêndios, indo direto às fontes, consultando as obras importantes daquela especialização e os artigos científicos dos periódicos.*

É oportuno transcrever aqui uma passagem de JAVIER LASSO DE LA VEGA:

> A partir do momento em que a pedagogia ativa expulsou dos centros de ensino as teorias herbertianas, as universidades trocaram a rude tarefa de abarrotar a memória pela de criar homens capazes de atuar no campo do saber e das ciências. Já não interessa que o estudante possa dizer de cor todos os artigos do Código Civil, mas que seja capaz, por ter adquirido bastante prática e desempenho na matéria, de redigir uma demanda judicial, um parecer jurídico ou uma sentença.
>
> Saber literatura, saber história ou direito é *saber fazer* literatura, *saber fazer* história e *saber fazer* leis, poder atuar e *saber produzir*, numa palavra, no campo dessas disciplinas, para exercê-las um dia profissionalmente ou então contribuir para o progresso delas mediante o emprego da técnica da pesquisa (110: p. 303).

Recomendo ao estudante a leitura do capítulo XX do *Manual de documentación*, donde acabo de extrair a valiosa observação acima. Ela se aplica aos demais ramos do conhecimento humano de que se ocupam os centros de ensino e formação superiores.

Afinal, é preciso reviver, na prática, o método apontado por DESCARTES: "Para que um espírito adquira capacidade, é necessário exercitá-lo no descobrimento das coisas descobertas." (58)

4 – A "técnica por excelência"

Habituado à metodologia científica, através do magistério e da prática em pesquisa, posso garantir que todo método depende sempre do emprego do *poder de decisão*. O sucesso de uma pesquisa, por exemplo, vai depender, inicialmente, de *poder decidir* por qual método a ser empregado, o experimental ou o não-experimental; a seguir surgem momentos de *decisão* entre alternativas de sistemas de elaboração da hipótese, da forma e conteúdo das proposições, das técnicas a serem utilizadas na coleta de dados; requer-se *decisão definitiva* pelo tipo de amostragem que venha a ser mais significativa e representativa, pois, em geral, não haverá possibilidade de se voltar atrás; quando tiver de analisar os dados colhidos, o pesquisador terá de *decidir* por quais técnicas, se são necessárias estatísticas ou não, para ter mais sucesso na interpretação e explicação do fenômeno, em termos de maior probabilidade de acerto; ao final, *decidirá definitivamente* por aceitar as conclusões mais consoantes com seu desenho de comprovação da hipótese. Aqui, apenas se fez uma amostra dos principais estágios da pesquisa em que o *poder de decisão* é condição *sine qua non* do êxito da investigação e do emprego do método.

O método do estudo eficiente, também, depende do poder de decisão de quem pretende atingir seu objetivo. O estudante que não se decide, com vontade, a empregá-lo certamente não conseguirá êxito. Não basta ler e informar-se a respeito de como deve agir. Importante, também, é *decidir praticar*.

Aqui, como em outros capítulos, há de insistir-se na necessidade de tentar, praticar e *treinar*. Quem não se impõe um período razoável de treinamento, dentro de um horário seriamente observado, não terá êxito garantido. Nem terá condições, por outro lado, de subestimar o caminho indicado. Se não experimentou, como pode avaliar?

Por isso é que o *treinamento* é a "técnica por excelência" do método do estudo eficiente.

5 – O *How to Study* de MORGAN

Merece destaque entre "manuais de como estudar" recomendáveis ao estudante de nível superior, sobretudo àquele recém-admitido na universidade, a obra: MORGAN, Clifford e DEESE, James – *How to Study* (131), com tradução em espanhol e português.

São dez capítulos bem distribuídos e didaticamente estruturados a fim de realizar, para o estudante, verdadeiro curso de como estudar. O mais importante é que o autor soube evitar as normas e conselhos, fruto do bom senso, mas sem comprovação. É interessante apresentar aqui uma recensão desse livro.

Ao ingressar numa universidade, o estudante descobre que muita coisa passa a ser diferente: a estrutura e o ambiente não são como os da escola secundária. Verifica que já não basta dedicar-se ao estudo para conseguir êxito. "Há um grande número de coisas que a gente faz de maneira inadequada." O propósito do livro é ajudar a descobri-las.

O estudo é "um esforço total para se aprender, e só é verdadeiramente proveitoso quando se aprende". É possível estudar melhor e em menos tempo, pois há método de estudo mais eficiente do que aquele que um estudante descobriu por si mesmo, por "ensaio e erro". As técnicas consideradas como as mais modernas e as melhores, "através de diversas investigações e comprovações", são apontadas. Mas antes o estudante é convidado a examinar-se com o autor para saber que tipo de estudante é. Isso é feito através de um questionário e da análise de possíveis respostas, para convencer o estudante de que o fundamental é conhecer-se. Afinal "a arte de estudar começa com a forma em que organizamos nossa vida".

O impacto e a desorientação do estudante, sobretudo do "calouro", na universidade, são explicados: o "brilhante" aluno do curso secundário agora pode estar entre os comuns mais atrasados. É que pertence à faixa bem diminuta dos melhores alunos do país, os que conseguem ingressar na escola superior. Então, está competindo com colegas de seu nível para cima. Além disso terá de agir por conta própria. Não pertence mais à comunidade dos dependentes. A pressão dos pais, que só têm diante de si o aluno "brilhante" dos anos anteriores e querem que ele continue assim, e sonham com seu futuro promissor, é outra razão da desorientação do universitário. Mas é freqüente o jovem não perceber a situação e continuar supervalorizando-se. Através de investigações é constatado que a "maioria dos estudantes universitários não quer aceitar suas deficiências".

Uma teoria é desenvolvida na obra, ainda que o autor não a declare expressamente: o método do estudo proveitoso leva o estudante a obter melhor qualificação universitária, e os melhores alunos terão êxito garantido na vida posterior. Isso é comprovado através de pesquisa. O mais importante, porém, não é preocupar-se com boas qualificações acadêmicas, pois existem outras razões para interessar-se em melhorar as técnicas de estudo, entre elas: a atração do saber, o "como fazê-lo" e o fato de se ganhar tempo estudando melhor. Afinal "o que importa não é o *quanto* estudas, mas *como* estudas". Por isso, o estudante que trabalha não deve ser considerado exceção. É o que mais valor dá ao método eficiente e dele tira o melhor proveito: "Segundo investigações, os estudantes que trabalham obtêm, em média, qualificações tão boas e até melhores do que aqueles que não trabalham." O estudante de sucesso não é só o "que estuda": "Importam tanto as horas em que estudas como as que dedicas a outras coisas." O problema básico é estabelecer horário, plano: "Um horário bem feito proporciona tempo e te impede de vacilar acerca do que vais fazer. Mostra que estás realizando o que deves no tempo conveniente." O estudante encontra a técnica mais prática e segura de fazer o horário adequado a seu tipo de vida: várias tabelas deverão ser preenchidas pelo interessado – cálculos são feitos para o planejamento acertado até que resulte o horário eficaz. O problema da perda de tempo e de como empregá-lo é dissecado. As condições físicas e o local de estudo apropriado não são esquecidos.

O capítulo 3 é o ponto alto da obra. A estratégia do estudo é aqui examinada com riqueza de técnicas. A fórmula "mágica" é o *Survey Q 3R* (*Survey* = examinar; *Q* de *Question* = perguntar; *os três R: Read* = ler; *Recite* = repetir; e *Review* = rever).

A leitura como instrumento fundamental do estudante é tratada nos seus aspectos mais importantes: o que ler; como ler; o tipo adequado para assunto diversificado; o ritmo a ser empregado. Mostra como aumentar a velocidade da leitura sem perder o poder de compreensão e assimilação.

As formas adequadas de tomar notas, de fazer esquemas, de acompanhar uma aula, a técnica das fichas, de organização das notas, de consultar fora dos livros de texto – tudo é examinado com indicações de técnicas produtivas.

Depois de indicar o meio mais prático de realizar exames e provas, ensina, através do "apenas fundamental", a escrever ensaios e memórias científicas.

Os três últimos capítulos se ocupam de assuntos complementares, porém bastante requisitados pelo estudante universitário: "o estudo dos idiomas estrangeiros"; "problemas de matemática"; "a forma de obter ajuda e de ser útil" nos trabalhos fora dos livros de texto.

Capítulo II

Aperfeiçoamento da leitura

Não deixo todavia de experimentar uma extrema satisfação com o progresso que penso já haver feito na indagação da verdade e de conceber tais esperanças para o futuro que, se entre as ocupações dos homens, puramente humanas, alguma existe solidamente boa e importante, ouso crer que foi a que escolhi.

DESCARTES

Introdução. 1 – Comparação entre o bom e o mau leitor. 2 – Técnicas para tornar a leitura veloz e proveitosa. 3 – Treinamento em leitura veloz e proveitosa. 4 – Análise de texto. 5 – Leitura de gráficos e tabelas.

O estudo eficiente depende da técnica da leitura. O estudante como o trabalhador intelectual tem necessidade de ler constantemente. Investigações já foram feitas e concluíram que o sucesso nas carreiras e atividades do mundo moderno está em relação direta com o hábito da leitura proveitosa: há, no mínimo, a necessidade de se obterem as informações exatas no lugar e no momento oportunos e a de aperfeiçoamento profissional, cujo processo é comunicado nos livros, textos e outros recursos que exigem leitura e estudo.

O que é uma leitura proveitosa, quais as técnicas que, empregadas, levam a adquirir a capacidade de realizá-la, será o objeto deste capítulo. Completa o anterior e será completado pelos dois subseqüentes (o terceiro, que trata da habilidade de resumir, e o quarto, da documentação pessoal): os quatro comunicam o instrumental básico do trabalhador intelectual moderno em condições de produzir científica e tecnicamente.

O estudante e o responsável por um trabalho científico enfrentam um problema comum: ter de consultar e ler uma quantidade imensa de material escrito indicado pelas fontes, bibliografias e documentação. A cada ano, a explosão bibliográfica, mesmo a especializada, aumenta assustadoramente. A ciência, sob certo aspecto, é um processo cumulativo e não um produto acabado; o trabalhador intelectual tem necessidade de se atualizar. Consegui-lo é um desafio. Da parte do leitor, só será superado através de método e habilidades. Neste caso, método e habilidades se resumem em:

a) saber selecionar o que se deve ler;
b) saber ler com a maior velocidade e o maior proveito possíveis.

Mas para atingir esse objetivo é preciso que o interessado comece a medir suas possibilidades: que espécie de leitor é, quais as suas condições e seu poder de decisão em desenvolver habilidades, através de treinamento. Por isso, começarei pela análise dos requisitos do "bom leitor". Em seguida é que apontarei as técnicas da leitura proveitosa. Procuro, dentro da diretriz que venho adotando desde o início, ser direto e prático. A exposição será concisa e até esquemática em alguns momentos. Mas o que indicar é fruto de investigações, não são normas de bom senso.

Caberá ao leitor, caso necessitar, decidir por algo a mais que este capítulo apresenta: ler algum manual que traga resposta a problema específico que não foi identificado ou, talvez, realizar um curso de "leitura dinâmica". Entretanto, posso garantir que muitos estudantes universitários que se dispuseram a praticar, dentro de um período razoável de treinamento individual, as indicações aqui apresentadas obtiveram êxito, segundo confessaram.

Uma bibliografia mínima, mas cuidadosamente selecionada, é indicada no final deste manual. Atenderá provavelmente às necessidades do interessado.

Além da leitura, o trabalhador intelectual, sobretudo quando assume a responsabilidade de fazer um trabalho científico, necessita saber analisar cientificamente os textos que lê e consulta. Daí por que este capítulo, nesta edição revista, ficou enriquecido com uma seção sobre "análise de texto".

1 – Comparação entre o bom e o mau leitor

À primeira vista parece fora de propósito a epígrafe acima. Poder-se-ia objetar que se trata de um problema de valor e seria ocioso, numa perspectiva científica, estabelecer um confronto entre "bom" e "mau", pois se torna um julgamento bastante subjetivo. Sem discutir o mérito e a procedência desse ponto de vista, que nos transportaria, provavelmente, para um terreno mais abrangente – o do valor nas mensurações científicas –, a colocação merece uma justificativa. A experiência e a observação têm mostrado um fato bastante freqüente: há muitas pessoas que "lêem" e há pessoas que "sabem ler". Muitas, sobretudo quando têm consciência do problema, pagam um tributo caro a hábitos formados desde a escola primária e que as condicionaram a ler sem saber ler. É pelo problema de hábitos negativos de leitura que se volta o interesse em rotular a pessoa de "mau leitor"; e o "bom leitor", conseqüentemente, passa a significar aquele que tem habilidades eficientes de leitura.

Introduzir alguém no conhecimento das habilidades de leitura, antes de levá-lo a uma auto-análise, parece não ser o caminho indicado. É por isso que se estampa diante do interessado o quadro a seguir onde é possível descobrir seu "perfil de leitor". À medida que esse quadro vai se desenrolando, os aspectos positivos e negativos vão sendo identificados e as necessidades específicas de cada um vão sendo colocadas em termos concretos. Ao término dessa atividade, a análise já estará praticamente feita e a pessoa terá condições de decidir pelo que lhe interessar mais de perto.

O quadro é baseado num esquema semelhante elaborado por WITTY (181), que o produziu, porém, de maneira sumária e sem a intenção pedagógica aqui proposta.

Não se trata de um teste de psicologia, pois do teste psicológico tem apenas a característica da objetividade (o quadro deriva de conclusões de pesquisas feitas a respeito de habilidades de leitura que os estudantes têm) e funciona como estímulo para a reação do leitor.

Convém que você leia o quadro pausadamente, um item de uma coluna e logo a seguir o correspondente na outra coluna. À medida que for identificando pontos positivos e pontos negativos, assinale-os. Depois reveja-os e estabeleça o esquema de suas necessidades concretas para desenvolver hábitos de leitura veloz e producente.

Bom leitor	**Mau leitor**
O bom leitor lê rapidamente e entende bem o que lê. Tem habilidades e hábitos como:	O mau leitor lê vagarosamente e entende mal o que lê. Tem hábitos como:
1. Lê com objetivo determinado. Ex.: aprender certo assunto, repassar detalhes, responder a questões.	*1. Lê sem finalidade.* Raramente sabe por que lê.
2. Lê unidades de pensamento. Abarca, num relance, o sentido de um grupo de palavras. Relata rapidamente as idéias encontradas numa frase ou num parágrafo.	*2. Lê palavra por palavra.* Pega o sentido da palavra isoladamente. Esforça-se para juntar os termos para poder entender a frase. Freqüentemente tem de reler as palavras.
3. Tem vários padrões de velocidade. Ajusta a velocidade da leitura com o assunto que lê. Se lê uma novela, é rápido. Se livro científico para guardar detalhes, lê mais devagar para entender bem.	*3. Só tem um ritmo de leitura.* Seja qual for o assunto, lê sempre vagarosamente.
4. Avalia o que lê. Pergunta-se freqüentemente: Que sentido tem isso para mim? Está o autor qualificado para escrever sobre tal assunto? Está ele apresentando apenas um ponto de vista do problema? Qual é a idéia principal deste trecho? Quais seus fundamentos?	*4. Acredita em tudo o que lê.* Para ele tudo o que é impresso é verdadeiro. Raramente confronta o que lê com suas próprias experiências ou com outras fontes. Nunca julga criticamente o escritor ou seu ponto de vista.
5. Possui bom vocabulário. Sabe o que muitas palavras significam. É capaz de perceber o sentido das palavras novas pelo contexto. Sabe usar dicionários e o faz freqüentemente para esclarecer o sentido de certos termos, no momento oportuno.	*5. Possui vocabulário limitado.* Sabe o sentido de poucas palavras. Nunca relê uma frase para pegar o sentido de uma palavra difícil ou nova. Raramente consulta o dicionário. Quando o faz, atrapalha-se em achar a palavra. Tem dificuldade em entender a definição das palavras e em escolher o sentido exato.
6. Tem habilidades para conhecer o valor do livro. Sabe que a primeira coisa a fazer quando se toma um livro é indagar de que trata, através do título, dos subtítulos encontrados na página de rosto e não apenas na capa. Em seguida lê os títulos do	*6. Não possui nenhum critério técnico para conhecer o valor do livro.* Nunca ou raramente lê a página de rosto do livro, o índice, o prefácio, a bibliografia etc. antes de iniciar a leitura. Começa a ler a partir do primeiro capítulo. É comum até ignorar o autor, mesmo

Bom leitor	Mau leitor
autor. Edição do livro. Índice. "Orelha do livro". Prefácio. Bibliografia citada. Só depois é que se vê em condições de decidir pela conveniência ou não da leitura. Sabe selecionar o que lê. Sabe quando consultar e quando ler.	depois de terminada a leitura. Jamais seria capaz de decidir entre leitura e simples consulta. Não consegue selecionar o que vai ler. Deixa-se sugestionar pelo aspecto material do livro.
7. Sabe quando deve ler um livro até o fim, quando interromper a leitura definitivamente ou periodicamente. Sabe quando e como retomar a leitura, sem perda de tempo e da continuidade.	*7. Não sabe decidir se é conveniente ou não interromper uma leitura.* Ou lê todo o livro ou o interrompe sem critério objetivo, apenas por questões subjetivas.
8. Discute freqüentemente o que lê com colegas. Sabe distinguir entre impressões subjetivas e valor objetivo durante as discussões.	*8. Raramente discute com colegas o que lê.* Quando o faz, deixa-se levar por impressões subjetivas e emocionais para defender um ponto de vista. Seus argumentos, geralmente, derivam da autoridade do autor, da moda, dos lugares-comuns, das tiradas eloqüentes, dos preconceitos.
9. Adquire livros com freqüência e cuida de ter sua biblioteca particular. Quando é estudante procura os livros de texto indispensáveis e se esforça em possuir os chamados clássicos e fundamentais. Tem interesse em fazer assinaturas de periódicos científicos. Formado, continua alimentando sua biblioteca e restringe a aquisição dos chamados "compêndios". Tem o hábito de ir direto às fontes; de ir além dos livros de texto.	*9. Não possui biblioteca particular.* Às vezes é capaz de adquirir "metros de livro" para decorar a casa. É freqüentemente levado a adquirir livros secundários em vez dos fundamentais. Quando estudante, só lê e adquire compêndios de aula. Formado, não sabe o que representa o hábito das "boas aquisições" de livro.
10. Lê assuntos vários. Lê livros, revistas, jornais. Em áreas diversas: ficção, ciência, história etc. Habitualmente nas áreas de seu interesse ou especialização.	*10. Está condicionado a ler* sempre a mesma espécie de assunto.
11. Lê muito e gosta de ler. Acha que ler traz informações e causa prazer. Lê sempre que pode.	*11. Lê pouco e não gosta de ler.* Acha que ler é ao mesmo tempo um trabalho e um sofrimento.
12. O BOM LEITOR é aquele que não é só bom na hora de leitura. É bom leitor porque desenvolve uma atitude de vida: *é constantemente bom leitor. Não só lê, mas sabe ler.*	*12. O MAU LEITOR não se revela apenas no ato da leitura*, seja silenciosa ou oral. *É constantemente mau leitor*, porque se trata de uma atitude de resistência ao hábito de saber ler.

Após auto-analisar-se é provável que o leitor queira aperfeiçoar seu hábito de leitura. Os meios de alcançá-lo serão fornecidos através das técnicas da "leitura veloz e proveitosa".

2 – Técnicas para tornar a leitura veloz e proveitosa

A *leitura* não é simplesmente o ato de ler. É uma questão de hábito ou aprendizagem, que pressupõe: *a*) uma teoria que fundamente o método; *b*) uma estratégia a ser empregada; *c*) um conjunto de técnicas; *d*) treinamento.

Não há, portanto, a pretensão de apresentar aqui técnicas que, aplicadas desde o primeiro ensaio, transformem um "mau leitor" em "bom leitor" ou que melhorem o nível de leitura de alguém. É preciso que, antes, o interessado se convença do fundamento teórico do método, para, em seguida, utilizá-lo *racionalmente* e *através de treinamento*, no qual se comportará como aprendiz e instrutor de si mesmo: acompanhará seus resultados e corrigirá seus erros.

Quanto à fundamentação teórica, não farei uma exposição minuciosa, a fim de não infringir a diretriz deste livro. Apenas comunicarei um esboço com as idéias elementares necessárias.

Esta microteoria tem raízes *behavioristas* e *gestaltistas*[1]. De certo modo está ligada às idéias dos teóricos da personalidade e da aprendizagem, que têm, nos últimos anos, desenvolvido uma *teoria associacionista*: "*estímulo – organismo integrador – reação*" (*EOR*). O condicionamento é um fato científico, mas sabemos que não conseguiríamos explicar a aprendizagem da leitura apenas em termos mecanicistas de "estímulo-resposta" (ER), ao menos no estádio atual da ciência psicológica. Por isto é que é contraproducente colocar o aprendiz da leitura proveitosa dentro de uma situação em que certos estímulos (texto, relógio cronometrando tempo, questionário a ser respondido etc.), repetidos periodicamente, venham a provocar a reação esperada. Talvez se consiga uma reação estereotipada. Justamente a reação estereotipada, da qual uma expressão concreta

1. Ao leitor que não tiver conhecimento dessas duas teorias (behaviorismo e gestaltismo) convido-o a consultar algum tratado especializado de psicologia geral ou de psicologia da aprendizagem. Na bibliografia final sugerem-se dois deles (61 e 92).

seria "ler sempre do mesmo modo, com o mesmo ritmo e automaticamente", caracteriza o "mau leitor". Velocidade em leitura é sinal de "bom leitor", mas não como traço exclusivo. É fundamental que o leitor saiba o que esteja lendo, compreenda o que está escrito e tenha condições de interpretar. Sua reação diante de um texto deve ser uma resposta dada após percepção pessoal da situação e interpretada dentro de um quadro de referência próprio. De certo modo é uma reação "calculada" e individual. Cada situação de leitura é uma situação típica, cada leitor se distingue dos demais e, embora mantenha um padrão constante de comportamento, não reage sempre de maneira absolutamente idêntica. Por isso começará reagindo através de uma visão "gestáltica" da situação, compreendê-la-á e procurará um modo adequado de ler, descoberto por *insight*.

Nesta breve exposição, está o fundamento teórico do método, da estratégia e das técnicas da "leitura proveitosa e veloz". Durante vários anos empreguei este método entre estudantes universitários e confesso que os resultados foram bastante satisfatórios. Por outro lado, conheci vários casos de pessoas que freqüentaram curso de "leitura dinâmica", cuja programação deve ter sido destituída de fundamento teórico ou só ter-se preocupado com técnicas de condicionamento e adestramento; após dois meses de curso, várias delas demonstraram pouco aumento na velocidade e continuaram com velhos hábitos negativos.

Em forma sucinta, são apresentadas as técnicas de *leitura veloz e proveitosa*. Estão distribuídas dentro das seguintes áreas: 1) condições físicas, fisiológicas e psíquicas; 2) a técnica da leitura oral; 3) o emprego dos olhos; 4) velocidade da leitura; 5) tipos de leitura; 6) vocabulário; 7) uso de obras de referência; 8) compreensão.

2.1 – Condições físicas, fisiológicas e psíquicas

Antes de iniciar uma leitura e, particularmente, antes de iniciar o período de treinamento, é importante observar as seguintes condições:

a) ambiente sossegado ou que o discernimento do leitor considere o mais adequado;
b) luz em posição correta (que não fira diretamente os olhos e venha possivelmente da esquerda);
c) procurar ler sempre no mesmo local e no mesmo horário (isso ajuda a condicionar o organismo);
d) verificar se tem visão, audição e respiração normais; tente responder a estas perguntas: tem dificuldade em reconhecer as palavras? em entender o que os outros dizem? freqüentemente pede para repetirem? sente a vista embaralhar-se ao ler? dor de cabeça depois de alguns minutos de leitura? (se respondeu afirmativamente, é sinal de que está precisando de uma visita ao médico);
e) posição correta do livro: a mais indicada é a que forme um ângulo próximo de 90 graus com o tórax, a uma distância aproximada de 30 cm dos olhos (*estes devem alcançar um ângulo de visão tal que toda a extensão da linha seja abarcada, sem movimento ocular*);
f) posição correta do corpo: a mais indicada é ficar assentado, formando a parte traseira das pernas com o chão um ângulo quase reto; mas cabe a cada um descobrir a posição mais adequada que não lhe traga prejuízo ao corpo, provoque sono, fadiga rápida e outros incômodos;
g) não ler tendo pensamentos que o preocupam e possam obstruir freqüentemente a dinâmica da leitura: não trabalhar com duas idéias ao mesmo tempo (acaba não havendo definição de nenhuma). A maneira prática de solucionar o problema é lançar numa folha de papel as coisas que preocupam e determinar o horário e o meio de resolvê-las: após identificar por escrito os problemas, constatar-se-á que eles não eram tantos e tão sérios como a imaginação pintava...;
h) ler com propósito definido e com decisão.

2.2 – A técnica da leitura oral

Quem tem possibilidade de fazer leitura oral, convém que, de vez em quando, a exercite. A leitura oral é sempre indicada quando, após ler e reler um parágrafo ou trecho, ainda não se conseguiu captar-lhe o sentido.

Já foi observado que:

a) o "bom leitor" é capaz de ler alto (caso não tenha impossibilidade física ou de outra procedência) com clareza e expressão;
b) lê sem tropeços;
c) todos o entendem e ele gosta do que lê;
d) sabe fazer as pontuações e modulações com naturalidade e agrado;
e) colocado numa situação de "teste", em que se lhe pede para continuar pronunciando as palavras, após um sinal convencional, *sem olhar para o livro*, é capaz de dizer, no mínimo, quatro palavras.
f) o "bom leitor" revela-se pela leitura oral, porque não lê, mas interpreta através da leitura oral.

2.3 – O emprego dos olhos

É o ponto mais importante, pois é através do aparelho visual que se dá a passagem e a transformação do material escrito, sensorialmente captado, em imagem perceptiva e mental. Os olhos absorvem o que, instantaneamente, se torna compreensão.

2.3.1 – Convém atentar para os seguintes dados e técnicas:

1) *Qual a capacidade da sua visão na leitura?* Seus olhos absorvem um grupo de várias palavras ao mesmo tempo? Se o conseguem, provavelmente sua leitura é rápida e muito boa. Percorra com os olhos, *sem fazer pausa*, estas três linhas:

> Ela abandonou inteiramente a escola quando era ainda muito pequena sua irmã Júlia adotada numa família de maiores recursos que a sua.

Se moveu os olhos sem parar, possivelmente não captou o sentido do que leu. Agora leia as linhas com sua velocidade usual:

> Ela abandonou inteiramente a escola quando era ainda muito pequena sua irmã Júlia adotada numa família de maiores recursos que a sua.

Durante este tempo, seus olhos tiveram movimento – parada – movimento – parada – movimento – parada...

Durante cada parada, os olhos se detêm num grupo de palavras ou numa palavra. Só durante a parada se pode captar o sentido do grupo de palavras ou da palavra. Enquanto os olhos se movem, não se atenta para o sentido das palavras. Talvez tenha agido assim:

> Ela abandonou inteiramente a escola / (parada) / quando era muito pequena / (parada) / sua irmã Júlia / (parada) / adotada numa família de maiores recursos que a sua / (parada).

Observe que o número de palavras entre uma parada e outra não é sempre o mesmo. O primeiro grupo é de *cinco*; o segundo, de *quatro*; o terceiro, de *três*; o quarto, de *nove*.

A determinação desse número é, provavelmente, ditada pelo processo integrativo que frisei na fundamentação teórica do método: o leitor reage através da percepção que tem da situação e não automaticamente. Se fosse automática e mecânica sua reação, cada grupo teria o mesmo número de palavras. Aqui talvez exista um aspecto ideográfico internalizado que distingue o ritmo da leitura, por exemplo, do ritmo musical: este é matemático, pois a "extensão" do compasso se repete sucessivamente. A "cadência" do pensamento não é a mesma da sensibilidade. Há um certo "mistério" nisto: por que, por exemplo, uns leriam o mesmo trecho acima com aquela divisão de grupo de palavras e de pausas e outros com outra divisão? É instantâneo e imponderável o ato que liga o emprego dos olhos, a percepção, o pensamento e a reação do leitor. Inclusive porque, em situações como a das três linhas acima, há possibilidade de constatar ambigüidade: "quem era muito pequena: ela ou sua irmã Júlia?" Alguns poderão ter atinado com o sentido no primeiro ato de emprego dos olhos; outros, talvez, somente depois de um leve retrocesso é que teriam percebido que "muito pequena" era Júlia. O emprego da pontuação teria evitado a ambigüidade, pois deveria haver uma vírgula após a palavra "escola" e outra após a palavra "Júlia".

Campo de visão é o número de palavras que os olhos absorvem numa simples fixação. Há uma palavra enfocada e palavras à esquerda e à direita da enfocada. *Quanto maior o número de palavras que um leitor absorve entre uma parada dos olhos e outra, maior será seu campo de visão.* O "mau leitor", porque tem o campo de visão estreito (por exemplo: lê palavras isoladas), tende a voltar a vista e liga palavras sem sentido. O resultado é que sua compreensão fica prejudicada. Então: *quanto maior o campo de visão, melhor a leitura.*

2) *Quanto mais curta a pausa, melhor a leitura.* O "bom leitor" tem pausas de fixação curtas. Por isso, sua leitura é rápida e lê com compreensão. Ao contrário do que muitos pensam, a atenção na leitura está em razão inversamente proporcional à demora da pausa de fixação, por isso quanto mais lenta for uma leitura mais facilmente a atenção cai. Como o nosso pensamento é muito rápido, as pausas longas se tornam propícias ao "vôo da imaginação" que se desprende do assunto lido para outras regiões longínquas. A lentidão na leitura provoca digressões mentais, fantasias e até cansaço.

3) *Quanto mais raras as fixações, melhor a leitura.* É um corolário do princípio formulado no item 1 quanto ao campo de visão. O "mau leitor" se detém sobre quase toda palavra que lê. Numa linha de dez palavras, faz dez fixações. O "bom leitor" faria, talvez, duas, dependendo da frase, pois como vimos está em jogo a "internalização ideográfica" de cada um diante de cada texto.

4) *Quanto mais raros os retrocessos, melhor a leitura.* A leitura normal tem um movimento de um lado para o outro. Em português, por exemplo, se lê da esquerda para a direita (em

outras línguas, como no hebraico, se lê no sentido inverso). Se ligarmos a primeira palavra à última de uma página, teremos uma linha diagonal (desta observação é que surgiu, talvez, a chamada "leitura em diagonal"). É possível, portanto, ler tentando desenvolver, com o emprego dos olhos, um percurso em diagonal, fazendo com que o movimento se dê mais dentro da faixa diagonal do que na direção horizontal em que as palavras materialmente se encontram. Uma das habilidades a desenvolver para atingir este objetivo é *passar celeremente da última palavra de uma linha para a primeira da linha seguinte* (diagonal da direita para a esquerda), enfocando mais as palavras do meio e em direção das últimas palavras da página, conforme ilustração abaixo. É preciso frisar que assim como o "bom leitor" não lê palavra por palavra, *também não lê linha por linha.*

> – 13 –
>
> Estudara, quando mais moço, entre as partes da Filosofia, a Lógica, e, entre as das Matemáticas, a Análise das Geometrias e a Álgebra, três artes ou ciências que pareciam dever contribuir em alguma cousa para o meu intento. Mas ao examiná-las notei, no que diz respeito à Lógica, aos seus silogismos e à maior parte de suas instruções, que servem mais para explicar aos outros as cousas já sabidas, ou mesmo como a arte de Lúlio, para falar sem grande critério daquelas que se ignoram, do que para aprendê-las. E embora ela mantenha, com efeito, muitos preceitos verdadeiros e bons, existem, todavia, com eles misturados, tantos outros que são nocivos e supérfluos, que é quase tão difícil separá-los uns dos outros como tirar uma Diana ou uma Minerva de um

Indicação da "diagonal da página durante a leitura": há uma faixa em torno da diagonal, mostrando onde deve concentrar-se mais o foco de visão numa página inteira.

Repare o leitor que nesse texto extraído do *Discurso do método*, DESCARTES está se referindo aos estudos que fizera na escola e criticando-os (Lógica, Análise das Geometrias e Álgebra). Dentro da diagonal de certo modo situam-se as idéias principais de sua crítica à Lógica: ensina coisas já sabidas ou a arte de falar sem grande critério; além disso possui preceitos úteis misturados com nocivos e supérfluos...

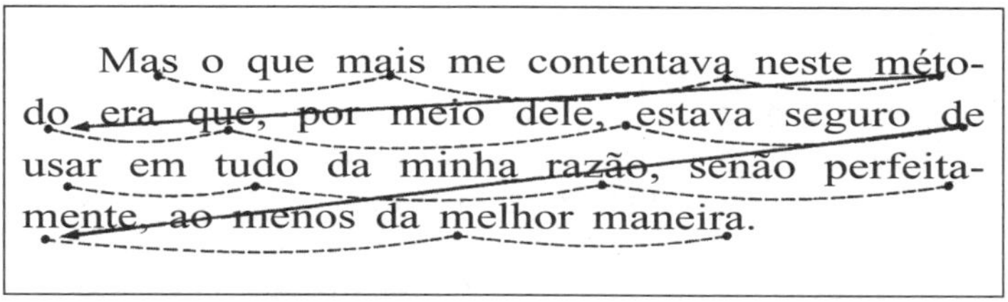

Indicação dos movimentos dos olhos: a "diagonal da direita para a esquerda" mostra o movimento que os olhos devem fazer com a maior velocidade, ao passar de uma linha para outra.

Mas o que é mais importante neste item é evitar o mau hábito do retrocesso. O "mau leitor" faz muitos movimentos regressivos e demora a passar de uma linha para outra, o que não acontece com o "bom leitor".

5) *É possível melhorar os movimentos dos olhos.* Como? Comecemos por indicar o "teste do espelho". Consiste no seguinte: convida-se um colega a sentar-se ao lado da mesa, onde se vai ler. Funcionará como observador. Eleva-se o livro cerca de sete centímetros e coloca-se um espelho horizontalmente sobre a mesa. O colega observará o ângulo de refração que lhe permita acompanhar o movimento dos olhos do leitor. Através de anotações e com controle de relógio marcará: a extensão do campo de

visão; o número de pausas de fixação; os retrocessos; e o tempo de parada entre um campo de visão e outro.

Outro teste é o do "projetor de *slides*". Exige-se que uma pessoa prepare uma série de *slides* de textos (frases curtas) desconhecidos do leitor. Os textos são projetados rapidamente e o leitor é convidado a reproduzi-los imediatamente após a projeção. O número de palavras fixadas é computado em função do número de segundos. Uma mensuração mais perfeita poderia ser obtida com aparelhos especializados de laboratório de psicologia experimental.

Testados o campo de visão e o ritmo de movimento ocular, é possível melhorar o emprego dos olhos:

- encurtando as pausas dos olhos;
- reduzindo o número de fixações;
- alargando o campo de visão;
- combatendo a tendência de fazer freqüentes retrocessos;
- procurando ler "unidades de pensamento" (geralmente identificadas com os campos de visão) e não palavras isoladas;
- esforçando-se por ler sempre adiante e fazer "paradas" apenas necessárias para absorver o que leu; só voltar atrás quando tiver dúvida real;
- treinando.

Há duas técnicas que podem ser acrescentadas às anteriores: sua prática tem obtido bons resultados.

A primeira exige mais treinamento para se constatarem os resultados positivos. Consiste em *procurar ler as palavras, tanto quanto possível, pela sua parte superior e até a metade de cada palavra*. Merece uma explicação, pois tem um fundamento teórico bastante curioso:

1) Somos capazes, em geral, de identificar uma palavra e um conjunto delas, apenas pela sua parte superior. Coloque, por exemplo, a extremidade de uma folha de papel em branco sobre uma linha impressa dum livro, cortando-a pela metade horizontal de modo que apareça só a metade superior de cada palavra. Verá que conseguirá identificar a maioria, senão todas as palavras. A seguir há uma linha impressa cortada pela metade. Tente identificar a frase:

> "NENHUM ASSUNTO TRAZ TANTAS VANTAGENS FUTURAS COMO O DO PROGRESSO NA LEITURA"

Certamente o leitor leu: "Nenhum assunto traz tantas vantagens futuras como o do progresso na leitura."

2) Quanto à leitura da metade esquerda da palavra (desprezo pelas sílabas e letras finais) deriva de um costume universal: as abreviaturas (trab. = trabalho, fábr. = fábrica, q. = que etc.).

A mesma leitura, provavelmente, seria feita se a frase fosse:

> **"NEN. ASSU. TRAZ TAN. VANT. FUT. CO. O DO PROG. NA LEIT."**

Partindo dessa observação se tira uma conclusão matemática: para se ler uma linha impressa emprega-se x tempo; se ela for reduzida à metade, empregar-se-á $x/2$ tempo, e, se for reduzida a um quarto, empregar-se-á $x/4$ tempo. Matematicamente, haveria, realmente, uma redução de cada palavra a um quarto de seu tamanho; por conseguinte, o tempo que se empregará com esse método deveria ser reduzido a um quarto também, ou seja, a velocidade aumentaria quatro vezes. Mesmo que o resultado não venha a ser igual ao cálculo matemático, é certo que as pessoas que têm desenvolvido esse hábito conseguiram aumentar bastante a velocidade de sua leitura.

A outra técnica é a do *lápis colocado no meio da página*, em sentido vertical, para ajudar a captação dos termos principais com mais facilidade. Pode também ser utilizada como tentativa ou um auxiliar às técnicas anteriores. O lápis funciona como estímulo para os focos dos campos de visão e restrição dos sinais de dispersão existentes na página impressa.

2.3.2 – Um dos assuntos controvertidos dentro das técnicas de leitura é o dos chamados "maus hábitos" de leitura. A maioria deles está relacionada com o emprego dos olhos. Parece que o assunto está merecendo maior investigação científica. Certos hábitos em si não são nem "bons" nem "maus"; passam a ser a partir do momento em que seu uso prejudica a leitura; isso, provavelmente, vai variar de pessoa para pessoa, de situação para situação.

Eis alguns desses "maus hábitos":

1) *Movimentos labiais durante a leitura silenciosa.* Geralmente são indício de leitura vagarosa: quem o faz está falando para si mesmo, quer tenha consciência disso, quer não. Está lendo palavras e não conjunto de palavras de uma só vez. É possível que o leitor não saiba que move os lábios enquanto lê. É fácil verificá-lo: basta colocar o dedo indicador sobre os lábios enquanto estiver lendo – sentirá se os lábios se movem ou não.

2) *Movimento da cabeça durante a leitura.* Este é um defeito, apontado unanimemente pelos autores de técnicas de leitura. Quem move a cabeça enquanto lê está fazendo com a cabeça o que os olhos deveriam fazer. Mais do que o anterior é um hábito que merece ser extirpado.

3) *Percurso do dedo ao longo da linha durante a leitura.* É a prática mais controvertida. Inclusive há cursos de leitura dinâmica cuja técnica fundamental é recomendar e treinar o leitor a ler percorrendo com o dedo a linha que se lê. Acredita-se que aumenta o foco do campo visual e promove mais a tensão necessária para a atenção não cair e assim conseguir-se o aumento da velocidade. Por outro lado, outros condenam a prática alegando que o percurso do dedo, particularmente através de movimento – parada – movimento – parada..., está substituindo o movimento que os olhos deveriam fazer. É difícil decidir quem tem razão. Fica a resposta a critério do leitor ou à espera de investigação futura.

4) *Hábito de ler os sinais e letras e não as idéias.* Já foi observado em investigações que o "bom leitor" geralmente não constata muitos erros gráficos, troca de letras, deslizes de ortografia, concordância etc. Justamente porque lê idéias e não palavras. Entretanto, quando tem de fazer leitura atenta com o

fito de localizar diferenças, alterações, semelhanças e outros estímulos, na leitura, sai-se satisfatoriamente. O *hábito* de reparar minúcias de redação e representação gráfica atrasa muito o ritmo da leitura; é indício de obsessividade ou de que se trabalha com mais de uma idéia na mente. E isso, como vimos, é prejudicial à leitura veloz e proveitosa. O "bom leitor" lê idéias, não palavras, sinais e linhas. Já adquiriu o hábito da "internalização ideográfica".

Detive-me mais, de propósito, na parte referente ao emprego dos olhos. É evidente sua importância no aperfeiçoamento da leitura. Já se descobriu a respeito que os maus movimentos dos olhos são antes um sintoma que uma causa da má aptidão para ler. Por isso, se o leitor faz determinado esforço para ler mais depressa e melhor, os movimentos de seus olhos tendem, da mesma maneira, a melhorar automaticamente. Os maus hábitos tendem a desaparecer. Se, porém, procurar concentrar-se para melhorar os movimentos de seus olhos, dará tudo ou o melhor de sua atenção a eles, em vez de atentar para o sentido do que lê. O resultado será a diminuição do entendimento do que se lê. A técnica indicada para o treinamento parece ser a seguinte: *concentrar-se em captar o sentido do impresso, rapidamente*. O leitor irá descobrindo que o ritmo da leitura irá melhorando.

2.4 –Velocidade da leitura

A técnica do emprego dos olhos está intimamente relacionada com o problema da velocidade da leitura. Esta é uma decorrência natural daquela. Não há necessidade aqui de nos ocuparmos com técnicas para aumentar a velocidade da leitura: são as indicadas para o emprego dos olhos. Impõe de início uma pergunta (que tantos estudantes universitários já fizeram): uma leitura rápida não significará má leitura? Em seguida pode-se tentar responder a outra questão tão divulgada hoje em dia: se é verdade que uma pessoa lê três mil palavras por minuto ou um livro de trezentas páginas em meia hora.

Há um provérbio que, parece, existe em quase todos os povos: "devagar, mas longe" ou "devagar, mas firme" (os italianos, por exemplo, dizem: "Piano, piano si va lontano e si arriva a Milano"). Isso se aplica também à leitura? Responderei categoricamente e baseado em resultados de muitas investigações: não, em muitas espécies de leitura. A conclusão dessas pesquisas é a seguinte: "*Em geral o leitor vagaroso é menos seguro a respeito do sentido daquilo que lê do que o leitor veloz.*" (116: p. 180)

É comum, também, ouvirmos: "Quanto mais devagar uma pessoa lê, melhor entende; quanto mais depressa, mais fraca é sua compreensão." Mas isso é realmente verdadeiro? A resposta é a mesma: "Não, em muitos tipos de leitura."

Já foi observado que a razão desse equívoco tão fatal ao aperfeiçoamento da leitura é o ensino desta no curso primário e a prática no secundário, com ressalva das honrosas exceções que, felizmente, existem. Os pais, por sua vez, que herdam o mesmo tipo de aprendizagem da leitura e já influenciados pelos universais "inimigos da ciência" (o "bom senso" e a "sabedoria popular") têm sua grande parcela de corroboração do mal-entendido. Minha intenção não é convencer (a atitude científica é mostrar e demonstrar, não persuadir). Várias investigações confirmam e todos podemos observar que, em geral, o leitor vagaroso é menos seguro a respeito do sentido daquilo que lê do que o leitor veloz. Comparações já foram feitas entre os dois tipos de leitor e ficou comprovado que o leitor veloz é tão eficiente quanto o vagaroso na interpretação de textos, e, em geral, leva ligeira vantagem sobre o vagaroso quanto à memorização e assimilação. As habilidades "*velocidade e compreensão de leitura não são incompatíveis e costumam andar juntas*".

A respeito da velocidade mínima e máxima da leitura proveitosa, existe exagero em certas afirmações, o que já vem constituindo um mito: o "mito dos super-homens de leitura veloz". A velocidade não só depende da habilidade do indivíduo como ainda *deve variar* de acordo com o tipo de leitura a ser feito; além disso, é possível aumentar gradativamente a velocidade, através de treinamento, até conseguir o limite da própria capacidade; e, finalmente, de acordo com pesquisas feitas, pode-se verificar o que existe de comprovado pelos quadros e conclusões abaixo transcritos.

1º Quadro – segundo WITTY (181)

Objetivo da leitura	Tipo de leitura	Velocidade adequada
1. Para saber como fazer alguma coisa	Intensivo	Velocidade lenta de 150 a 250 palavras por minuto, mais ou menos, dependendo de ser o assunto estranho ou difícil
Para conseguir informações, detalhes, especialmente de assunto não-familiar	Leitura completa e cuidadosa	
Para julgar ou criticar idéias	Estudo	
2. Para obter prazer – apreciação geral Para ampliar conhecimentos em geral	"Relance" Vista d'olhos Informação rápida, conforme o assunto que se lê	Velocidade rápida Muitas vezes: várias páginas por minuto

2º Quadro – segundo MORGAN (132: p. 79)

Trata-se de um teste de "leitura compreensiva", em que se fornecem ao leitor passagens para ler. A hora em que se inicia a leitura é anotada. Ao término, são computados os minutos e segundos consumidos. Em seguida, o leitor responderá a um questionário de compreensão. A tabela especifica o mínimo e o máximo já atingidos – o mínimo existente entre leitores comuns e o máximo atingido pelos melhores leitores:

Passagem 1		Passagem 2		Velocidade de leitura
min.	*seg.*	*min.*	*seg.*	*palavras p/ minuto*
6	58	7	5	80
5	34	5	40	100
4	38	4	43	120
3	58	4	3	140
3	16	3	20	170
2	47	2	50	200

Passagem 1		Passagem 2		Velocidade de leitura
min.	*seg.*	*min.*	*seg.*	*palavras p/ minuto*
2	19	2	22	240
1	59	2	1	280
1	44	1	46	320
1	32	1	34	360
1	23	1	25	400

Como se vê, tratando-se de uma leitura compreensiva, o limite máximo "ideal" é de quatrocentas palavras por minuto.

FRY (73: p. 3), acompanhando treinamento de leitores em curso de *faster reading* em várias universidades, concluiu que os leitores que conseguem ler com compreensão atingem o seguinte escore:

- leitor vagaroso (*slow reader*): 150 palavras por minuto;
- leitor moderado (*fair reader*): 250 palavras por minuto;
- leitor veloz (*good reader*): 350 palavras por minuto.

Trata-se de uma classificação de leitores que se exercitam na leitura-estudo e são testados periodicamente durante o curso de *faster reading*.

O próprio FRY (73: p. 8) apresenta uma tabela para cálculo de teste de velocidade ("Length of article in words") onde o limite máximo teórico (que provavelmente pode ser atingido por um leitor bastante veloz) é de 625 palavras por minuto.

As estatísticas de acompanhamento de cursos de leitura veloz demonstram que um leitor vagaroso pode progredir até cerca de 130% em sua velocidade. Assim confirma POULTON, após examinar os resultados de quarenta classes em oito centros diferentes:

> Observando os dados de todas as instituições, a média de leitura é normalmente estabelecida entre 160 e 280 palavras por minuto, no início do curso; e, no término, é de 340 a 500 palavras por minuto, dando assim um incremento de 40 a 130 por cento (149).

Os cursos a que se refere são de 15 a 27 horas de instrução.

2.5 – Tipos de leitura

Desde o início do capítulo tivemos ocasião de deparar com diversos tipos de leitura que o "bom leitor" utiliza, como por exemplo: a silenciosa, a oral, a técnica, a de informação, a de estudo, a de higiene mental e prazer. É importante saber que leitura se vai fazer e regular a velocidade de acordo com este tipo.

O "mau leitor" lê novela e livro científico na mesma velocidade: lê sumário de uma revista, índice de um livro como se estivesse querendo memorizá-los; num jornal, leva tanto tempo para ler a parte cômica como o editorial. O "bom leitor" ajusta o método de leitura a seu objetivo: se lê novela, para deleitar-se, o faz rapidamente; se textos, para obter respostas a questões formuladas, o faz cuidadosamente. Treinou-se numa variedade de tipos de leitura e *sabe aplicar o tipo conforme o objetivo.*

2.6 – Vocabulário

O estudante, particularmente aquele que se interessa em tirar proveito das leituras que faz em função de algum trabalho, deve possuir domínio da língua e particularmente de seu vocabulário. O vocabulário do leitor enriquece-se dia a dia, justamente porque tem o hábito de ler. Por outro lado, quanto maior o vocabulário possuído pelo leitor, maior será seu progresso na leitura.

Como fazer para ampliar o vocabulário? Lendo e decorando um dicionário? Certamente que não, embora várias pessoas tenham o hábito de ler todos os dias um determinado número de vocábulos no dicionário: lêem e relêem o dicionário várias vezes, durante a vida. Conheci um professor de português que agia assim e nos confessava que sabia de muitos colegas que tinham o mesmo hábito. Já fiz essa experiência uma vez: em 1947 participei de um projeto com o referido professor para escrevermos um "dicionário analógico da língua portuguesa" (éramos simplesmente alunos de curso médio; o projeto, aliás, ficou aguardando continuadores até hoje...); nossa tarefa foi ler durante aquele ano todo o *Pequeno dicionário da língua portuguesa* de Aurélio Buarque de Holanda Ferreira. Levamos a tarefa até o fim, lendo um número certo de palavras por dia. A nós pareceu que colhemos bom resultado da prática, embora se saiba que não se trata de uma técnica a indicar para resolver o problema de precariedade de vocabulário.

Durante a leitura de um texto, é freqüente ao leitor deparar com palavras desconhecidas ou termos técnicos com significação específica que o autor empregou e ele ainda ignora. A técnica a utilizar nessas ocasiões é simples:

a) deparando com um termo novo, não parar a leitura;
b) tentar encontrar o seu sentido pelo próprio texto;
c) voltar a reler para ver se resolveu a dúvida ou garantiu o significado;
d) não conseguindo, consultar o dicionário;
e) em se tratando de livro científico ou técnico, dar preferência sempre à consulta ao glossário que o autor empregou no final do livro (se houver) ou a um dicionário especializado;
f) nunca se acomodar diante do termo desconhecido, tendo preguiça de consultar; considere-o um desafio; deixar de esclarecer a dúvida no momento oportuno é sempre prejudicial.

2.7 – Uso de obras de referência

"Obras de referência" é uma expressão técnica adotada pelos bibliotecários e documentalistas para designar enciclopédias, dicionários, anuários bibliográficos, catálogos, repertórios bibliográficos etc.

O "bom leitor" tem o hábito de e a habilidade para usar as obras de referência. Considera-as instrumentos básicos de seu trabalho, porque sabe onde e como obter as informações. Acompanha com interesse e assiduidade as informações bibliográficas de sua especialização. Sobretudo, ao consultar uma obra de referência, encontra com rapidez o que deseja. O mau leitor, por exemplo, perde tempo enorme até para localizar uma palavra no dicionário.

2.8 – Compreensão na leitura

Velocidade na leitura é importante, mas não mais do que a compreensão. Atente-se para as seguintes colocações incisivas:

- Não se lê tudo na mesma velocidade.
- Ler depressa não é "deslizar".
- Ler bem não é mero automatismo: é compreensão.
- Ler um capítulo deve significar resumi-lo, ao menos mentalmente.
- O ritmo da leitura deve ser ditado antes de iniciá-la (por que vou ler isso? o que quero exatamente aproveitar disso?).
- Ao mesmo tempo que se vão descobrindo as vantagens da leitura veloz, importa compreender o que se lê.

Afinal, compreender é sempre mais importante, embora não seja incompatível com a velocidade da leitura.

3 – Treinamento em leitura veloz e proveitosa

Os céticos da leitura veloz defendem, indiscriminadamente, a idéia de que só se guarda e só se compreende bem o que se lê vagarosamente, mas, na verdade, gostariam de obter o mesmo resultado se pudessem ler mais rapidamente. E, quando se sujeitam ao treinamento, rendem-se aos efeitos alcançados. Realmente, para se convencer, é preciso tentar.

O treinamento em leitura veloz e proveitosa é muito simples quanto à programação, pois pode ser seguido individualmente, como um "curso autodidático". Apontarei aqui um bem prático e que já comprovou ser eficiente. Dispensa a matrícula em curso de leitura dinâmica ou aquisição de manual de leitura veloz, mas pode ser completado com tais iniciativas. Eis, em forma sucinta, um:

Programa prático de treinamento em leitura veloz e proveitosa

1) Tomar decisão em cumprir este programa de treinamento e impor-se a violência de levá-lo até o fim.

2) Convencer-se de que *nenhum assunto traz tantas vantagens futuras como o progresso na leitura*. Tomar esta proposição como *slogan* do treinamento e como "profissão de fé" no meio de sua realização pessoal.

3) Planejar seu treinamento para um período determinado dentro da seguinte tabela:

Horas disponíveis por dia	Período de treinamento	Intervalo diário entre as práticas de 30 minutos de duração
meia hora	4 meses	não há
1 hora	3 meses	mínimo de 15 min.
2 horas	2 meses	mínimo de 15 min. entre as duas primeiras práticas 2 horas no mínimo entre a 2ª e a 3ª práticas 15 min. entre a 3ª e a 4ª

4) Escolher livros ou textos para praticar com as seguintes características:

a) assunto ligado a seu interesse; que tenha real motivação para ler;
b) disposição do assunto tratado tecnicamente bem-feita, através de títulos, subtítulos, epígrafes, destaques, parágrafos, sumários etc.;
c) impressão agradável e com caracteres de fácil leitura;
d) linguagem bastante acessível.

5) Especificar previamente um texto para cada prática, tendo assim, antes de iniciar o treinamento, todo o conjunto dos textos.

6) O tamanho do texto deve ser calculado em função de uma leitura a ser feita em quinze minutos, pois os outros quinze minutos serão destinados à verificação de seu progresso: um texto de quatro mil palavras é suficiente.

7) O controle será feito da seguinte maneira:
a) através de um caderno de registro, onde haverá uma página destinada para cada prática;
b) no início de cada página do caderno, marque o horário em que começou a ler e aquele em que terminou; logo a seguir, o tempo que levou, reservando um lugar para o número de

palavras que tem o texto e outro para o resultado em número de palavras lidas por minuto. Assim, por exemplo:

Data:.................................... Texto:...................... (título)
Início:.................................... (horas, minutos, segundos)
Término: .... (horas, minutos, segundos)
Número de palavras do texto:..
Número de palavras lidas por minuto: ....

c) lance o resumo do que leu, em termos de captação da idéia principal, detalhes importantes (para isso veja o capítulo sobre "Como resumir" deste manual);
d) caso encontre dificuldade em praticar as técnicas do "Como resumir", escolha textos seguidos de questionários sobre o assunto; assim medirá mais objetivamente sua compreensão, pois deverá responder ao questionário sem consultar o texto lido.

8) Tente aplicar todas as técnicas que aqui foram apresentadas a respeito das condições físicas, fisiológicas e psíquicas; do emprego dos olhos; da velocidade da leitura e da compreensão. *Queira ser veloz e cada vez mais veloz*, mas sem descuidar da compreensão.

Quem consegue transformar-se em "bom leitor" terá possibilidade de atingir excelente resultado na vida e nos estudos.

Um estudante que lesse apenas durante *duas* horas por dia, com a velocidade de *350* palavras por *minuto*, leria:

- em 1 semana: 3,5 livros de 70 mil palavras;
- em 1 mês: 15 livros de 70 mil palavras;
- em 1 ano: 180 livros de 70 mil palavras;
- em 10 anos: 1.800 livros de 70 mil palavras.

Isso não é fabuloso?

Certamente que não está muito longe de seu alcance.

4 – Análise de texto

Em Metodologia do Trabalho Científico, algumas noções e técnicas de análise de texto se fazem necessárias. Leitura, ato de resumir e análise de texto formam um todo unitário. Sobretudo, quando em função de estudo ou para compreender determinada teoria científica.

A análise de texto é hoje uma atividade especializada da lingüística e da literatura. Mas seus objetivos nessas áreas extrapolam os do estudante e até mesmo do pesquisador que dela se vale na fase da documentação e da formação do marco teórico de referência de sua pesquisa.

O fundamental merece ser comunicado ao estudante e iniciante no trabalho intelectual e científico.

4.1 – Analisar, etimologicamente, significa dividir, separar. O ato de analisar visa desmontar uma realidade para compreendê-la. Implica freqüentemente decompor, dissecar, interpretar, estudar ou, como é comum dizer hoje, *fazer a leitura de...* (uma situação, um comportamento, uma comunicação etc.).

LAKATOS e MARCONI, citando CASTAGNINO, lembram que a análise de textos "consiste no estudo extenso de uma obra ou parte dela, desintegrando-a, procurando separar os distintos elementos e partes que a compõem, até conseguir penetrar na idéia primeira que a originou, até achar esse item misterioso que é a chave do autor" (107: p. 25).

Dentro dessa perspectiva, a análise de texto se faz perseguindo os seguintes objetivos:

- descobrir as fontes que geraram o texto;
- revelar os tipos de relações existentes;
- captar significados;
- preparar o material para se exercer o ato mais importante da leitura-estudo: a *crítica*.

Pela análise de texto se detecta o mais relevante do texto: sua estrutura e organização; as idéias principais e os detalhes importantes; o relacionamento entre as idéias existentes no corpo do discurso do autor; seu método de inferir, deduzir, generalizar, abstrair, demonstrar e comprovar; e se avaliam as conclusões com sua fundamentação.

4.2 – Para se proceder metodologicamente a uma análise de textos importa fazê-lo como componente da leitura e, neste caso, recomendam-se as diretrizes e técnicas já indicadas neste capítulo sobre o método *global-parcial-global*. À medida que se lê, assinalam-se os elementos do texto – as relações, a estrutura –, com o objetivo de fazer emergir o todo de maneira clara e acessível à interpretação.

Obviamente não se consegue fazer isso apenas no próprio texto, anotando nas margens de cada página. Supõe fazê-lo em *fichas*. Aproveitando os três tipos de análise propostos por BLOOM (apud LAKATOS e MARCONI – 107: p. 27), seriam indicados três tipos de fichas:

- de análise de elementos;
- de análise das relações;
- de análise da estrutura.

4.2.1 – *Análise de elementos*. Consideram-se aqueles elementos que são básicos na constituição de um texto. Assim, o levantamento deve conter, no mínimo, em se tratando de texto científico (sobretudo os de pesquisa):

a) as fontes bibliográficas;
b) o tema – os problemas formulados;
c) o marco teórico de referência;
d) as hipóteses;
e) a metodologia usada;
f) a estrutura do trabalho;
g) o tipo de dados e fatos apresentados, sobretudo como provas;
h) as afirmações do autor: a tese ou as teses – as proposições científicas;
i) as justificativas;
j) as conclusões.

4.2.2 – *Análise das relações*. As relações estão na própria seqüência lógica do discurso que rege o texto.

Ao aluno e ao iniciante como trabalhador intelectual é oportuno lembrar que o trabalho científico modela-se na estrutura do processo de pesquisa, onde, a partir de um problema formulado e sua solução conjeturada (hipótese), procura-se comprovar a validade desta. Então, as relações hão de ser reveladas entre problema, hipótese, fatos, suporte teórico, provas, conclusão.

Quando o texto é a exposição de uma teoria, a análise das relações torna-se mais difícil, sobretudo a de uma macroteoria. Fundamentalmente, entretanto, as relações são as mesmas, ou seja, as existentes entre problema, leis, proposições científicas, hipóteses, construção de conceitos e processo de abstração, que formam a teoria, e as provas e os fatos que a sustentam. Por tratar-se de um discurso, é correto afirmar que as relações serão analisadas enquanto constituem o processo de exposição (demonstração, explicação, abstração, generalização). Não se há de esquecer que, ao elaborar o texto, neste caso, o autor está em pleno contexto da justificação de sua pesquisa: propõe demonstrar a validade de sua teoria, e esse relacionamento lógico importa detectar na análise de texto:

- as inferências feitas;
- se são corretas;
- que relação há entre idéias principais e sua justificação (provas e argumentos);
- como se dá na estrutura da teoria a explicação científica ou a relação de causalidade.

4.2.3 – *Análise da estrutura*. É tão íntima a ligação entre a análise da estrutura e a das relações, que freqüentemente se fundem numa só.

Importa ao iniciante em análise de texto evidenciar-se um princípio estruturalista de importância: na relação *partes–todo* não é a soma das partes que faz o todo, mas este é que determina o que são as partes, sua função e seu lugar. Assim não é a soma das notas musicais dispostas numa estrutura melódica que faz a melodia; ao contrário, esta é que determina a função das notas musicais. Afinal, a melodia preexiste às notas que a compõem. Basta lembrar que se capta uma melodia (o todo), sem atentar para as notas musicais. A partir dessa constatação fenomenológica e gestáltica, antes de ter sido estruturalista, há de se proceder à análise de um texto: captado o global do texto, procura-se evidenciar analiticamente suas partes e as relações existentes entre elas.

LAKATOS e MARCONI apontam dois tipos de estrutura: a estática e a dinâmica.

> *Estática*: resultante de um processo anterior (sucessão de fenômenos preestabelecidos). Possuem estrutura estática a novela, um livro de história etc.
> *Dinâmica:* geradora de um processo. O ordenamento consiste em enumerar as partes constitutivas básicas e descrever seu funcionamento e finalidade. Neste tipo estão enquadrados os trabalhos de ciências sociais (107: p. 28-9).

O objetivo da análise da estrutura, em última instância, é captar a organização das idéias do autor, sua intenção, ponto de vista, "seu posicionamento ante os dados pesquisados" (107: p. 29). De posse dessa organização das idéias do autor, o leitor terá condições de avaliar o conteúdo, o mérito, o valor de um texto ou mesmo de uma obra.

Didaticamente pode-se apontar o que se deve analisar para verificar qual a estrutura de um texto. Segundo LAKATOS e MARCONI:

a) os materiais e a maneira de trabalhar em relação aos seus elementos e à sua distribuição;
b) a forma e o esquema das diferentes obras, objetivando entender seu significado;
c) a intenção do autor, seu modo de pensar;
d) os conceitos adotados pelo autor;
e) as técnicas de manipulação de opinião;
f) a posição tomada pelo autor (107: p. 29).

Para o futuro pesquisador é oportuno e útil lembrar que a análise de texto torna-se hoje legítimo método de pesquisa em ciências sociais, denominado "análise do discurso".

5 – Leitura de gráficos e tabelas

Achamos oportuno colocar neste capítulo algumas noções sobre a leitura e interpretação de gráficos e tabelas. A razão é óbvia: todo estudante de nível universitário encontra nos livros de texto, e noutras fontes, representações gráficas derivadas de estatísticas, usadas pelos autores como forma apropriada para a expressão objetiva de suas proposições. Geralmente as estatísticas, os gráficos e as tabelas são utilizados como parte importante da análise dos dados de uma pesquisa. A atitude metodológica faz com que o pesquisador utilize esses recursos como instrumentos de seu trabalho e, quando ele comunica as técnicas analíticas de que se serviu, certamente não o está fazendo como apêndice de sua exposição, nem tampouco como mera ilustração. As representações gráficas devem ser identificadas pelo leitor como *elementos integrantes* da comunicação do autor.

Por ignorarem esse fato é que muitos estudantes costumam saltar gráficos e tabelas de um texto ou os lêem e interpretam mal.

O propósito aqui não é ensinar como se lêem tabelas e gráficos: seria uma digressão na diretriz adotada desde o início. Apenas introduzimos o assunto como *advertência necessária ao estudante* e tentamos fornecer-lhe alguns subsídios bastante elementares para poder reagir inteligentemente diante de textos integrados por tabelas e gráficos. *É imprescindível que o estudante, seja de que curso for, se habitue a ler e interpretar as tabelas e representações gráficas, através do aprendizado em manuais de estatística ou de metodologia.* Quase sempre a compreensão de um texto acompanhado de tais recursos ficaria deficiente sem a sua leitura e interpretação. Saltá-las ou não saber tirar as idéias que comunicam é falha lastimável.

Começaremos por transcrever as normas internacionais para as representações gráficas, cujo conhecimento ajuda a entender o propósito e o sistema adotado pelo autor que teve de seguir tais normas ao elaborar seus gráficos.

5.1 – Normas internacionais para a representação gráfica (110: p. 101)

São estas as principais:

a) A disposição geral de um diagrama deve avançar da esquerda para a direita.
b) Quando possível, convém representar as quantidades por meio de magnitudes lineares, visto que as superfícies e os volumes são mais suscetíveis de má interpretação.
c) Quando para uma curva se possa utilizar a escala vertical, deve esta ser traçada de tal forma que, se possível, a linha do zero apareça no diagrama.
d) Se a linha do zero não puder normalmente aparecer no diagrama, convirá quebrar este de modo que ela não falte.
e) A linha do zero deverá diferenciar-se, mediante um traço mais grosso, das restantes linhas coordenadas.
f) Nas curvas que tenham uma escala representativa de percentagem convém, usualmente, fazer notar de modo preciso a linha do 100 por 100 ou outra qualquer usada como base da comparação.
g) Se a escala de um diagrama se refere a datas e o período representado não é uma unidade completa, é preferível assinalar a primeira e a última ordenadas, visto que tal diagrama não representa o princípio ou o fim do tempo.
h) Se as curvas se situam sobre coordenadas logarítmicas, todas as linhas que limitam o diagrama devem ser múltiplos de 10 na escala logarítmica.
i) As curvas de um diagrama devem ser de maior largura que as coordenadas (trama) dele.
j) Convém não traçar linhas coordenadas (trama) mais do que as necessárias para guiar o leitor do diagrama.
l) Nas curvas que representam uma série de observações, recomenda-se indicar claramente sobre o diagrama, quando possível, todos os pontos que representam as diversas observações.
m) A escala horizontal para curvas deve ser lida usualmente da esquerda para a direita, e a escala vertical, de baixo para cima.

n) Os números indicadores da escala de um diagrama devem ser colocados à esquerda e na parte inferior ou ao longo dos eixos respectivos.

o) Em certas ocasiões convém incluir no diagrama os dados numéricos ou fórmulas representadas.

p) Se os dados numéricos não se incluem no diagrama, convém dar os dados em forma de tabela acompanhando o diagrama.

q) Todas as epígrafes e números de um diagrama devem ser colocados de maneira que possam ser facilmente lidos desde a base (para a escala vertical) e desde a margem direita (para a horizontal).

r) O título de um diagrama deve ser colocado tão claro e completo quanto seja possível. Se necessário, acrescentar-se-ão subtítulos e descrições.

5.2 – Técnicas básicas de leitura e interpretação de tabelas e gráficos

Algumas atitudes e habilidades são comunicadas aqui em função do objetivo deste capítulo: aquisição de hábitos de leitura veloz e proveitosa. São de ordem prática e ditadas pela experiência de magistério.

1) Não se deve interromper a leitura para verificar as tabelas e gráficos; é sempre mais producente terminar a leitura do texto e depois voltar ou localizar a representação gráfica para a devida verificação.

2) O leitor terá de reagir inteligentemente diante de uma tabela ou de um gráfico, sabendo que são meios de visualização que têm linguagem própria com grande poder de comunicar um conjunto de informações, em pouco espaço, de maneira direta e clara (a falta de clareza das representações gráficas constitui uma exceção e em geral acontece ser o leitor, e não o autor, o responsável pela falta de entendimento, por ignorar as técnicas de representação gráfica).

3) Antes de tentar a interpretação de um gráfico ou de uma tabela, é preciso descobrir o sistema lógico, matemático ou geométrico que gerou o gráfico. Um erro comum, que pro-

voca distorção na análise de uma representação gráfica, é procurar identificar, de imediato, os dados e os fatos na representação, antes de descobrir o sistema que ditou a mesma representação. Imaginemos o gráfico que segue, muito simples, para ilustrar o que estamos indicando.

O leitor desavisado que lesse, de imediato, o gráfico que segue, procurando localizar estatura e idade, respectivamente, poderia concluir: "A mulher cresce mais ou é maior do que o homem até a idade de 14 anos." Mas o leitor hábil em interpretar gráficos não tiraria essa conclusão falha. Primeiro, constataria o sistema lógico e matemático que fundamenta a representação gráfica. Perceberia que se trata de relacionar duas variáveis: o crescimento que é um contínuo e funciona como variável dependente e a idade que funciona como independente; ao mesmo tempo há uma variável controlada: o sexo. O enfoque é a faixa etária de 7 a 14 anos, isto é, da infância até a puberdade. O pesquisador observou que havia uma uniformidade empírica entre os fatos: idade e crescimento.

Conseguiu, posteriormente, em nível de abstração, transportar a uniformidade para uma relação; expressa isso pelo processo lógico das proposições: "se... então" (se a idade aumenta,

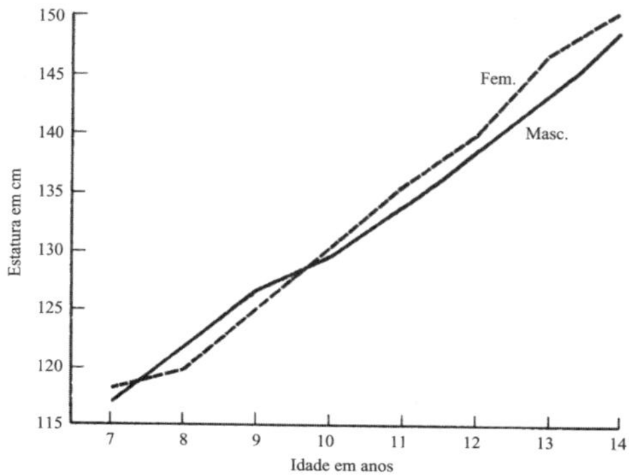

(Extraído de PFROMM NETTO, S. *Psicologia da adolescência*. São Paulo: Pioneira, 1968, p. 50.)

então aumenta a estatura, mas dependendo do sexo...). Através do mesmo processo colocaria, em forma de proposições lógicas, os fatos constatados: diferença de estatura entre os dois sexos, dentro de uma faixa etária; os períodos de paralelismo e os de não-paralelismo entre os dois tipos de crescimento; a distância percorrida etc. Haveria, portanto, uma série de proposições, porque o fenômeno é complexo. Este esquema lógico tão elementarmente exposto deve ter funcionado na mente do pesquisador que recorreu à matemática e em seguida ao gráfico para simbolizá-lo. Trata-se, realmente, de um problema de função: $y = f(x)$ que possui equação adequada capaz de gerar a linha representativa à base das coordenadas cartesianas. Esta base possibilitaria a este leitor melhores condições para interpretar o gráfico, quando daria atenção a uma série de dados e fatos representados, como por exemplo: o início de 7 anos e sua interseção com a altura acima de 115 cm; a maior regularidade da linha do sexo masculino; os momentos: 7 anos e alguns meses, 9 anos, 9 anos e meio; 12 anos, 13 anos e meio e 14 anos; a inclinação de cada curva; a velocidade (não o ritmo, pois este não está representado) etc.

4) Uma prática bastante valiosa é acompanhar todas as indicações do gráfico ou da tabela, com lápis na mão, tentando verificar todos os títulos, legendas e observações existentes no gráfico juntamente com seus valores representados (linhas, pontos, números etc.); em determinadas situações é necessário refazer cálculos para melhor entendimento do exposto.

5) Convém a esta altura transmitir informações ao interessado que é iniciante em ler e interpretar gráficos:

a) Os gráficos, em geral, recorrem ao sistema de coordenadas cartesianas para apresentar diagramas, linhas, curvas, histogramas etc. A forma básica do sistema de coordenadas cartesianas é a seguinte:

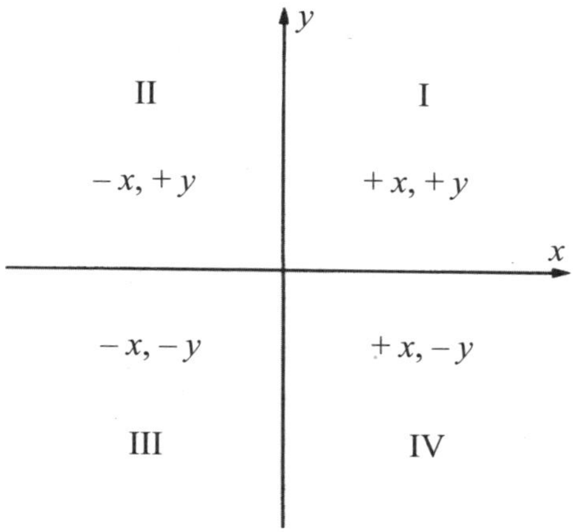

Dentro desse sistema é possível representar uma realidade específica, grandezas e suas relações no tempo e no espaço, levando-se em conta elementarmente:

- O sistema é produzido através de dois eixos de coordenadas (o vertical ou dos *y*, chamado eixo das ordenadas, e o horizontal ou dos *x*, chamado eixo das abscissas).
- Os *dados* são representados por números que se distribuem sobre os eixos e suas relações por ponto de interseção dentro dos quadrantes. Os *fatos* também são representados e sua evolução é indicada simbolicamente. Em geral, os *dados* são simbolizados nas abscissas e os *fatos*, nas ordenadas.
- O sistema possui quatro quadrantes (I, II, III, IV) que se colocam na direção contrária à dos ponteiros do relógio e se tornam os locais de representação das interseções das perpendiculares levantadas dos pontos de divisão das abscissas e das ordenadas.
- As ligações destes pontos de interseção produzem as linhas, as curvas, os histogramas etc.

b) As linhas e curvas representam uma relação funcional entre variáveis. O gráfico representa o mesmo que uma equação. Assim, por exemplo, a linha reta tem por equação: $y = a + bx$; a curva, a equação: $y = a + bx^2$. Determinados os valores das constantes "*a* e *b*", a qualquer valor de *x* corresponderá um valor para *y*: a série destes valores representados por pontos de interseção no gráfico produz a reta, a curva etc.

c) É comum representar a relação entre a variável independente (geralmente causa) e a dependente (geralmente efeito), identificadas numa pesquisa, através desse sistema. Geralmente o *x* é destinado para a independente e o *y* para a dependente. Tomando emprestado um exemplo de MORGAN (128: p. 189) é possível representar a quantidade de dióxido de carbono (variável dependente). A fórmula é $y = a + bx$ (em que $a = 0$, $b = 44/12 = 3{,}67$; x = quantidade de carbono e y = quantidade de dióxido correspondente).

d) Os diagramas possibilitam representar um fenômeno. Assim, no diagrama fica convencionado que cada quadrículo é destinado para representar o encontro de variáveis (por exemplo, de "*x*" e "*y*"):

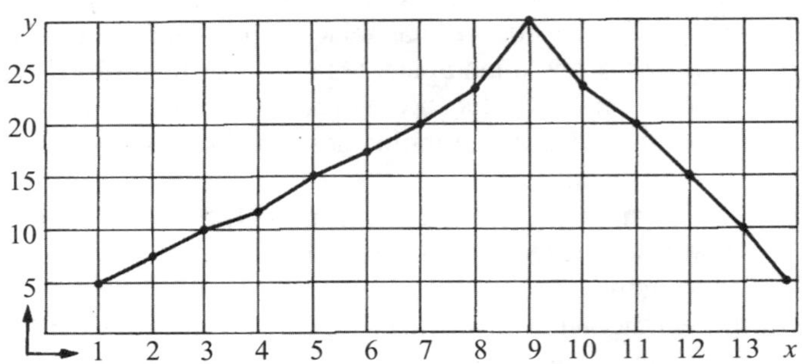

e) É comum relacionar um fenômeno ou elemento do fenômeno com sua freqüência. Para representar esta relação é convencionado destinar o *eixo das ordenadas (y) para a freqüência (simples ou acumulada) e o das abscissas (x) para o fenômeno ou categoria em questão.* Exemplo: o gráfico abaixo representa as notas de uma turma de alunos e a freqüência destas notas (o total da freqüência, naturalmente, corresponde ao número de alunos, no caso 54), no qual há: 10 alunos com nota 2; 15 alunos com nota 4; 20 alunos com nota 6; 5 alunos com nota 8; e 4 alunos com nota 10.

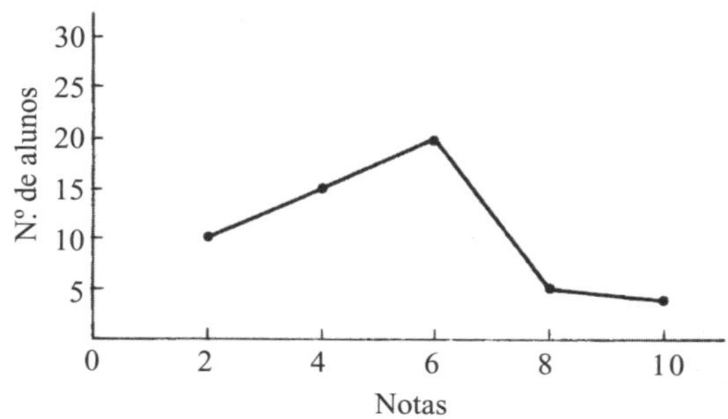

f) O gráfico proporciona a representação de vários dados constatados dentro de um ou vários fatos e os respectivos confrontos interessantes para a análise. Ilustramos esta observação com o gráfico a seguir tirado de PFROMM NETTO. O fenômeno simbolizado e representado no gráfico são as "diferenças individuais no crescimento em estatura, durante a adolescência". Um dos fatos é a relação entre idade e estatura. Alguns dados são: os referentes a "*mensurações*" sucessivas de *vários* sujeitos do sexo masculino, feitas de 6 em 6 meses, a *média* de crescimento desses vários indivíduos e o "*desvio-padrão*" abaixo e acima da média (representado pela faixa sombreada). Trata-se de uma amostra (estão aqui representados apenas cinco indivíduos: 2M, 40M, 30M, 19M, 52M) de 47 indivíduos, que, por sua vez, são amostra da população.

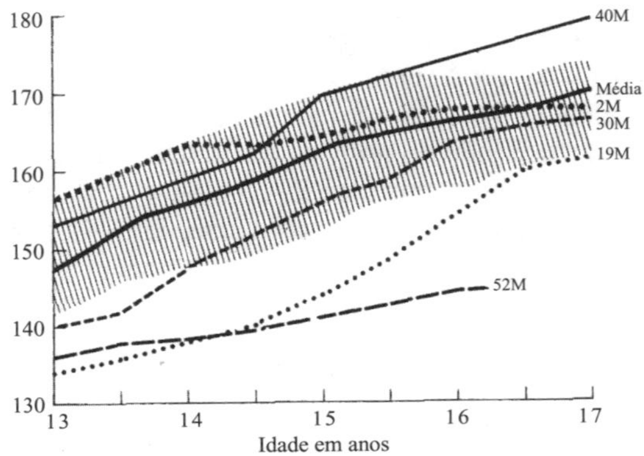

(Extraído de PFROMM NETTO, S. *Psicologia da adolescência*. São Paulo: Pioneira, 1968, p. 53.)

g) Além do sistema de coordenadas cartesianas, pode-se recorrer ao sistema de *coordenadas logarítmicas* ou ao de *coordenadas polares*.

No sistema de coordenadas logarítmicas, as distâncias entre as gradações em cada eixo não são iguais como no cartesiano: as escalas estão graduadas em logaritmos e medidas em proporção aos logaritmos das observações. Geralmente os gráficos são semilogarítmicos, pois, neste caso, só o eixo vertical está graduado em logaritmos. Existe papel especial para essa representação.

Pelo sistema de coordenadas polares, um ponto é localizado por meio de um ângulo com o eixo original *X* e a distância da origem. Nesta forma se podem representar séries cronológicas, dividindo um círculo em setores iguais por meses ou por anos.

5.3 – Leitura e apresentação de tabelas

1) As tabelas apresentam informações que os gráficos fornecem, mas de forma diferente. Os gráficos, em geral, apresentam grandezas contínuas; nas tabelas figuram números isolados. Além disso os gráficos podem apresentar evolução, ritmo, momentos, etapas que nas tabelas poderiam apenas ser inferidos.

Nas tabelas, geralmente na coluna da esquerda, costuma aparecer um conjunto de valores para a variável independente e, logo a seguir, cada coluna contém os valores da variável dependente que estão em relação com os da independente. De uma coluna para outra só as constantes da equação podem variar.

2) Ao interpretar uma tabela é importante atentar para alguns princípios e técnicas utilizados pelo analista. Assim, por exemplo:

- As unidades colocadas na coluna à esquerda descrevendo valores e qualidades devem ser mutuamente exclusivas e incluem a totalidade de observações que foram feitas. Se as categorias são, por exemplo, "cristãos", "budistas", "maometanos", não poderia a categoria "católicos" figurar em separado porque não é exclusiva de "cristãos".
  A tabulação deve ter lógica interna e ordenação. Isso se aplica com mais necessidade quando se trata de tabular qualidades. Assim, se se tabulasse sem ordenação lógica uma série de respostas referentes às razões por que as pessoas votaram num determinado partido político, poderia acontecer que uma resposta estivesse incluída em outra e figurasse duas vezes na tabulação.
- Os intervalos de classe devem ser escolhidos cuidadosamente. O leitor, portanto, parte sempre do pressuposto de que houve uma razão lógica e estatística na escolha dos intervalos de classes que existem na coluna à esquerda duma tabela.
- A escolha de médias, medianas, modas, desvios e outras estatísticas que figuram em geral nas tabelas deve ser ditada pela espécie de categoria e sua respectiva freqüência. O leitor deve crer que houve razão lógica e estatística na preferência do autor.
- As freqüências são muitas vezes comparadas por meio de razão, proporção ou percentagens. A preferência do autor depende da maneira como deseja comunicar seus resultados. O leitor deve ter sempre em mente que o uso de tais cálculos tem por finalidade simplificar o problema de comparação e ajuda a representar quantitativamente as qualidades.

- Quando um autor usa uma tabulação de dupla entrada, deve ter decidido conscientemente pelo cálculo de percentagens no sentido horizontal ou no sentido vertical. Geralmente obedece a estes dois grandes princípios de ZEISEL (185) que são, também, muito úteis para o leitor entender a representação das tabelas:

1.º princípio: As percentagens devem ser calculadas na direção do fator causal (variável independente).

2.º princípio: As percentagens devem dirigir-se somente na direção em que a amostra é representativa.

Para ilustrar, tomemos como exemplo a tabela de dados hipotéticos apresentada por JAHODA, em seus *Métodos de pesquisa nas relações sociais* (165: p. 485):

Formação ginasial	**Número**	**Percentagem dos que recebem menos de $ 3.000**	**Percentagem dos que recebem $ 3.000 ou mais**	**Total**
Diplomados	500	32	68	100
Não-diplomados	500	82	18	100
Total	1.000	57	43	100

Como se vê, o cálculo da percentagem foi feito no sentido da variável independente ("formação ginasial") para a variável dependente ("salário"), ou seja, no sentido horizontal (→).

Caso o pesquisador tivesse calculado a percentagem no sentido vertical, teria assumido como variável independente o "salário" e como variável dependente a "formação ginasial", ou estaria mostrando que o salário seria o responsável pela formação ginasial. E a tabela ficaria assim (↓):

Formação ginasial	**Salário abaixo de $ 3.000**		**Salário acima de $ 3.000**	
	n.º	**%**	**n.º**	**%**
Diplomados	160	28	340	79
Não-diplomados	410	72	90	21
Total	570	100	430	100 (1.000)

- O limite imposto à apresentação de algumas noções elementares não permite indicação de outras técnicas práticas de leitura e interpretação de gráficos e tabelas. O fundamental é o leitor fazer-se sempre estas perguntas diante de qualquer gráfico ou tabela: Que representa este gráfico ou esta tabela? Qual o problema mais relevante que surge da representação? Que hipótese está proposta para explicá-la? Que sistema lógico ou matemático gerou este gráfico ou esta tabela?

Capítulo III

Como resumir

> *[...] como teria somente de reter ou compreender muitas ao mesmo tempo, pensei que, para melhor as considerar em particular, deveria supô-las como linhas, pelo fato de não encontrar nada mais simples nem que eu mais distintamente pudesse representar à minha imaginação e aos meus sentidos; mas que, para compreendê-las e retê-las, muitas e a um só tempo, era preciso que as designasse por sinais ou por caracteres o mais breves possível [...]*
>
> DESCARTES

Introdução. 1 – Dificuldades em resumir. 2 – Como encontrar a idéia principal. 3 – Como encontrar detalhes importantes. 4 – A técnica de sublinhar. 5 – A técnica do esquema. 6 – Como fazer resumo.

Todo estudante, mas de modo especial o de curso superior, é solicitado freqüentemente a resumir textos e obras, ora como atividade inerente ao próprio estudo, ora como trabalho marcado por seus professores. Em sua vida de profissional e de intelectual perceberá que saber resumir é uma necessidade e, ao mesmo tempo, um hábito que já deveria ter adquirido.

No capítulo sobre a leitura, em vários momentos fiz referência à atitude ativa e produtiva diante do texto, e foi especificamente enfatizada a importância da "caça da idéia principal e dos detalhes importantes". Ao se indicarem alguns meios de estudo eficiente e de documentação, ficou patenteado o valor do esquema e do resumo. Mais tarde, quando se abordarem os meios e técnicas de elaboração da monografia e de outros trabalhos científicos, será destacada a necessidade do plano a ser desenvolvido. Nesses três momentos, a habilidade de resumir e esquematizar está presente. Aqui, portanto, serão dadas algumas indicações de ordem prática que venham a auxiliar o estudante a adquirir e desenvolver o hábito do resumo em suas atividades intelectuais.

1 – Dificuldades em resumir

A experiência de vários anos de magistério tem-me mostrado que muitos estudantes se queixam de que não sabem ou têm real dificuldade em resumir e encontrar a idéia principal e os detalhes importantes de um texto.

Fiz uma leve investigação exploratória sobre o problema, através de entrevistas e questionários abertos, e já há condições de localizar possíveis fontes dessa dificuldade. Algumas poderão ser, de imediato, sanadas pelo próprio estudante, mediante a aplicação das técnicas indicadas neste capítulo; outras, só a longo prazo.

São estas as principais fontes de dificuldade do estudante:

1.1 – Dificuldades inerentes ao próprio tipo de personalidade do estudante

Há vários decênios, a psicologia tem-se dedicado ao estudo das diferenças individuais; entre estas as de inteligência ou estilos cognitivos das pessoas. Alguns psicólogos (112: p. 73), investigando o problema, falam em dois tipos gerais de estilo cognitivo, facilmente identificáveis: os *niveladores* (que têm mais facilidade em constatar as semelhanças entre as coisas, em sistematizar, em distribuir elementos em grupos comuns) e os *aguçadores* (que têm mais facilidade em encontrar as diferenças entre as coisas, em analisar).

Bastaria essa classificação geral para possibilitar uma primeira resposta ao estudante consciente de sua dificuldade: se for, realmente, do tipo aguçador, é normal que tenha o problema; sua tendência é mais para a análise do que para a síntese. Entretanto, não é um problema insuperável. Como veremos, a própria capacidade de analisar pode ser utilizada em função da síntese. A vida, como o pensamento, desenvolve-se dentro de um processo dialético e, neste, a análise precede à síntese. Neste caso concreto, a solução está ligada à questão de método e de treinamento.

Acontece, porém, que a maioria ou grande parte dos estudantes que se queixam da dificuldade em resumir pertence a uma categoria em que a aptidão para encontrar as semelhanças e a aptidão para encontrar as diferenças se fundem numa espécie de terceiro tipo misto, provocando certa ansiedade na hora de decidir pelo que é fundamental, integrante ou acessório num texto. O inseguro, em situação dessa natureza, geralmente age assim: na impossibilidade de discernir entre o principal e o secundário, transcreve tudo. Adota o mecanismo da pseudoprevenção: "Antes tudo do que nada."

Essa dificuldade é maior quando a formação desses estudantes, durante o curso secundário, foi deficiente: pouco ou nada foram treinados em atividades de interpretação de textos, de esquematização, de elaboração de trabalhos a partir de planos feitos por eles mesmos.

Quando a dificuldade é identificada no próprio estudante, segundo esta pequena análise, podemos adiantar que se trata de um problema cuja solução é *aprendizagem*. Terá de modificar seu comportamento, adquirindo novos hábitos. Só o conseguirá, se se propuser atingi-lo, *treinando*. Sem tentar, sem treinar, sem praticar, provavelmente não encontrará a resposta ou a solução do problema. Serão aqui apontadas algumas indicações e técnicas que demandam *treinamento*. É preciso tentar, experimentar e ser perseverante, por um tempo razoável, em sua prática, para julgar a eficácia do método.

1.2 – Dificuldades provenientes do próprio texto

Às vezes um texto é de difícil síntese, por causa de seu conteúdo ou do estilo do autor.

No primeiro caso, o problema se coloca em termos antes de *compreensão* do que de síntese do texto. Não seríamos capazes de bem resumir sem antes termos compreendido o que lemos. Aqui é preciso começar a agir tentando responder à pergunta fundamental: Por que não estou entendendo bem este texto? Falta de base? Problema de vocabulário? Falta de relacionamento do assunto com outros?

Segundo MIRA Y LÓPEZ, e de acordo com suas observações durante trinta anos de magistério,

> muitos estudantes tropeçam com dificuldades graves na compreensão de certas matérias, pura e simplesmente por terem compreendido insuficiente ou equivocadamente, desde as primeiras lições, o significado de alguns termos básicos, que são depois repetidos a cada passo no texto (129: p. 56).

O estudante que não resolve o problema da compreensão, antes de tentar resumir o texto, provavelmente cometerá o mesmo tipo de erro há pouco lembrado: transcrever tudo, porque não entendeu ou, então, pular todo o trecho que não compreendeu.

Mas a dificuldade pode ser, também, proveniente do *estilo* do autor. Nem todo autor é claro, conciso, objetivo, mesmo ao expor assunto de natureza científica. Há os que pecam pela obscuridade na comunicação e outros pelo preciosismo e eruditismo que os tornam prolixos. O texto de tais autores é verdadeiro desafio ao deslindamento das idéias. Alguns autores ainda dão mais valor ao aspecto estético do que ao lógico na sua exposição.

As indicações apresentadas neste capítulo provavelmente ajudarão o estudante a resumir até esses autores, embora sejam indicações e técnicas elaboradas a partir da experiência com autores que revelam lógica na ordenação e exposição. E felizmente estes constituem a imensa maioria.

Como o problema de *saber resumir* pode ser desdobrado em outros e está relacionado com mais alguns, este capítulo se ocupará dos seguintes tópicos de ordem prática: técnicas para encontrar a idéia principal de um texto; técnicas para encontrar detalhes importantes; técnicas de sublinhar um texto; técnicas do esquema; e técnicas de *como resumir*. No fim do capítulo, há um exemplo de sua aplicação sobre um texto escolhido.

São indicações e técnicas apontadas pela experiência e investigações dos que se dedicaram ao estudo do problema entre estudantes universitários. Têm como objetivo fornecer elementos que podem ser usados com proveito, *desde que o estudante se disponha a experimentá-los e praticá-los em forma de treinamento.*

Como o leitor perceberá, são normas ou indicações acumulativas: formam um conjunto praticamente unitário. Mas não são "receitas". Não há para o caso soluções mágicas. Além disso, estamos enfrentando um problema complexo, como vimos. E, para problemas complexos, não há soluções simples.

2 – Como encontrar a idéia principal

No capítulo sobre a leitura, ficou bem claro que toda leitura-estudo deve ser feita com um propósito determinado. O estudante que tem o hábito de ler sem um propósito determinado assenta-se e simplesmente lê; ao término diz: "Pronto, já li." Assim o faz com todas as matérias, no mesmo ritmo de leitura, e reage da mesma maneira diante de qualquer assunto. Tal estudante tem muito que aprender, pois este não é o modo correto de agir.

É preciso ter um propósito inicial e ler em função dele. Um propósito inicial pode ser o de ter idéia do assunto. Outro pode ser o de tirar a essência ou o mais importante do que se vai ler.

Neste caso, como obter a idéia principal?

Depende do lugar de onde se propõe extraí-la: se dum capítulo, duma seção, dum parágrafo.

2.1 – Comecemos pelo parágrafo.

Um parágrafo contém, geralmente, uma só idéia principal. Esta é a definição de parágrafo. Os autores o sabem e normalmente o praticam.

Observando atentamente, notaremos que um parágrafo, em geral, começa com uma frase importante. Esta, em seguida, é explicada, ilustrada, acompanhada de frases adicionais. O final do parágrafo é feito com uma frase que o resume. Neste caso, a *idéia principal está no início do parágrafo*.

Mas nem sempre o autor age desta maneira. Às vezes, por razões estéticas, inverte a ordem: deixa a frase principal para o fim.

Quando procuramos a idéia principal, não buscamos uma oração completa, pois, provavelmente, a idéia principal é parte da oração. Podemos até resumi-la, mentalmente, com um par de palavras. Lembremos que os elementos essenciais da oração são o *sujeito* e o *predicado*. Os adjuntos (adjetivos, advérbios etc.) em geral se eliminam, sem alterar a essência do pensamento.

A título de ilustração, suponhamos o seguinte parágrafo:

> Contra a possibilidade de uma ciência do comportamento há um outro argumento, a propósito do qual, ao longo dos séculos, se acumula uma literatura tão ampla quão pouco esclarecedora. Refiro-me ao argumento do "livre-arbítrio": não podemos formular leis relativas ao comportamento humano, porque os seres humanos são livres para escolher a maneira como irão agir. Reluto em dar atenção mínima a essa discussão fútil, mas a omissão completa poderia ser, suponho eu, chocante; creio que o argumento é de importância especialmente para as ciências do comportamento, que deveriam examiná-lo dos pontos de vista psicológico e sociológico para saber por que é tão persistentemente apresentado e por que merece acolhida tão firme (103: p. 126).

Seguindo as indicações acima e não sendo nosso propósito analisar o autor, mas apreender o que ele diz, extrairíamos assim a idéia principal:

> *Contra a possibilidade de uma ciência do comportamento*, há o argumento do *livre-arbítrio*: não podemos formular leis de comportamento humano; os homens são livres para escolher. O argumento merece exame dos pontos de vista psicológico e sociológico.

Às vezes, os adjuntos são imprescindíveis. Assim, por exemplo, um "geralmente" colocado dentro de uma afirmação é elemento importante para que não se tome a afirmação no sentido absoluto.

Em trechos descritivos, narrativos, de literatura, de ficção, pode acontecer que o principal não se encontre numa só oração ou mesmo que não esteja explícito. O autor prefere implicitá-lo, formulando frases esteticamente elaboradas. Neste caso *temos de fazer um esquema através do parágrafo*.

Se quisermos adquirir a habilidade de encontrar o principal num parágrafo, *é preciso adquirir o hábito de querer sem-*

pre encontrar a idéia principal em todo o parágrafo que se lê. Conseguida a frase resumo, confrontá-la com o parágrafo para se ter a certeza de que se agiu corretamente. Procurar, tanto quanto possível, expressá-la com as próprias palavras.

2.2 – Vejamos agora quando se trata de encontrar a idéia principal em algo mais que um parágrafo: num *capítulo*, numa *seção*, na *obra*.

A primeira coisa a se fazer neste caso é o *exame inicial* antes da leitura. Isto se faz percorrendo, com o propósito de informação, toda a obra, através de seu índice, das partes, dos capítulos, atentando para os títulos e subtítulos e *procurando captar o esboço ou plano seguido pelo autor*.

É comum os autores dedicarem uma parte introdutória e/ou a parte final para dar a idéia principal. Quem escreve obedece a um plano, desenvolve idéias dentro de uma ordem hierárquica: a mais geral para todo o trecho e as menos gerais apresentadas logo abaixo desta. Procura distribuir as idéias específicas pelos parágrafos.

Devemos pressupor, portanto, *a existência de um plano e seu desenvolvimento*. Em essência, o desenvolvimento é a fundamentação lógica do trabalho elaborado a partir de um plano: isso é válido mesmo quando o trabalho é literário, histórico, filosófico. É patente nos trabalhos científicos e nos livros de texto, quando a finalidade do autor é expor, interpretando, explicando, demonstrando: o autor não se preocupa, aqui, em persuadir; apenas em comprovar ou provar uma teoria. O pensador tem de pensar logicamente. Se, antes de expor, agiu dentro de um contexto de descobrimento, de investigação, agora, ao desenvolver e expor seu trabalho, age num contexto de justificação; por isso é que ele informa, explica, interpreta, analisa, discute, demonstra, prediz. O leitor precisa saber disso e a cada passagem do texto identificar o tipo de atividade do autor.

Ora, todo desenvolvimento lógico, redigido, se faz através de proposições. Numa proposição, há essencialmente dois elementos: o sujeito e o predicado.

O *sujeito* funciona como:

- o elemento "causa" do fenômeno[1];
- a variável independente nos experimentos;
- as condições determinantes do fenômeno expresso através de fatos;
- produtor, quando além dele há outras "causas": condições necessárias suficientes, contingentes, contribuintes, alternativas;
- termo de uma correlação.

O *predicado* funciona como:

- determinação ou atributo do sujeito;
- definidor;
- conseqüência, "efeito";
- produto;
- variável dependente;
- elemento correlato.

Exemplifiquemos essa colocação, pois ela é fundamental para a boa compreensão dos textos e particularmente para a atividade de obtenção da idéia principal de uma exposição.

a) Seja a seguinte proposição científica (ao menos enquanto hipótese formulada a ser comprovada mediante pesquisa): "Se uma comunidade é supersticiosa, então obstará seu próprio desenvolvimento econômico."
Trata-se de uma relação de duas variáveis:
   - superstição religiosa de uma comunidade = *sujeito* (*variável independente*);
   - obsta seu desenvolvimento econômico = *predicado* (*variável dependente*).

b) "Se a comunidade participa nas decisões das mudanças sociais e somente se a comunidade participa nessas decisões poderá realizar-se uma mudança social."

---

1. Trata-se da proposição lógica e científica; não da proposição gramatical. Nesta é incorreto afirmar que o sujeito funciona como causa. Nem sempre. Ex.: A colheita foi prejudicada pela chuva – o sujeito é a colheita e a causa é a chuva.

Trata-se, também, de relação entre variáveis; supõe-se, entretanto, que uma delas (a colocada no nível de sujeito da proposição) não é *suficiente*, por si, para explicar o fenômeno, mas é *necessária*. Trata-se de uma relação de produtor-produto. Assim:

- participação da comunidade nas decisões = *sujeito* (*variável independente*; necessária mas não suficiente);
- produção nas mudanças sociais = *predicado* (*variável dependente*).

c) "Existe uma relação positiva entre o preconceito antiprotestante e a religiosidade extrínseca."

Aqui temos uma correlação e não uma relação de causalidade ou de produtor-produto. Assim:

- religiosidade extrínseca = *sujeito* (*variável concomitante*);
- preconceito antiprotestante = *predicado* (*variável concomitante*).

O próprio autor da pesquisa que resultou nesta descoberta, na Espanha, pode esclarecer:

> A relação entre o preconceito antiprotestante e a religiosidade extrínseca, encontrada entre nossos entrevistados, não parece ser causal. Outra questão é falar de casualidades. [...] É possível que preconceito antiprotestante e religiosidade utilitária vão juntos só pelo fato de terem sido ensinados a nossos entrevistados durante o processo de socialização a que tenham sido submetidos durante sua infância e adolescência. Não obstante, parece também provável que ambas as variáveis brotem de uma mesma raiz utilitária que as faz relacionarem-se mutuamente, de modo que a um fomento excessivo da religiosidade extrínseca corresponda um maior preconceito antiprotestante, e a um fomento da religiosidade intrínseca corresponda um descenso no preconceito antiprotestante (3: p. 141-2).

d) Suponhamos agora uma proposição cujo objetivo é definir. Escolhemos uma definição de grupo social feita por ACKOFF (1: p. 512). O autor, após exame de várias definições de grupo social e tendo o objetivo de formular uma em termos operacionais que pudesse servir ao objetivo de pesquisa sobre o problema, assim se decidiu: "Grupo social são dois ou mais indivíduos psicológicos que estão em comunicação efetiva ou potencial."

- grupo social = *sujeito*;
- dois ou mais indivíduos psicológicos que estão em comunicação efetiva ou potencial = *predicado*.

Fizemos esta digressão por julgá-la importante na atividade de compreensão de textos científicos e na captação da idéia principal do autor.

Visto que o autor, quando comunica, está na fase de agir dentro de um contexto de justificativa, não mais de investigação, usará o método dedutivo.

Deduzirá de idéias mais gerais as mais específicas. Faz isto através de proposições que se relacionam dentro duma estrutura lógica de demonstração: numa proposição, colocará a idéia principal e, noutras, os argumentos de sua comprovação. Em torno dessa relação, as demais atribuições funcionarão como detalhes importantes ou como simples acessórios. Por isso é possível empregar esquemas para se obter o que é principal e o que é detalhe importante.

Um dos esquemas que podemos utilizar é o apresentado por ACKOFF quando trata do "plano idealizado de uma investigação científica" (1: p. 83), fazendo as devidas adaptações:

X – *objeto* – "O que é?" – Objetos são seres, indivíduos, grupos, elementos que foram observados e sobre os quais se concluiu algo.

N – *circunstância* – "Sob que condições?" – Aquelas circunstâncias e condições que afetam o objeto, seu comportamento.

S – *estímulo* – "Por quê?" – São condições próximas que afetam o comportamento, o objeto. Algo que se acrescenta, retira ou modifica nas circunstâncias.

R – *resposta* – "Como?" – Reação do objeto ao estímulo. Alterações do sujeito devidas ao estímulo. Os efeitos. As variáveis dependentes.

Outro esquema seria através das tradicionais perguntas que levaram ARISTÓTELES a estruturar as categorias e as relações:

a) *Quê? O que é? – em que consiste?*
b) *Quem? – qual o autor, o produtor?*
c) *Quando? Como? Onde? – quais as circunstâncias que afetam o comportamento?*
d) *Por quê? – os motivos, as causas, as condições determinantes do comportamento.*
e) *Para quê? – a finalidade, os objetivos.*

É um hábito do pensador, do cientista, nada afirmar sem comprovar ou justificar. Ciente disso, o leitor tentará localizar a proposição principal e verificará se outras proposições funcionam como explicações, justificativas, provas da afirmação julgada principal.

Freqüentemente é preciso ter informações a respeito do autor e de sua obra antes de lê-lo, em função de captar a idéia principal e os detalhes importantes, e resumi-lo. Essas informações deverão fornecer-nos dados a respeito do método empregado pelo autor, da técnica de exposição utilizada por ele e até de seu estilo. Segundo MIRA Y LÓPEZ,

> há, em regra geral, dois tipos de escritores: indutivos e dedutivos. Os primeiros apresentam logo os fatos e se elevam a suas conclusões, de sorte que sempre guardam para o fim de seus parágrafos o que é mais interessante. Os segundos, ao contrário, apresentam de antemão a tese que aceitam e se põem logo a defendê-la. Uma vez adotada qualquer dessas duas técnicas, é difícil escapar-se dela, pois não é à toa que o homem é um animal de costumes. Por isso convém que o estudante penetre no estilo pessoal do autor lido, pois assim adiantará muito em sua compreensão e avaliação crítica (129: p. 54-5).

Quem não tem o hábito de escrever, de desenvolver alguma idéia ou pensamento, dificilmente terá o de resumir bem o pensamento alheio. O fato de usar esquemas, plano para desenvolver um tema, ajuda a encontrar o plano, as idéias principais, os detalhes importantes da exposição alheia.

Se o leitor é um estudante que não tem o hábito de resumir e está lendo este manual com o objetivo de aprender a fazer "monografia", sentirá, talvez, neste momento, que está dentro de um círculo vicioso: para fazer seu trabalho, precisa saber ler e resumir obras alheias, e, para bem resumir, precisa ter o hábito de escrever. Um círculo vicioso que precisa, porém, ser quebrado em algum lugar. Quer-me parecer que a melhor maneira de fazê-lo é através do poder de decisão: tomar o propósito de aplicar as técnicas de resumo aqui apresentadas e praticar simultaneamente a redação de temas ligados a seus estudos, utilizando a técnica do esquema.

3 – Como encontrar detalhes importantes

À medida que se indicam técnicas de localização da idéia principal, se hão de apontar, também, as de localização dos detalhes importantes. A idéia principal e os detalhes importantes estão em estreita relação formando juntos uma estrutura.

Um detalhe importante é a base da idéia principal. Apresenta-se, geralmente, sob a forma de um fato, um conjunto de fatos importantes em relação à idéia principal. Pode funcionar como argumento e prova da idéia principal.

Às vezes, o detalhe importante se apresenta sob a forma de exemplificação. Outras, é a apresentação da idéia principal sob forma de concreção: "A idéia expressa em termos concretos."

Julgar algo como importante é, muitas vezes, subjetivo. É um problema de valor. Mas, nos livros de texto, o importante quase sempre está ligado à idéia principal. Se o leitor lê com atenção e intenção de localizá-lo, pode estar seguro de encontrá-lo.

O autor costuma frisar, através de sua linguagem e do espaço reservado, *o que é importante* para sua idéia principal.

A atitude objetiva do leitor que se propõe localizar o detalhe importante é perguntar-se diante de um trecho: Trata-se apenas de um exemplo? Não será parte importante da prova? É uma prova a mais?

Tudo vai depender do propósito do leitor.

Um propósito pode ser avaliar o que se lê. Isso é muito comum quando se lê questão controversa ou assunto que se presta à discussão e interpretação. Geralmente o autor sabe o que diz. Isso não impede, entretanto, que se use o senso crítico. Um leitor jamais pode ser passivo. Quando houver divergência entre o que ele pensa e o que diz o autor, é preciso investigar o "porquê". Deve indagar quais as provas apresentadas, por que o autor chegou àquela conclusão, se estava equivocado e até que ponto estava.

Avaliando criticamente as idéias do autor, facilmente localizará as idéias principais e os detalhes importantes.

Outro propósito será o de ler com o objetivo de encontrar aplicação à vida, a uma situação específica. Isso é importante para quem se propõe fazer da leitura um hábito de aprendizagem constante. Esta incumbência pertence ao leitor, não especificamente ao autor. Cada um saberá encontrar o que é a resposta exata ou o que é importante para seu objetivo, uma vez que iniciou a leitura dentro desse propósito.

O fundamental, portanto, é sempre ler com um propósito específico.

4 – A técnica de sublinhar

Julga-se que o hábito de sublinhar caracteriza o bom leitor. Há um engano grande aqui.

Muita gente, desde o momento em que começa a ler, começa, também, a sublinhar o que pensa ser importante. Isso não significa saber ler, nem estudar, nem agir bem em função do propósito de captar a idéia principal e os detalhes importantes do texto para resumi-lo.

É um procedimento arbitrário de seleção de passagens, sem nenhum fundamento para julgar realmente o que é mais importante.

O sublinhar tem seu valor, mas a partir de um propósito formulado, dentro de um plano prévio, no tempo oportuno.

É preciso, em primeiro lugar, examinar o capítulo e formular perguntas sobre ele, procurando responder a elas à medida que se lê.

Nesta fase é preferível não sublinhar. Se achou que idéias importantes, detalhes de valor, foram localizados, coloque à margem um sinal convencional: "x", "*", "(.)", "I" etc.

Depois de terminada a leitura do texto inteiro (capítulo, seção etc.), volte a ler, buscando a idéia principal, os detalhes importantes, os termos técnicos, as definições, as classificações, as provas. *Isso é o que deve ser sublinhado.*

Nesta segunda leitura, não sublinhe as orações. Só os termos essenciais. Habitue-se a sublinhar depois que releu um ou dois parágrafos, para o devido confronto. Voltando, pense exatamente o que irá sublinhar. Use, como guia, os sinais colocados à margem. Agora será até possível mudar de opinião e selecionar com critério mais seguro.

Mas deve-se agir de tal forma que, relendo o que foi sublinhado, se consiga estrutura sintética e significativa do todo lido.

5 – A técnica do esquema

Para a maioria das matérias que estudamos, o mais indicado é tomar nota em forma de esquemas e resumos. Por várias razões, entre elas:

1) A técnica do esquema e do resumo nos obriga a participar mais ativamente da aprendizagem, proporcionando-nos a captação da idéia principal, dos detalhes importantes, das definições, classificações e termos técnicos. Ajuda-nos, por conseguinte, a assimilar a matéria.

A experiência ensina e investigações confirmam que todos nós recordamos melhor aquilo que fazemos ativamente.

O repetir com as próprias palavras o que se leu e estudou é o teste fundamental de compreensão e assimilação. E o tomar notas através de esquemas e resumos é uma forma de nos obrigar a repetir.

2) Através do esquema e do resumo temos mais facilidade e eficácia no ato de repassar, sobretudo em situações de exame e comunicação em público. Afinal, através de um esquema ou de um resumo, conseguimos reduzir, em poucas linhas ou em poucas páginas, um capítulo e até uma obra inteira.

A psicologia de aprendizagem, através de suas investigações, apresenta uma importante conclusão a este respeito: quanto melhor se compreende um conjunto de informações, maior é a possibilidade de dar informações sobre ele e, inversamente, quanto mais o aprendiz se limita a estudar partes sem relacioná-las ao todo, maior a dificuldade em evocar os fatos e o que eles significam.

O *esquema* visa justamente a este objetivo. Mais do que o próprio resumo.

Pelo esquema conseguimos mais facilmente o inter-relacionamento dos fatos e das idéias. Tais relações, muitas vezes, se perdem ou são difíceis de estabelecer quando resumimos simplesmente um texto com a preocupação de anotar o mais importante.

A *técnica do esquema* ajuda o estudante a estabelecer o plano lógico, pois para esquematizar é preciso compreender e estabelecer a subordinação das idéias, as relações entre as afirmações. Ajuda-o também a classificar os fatos dentro de um critério de caracterização.

5.1 – Um esquema, para que seja realmente útil, deve ter as seguintes características:

a) *Fidelidade ao texto original*: deve conter as idéias do autor, sem alteração, mesmo quando se usaram as próprias palavras para reproduzir as do autor. Por isso, em alguns momentos, é preciso transcrever e citar a página.

b) *Estrutura lógica do assunto*: de posse da idéia principal, dos detalhes importantes, é possível elaborar uma organização dessas idéias a partir das mais importantes para as conseqüentes. No esquema, haverá lugar para os devidos destaques.

c) *Adequação ao assunto estudado e funcionalidade*: o esquema útil é flexível. Adapta-se ao tipo de matéria que se estuda. Assunto mais profundo, mais rico de informações e detalhes importantes possibilitará uma forma de esquema com maiores indicações. Assunto menos profundo, mais simples, terá no esquema apenas indicações-chave. É diferente um esquema em função de repasse para exame e outro em função de uma aula a ser dada!

d) *Utilidade de seu emprego*: conseqüência da característica anterior: o esquema deve ajudar e não atrapalhar. Tratando-se de esquema em função do estudo, deve ser feito de tal modo que facilite a revisão. É instrumento de trabalho. Deve facilitar a consulta ao texto, quando necessário. Daí explicitar páginas, relacionamento de partes do texto etc.

e) *Cunho pessoal*: cada um faz o esquema de acordo com suas tendências, hábitos, recursos e experiências pessoais. Por isso é que um esquema de uma pessoa raramente é útil para outra. Uns preferem o esquema rigidamente lógico, outros, o cronológico, ou o psicológico, na disposição das idéias. Alguns usam recursos gráficos, de visualização da imagem mental (tinta de cor, desenhos, símbolos etc.); já outros preferem empregar só palavras.

Antes mesmo dessas características, o "esquema de estudo" deve possuir uma propriedade que, a nosso ver, garante validade a qualquer esquema: a *flexibilidade*. Um esquema rígido força o homem a sacrificar a realidade para mantê-lo. Não é a realidade que tem de se adaptar ao esquema, mas este que tem de se adaptar à realidade. Em decorrência desse princípio, o esquema não pode ser estático, uma vez que a realidade é dinâmica. Um esquema teórico, um esquema de soluções para resolver determinado problema, um esquema de classificação, enfim, qualquer esquema deve ter a possibilidade de revisão e reformulação quando a necessidade o exigir. Como se pode notar, a flexibilidade deve caracterizar, também, um esquema de estudo, de leitura e de trabalho intelectual. Diante de uma nova situação ou de um fato novo terá condições de reestruturação. O que não satisfaz é ignorar a novidade, distorcê-la ou mutilá-la, apenas porque o esquema não a tinha previsto.

5.2 – Indicações práticas para elaboração de esquemas

a) Captar a estrutura da exposição do autor, quer se trate de um livro, de uma seção, de um capítulo. Pode-se obter o esboço inicial a partir dos títulos, subtítulos e das epígrafes. Estas funcionam como guias e indicadores. Quem tem memória fraca não se contentará com simples indicadores: transformá-los-á em orações.

b) Colocar os títulos mais gerais numa margem e os subtítulos e divisões nas colunas subseqüentes e assim sucessivamente, caminhando da esquerda para a direita.

c) Adotar o sistema de chaves, colchetes, colunas, para separar divisões sucessivas.

d) Utilizar o sistema de numeração progressiva (1, 1.1, 1.2, 1.2.1, 2, 2.1 etc.) ou convencionar o uso de algarismos romanos, letras maiúsculas, minúsculas, números etc., para indicar as divisões e subdivisões sucessivas.

e) Usar alguns símbolos convencionais e convencionar abreviaturas para poupar tempo e facilitar a captação rápida das idéias. Assim, por exemplo:

→ para indicar: "produz", "decorre", "por conseguinte", "conduz a", "resulta" etc. Ex.: grupo minoritário → marginalização;

♂ para indicar sexo masculino – homem;

♀ para indicar sexo feminino – mulher;

Vi = variável independente;

Vd = variável dependente;

 para indicar sujeito – indivíduo, homem etc.;

Maiúsculas em toda palavra-chave, importante, convencionada (nomes próprios, lei etc.);

Gráfico do "tipo-organograma" para indicar estruturas, conjunto de idéias derivadas, relações etc.

Muitas vezes teremos de usar recursos para visualizar a imagem mental. Já foi observado em estudo psicológico dos processos cognitivos que uma idéia clara ou um pensamento bem formulado tem a possibilidade de ser representado graficamente. A didática e a comunicação de massas estão aí a confirmar este ponto de vista e a mostrar o sucesso dos chamados recursos "audiovisuais".

Complementar a essa técnica existe também a dos recursos "associotécnicos" ou "mnemotécnicos", que muitos estudantes usam para melhor reter e comunicar as idéias.

MORGAN, por exemplo, utilizou a "fórmula": *Survey Q 3R* como um *slogan* para realizar um curso de estudo eficiente. Esta fórmula resume os cinco casos específicos de estudo:

- *Survey* = examinar
- *Question* = perguntar
- *Read* = ler
- *Recite* = recitar (repetir)
- *Review* = repassar

Quantos de nós, depois de longos anos de terminados os estudos secundários, ainda nos recordamos do valor de π em matemática, porque nos fizeram associá-lo com as primeiras letras do alfabeto e reter "CADAF":

3,	1	4	1	6
C	A	D	A	F

Não bastassem as considerações feitas a respeito da "simbolização" e dos "esquemas", lembraríamos ao leitor o sucesso que têm tido a "programação" e a "análise de problemas" elaboradas em função dos computadores: recorre-se a *símbolos*, *tabelas de decisão*, *fluxogramas* etc., conseguindo-se aliar economia, racionalização do trabalho e precisão nos resultados.

5.3 – Exemplificação de esquemas

Os exemplos aqui apresentados estão colocados em fichas, pois neste manual recomenda-se muito ao estudante adotar o uso de fichas e do fichário como recurso técnico de documentação pessoal.

ESQUEMA
SALOMON, D.V. *Como fazer uma monografia*, cap. 3, 1.ª parte.

Características de um esquema útil

1) *Flexibilidade*: o esquema é que deve adaptar-se à realidade e não esta ao esquema
2) *Fidelidade ao original*: esquematizar não é deturpar, mas sintetizar
3) *Estrutura lógica do assunto*: organiza-se pelo esquema a relação da idéia importante e seu desenvolvimento
4) *Adequação ao assunto estudado*: o mesmo que funcionalidade
5) *Utilidade de emprego*: o esquema tem por objetivo auxiliar a captação do conjunto e servir para comunicar algo
6) *Cunho pessoal*: o esquema traduz atitudes e modo de agir de cada um – varia de pessoa para pessoa

OBSERVAÇÃO

GOODE, W. e HATT, P. *Métodos em pesquisa social*. São Paulo: Herder, 1968, cap. 10.

SELLTIZ, C.; JAHODA, M.; DEUTSCH, M.; COOK, S. *Métodos de pesquisa nas relações sociais*. São Paulo: Herder, 1967, cap. 6.

Quadro comparativo

GOODE E HATT (cap.10)	JAHODA (cap. 6)
Observação: Simples { não-controlada, participante, não-participante } * O autor aponta meios auxiliares na simples. Sistemática ou controlada * Acrescenta "controles" do observador e do observado	Assistemática { participante, não-participante } Sistemática = controlada * Tanto para a assistemática como para a sistemática o autor se detém nestes tópicos: – conteúdo da observação – registro de observações – aumento da precisão (exatidão) – relação entre o observador e o observado

MÉTODOS DA LÓGICA INDUTIVA
MILL, J. S. *A System of Logic*, p. 256.
Esquemas elaborados por PARDINAS, F. *Metodología y técnicas de investigación en ciencias sociales.* México, DF: Siglo XXI, 1969, p. 155-8.

1) Da concordância Sit. X: a b c → y X_1: d e c → y X_2: f g c → y c → y (*)	2) Da diferença Sit. X: a b h → não y X_1: a b k → não y X_2: a b c → y c → y (*)
3) Conjunto de concordância e diferença Sit. X: a b c → y X_1: h j c → y X_2: l m n → não y X_3: o p q → não y c → y (*)	4) Dos resíduos Sit. X: b → z X_1: b + a → z + 1 X_2: b + a + c = z + 1 + y → c → y (*) (*) c provocar y – depende da prioridade no tempo e do conhecimento de outros fatores (problema da limitação dos métodos)
(5) Variação concomitante:	Sit. X: c → y X_1: c + a → y + m X_2: c − d → y − 1

FATO
COHEN, M. e NAGEL, E. *Introducción a la lógica y al método científico* (2º v.: *Lógica aplicada y método científico*). Buenos Aires: Amorrortu, 1968, cap. XI, p. 36-8.

Diferentes sentidos da palavra FATO

1) *Elementos de percepção sensorial*: são elementos sensoriais que fornecem ponto de partida para investigação. "Buscamos analiticamente tais elementos sensoriais, com o fim de achar sinais confiáveis que nos permitam submeter à prova nossas inferências." (p. 36)

2) *Proposição que interpreta o dado sensorial*: "Isto é um espelho." Toda investigação usa tais proposições, mas à medida que progride pode abandoná-las por julgá-las falsas.

3) *Proposição que afirma caracteres*: "o ouro é maleável" (fato aceito!), "a mulher é inconstante" (fato discutido).
Nesse sentido, como no anterior, vai depender de elementos de juízo que tenhamos acumulado... "A Terra é redonda" em uma época não contava com tais elementos – mais tarde = hipótese. Hoje = um fato (não pode sofrer dúvida...).

4) *Coisas no espaço e no tempo e suas relações em virtude das quais uma proposição é verdadeira*: "Não são verdadeiros nem falsos, simplesmente são." (p. 37) São distintos das hipóteses que formulamos a respeito deles.

PREDICADO

COHEN, M. e NAGEL, E. *Introducción a la lógica y al método científico* (2.º v.: *Lógica aplicada y método científico*). Buenos Aires: Amorrortu, 1968, cap. XII, p. 65.

Divisão dicotômica de Aristóteles

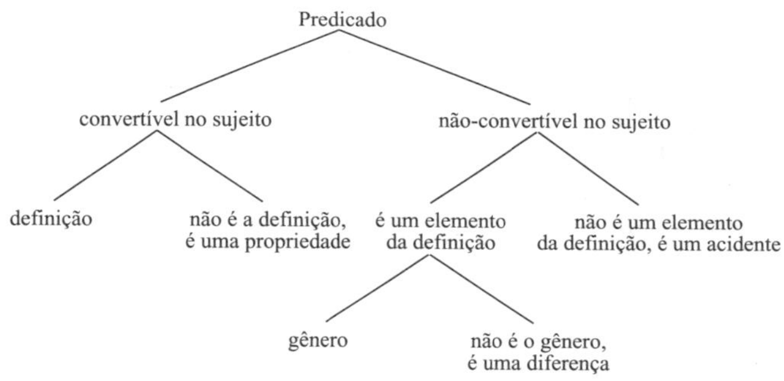

NÍVEIS DE SIMBOLIZAÇÃO
Esquema

- não confundir níveis de abstração com níveis de simbolização
- 1) constatamos uma uniformidade empírica; 2) formulamo-la, em seguida, em termos de conceitos e proposições; e 3) finalmente conseguimos identificar variáveis analíticas na formulação do problema (operamos com três níveis de abstração)
- formulamos uma proposição = 1.º nível de simbolização (uso de vocábulos)
- representamos os elementos da proposição por "letras" (x, y, p etc.) = 2.º nível
- conseguimos mostrar a relação de variáveis entre elas, p. ex.: Vi = variável independente e Vd = variável dependente – atingimos o 3.º nível de simbolização

Exemplo: Proposição: "Se se aumenta o salário duma pessoa cujo nível de escolaridade não vai além dos dois primeiros anos primários e o nível de seu *status* social é baixo, é provável que destinará uma soma crescente de seu salário para o consumo de bebidas alcoólicas!"

1) *Símbolos convencionados*
- X = salário
  - X_2 = salário aumentado em relação ao anterior
  - X_1 = salário anterior
- Y = consumo de bebida alcoólica { seguir como acima para Y_1 e Y_2
- P = escolaridade igual ou inferior a 2.º ano primário
- S = nível socioeconômico baixo

2) *Representação da hipótese* (proposição)

$(X_2 > X_1) + P + S \rightarrow Y_2 > Y_1$

ou apenas: $Vi \rightarrow Vd$

EXEMPLO DE FLUXOGRAMA DE PROGRAMAÇÃO PARA COMPUTADOR

(Trecho do fluxograma intitulado "Esquema de planejamento e avaliação para um projeto não-experimental de pesquisa sociológica". In: SCHRADER, Achim. *Introdução à pesquisa social empírica*. Tradução de Manfredo Berger. Porto Alegre: Globo, 1974, p. 7.)

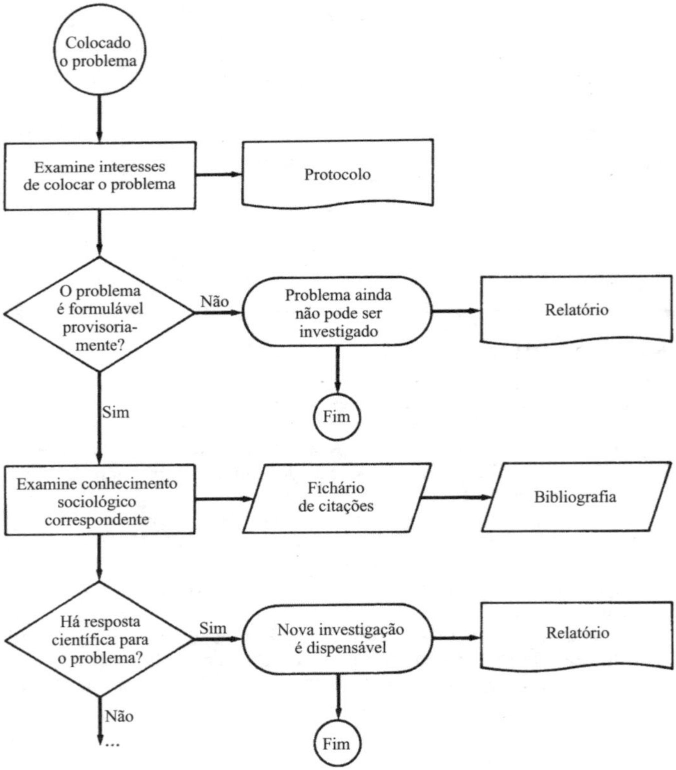

O fluxograma segue a técnica de planejamento de rede PERT, em que os *retângulos* indicam a ação a empreender; os *losangos*, as decisões a tomar (contêm sempre proposições interrogativas); os *elipsóides* e outros símbolos, os resultados das decisões; os *círculos*, a colocação do problema – início e fim do programa.

ARCO DE DISTORÇÃO EM COMUNICAÇÕES

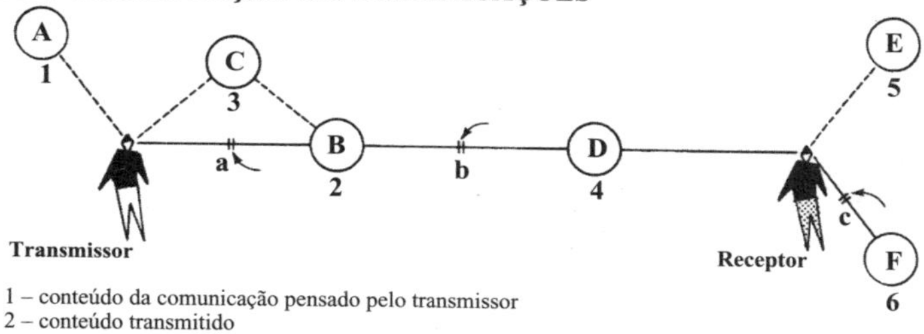

1 – conteúdo da comunicação pensado pelo transmissor
2 – conteúdo transmitido
3 – conteúdo transmitido pensado
4 – conteúdo recebido
5 – conteúdo recebido pensado
6 – conteúdo retransmitido

Comunicação perfeita: A = B = C = D = E = F

Arco de distorção:
A ↑ B...
A = B ↑ C
A = B = C ↑ D
A = B = C = D ↑ E
A = B = C = D = E ↑ F

As setas indicam momentos em que se pode corrigir o arco de distorção.

FASES DE UMA PESQUISA PURA (não-aplicada) EM CIÊNCIAS SOCIAIS

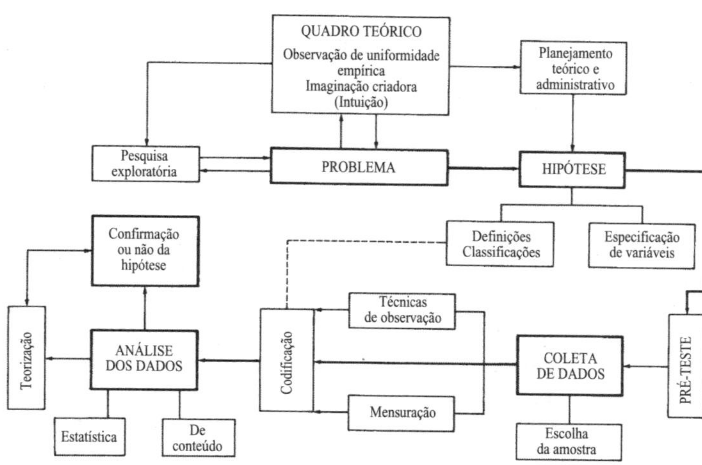

6 – Como fazer resumo

Há ocasiões em que não basta, nem convém, o simples esquema. Torna-se indicado o resumo. Pretendemos o apanhado do que lemos e até uma interpretação...

Resumir não é atividade exclusiva do estudo. Sempre representou uma necessidade do intelectual, do pesquisador. No mundo das publicações, ocupa lugar de relevo, sob o nome de *abstract* – resenha, recensão, sinopse etc.

Aqui apenas serão apresentadas indicações e práticas para a elaboração de resumo com finalidade de estudo.

1) Utilize as mesmas técnicas que foram apresentadas quando da captação da idéia principal, dos detalhes importantes, das técnicas de sublinhar e de fazer esquemas. Não deixe de recorrer também à "análise de texto" vista no capítulo anterior.

2) A técnica mais importante na elaboração do resumo é apontar as idéias mais importantes, *enquanto se lê*. Depois, através desses destaques, é que faremos o esboço e em seguida o resumo. Muitas vezes a sinopse do início do capítulo, os títulos e subtítulos, as referências à margem (quando o livro de texto as possui), a introdução justamente com o sumário no final do capítulo ajudam muitíssimo para o esboço do resumo. É verdade que há autores que não colocam resumo no final do capítulo: acham que o estudante tiraria melhor proveito se ele mesmo o fizesse. É um ponto de vista que se há de respeitar.

3) Não resuma antes que tenha tirado notas do conteúdo. Reveja essas notas que funcionarão como guias, quando, então, passar-se-á a escrever uma série de parágrafos, resumindo o capítulo. Não é uma maneira correta nem produtiva ir resumindo à medida que se lê. Geralmente tal técnica leva o estudante a estender-se em demasia em seu pretenso resumo. Também não é sempre indicado confiar na memória apenas, sem os indicadores e notas de conteúdo. Quem age dessa maneira, a não ser que se trate de trecho pouco extenso, corre o risco de esquecer os detalhes importantes.

4) Ao redigir o resumo, use frases curtas e diretas. Evite referências extensas. Utilize o sistema dos parênteses para in-

dicar autor, fonte e alusões semelhantes. O uso de aspas seguido da referência bibliográfica substitui convenientemente as expressões "como diz tal autor, em sua obra", "conforme se encontra em tal livro" etc. Redija sempre com o propósito de ser conciso e claro.

5) É interessante e bastante útil que o estudante se acostume a ler os resumos de livros (*readers*, recensões, *abstracts*), que se encontram nas revistas e publicações especializadas. Lendo-os e confrontando-os com as obras de que são síntese, têm-se belos modelos de como fazer resumo.

A seguir é oferecida ao leitor uma ilustração, que é também uma homenagem à capacidade de síntese, de um dos pensadores e cientistas de maior expressão de nossa época: C. W. MILLS. O exemplo é extraído de sua obra tão conhecida: *A imaginação sociológica*.

> Parsons escreve:
>
> O apego aos valores comuns significa, motivacionalmente falando, que os agentes têm "sentimentos" comuns, em apoio das configurações de valores, que podem ser definidos como significando que a conformidade com as expectativas relevantes é tratada como uma "coisa boa" relativamente independente de qualquer "vantagem" específica instrumental a ser ganha dessa conformidade, como, por exemplo, evitar-se as sanções negativas. Além disso, o apego aos valores comuns, embora possa enquadrar-se nas necessidades de satisfação imediatas do agente, tem sempre também um aspecto "moral", porque em certas proporções essa conformidade define as "responsabilidades" do agente, nos sistemas mais amplos, ou seja, de ação social, do qual participa. Evidentemente, o foco específico da responsabilidade é a coletividade, que se constitui por um valor-orientação particular e comum.
>
> Finalmente, é claro que os "sentimentos" que apóiam tais valores comuns não são, habitualmente, em sua estrutura específica, a manifestação de propensões constitucionalmente dadas do organismo. São, em geral, aprendidas ou adquiridas. Além disso, a parte que desempenham na orientação da ação não é predominantemente a dos objetos culturais que são conhecidos e "adaptados a", mas os padrões culturais que se tornaram internalizados. Constituem parte da estrutura do sistema de personali-

> dade do próprio agente. Tais sentimentos, ou "valores-atitudes" como podem ser chamados, são, portanto, autênticas necessidades-disposições da personalidade. É somente em virtude da internalização dos valores institucionalizados que uma autêntica integração motivacional do comportamento na estrutura social ocorre, que as camadas "mais profundas" da motivação se tornam ligadas ao preenchimento dos papéis – expectativas. Somente quando isso ocorreu em alto grau é possível dizer que o sistema social é altamente integrado e que os interesses da coletividade e os interesses privados em seus membros constituintes podem ser considerados como próximos da coincidência.
>
> Essa integração de um conjunto de configurações de valor comum com a estrutura da necessidade-disposição internalizada das personalidades constituintes é o fenômeno básico da dinâmica do sistema social. Podemos dizer que a estabilidade de qualquer sistema social, exceto o mais evanescente processo de interação, depende até certo ponto dessa integração, e que esse é o teorema fundamental dinâmico da Sociologia. É o principal ponto de referência de todas as análises que pretendam ser uma análise dinâmica do processo social (*The Social System*, p. 41-2).
>
> *Em outras palavras*: Quando as pessoas partilham dos mesmos valores, tendem a comportar-se de acordo com o que esperam umas das outras. Além disso, com freqüência tratam essa conformidade como algo de muito bom – mesmo quando parece ir contra seus interesses imediatos. Que esses valores partilhados são aprendidos, e não herdados, não os torna menos importantes na motivação humana. Pelo contrário, tornam-se parte da personalidade. Como tal, mantêm unida a sociedade, pois o que é socialmente esperado torna-se individualmente necessário. Isso é tão importante para a estabilidade de qualquer sistema social que vou utilizá-lo como meu principal ponto de partida, sempre que analisar uma sociedade como uma estrutura em funcionamento (126: p. 38-9).

A título ainda de ilustração para o estudante, transcrevo a seguir um trecho de JAHODA e colaboradores, extraído de seu livro *Método de pesquisa nas relações sociais*. Repare nas técnicas vistas neste capítulo (as de obtenção da idéia principal, as de localização de detalhes importantes, as de sublinhar, as do esquema-resumo). Leia o exemplo duas vezes. A primeira sem prestar atenção aos sinais e traços. A segunda, reparando nesses sinais e traços. Em seguida confronte o trecho com o esquema-resumo colocado na seqüência.

O conceito de "causalidade"

O conceito de causalidade é complexo, e sua análise com- (.)
pleta ultrapassaria de muito o objetivo deste livro. Limitaremos ←
nossa discussão aos aspectos que parecem essenciais para a com-
preensão das exigências para os processos de pesquisa, em estu-
dos planejados para a verificação de hipóteses causais.

A idéia de "senso comum" a respeito de causalidade tende
a admitir que um único acontecimento (a "causa") sempre pro- }
voca outro acontecimento único (o "efeito"). Na ciência moder-
na, ao contrário, tende-se a acentuar a multiplicidade de "condi- (.)
ções determinantes" que, reunidas, tornam provável a ocorrência
de determinado acontecimento. Tanto o pensamento científico
quanto o de senso comum procuram descobrir condições neces-
sárias e suficientes para um acontecimento. (Tais termos serão
definidos nos parágrafos seguintes.) Todavia, enquanto o senso
comum leva uma pessoa a esperar que um fator possa dar uma
explicação completa, o cientista raramente – e talvez nunca –
espera encontrar um único fator ou condição que seja necessário
e suficiente para provocar um acontecimento. Ao contrário, está
interessado em condições contribuintes, condições contingen-
tes, condições alternativas – todas as quais espera ver como
atuantes a fim de tornar provável, mas não certa, a ocorrência do
acontecimento. (Maior explicação desses termos será apresenta-
da a seguir.)

Uma condição necessária, como o supõe o termo, é aquela (1)
que precisa ocorrer, para que ocorra o fenômeno de que é "cau-
sa". Se X é uma condição necessária de Y, então Y nunca ocor-
rerá a não ser que ocorra a condição X. Exemplo: a experiência
anterior com entorpecente é uma condição necessária de vício
com entorpecentes, pois seria impossível o vício se o indivíduo
nunca tivesse experimentado entorpecentes.

Uma condição suficiente é aquela que é sempre seguida (2)
pelo fenômeno de que é uma "causa". Se X é uma condição sufi-
ciente de Y, então sempre que ocorra X, ocorrerá Y. Exemplo: a
destruição do nervo ótico é uma condição suficiente de cegue-

ra, pois nenhuma pessoa cujo nervo ótico tenha sido destruído pode ver.

Uma condição pode ser necessária e suficiente para a ocorrência de um fenômeno. Nesse caso, Y nunca ocorreria, a não ser que X ocorresse, e sempre que X ocorresse, Y também ocorreria. Em outras palavras, não haveria caso em que X ou Y aparecessem sós. Evidentemente, nenhum de nossos exemplos é adequado a esse modelo. Embora o vício em entorpecente (Y) nunca possa ocorrer a não ser que a pessoa tenha experimentado o uso de entorpecentes (X), é verdade que o indivíduo pode experimentar entorpecentes sem se tornar viciado; assim, a experiência de entorpecente é uma condição necessária mas não suficiente do vício. A fim de compreender o vício em entorpecentes, precisamos encontrar outras condições contribuintes.

De outro lado, embora a destruição do nervo ótico (X) sempre provoque a cegueira (Y), esta pode ocorrer de outras formas, ainda que o nervo ótico não esteja defeituoso; a destruição do nervo é uma condição suficiente mas não necessária da cegueira. A fim de compreender todas as "causas" de cegueira, precisamos buscar condições alternativas que possam provocá-la.

Usaremos o exemplo do vício em entorpecentes a fim de ilustrar a busca de condições contribuintes, contingentes e alternativas. Uma condição contribuinte é aquela que aumenta a probabilidade da ocorrência de determinado fenômeno, mas não a torna certa; isso ocorre porque é apenas um dentre vários fatores que, juntamente, determinam a ocorrência do fenômeno. Por isso, a pesquisa sobre vício em entorpecente não se satisfaz com o reconhecimento de que a experiência com entorpecentes é uma condição necessária do vício, mas considera quais os fatores pessoais, de família ou de vizinhança que provocam essa experiência, bem como quais os fatores que tornam mais provável que um indivíduo com a experiência se torne viciado (Chein, 1956). Os estudos comparativos entre rapazes viciados e não viciados podem verificar, por exemplo, que uma proporção consideravelmente mais elevada dos que se tornaram viciados vem de lares em que o pai não estava presente; em outras palavras, tais estudos sugerem que, nos rapazes, a ausência da figura paterna, durante a infância, é uma influência contribuinte no desenvolvimento de vício em entorpecentes.

No entanto, o comportamento com que lida a ciência social é extremamente complexo; é preciso considerar a interação de fatores. Um fator que atua como uma condição contribuinte de um fenômeno, sob um conjunto de condições, pode não fazê-lo sob outras condições. As condições em que determinada variável é uma causa contribuinte de determinado fenômeno são denominadas condições contingentes. Muitas pesquisas em ciência social se referem à identificação de tais condições. Em nosso exemplo de vício com entorpecentes, outros estudos podem procurar verificar se sob diferentes condições, ocorre a relação entre ausência do pai e vício em entorpecentes. Podem verificar que, nos bairros em que o uso de entorpecentes por adolescentes é raro ou não existente, os rapazes que cresceram sem um pai em casa não se voltam para o vício. Depois, a hipótese pode ser refinada da seguinte maneira: nos bairros em que o uso de entorpecentes é comum (condição contingente), a ausência do pai de um rapaz contribui para a probabilidade de que o rapaz se torne um viciado. (4)

A consciência da multiplicidade de causas contribuintes conduz também a um interesse em condições alternativas que tornam mais provável a ocorrência de um fenômeno. Assim, pode-se verificar que, em bairros com elevado índice de uso de entorpecentes, o índice de vício é muito elevado, não apenas entre os rapazes que cresceram sem um pai, mas também entre rapazes cujos pais estavam nos lares durante a sua infância, mas que os trataram com hostilidade ou indiferença. Depois, a hipótese seria reformulada, a fim de considerar essas condições contribuintes alternativas: a ausência de uma figura paterna ou a ocorrência de tratamento hostil ou indiferente pelo pai contribui para a probabilidade de vício, em bairros em que é comum o uso de entorpecentes. Depois, o cientista social pode procurar uma hipótese que inclua um fator comum a ambas as condições contribuintes alternativas – por exemplo, que em bairros em que os entorpecentes são facilmente acessíveis, a falta de oportunidade para identificações com uma figura paterna, durante a infância, torna o vício em entorpecentes mais provável na adolescência (165: p. 93-6). (5)

Segue, a seguir, ficha do esquema-resumo do texto anterior.

<table>
<tr><td colspan="3">CONCEITO DE “CAUSALIDADE”
SELLTIZ, C.; JAHODA, M.; DEUTSCH, M.; COOK, S. Métodos de pesquisa nas relações sociais. São Paulo: Herder, 1967, p. 93-6.</td></tr>
<tr><td rowspan="3">Causalidade

Conceito complexo – aqui: só aspectos essenciais em função dos processos de pesquisa: “verificação de hipóteses causais”.</td><td>1. Sentido</td><td>1.1 – Senso comum: “causa” – “efeito” (único fator).
1.2 – Ciência moderna: multiplicidade de condições determinantes (vários fatores).</td></tr>
<tr><td>2. Condições</td><td>2.1 – Necessária: precisa ocorrer para que ocorra o fenômeno.
2.2 – Suficiente: sempre é seguida do fenômeno. Uma condição pode ser 2.1 e 2.2 ao mesmo tempo, ao menos no plano teórico.
2.3 – Contribuinte: a que aumenta a probabilidade da ocorrência do fenômeno (um dentre vários fatores).
2.4 – Contingente: sob a qual funcionam as outras. É condição da “causa” ou das “causas”.
2.5 – Alternativas: funcionam como possibilidades separadas das anteriores. Estabelecem outra hipótese paralela.</td></tr>
<tr><td colspan="2">3. Exemplos: Análise hipotética do vício com entorpecentes em rapazes.</td></tr>
</table>

Capítulo IV

A prática da documentação pessoal

Será útil a alguns, sem ser nocivo a ninguém.

DESCARTES

Introdução. 1 – Hábitos indicados e técnicas práticas. 2 – Elaboração da ficha. 3 – Organização do fichário pessoal. 4 – Modelos de fichas e de organização do fichário pessoal.

Vivemos a fase dos computadores eletrônicos, da informática e da documentação. A explosão bibliográfica e a necessidade de se obter a informação exata no lugar e no momento adequados provocaram o aparecimento da documentação como a técnica de nossos dias. A profissão do documentalista é hoje uma das mais requisitadas. Antes mesmo do aparecimento dos "técnicos da informação" e dos "informadores científicos", o trabalhador intelectual praticava a atividade de documentar-se dentro de seus recursos e mediante técnicas criadas por ensaio e erro. Hoje é possível aliar esta iniciativa às principais técnicas modernas adaptadas para atender às necessidades do estudante e do trabalhador intelectual. São dadas aqui, de forma bastante resumida, as principais indicações de ordem prática, capazes de satisfazer o interessado. Evito o "tecnicismo" por nos parecer contra-indicado para a finalidade do leitor, uma vez que poderia enfatizar o aparato, em sacrifício da funcionalidade do método. Na segunda parte de nosso trabalho, teremos ocasião de retornar ao assunto, quando tratarmos da documentação em função direta da monografia. Esse tipo de documentação específica será a decorrência natural da *prática de documentar-se* que se espera de todo trabalhador intelectual.

É possível atender a esse objetivo em quatro itens: indicação de hábitos e técnicas práticas, normas de elaboração da ficha, organização do fichário pessoal e apresentação de modelos de fichas e catalogação. Todo esse conjunto deve funcionar para o leitor como estímulo, a partir do qual conseguirá fazer as adaptações e reformulações necessárias; afinal é impossível atender com uma única fórmula às mais diversificadas necessidades e à variedade imensa de diferenças individuais. Como já o fiz antes, volto a repetir ao leitor: o que apresento traz a chancela de longa experiência e de resultados positivos.

1 – Hábitos indicados e técnicas práticas

A *documentação pessoal* deve ser uma constante na vida do estudante e do trabalhador intelectual. A labilidade da memória humana e a freqüência de comunicações, informações e consultas, a que estes estão sujeitos, constituem as razões fundamentais dessa afirmação. Ao tratar da utilidade e técnica do resumo decorrente da leitura inteligente já expus esse ponto de vista. Ler e não reter é uma forma de não assimilar. É garantir o esquecimento e a perda de material importante para atividades futuras. O cientista não se documenta só no momento em que tem necessidade de fundamentar uma teoria ou uma hipótese de trabalho: enquanto trabalha em sua pesquisa está constantemente se documentando ao menos para atualizar-se e informar-se de métodos e técnicas mais relacionados com sua especialização. Mas sabe que a própria pesquisa está diretamente ligada à documentação que vem sendo acumulada durante vários anos. E qual é o trabalho publicado que não resultou de informações obtidas e guardadas ao longo de anos de leitura e estudo?

Convença-se, pois, o estudante universitário (mesmo aquele que não tem intenção de publicar algum trabalho), que a documentação pessoal é uma conseqüência das atividades intelectuais de quem determinou sua especialização e de todo aquele que, mesmo sem a intenção de ser enciclopédico, procura estar em dia com as produções do pensamento humano. Constitui, ao lado da biblioteca particular, verdadeiro instrumento de trabalho do profissional categorizado. O estudante universitário que se preza deveria ter o hábito de documentar-se tanto na área de sua especialização como em outras afins e até nas de interesse geral. Essa recomendação não é um convite ao enciclopedismo. Antes, pelo contrário. Não se trata de incentivar ninguém a documentar-se a respeito de tudo, como se estivesse trabalhando a vida inteira para construir um *thesaurus* de sabedoria. Muito menos há de se apoiar a formação mental dos "fazedores de almanaque" que procuram saber "um pouco a respeito de tudo". Mas também não acredito no sucesso de dois tipos de trabalhador intelectual: aquele que não se documenta e aquele que é superespecializado a ponto de desligar-se inteiramente das demais atividades do pensamento humano. Ainda mais que as ciências caminham hoje de formas tão estreitamente relacionadas, que as chamadas fronteiras do saber já estão perdendo a demarcação.

A decorrência do exposto, em termos práticos de documentação pessoal, é simples: convencer-se de sua necessidade e utilidade; colocar essa atividade como integrante do processo de estudo e hábito de leitura; adotar um método ou conjunto de técnicas para organizar sua documentação de maneira produtiva.

Eis aqui algumas técnicas práticas:

1) Considerar material de documentação tudo o que julgar importante e útil em função de seus estudos e da futura vida profissional.

2) A fonte da documentação serão as leituras, as aulas, os seminários, os grupos de discussão, as conferências.

3) Os meios de como e onde guardar as documentações pessoais poderão ser conseguidos através das seguintes indicações:

a) Evitar longas transcrições, uma vez que não compensam.
b) Assuntos ou anotações a serem extraídos de livros próprios não precisam ser transcritos. Apenas se anotam o título e a fonte no cabeçalho de uma ficha. *Título*, aqui, é o nome que se dá ao assunto, por iniciativa própria, coincidindo ou não

com o próprio título dado pelo autor daquilo que se lê. *Fonte*, aqui, é: 1) obra, livro, revista etc., referenciados com o nome do autor, título da obra, local, editora, página e, se preciso, lugar onde encontrou o livro; 2) o local, o ano, os conferencistas etc., quando se tratar desse tipo de origem da informação.

c) As anotações devem ser guardadas em fichas ou em pastas apropriadas para colecionar recortes, apostilas e tipos semelhantes de documentos.

d) Indica-se o hábito de lançar os resumos das aulas, lições, leituras, *em fichas*, em vez de em cadernos. Tal sistema, além de ajudar proveitosamente nos momentos de repasse para exames ou situações semelhantes, promove boa armazenagem para o futuro.

e) Na medida do possível, fazer as transcrições, anotações e resumos à máquina. A máquina de escrever já constitui uma ferramenta do estudante e do trabalhador intelectual moderno[1].

f) Providenciar seu fichário e arquivo para atender às indicações que serão dadas a seguir. No princípio as gavetas da escrivaninha e até uma caixa de papelão ou de madeira podem atender satisfatoriamente.

g) Se o estudante já tinha o hábito de documentar-se, mas o fazia em cadernos e agora percebe a conveniência de aderir ao sistema de fichas, poderá recuperar todo o material guardado, adotando um sistema prático de transcrever para as fichas apenas os títulos e páginas do caderno onde se encontra. O "ideal" seria, entretanto, rever anotação por anotação e copiar em fichas as que lhe interessam manter.

---

1. Isso escrevi em 1969. Torna-se mais oportuna a recomendação, quando já estamos em plena era da informática e o uso do microcomputador já começa a ser rotineiro entre escritores, professores, pesquisadores, jornalistas, profissionais de nível superior, de um modo geral.

2 – Elaboração da ficha

O tamanho da ficha fica a critério de cada um. Não deverá ser muito pequeno, a fim de não sacrificar os apontamentos e resumos. Nem muito grande, por motivo de economia e comodidade no manuseio. Apontamos, como sugestão, os seguintes tamanhos já universalmente conhecidos: 20 × 12,5 cm, 20 × 25 cm ou 25 × 15 cm.

Para poupar espaço e gastos, pode-se anotar nos dois lados da ficha. Neste caso, a prática tem mostrado que a melhor maneira, para facilitar o manuseio, é fazê-lo no sentido inverso da frente da ficha (isto é, de cabeça para baixo).

Toda ficha deve ter um cabeçalho que compreenda: o título e logo a seguir a fonte. Convém separar o cabeçalho do corpo da ficha por um traço horizontal. A ficha que for continuação de outra não precisa ter todas as indicações da fonte: basta colocar o título, o primeiro elemento da fonte e em seguida acrescentar: ficha 2 ou ficha 3 etc.

Ao se anotar na ficha, deve-se ter bastante cuidado em transcrever com fidelidade (nome do autor, título da obra, página, o texto etc.), a fim de, futuramente, não se ter de perder tempo em relocalizar a obra para verificar a procedência. Evitam-se assim citações inadequadas.

Como na ficha podem ser lançadas transcrições, anotações, resumos, pontos de vista do leitor que não são do autor, é preciso que se estabeleça um código a fim de identificar a natureza desse material todo; por exemplo: as aspas ("...") para citação; o asterisco ao lado (*) para designar resumo; duas barras (||) para indicar que se trata de idéias pessoais e não do livro etc.

Uma vez decidido o tamanho da ficha, há que mantê-lo para todas elas e adquiri-las em grande quantidade. Esta providência, além de constituir um aspecto psicológico de fator motivacional, evita perdas irrecuperáveis de tempo. Não é necessário que se adquiram fichas já prontas nas papelarias. É até mais econômico e mais de acordo com as necessidades específicas mandar cortá-las numa tipografia. O papel pode ser do tipo

"40 kg" que não é fino nem muito encorpado. Quem tem hábito de escrever à máquina, ou de não precisar de linhas no papel para escrever a mão, não precisa adquirir fichas pautadas, o que proporciona notável economia e maior praticidade.

3 – Organização do fichário pessoal

O fichário já suplantou, em nossos dias, o sistema de documentação em cadernos de apontamentos e outros meios semelhantes que são mais depósitos do que realmente registros de documentação. Depois de cinco anos de estudo, o aluno que amontoou pilhas e pilhas de cadernos só tem um fim a dar a este acervo: o quarto de despejo, a fogueira ou a cesta de lixo. É lamentável, porque, certamente, dentro daqueles cadernos muita anotação seria aproveitável para a vida profissional ou para prestar ajuda a outros. Já o fichário, além de possibilitar a guarda dos documentos, apresenta-os organizados e mantém, através do processo de revisão, somente as fichas úteis. A experiência tem ensinado que nos primeiros anos de estudo somos inclinados a anotar mais do que o necessário. Isso é característica de todo iniciante. À medida que nos desenvolvemos, aumentamos o poder de discriminação e passamos a anotar o fundamental e necessário. Através do fichário temos todas as possibilidades de selecionar constantemente nosso material de documentação.

O fundamental do fichário é sua organização. O tipo de fichário pessoal que estamos indicando organiza-se através de *fichas de chamada* e *fichas de conteúdo*. As fichas de conteúdo são aquelas de que nos ocupamos até há pouco. Quanto às fichas de chamada, é interessante saber:

a) *Fichas de chamada* são fichas indicadoras de assunto, títulos e autores. Funcionam no fichário como categorias mais genéricas do que as fichas de conteúdo; são as espécies. São como o índice de um livro: neste caso o livro é o fichário e seu conteúdo as fichas de conteúdo.

b) O fichário pessoal que estamos indicando possui dois tipos de fichas de chamada: as com indicadores no centro e as com indicadores nas laterais (ora à esquerda, ora à direita). As *centrais* funcionam como indicadores de gêneros mais abrangentes dos assuntos (contêm, por exemplo, os ramos gerais do saber humano ou das ciências); as *laterais* funcionam como indicadores das divisões de cada um desses ramos. Em síntese, o fichário se divide em seções rotuladas por fichas centrais, estas em seções rotuladas por fichas laterais, que, por sua vez, encabeçam os conjuntos das fichas de conteúdo.

c) As fichas de chamada contêm apenas os rótulos que se sobressaem no fichário.

Quanto à *organização do fichário* há vários sistemas, a maioria copiada dos centros de documentação e biblioteconomia. Os mais comuns dão o sistema de *classificação em ordem alfabética* (parece que as escolas de biblioteconomia estão usando o termo "classificação alfabetada"), o *sistema decimal* e o *misto*. Qual seria o mais indicado para o fichário pessoal?

3.1 – Sistema de classificação em ordem alfabética

A prática mostra que a ordenação das fichas em *ordem alfabética* apresenta mais inconvenientes que vantagens. Não permite, por exemplo, ter juntas fichas do mesmo assunto ou de assuntos análogos e afins, mas com títulos diferentes. Assim, para ilustrar, é possível que a respeito do assunto "Modelos de pesquisa" um fichário tenha várias fichas de conteúdo, cujos rótulos são: "Pesquisa – modelos", "Investigação científica – modelos", "Desenho da pesquisa", "Montagem de uma pesquisa" etc. Como se nota, cada uma dessas fichas tem rótulos cuja primeira letra é diferente das demais. Num fichário em ordem alfabética estas fichas estariam dispostas em locais diferentes. Para localizar toda a documentação a respeito do assunto em tela, seria necessário percorrer todas as fichas do fichário: o que não é nada prático...

3.2 – Em que consiste o sistema decimal?

O sistema de classificação decimal foi criado por Melvin Dewey[2], segundo consta. Ele distribuiu o mundo do conhecimento humano em dez áreas, cada uma das quais divisíveis e subdivisíveis indefinidamente, dentro de um critério semelhante ao do sistema decimal de numeração, e, como este, representado em algarismos ou números. Assim são numeradas as dez áreas gerais:

000 – Obras gerais
100 – Filosofia
200 – Religião
300 – Ciências Sociais
400 – Filologia e Lingüística
500 – Ciências puras e naturais
600 – Ciências aplicadas
700 – Belas-Artes – Esportes – Divertimentos
800 – Literatura
900 – História – Geografia

Segundo esse sistema, cada assunto é classificado em termos de área geral (uma dessas dez), área menos abrangente, ramo ou divisão desta segunda área, espécie, subespécie etc., até o indivíduo que neste caso é o assunto. Quanto mais geral o assunto, menor quantidade de algarismos específicos. O sistema exigiria um manual de classificação constantemente atualizado.

A classificação decimal diretamente aplicada ao fichário pessoal demandaria a formação e o instrumental de um especialista em biblioteconomia ou documentação. No mínimo, exigiria a criação de um catálogo de classificação elaborado para o próprio fichário, prevendo-se um número para cada assunto.

Por isso, torna-se particularmente indicado o *sistema misto*.

---

2. Melvin Dewey em 1873 criou seu sistema de classificação para a biblioteca do College Amherst (Massachusetts – EUA) e em 1876 obteve o título de Mestre com este seu trabalho, mais tarde aprimorado pelo Instituto Internacional de Bibliografia.

3.3 – Sistema misto

Trata-se de uma adaptação que há vários anos fiz em função do fichário pessoal, cuja indicação tem sido proveitosa para todos que se interessaram.

Sua aplicação é muito simples:

a) Organiza-se um *índice classificador* com fichas de chamada centrais e laterais. Não se usam números nestas fichas nem nas demais. Usam-se apenas títulos ordenados dentro de critério preestabelecido.

b) As fichas de chamada *centrais* contêm os rótulos referentes às áreas mais gerais de interesse, relacionadas com o tipo de especialização da pessoa. Quem prefere ter um fichário mais abrangente poderá destinar às fichas de chamada centrais as dez áreas de classificação decimal.

c) As fichas de chamada *laterais* contêm, alternadamente, os subtítulos gerais ou divisões menos abrangentes que as contidas nas fichas de chamada centrais.

d) Distribuem-se as fichas de chamada *laterais* em ordem alfabética ou dentro de uma classificação adequada à natureza da documentação que vai sendo guardada no fichário.

e) As fichas de conteúdo vão sendo colocadas atrás das fichas de chamada laterais em ordem alfabética ou segundo um critério adotado de classificação. Este critério deverá ser, então, uniforme.

f) À medida que se percebe que a quantidade de fichas de conteúdo de um determinado assunto está aumentando tanto a ponto de dificultar a localização de todas juntas, procede-se a uma revisão da classificação das fichas laterais e ao desdobramento em outras menos gerais.

g) Para mais fácil manuseio do fichário, é prático que as fichas de chamada sejam de papel cartolina ou mais encorpado, de cor diferente das fichas de conteúdo, com seus rótulos protegidos por fita adesiva transparente.

h) Nosso fichário não é *misto* apenas pela fusão da classificação decimal com a classificação em ordem alfabética. É misto também por outras duas razões: *a*) porque possibilita fundir dois fichários: o mais geral de documentação, digamos, para a vida, e outro, mais específico, referente à documentação especializada; *b*) porque pode assimilar, também, as chamadas *fichas bibliográficas*, que registram apenas os dados de identificação da obra (autor, título, local, editora, ano, número de páginas, capítulos, ilustrações etc.) acrescidos de breve notícia sobre o valor da obra. Embora o indicado seja organizar um fichário bibliográfico à parte, com fichas menores (12,5 × 7,5 cm), nada impede que poupemos espaço e gastos, utilizando os mesmos tipos de fichas de conteúdo para registrar as bibliografias. Tais fichas, então, poderiam ser colocadas numa seção especializada do fichário pessoal, por exemplo, "Obras gerais", ou organizadas dentro das seções rotuladas pelas fichas de chamada laterais, conforme o assunto de cada ficha bibliográfica.

4 – Modelos de fichas e de organização do fichário pessoal

À guisa de ilustração são mostrados aqui modelos de ficha de conteúdo e bibliográfica e modelos de catalogação: um mais geral, outro mais especializado. A seguir há duas sugestões de como se podem rotular as fichas de chamada centrais e laterais em dois ramos especializados: o da metodologia científica e o da psicologia. O primeiro é de meu fichário pessoal e o segundo foi feito para os alunos de psicologia do Instituto de Psicologia da Universidade Católica de Minas Gerais. Vários estudantes já me atestaram a ajuda que essa indicação lhes proporcionou. Poderão, assim, servir de sugestão para outros tipos de fichários pessoais. A fim de não parecer ao leitor que estou com propósito de "bitolamento" das iniciativas que devem pertencer exclusivamente às pessoas, acrescento, a esses modelos de fichas, outros, extraídos de alguns autores. Estarão devidamente referenciados.

4.1 – Modelos de ficha de conteúdo

Nestes modelos o leitor poderá identificar os sinais convencionados para respeitar o que for transcrição (" "), resumo (*), idéias próprias (||):

A PESQUISA E SEUS MÉTODOS
VERA, Armando Asti. *Metodología de la investigación*. Buenos Aires: Kapelusz, 1968, cap. I, p. 15-21.

* 1) *O problema metodológico*: O prestígio atual da lógica e da epistemologia tem difundido o critério de bastar uma correta metodologia para garantir o êxito de uma pesquisa. Não é exato, mas frisa a importância do método.
Metodologia tem dois significados: pedagógico (metodologia do ensino de cada disciplina) e o que nos interessa: "o estudo analítico e crítico dos métodos de pesquisa e de prova" (p. 16). Não é condição suficiente, mas necessária para o êxito da pesquisa.

– Distinguir entre método e técnica. Método = conjunto de processos que serve de instrumento para atingir os fins da pesquisa. Técnicas = meios auxiliares para o mesmo fim. Ex.: na biologia, experimentação e observação = métodos; a coloração do tecido nervoso com sais de prata = técnica.

* 2) *Que é pesquisa*: O significado não é claro. Muitos tentaram definir... Melhor perguntar: o que move um homem a pesquisar? EINSTEIN: "Concebemos a teoria, uma após outra, e o fazemos porque sentimos prazer compreendendo. A compreensão para ele se alcança quando reduzimos os fenômenos, por um processo lógico, a algo já conhecido ou (em aparência) evidente" (p. 17) (EINSTEIN, A. On The Generalized Theory of Gravitation. *Scientific American*, v. 182, n. 4, abr. 1950).

Abusos: identificar pesquisa com ciências positivas – com indagação empírica. "Há uma pesquisa humanística também" (p. 18). A pesquisa experimental depende das teorias. O experimento antes de ser realizado tem de ser planejado teoricamente...

|| O autor ilustra o processo da pesquisa com um exemplo bem interessante tirado de PLATÃO no *Mênon* (p. 19) ||

FICHAS
GUTIÉRREZ SAENZ, Raúl; SÁNCHEZ GONZÁLEZ, José. *Metodología del trabajo intelectual*. México, DF: Esfinge, 1973, cap. 10 (Las fichas y su clasificación), p. 109-18.

"Las fichas [...] son de enorme utilidad para estudiantes, maestros e investigadores, por cuanto permiten la conservación de ideas para la preparación de exámenes, clases, conferencias y escritos de toda índole." (p. 109)

"La finalidad de las fichas es permitir, con posterioridad, la utilización de ideas recogidas durante estudios e investigaciones." (p. 110)

* Os autores apontam ainda como finalidade: conseguir rapidamente a localização de uma fonte ou referência de que se precisa durante o trabalho; servir de material para reflexão e criação. (p. 110)

* O conteúdo de uma ficha deve ser breve e exato. (p. 111)

* *Classificação*: de acordo com o conteúdo:
– bibliográficas
– de citação textual
– de análises
– de sínteses
– de referência
– de trabalho de campo (p. 111-6)

FICHAS
ECO, Umberto. *Como se faz uma tese*. Tradução de Gilson César Cardoso de Souza. São Paulo: Perspectiva, 1983, p. 87-112.

O autor já desde a p. 45 recomenda o uso da ficha, ao referir-se ao levantamento bibliográfico para um trabalho científico: “O sistema mais cômodo é o de um pequeno *arquivo de fichas*. [...] Tais fichas são encontradas em qualquer papelaria e são baratas. Mas pode-se fazê-las em casa. Cem ou duzentas delas ocupam pouco espaço e podem ser levadas na bolsa toda vez que se for à biblioteca.” (p. 46)

“[...] imaginamos a existência de um fichário bibliográfico (pequenas fichas com simples dados bibliográficos de todos os livros úteis conhecidos); agora, pesquisa-se a existência de toda uma série de fichários complementares:

a) fichas de leitura de livros ou artigos
b) fichas temáticas
c) fichas de autores
d) fichas de citações
e) fichas de trabalho.” (p. 88-9)

“A única coisa que posso sugerir é que um dado fichário seja completo e unificado.” (p. 90)

4.2 – Modelo de ficha bibliográfica

Uso a mesma espécie de fichas destinada ao conteúdo para lançar as notas bibliográficas. Esta ou estaria junto com outras fichas bibliográficas classificadas por ordem alfabética de nome de autor, dentro da seção “Obras gerais” de um fichário pessoal mais abrangente, ou estaria junto com as fichas de conteúdo do mesmo assunto de que trata a obra.

O outro modelo é de ficha bibliográfica comum (12,5 × 7,5 cm).

SELLTIZ, Claire; JAHODA, Marie; DEUTSCH, Morton; COOK, Stuart
Métodos de pesquisa nas relações sociais
Edição revista e nova tradução de Dante Moreira Leite. São Paulo: Herder, 1967, IX, 687 p.

Do original inglês: *Research Methods in Social Relations*, publicado por Henry Holt & Co., Inc. (USA), abril 1960.

Trata dos problemas de planejamento de uma investigação, medição, coleta de dados, análise, investigação e teoria.

Mostra como fazer questionários, entrevistas, observação, análise de conteúdo.

Referência à sociometria, escala, amostragem.

Possui três apêndices importantes: Avaliação de tempo e pessoal necessários para um estudo – Uma introdução à amostragem – Construção de questionário e processo de entrevista.

Quanto à tradução há o fato de ter havido uma tradução já recolhida pela Ed. Herder e que não é a de Dante Moreira Leite. Foi bastante deficiente. A atual está excelente.

Quanto à autoria do livro, depreende-se do prefácio que a principal responsável é MARIE JAHODA, logo a seguir MORTON DEUTSCH e STUART COOK. CLAIRE SELLTIZ, apesar de aparecer em primeiro lugar na lista dos colaboradores, "colaborou" com os demais "na última revisão da Parte I".

|| Merece ser indicado como livro de texto no curso de Ciências Sociais ||

GUITTON, Jean

El trabajo intelectual – consejo a los que estudian y a los que escriben (*Le travail intellectuel*). Versión española por Francisco Javier de Fuentes Malvar. Madrid, Kialp, 1977.

Cap. VIII – Fichas, notas y clases: p. 155-76.

Este capítulo VIII se ocupa do fichamento das leituras e sua organização: o fichário. Trata também das anotações de aula.

4.3 – Modelo de catalogação de fichário pessoal mais abrangente

Este modelo foi elaborado a partir do fichário pessoal de um estudante que determinou documentar-se em muitas áreas do saber humano, dando, porém, maior ênfase na documentação referente a uma área de seu interesse mais específico (no caso, a psicologia).

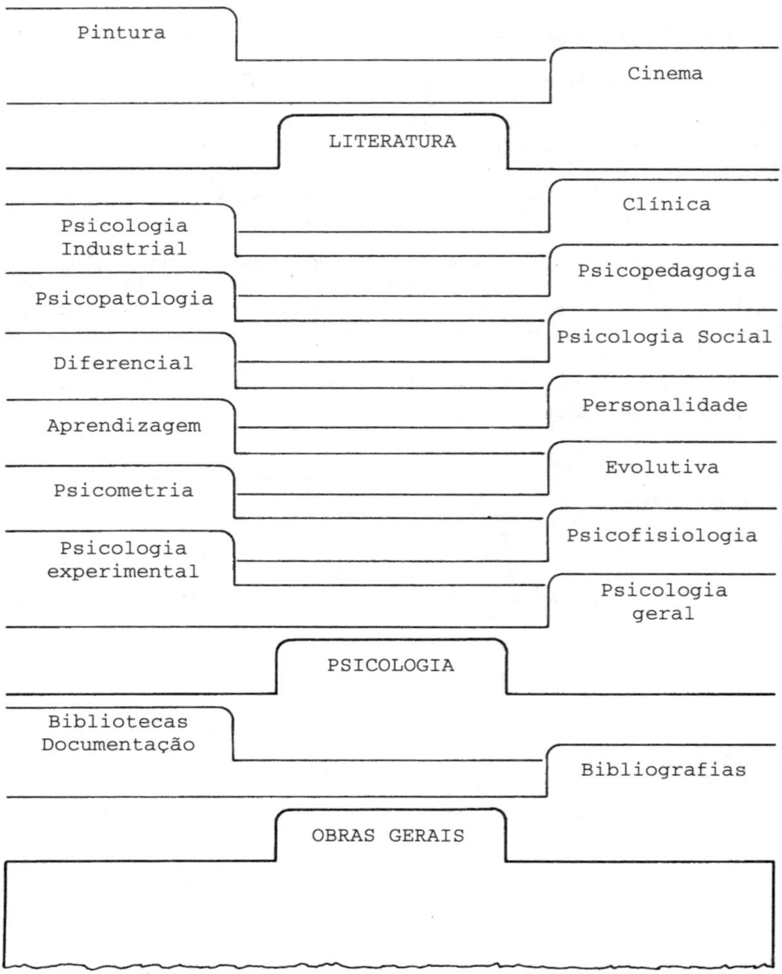

4.4 – Modelo de catalogação de fichário pessoal especializado

Este modelo foi elaborado a partir do fichário pessoal de um professor de Métodos e Técnicas de Pesquisa num curso de Ciências Sociais. Tem muita relação com o modelo 4.5 que apresenta sugestões de elaboração de fichas de chamada de metodologia científica.

(amostra do fichário)

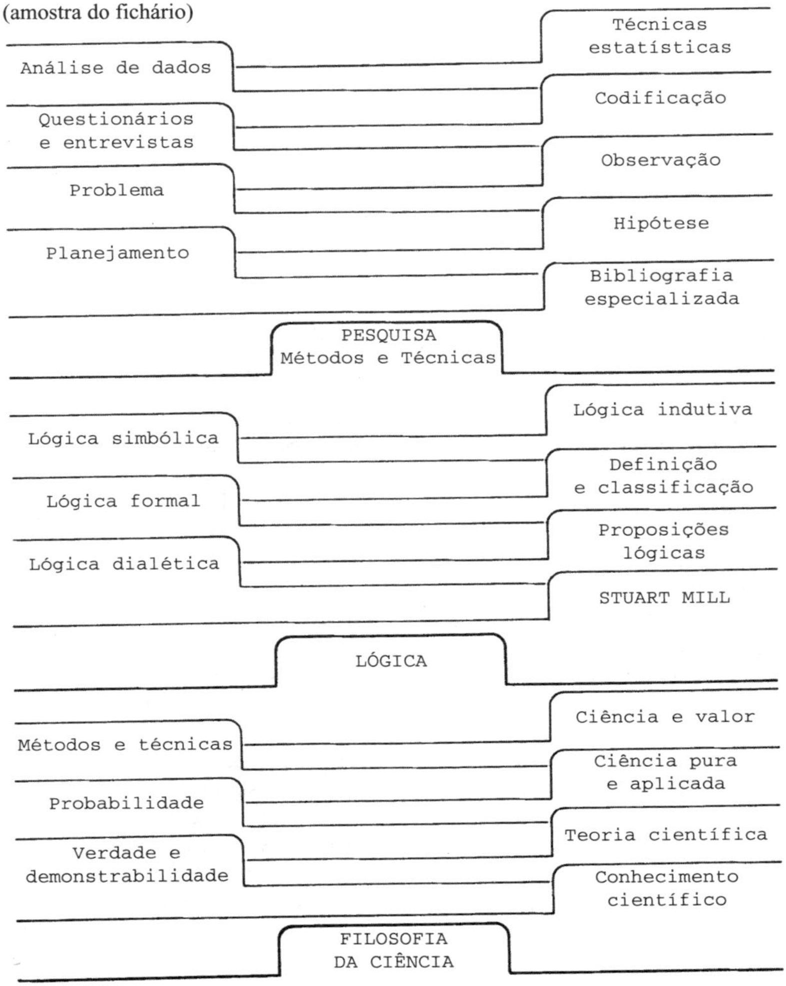

4.5 – Modelo de fichas de chamada (centrais e laterais)

É apresentada apenas uma lista de rótulos que podem figurar nas fichas de chamada centrais e outra dos rótulos que podem figurar nas fichas de chamada laterais. Não se tem aqui a pretensão de uma classificação logicamente perfeita nem completa da metodologia científica. Apenas uma sugestão.

FICHAS DE CHAMADA CENTRAIS

Filosofia da ciência
Conhecimento científico
Determinismo e causalidade
Metodologia das ciências sociais
Lógica
Método científico
Investigação científica
Pesquisa social
Métodos de pesquisa social
Técnicas de pesquisa social
Tipos de pesquisa
Fases da investigação
Estatística aplicada à pesquisa social
Relatórios de pesquisa e monografias

FICHAS DE CHAMADA LATERAIS

Amostragem
Análise das proposições
Análise de dados
Análise qualitativa (Conteúdo)
Axiomas
Categorias
Ciência e bom senso
Ciência pura e aplicada
Codificação
Coleta de dados
Construto abstrato
Dedução e indução
Definição operacional
Divisão e classificação
Entrevistas
Escalas
Explicação científica
Fases da monografia
Fenômeno e fato
Fichas perfuradas
Generalizações e inferências
Hipóteses – origem
Hipóteses – tipos
Lógica matemática
Lógica natural
Lógica – problemas
Lógica simbólica
Método experimental
Métodos e técnicas – especificação
Modelos de plano (Desenho da pesquisa)
Pesquisa descritiva
Pesquisa experimental
Pesquisa explicativa
Pesquisa exploratória
Pesquisa não-experimental

Pesquisa pura e aplicada
Plano piloto
Precisão – validade
Probabilidade
Problema da pesquisa
Questionário
Serendipity
Silogismo
Survey
Técnicas de observação
Técnicas estatísticas
Teoria científica
Testes de hipóteses
Variáveis
Verdade e demonstrabilidade

4.6 – Modelo de fichas de chamada (centrais e laterais)

Um modelo, com as mesmas limitações e tipo de sugestões do modelo 4.5, mas referente à psicologia.

FICHAS DE CHAMADA CENTRAIS

Psicologia geral
Psicologia experimental
Psicofisiologia
Psicometria
Psicologia evolutiva (Infância)
Psicologia evolutiva (Adolescência)
Psicologia da aprendizagem
Psicologia da personalidade
Psicologia diferencial
Psicologia social
Psicopatologia
Psicopedagogia
Pedagogia terapêutica
Psicologia do excepcional
Psicologia educacional
Psicologia do trabalho
Psicologia clínica
Psicanálise
Psicotécnica
História da psicologia
Técnicas de aconselhamento
Dinâmica de grupo
Terapia de grupo
Sociometria
Orientação profissional
Orientação educativa
Testes psicológicos
Testes projetivos
Metodologia científica
Fisiologia
Antropologia
Filosofia
Sociologia
Técnicas do exame psicológico

FICHAS DE CHAMADA LATERAIS

Acomodação
Aconselhamento
A criança
Adaptação

Adler (teoria de)
Adolescência
Afasia
Allport (teoria de)
Aprendizagem
Aprendizagem – extinção
Aprendizagem – métodos
Aprendizagem – tipos
Aptidões
Aquisição
Assimilação
Associação livre
Atitudes sociais
Capacidade e idade
Catarse
Complexos
Comportamento
Comportamento grupal
Condicionamento
Conflito
Consciência
Correntes culturalistas
Crescimento
Cultura e personalidade
Delinqüência
Desenvolvimento
Determinantes da personalidade
Eisenck (teoria de)
Emoção
Emoção – auto-estima
Emoção – outras pessoas
Emoção – sensação
Emoções de apreciação
Emoções primárias
Erich Fromm (teoria de)
Estereótipos
Eu
Fatores
Fatores sociais
Freud (teorias de)
Frustração
Generalização
Habilidades
Hereditariedade
Higiene mental
Hipnose
Id-ego-superego
Imagens
Imitação
Inconsciente
Indivíduo-sociedade
Infância – fases
Inteligência
Interação social
Interesse
Interpretação sexual
Jung (teoria de)
Karen Horney (teoria de)
Libido
Liderança
Linguagem
Maslow (teoria de)
Maturação
Mecanismos de defesa
Meio ambiente
Mensuração psicológica
Métodos do estudo da criança
Motivação
Motivação na aprendizagem
Motivos de apreciação
Motivos humanos
Murray (teoria de)
Nacionalidade
Neuroses
Opinião – atitudes
Parapsicologia
Pensamento
Percepção
Percepção social
Personalidade
Personalidade – avaliação
Personalidade básica

Personalidade – tipos
Personalidade – teorias
Raça (etnia)
Recalque
Retenção
Satisfação de motivos
Saúde mental
Sensação
Sentimentos de inferioridade
Sexo
Sexualidade infantil
Simbolismo
Sistema endócrino
Sonhos – análise
Sublimação
Sugestão
Sullivan (teoria de)
Supercompensação
Técnica rogeriana
Tensão
Teorias da adolescência
Testes
Testes de personalidade
Transferência de aprendizagem

4.7 – Modelos de fichas de conteúdo e bibliográficas extraídos de diversos autores

4.7.1 – Este modelo difere bastante, na disposição das notas bibliográficas, do indicado no item 4.2, mas é tão prático quanto aquele.

METODOLOGÍA SOCIAL E. U.

YOUNG, Pauline V.
1966 *Scientific Social Surveys and Research.*
(An introduction to the background, content, methods, principles and analysis of social studies)
Prentice-Hall, Inc.: Englewood Cliffs, New Jersey.

El libro tiene varios capítulos sobre estadísticas, técnicas de escalas, presentación gráfica y ecología humana por Calvin F. Schmid (U. Washington). Está dividido en tres partes: historia y finalidad de la investigación social; principios y técnicas de estudio; esquemas para diferentes estudios. Trae bibliografía al pie de las páginas y en lista final. Índice de autores y materias.

(Esta ficha foi reproduzida de: PARDINAS, F. *Metodología y técnicas de investigación en ciencias sociales.* México, DF: Siglo XXI, 1969, p. 33.)

4.7.2 – Modelo escolhido por apresentar apenas citação considerada importante pelo autor da ficha, sendo digna de ser guardada em seu fichário pessoal. Digno de imitação o sistema adotado para distribuir os títulos no cabeçalho.

METODOLOGÍA CIENCIAS SOCIALES INVESTIGACIÓN DE OPINIÓN PANEL

LAZARSFELD, Paul F. et al.

1948 The process of opinion and attitude formation,
En:
LAZARSFELD, Paul F. and MORRIS ROSENBERG, eds.
1962 *The Language of Social Research.*
The Free Press of Glencoe, Inc. 231-242.

"Even during the preliminary phases of the Rie Country study it became clear that the technique of repeated interviews was in no way restricted to studies of political propaganda. It is a general method, applicable to any study of atitudes, which developed over a period of time. For example, if we can't correct ethnic attitudes, or modify consumer wants, or improve international understanding, we must do more than describe attitudes. We must also study how such attitudes are developed and how they can be influenced. These are all problems for the kind of dynamic social research exemplified in the present study."

(Esta ficha foi reproduzida de: PARDINAS, F., op. cit., p. 35.)

4.7.3 – Apesar de ser traduzida por nós, do espanhol (o original é em inglês), não provindo diretamente da fonte, escolhemo-la porque é uma ficha de conteúdo que serve de modelo de "como se tomam notas de artigos". Modelo de fidelidade à fonte e de como o fazer.

DENNIS, Wayne: "Bibliografias dos cientistas eminentes". Aci. Mox. N. Y., 1954, 79, p. 180-183.

São apresentadas provas para se chegar à conclusão de que os cientistas eminentes publicam geralmente um número excepcional de artigos, monografias e livros. Em geral, quanto maior é o número de publicações de um cientista, maior é sua reputação.

(Esta ficha foi extraída e traduzida de: MORGAN, C. T. y DEESE, T. *Como estudiar* (*How to Study*). Madrid: Editorial Magisterio Español, 1966, p. 113.)

4.7.4 – Ficha de conteúdo selecionada por sugerir, entre tantas variedades de aplicação das fichas, um detalhe prático: o cabeçalho, onde apenas se rotula o capítulo; a procedência é indicada na parte inferior. Recurso prático, quando as fichas são de capítulos de um livro que está sendo analisado.

CAP. IV

Llegará el día en que la lectura personal será la forma más típica del estudio en los colegios.

Hay colegios en la actualidad que reservan un período de tiempo, que alcanza incluso una sexta parte del año académico, enteramente destinado a la lectura. Durante este período no hay clases ni lecciones. No hay otra cosa que hacer sino leer.

C. IV – 23.11. (Capítulo IV. Libro num. 23, pág. 11.)

(Esta ficha foi extraída de: LASSO DE LA VEGA, J. *Manual de documentación*. Madrid: Labor, 1969, p. 84.)

Segunda parte

Capítulo V

Trabalhos científicos

> *Todas as cousas que podem cair sob o conhecimento dos homens se encadeiam e, desde que nos abstenhamos somente de aceitar por verdadeira alguma que o não seja, e respeitemos sempre a ordem necessária para deduzi-las umas das outras, nenhumas pode haver tão afastadas às quais não possamos por fim chegar, nem tão ocultas que não as possamos descobrir.*
>
> DESCARTES

Introdução. 1 – O que é um trabalho científico. 2 – A pesquisa científica. 3 – Espécies de trabalho científico.

Como fazer uma monografia é o principal objetivo deste manual. Na primeira parte foram indicados hábitos considerados básicos para esse empreendimento. Nesta segunda parte se faz necessário colocar uma série de noções, cujo conhecimento é de importância decisiva, a fim de se poder situar o trabalho monográfico adequadamente e garantir ao interessado em executá-lo melhores condições de sucesso. Primeiro, o problema da conceituação de trabalho científico. Em seguida, as diversas espécies deste, com destaque para a pesquisa: trabalho científico por excelência e razão de ser dos demais.

Esclarecido sobre o que seja um trabalho científico, seus diversos modelos e o emprego de cada um, o leitor terá condições de aceitar, para a construção de uma monografia, a metodologia indicada. Por isso, pareceu-me mais acertado reservar a terceira e última parte, exclusivamente, para a elaboração do trabalho monográfico.

Cada tipo de trabalho científico merece um tratamento especial: os capítulos que seguem terão essa destinação. São indicadas as técnicas de elaboração de cada uma das espécies de trabalho científico. Várias dessas técnicas, por serem comuns, serão repetidas. Pareceu-me didático agir assim, a fim de facilitar as consultas isoladas do leitor.

1 – O que é um trabalho científico

A resposta à questão exige que se justifique, antes, a acepção do termo *ciência*; não através de uma incursão no terreno da filosofia da ciência, mas apelando para *elementos* conceituais que constituem as premissas da classificação dos trabalhos em metodologia.

O termo "ciência" é usado aqui em sentido menos extensivo do que o empregado pela tradição filosófico-acadêmica e em sentido mais abrangente do que o apontado pelos positivistas lógicos ou por muitos cientistas modernos. Não é tão *compreensivo* a ponto de significar exclusivamente o "método de abordagem do mundo empírico", nem tão *amplo* e *estático* a ponto de identificar-se com o "conjunto sistematizado de *verdades* certas e logicamente encadeadas entre si".

Para nós, constituem propriedades e características da atividade denominada "ciência":

a) *ser método de abordagem*;

b) *ser processo cumulativo*, não *produto* acabado, do conhecimento[1];

c) comportar *conhecimento em processamento, mesmo não sistematizados* (a sistematização é questão secundária ou, talvez, histórica: basta atentar para o fato de que depois da sistematização aristotélica, há séculos superada, ainda não se conseguiu a sistematização requerida pelo progresso científico e tecnológico);

d) ser um corpo de *verdades provisórias*, onde a probabilidade aparece com mais freqüência do que a pretensa certeza absoluta, possibilitando assim revisões constantes e novas descobertas;

e) ser método de abordagem não só em função da *explicação* e da *predição* mas também da *classificação*, da *descrição* e da *interpretação* do comportamento de fenômeno (há níveis e graus de realização científica);

---

1. Mais do que cumulativo o processo de produção científica é progressivo-regressivo, contínuo-descontínuo, se levarmos em conta as rupturas e saltos do processo e as revoluções científicas.

f) ser abordagem de uma realidade que *não se reduz* apenas *à uniformidade empírica*, mas que pode extrapolar a circunscrição da realidade estabelecida pelos positivistas lógicos;
g) ter o *rigor* como característica fundamental nos processos de obtenção e análise de dados e ter exatidão, quando se ocupar da mensuração de fenômenos[2];
h) completar-se *com atividades derivadas*, isto é, a ciência não é atividade que se consuma em si mesma, mas tende a realizar-se à medida que se torna aplicável. Isso se dá através não só da tecnologia, mas também através de diagnóstico de uma realidade, aplicação de medidas planejadas, ação. Afinal, a aplicação da ciência é continuação do próprio processo que se inicia com a investigação.

Por esse motivo, *uma atividade é denominada científica quando*: 1.º) produz a ciência; 2.º) ou dela deriva; 3.º) ou acompanha seu modelo de tratamento.

Importa lembrar que a atividade científica, por excelência, é a que procura descobrir a teoria dos fatos: é atividade que se identifica com a "ciência pura"[3]. Há, por outro lado, atividades destinadas a aplicar o conhecimento científico a uma série de problemas da vida humana, individual e coletiva, destinadas à ação: são as que se identificam com as chamadas "ciências aplicadas" e com a "tecnologia". Finalmente, há atividades que copiam da ciência a metodologia do tratamento: merecem o qualificativo de científicas por razões de relacionamento, embora sejam destituídas do conteúdo da ciência. Seguem, entretanto, normas preestabelecidas para abordar e comunicar. Extensivamente, não se lhes pode negar o atributo de "científi-

---

2. A exatidão não é característica exclusiva das ciências convencionalmente denominadas "exatas", pois a ciência ou é exata ou não é ciência; a não ser que as matemáticas exclusivamente passem a identificar-se com a própria ciência. Para maior esclarecimento, consulte a bibliografia indicada (52, 103, 137, 147, 148).

3. Teoria não significa, como vulgarmente se pensa, apenas especulação. Teoria é a própria razão de ser da ciência, pois pela teoria é que a ciência descobre os fatos, relaciona-os, ordena-os, conceitualiza-os, classifica-os, explica-os e os prevê.

cas". Assim, é possível que um problema estranho ao método científico, à lógica da investigação, à própria realidade de que se ocupa historicamente a ciência, *possa ser tratado à maneira da ciência*. Muitos conhecimentos desse porte tornar-se-ão ciência ou, descobrindo um método de abordagem próprio, constituirão (quem sabe?) uma atividade paralela.

Quando se usa o atributo "científico" para designar um tipo de atividade, está implícita a classificação dicotômica: *científico* versus *não-científico*. Não é fácil sustentar qualquer classificação rígida, muito menos essa. A classificação é estática, faz-se em nível de abstração e com a preocupação de não deslizar para o terreno das reificações: por isso, não consegue abarcar o aspecto dinâmico da realidade. É preciso ficar bem claro que não estou colocando o problema em termos antagônicos: seria uma dicotomia falsa. Apenas preocupo-me com critérios, para rotular de "científica" uma atividade. Não significa que outra atividade, por escapar ao esquema, seja anticientífica ou não-científica: nós é que não temos condições, ainda, de classificá-la.

Concluindo: o termo *ciência*, empregado aqui para se designar um trabalho como "científico", é o gênero cujas espécies são: *a*) as ciências modernas ou ciências propriamente ditas; *b*) as matemáticas; *c*) a filosofia, enquanto método de abordagem; *d*) outras atividades humanas que, distintas dessas três, tenham, contudo, as propriedades e as características acima assinaladas.

Em decorrência, *trabalho científico passa a designar a concreção da atividade científica, ou seja, a pesquisa e o tratamento por escrito de questões abordadas metodologicamente*.

As questões de que tratam os trabalhos científicos podem pertencer ou não ao mundo empírico, mas, de qualquer maneira, serão circunscritas à capacidade lógica da apreensão e da explicação e à estruturação lógica explícita da comunicação[4].

---

4. O termo "lógica" tem vários sentidos e empregos. Aqui não se refere especificamente à lógica formal, à científica, à simbólica, mas ao método que se ocupa dos elementos e das estruturas do pensamento. Não há ciência sem

Tal colocação dá-nos condições de resolver o problema específico das abordagens artísticas, literárias, metafísicas, teológicas e técnicas. O "divisor de águas" não é o conteúdo em si, nem mesmo o objeto material e formal como querem os aristotélicos, mas a natureza do problema aliada ao método de abordagem. Serei mais explícito quando tratar da pesquisa científica.

Esta conceituação de "trabalho científico" obriga-me a uma dupla exposição: uma sobre a pesquisa científica e outra sobre o tratamento por escrito de questões científicas metodologicamente abordadas. O segundo assunto é objetivo específico deste manual, pois sua expressão mais significativa é a monografia. O primeiro não poderia ser contido dentro das limitações de espaço e de propósito: merecerá apenas breve informação. O interessado em instruir-se sobre pesquisa científica e sobre os métodos e técnicas de pesquisa encontrará, no final da terceira parte, uma bibliografia específica.

2 – A pesquisa científica

2.1 – O *trabalho científico* é identificado, freqüentemente, com a *pesquisa científica* ou com o seu resultado, quando este é comunicado. Perfeitamente válida a identificação, uma vez que dá à pesquisa o seu devido lugar e, ao mesmo tempo, mostra a importância da comunicação no processo de elaboração dos trabalhos científicos.

O problema, porém, é que há investigação e investigação. A palavra "investigação", como a correlata "pesquisa", de tanto ser usada está perdendo a força significativa. Segundo ASTI VERA, o significado da palavra

> não parece ser muito claro ou, pelo menos, não é unívoco, já que desde o presidente da General Motors até os membros da Phi

---

lógica. Durante o processo de investigação há uma "lógica em uso" e durante a comunicação dos resultados há uma "estruturação lógica explícita", pois agora o contexto não é o da descoberta, mas o da justificação. Para maior esclarecimento, veja a bibliografia indicada (10, 98).

> Delta Kappa Fraternity têm tentado defini-la. Há alguns anos (em 1929) propuseram quatro definições da palavra "investigação" para que vários estudiosos elegessem uma delas. O resultado foi que as quatro definições tiveram voto e até houve aqueles que expressaram ser o conceito de investigação indefinível (10: p. 17).

Acresce ainda um duplo fato: o uso escolar do termo "pesquisa" e o uso restritivo das expressões "investigação científica" ou "pesquisa científica" pelos defensores do positivismo lógico. Há uma tendência generalizada em rotular de "pesquisa" e "trabalho científico" certas práticas acadêmicas, cuja natureza é apenas didática: treinar e iniciar o aluno em atividades científicas, com o objetivo de criar e desenvolver nele a mentalidade científica. Geralmente, são atividades repetitivas de experiências já feitas, síntese de textos e semelhantes. Rigorosamente, não se lhes pode atribuir o caráter científico, por faltar-lhes alguns requisitos básicos: a criatividade, a contribuição substancial no processo cumulativo do conhecimento científico e, às vezes, até o nível de abstração e generalização que se exige para a investigação científica propriamente dita.

Por outro lado, identificar a "pesquisa científica" com a que se propõe ou se empreende no campo das chamadas "ciências fácticas" e/ou "empíricas" exclusivamente, sobretudo quando se reconhecem, como únicos métodos científicos válidos, a observação e a experimentação, é ignorar a dimensão do conhecimento científico e a capacidade de realização científica do homem.

Sem a preocupação de mais uma definição, mas somente para atender ao objetivo aqui traçado, o termo *pesquisa* será genericamente assumido como *trabalho empreendido metodologicamente, quando surge um problema, para o qual se procura a solução adequada de natureza científica*.

Reiteradas vezes tem-se enfatizado o aspecto metodológico: é oportuno um esclarecimento a esse respeito. Se se identifica a ciência com método de abordagem e se coloca como condição (necessária, mas não suficiente), para um trabalho ser considerado científico, que ele *seja elaborado metodologicamente*, é porque a metodologia tem eficácia e valor na construção da ciência e em sua aplicação. O método científico por si não produz conhecimento. Por outro lado não há produção de conhecimento científico sem método. Entendo, porém, a metodologia como ciência auxiliar das demais, destinada a estudar o processo e a produção de ciência, a indicar as técnicas para a pesquisa e a fornecer os elementos de análise crítica das descobertas e das comunicações no mundo da ciência. A metodologia constitui também um constante processo de revisão e atualização como toda ciência, mas se situa um passo depois das próprias realizações científicas. Jamais aceitaria a posição que muitos têm assumido: considerar a metodologia como conjunto de princípios e normas epistemológicas, lógicas e até "tecnicistas" firmadas aprioristicamente, distantes do laboratório e do campo, e pré-colocadas como condição necessária e suficiente para todo cientista. É ingenuidade e abuso de metodologistas a exigência, para se fazer ciência, da assimilação e aplicação de todo o conhecimento que vem sendo copiosamente acumulado na metodologia científica, em termos de filosofia da ciência, lógica da pesquisa científica, métodos e técnicas de pesquisa. Além de abusiva, a atitude desses metodologistas, se atendida, tornaria impraticável a produção científica. Por isso concordo plenamente com a tese defendida por KAPLAN em seu livro *A conduta na pesquisa*, sobretudo quando diz:

> A metodologia está muito longe de constituir-se em condição suficiente para a realização científica. Há não muitos anos, estava disseminado – especialmente entre cientistas do comportamento – o que eu poderia chamar de *mito da metodologia*, a noção de que as dificuldades mais sérias enfrentadas pelas ciências do comportamento são "metodológicas"e que se estabelecêssemos a metodologia correta, o progresso seria rápido e seguro. É possível que os lógicos e os filósofos da ciência, naquela época, empolgados em seu ataque contra a "pseudociência", tenham, involuntariamente, dado algum apoio a esse mito. Ou, possivelmente, um traço amplo da cultura americana se manifesta em ênfase excessiva a propósito do que a metodologia pode alcançar. Riesman chamou a atenção para a "preocupação excessiva com a técnica que, freqüentes vezes, se manifesta quando os norte-americanos se dão conta de que não estão capacita-

dos para fazer certas coisas – criar filhos, amar, fazer amizades – naturalmente". Manifestemos ou não essa tendência com relação a outras atividades, o certo é que parecemos tê-la manifestado nas ciências do comportamento. E, como conclui Riesman, essa preocupação metodológica é "congenitamente autodestruidora". Não se pode esperar que uma preocupação ansiosa com as condições do corpo favoreça uma vida sadia (103: p. 27).

KAPLAN, por sua vez, dá a dimensão que defendo para a atuação da metodologia:

> [...] entenderei por *metodologia* o interesse por princípios e técnicas suficientemente gerais para se tornarem comuns a todas as ciências ou a uma significativa parte delas. Alternativamente, são princípios filosóficos ou lógicos suficientemente específicos a ponto de poderem estar particularmente relacionados com a ciência, distinguida de outros afazeres humanos. Assim, os métodos incluem procedimentos como os da formação de conceitos e de hipóteses, os da observação e da medida, da realização de experimentos, construção de modelos e de teorias, da elaboração de explicações e da predição (103: p. 25).

Isso posto, resta-me fazer algumas colocações que julgo fundamentais nessa abordagem sobre a pesquisa científica, dentro de um contexto de diretrizes gerais para a elaboração de trabalhos científicos. Faço-o em forma sucinta para não extrapolar o propósito firmado.

2.2 – Se a pesquisa é atividade metodologicamente empreendida em função de um problema, cuja solução é procurada, *a pesquisa científica é aquela cujo problema demanda um tratamento científico*. Parece tautológico, mas é uma colocação bastante esclarecedora e prática.

O que leva uma pessoa a pesquisar é a existência de um *problema*. O pesquisador é motivado pelo "gozo da descoberta" de que falava EINSTEIN: a compreensão, a elaboração da teoria ou a aplicação do conhecimento científico.

Assim como há pesquisa e pesquisa, também há problema e problema. Entendo por *problema* que requer tratamento científico *a questão que se coloca diante do estudioso como um desafio à sua capacidade solucionadora, revestida de notas de relevância: operativa, contemporânea, humana.*

A relevância *operativa* se dá quando o problema é capaz de produzir novos conhecimentos, ao ser abordado, seja no campo da ciência pura, seja no da aplicada.

A relevância *contemporânea* se refere à atualização, à novidade (que não significa, simplesmente, a originalidade, requerida pelos antigos centros de estudo superior), e se consegue quando o problema está adequado ao estádio atual da evolução científica ou se apresenta como uma necessidade da época e do local onde se realiza.

A relevância *humana*, a par do aspecto ético no tratamento de problemas, representa uma característica importante na seleção deles: a utilidade acarretada para o homem, através da solução do problema. Uma vez que é falsa a dicotomia "ciência pura e aplicada" (pois toda ciência que não tiver possibilidade de aplicação se exaure em si mesma), também é falsa a escolha de problemas que não visem a benefícios diretos ou indiretos para o homem.

A natureza do problema exigirá uma pesquisa de caráter científico ou não. A experiência secular da ciência mostra a existência de problemas exclusivamente científicos, cujo tratamento exige a aplicação do método científico. Por outro lado, proporciona, no mínimo, duas constatações:

a) A existência de problemas complexos, que merecem tratamento à maneira científica, mas nem sempre dentro da estandardização do método científico. Isso é genuinamente equilibrado, pois evita a confusão e a estagnação. Abre perspectiva de abordagens diferentes das tradicionais, promove a realização científica em áreas até então desconhecidas ou em áreas fronteiriças do saber humano e propicia a criação de novos "métodos" e de "novas técnicas" de pesquisa.
b) A importância do problema sobre o objeto, o método e os critérios de verdade como esteios para a classificação das ciências modernas. O problema, passando a ocupar o primeiro plano, provoca, entre outras conseqüências, uma de

ordem bastante útil e prática: evita os "exclusivimos" e "especialismos" estanques na demarcação do saber científico e de sua aplicação; ao mesmo tempo, mostra a importância da realização científica em equipe ou a possibilidade do "enfoque polivalente" nos problemas complexos ou estranhos à classificação tradicional.

2.3 – O problema detectado é que dita o tipo de pesquisa científica a ser empreendida. A pesquisa, neste caso, poderá ser, como vimos: *teórica* ou pura (voltada a descobrir teoria, lei, modelos de explicação de fatos e predição do comportamento do fenômeno a partir da formulação da hipótese que é a resposta dada ao problema, em forma proposicional, relacionando-se às variáveis); *aplicada* (cujo objetivo é a solução de problemas pela aplicação de teoria já elaborada); e *teórico-aplicada* (que se propõe, ao mesmo tempo, descobrir teoria e solucionar problemas de ordem prática).

A natureza do problema, por sua vez, provoca o planejamento da pesquisa e a escolha do método e das técnicas adequados. Daí surgem opções que geram classificações genéricas.

2.3.1 – *Escolha e classificação dos métodos de pesquisa.* Conforme a natureza do problema ter-se-á de recorrer, exclusiva ou conjuntamente, a métodos diferentes e às suas respectivas técnicas, como:

a) *Métodos dedutivos*: que se destinam a demonstrar e justificar. Geram enunciados analíticos que provêm de postulados e teoremas para se chegar a uma conclusão particular. São métodos que exigem aplicação de recursos lógico-discursivos. Tratam de objetos "ideais", isto é, que pertencem ao nível da abstração. O método dedutivo é usado dentro de contextos de justificação e tem por critério de verdade a coerência, a consistência, a não-contradição.
b) *Métodos indutivos*: que se destinam a verificar. Geram enunciados sintéticos, que provêm de constatações particulares e caminham para generalizações: da amostra para a população ou universo. São métodos que, num primeiro

plano, exigem a observação e/ou a experimentação e tratam de problemas geralmente "empíricos", isto é, observáveis ou que pertencem ao nível da constatação de uniformidades empíricas; e, em segundo plano, transportam-se para o nível da abstração e das formulações lógicas. Como se nota, não há método dedutivo puro, nem indutivo puro, empregados na pesquisa científica: o dedutivo, usado para problemas "ideais", é precedido do indutivo, pois todo objeto ideal representa a etapa final de um processo de abstração do concreto (particular) para o genérico ou universal; por sua vez, o emprego do método indutivo no contexto da descoberta se consuma com o uso do dedutivo, desde o momento em que o pesquisador passa a agir no contexto da *justificação*.

Não fosse a exigüidade de espaço e objetivos, seria interessante discutir alguns métodos de pesquisa científica em relação aos dois métodos clássicos (dedutivo e indutivo) como por exemplo: o dialético-materialista, o fenomenológico, o funcionalista, o estruturalista (para exemplificar os mais modernos) e certos métodos já consagrados na ciência do comportamento humano: o histórico-comparativo, os naturalistas, os clínicos, os diferenciais, os longitudinais, os transversais etc. A própria observação e a experimentação poderiam participar dessa abordagem de confronto. Para que o leitor interessado no assunto não fique inteiramente carente dessas informações, são indicados, entre a copiosa bibliografia, alguns livros de fácil acesso e grande clareza de exposição: ASTI VERA (10), ANDREWS (5), HYMAN (94) e KAPLAN (103).

2.3.2 – *Graduação e diferenciação dos diversos tipos de pesquisa*. Mais importante do que a classificação das pesquisas científicas, em função da classificação das ciências (pesquisa biológica, médica, física, química, histórica, pedagógica, social etc.) é a graduação dos tipos de pesquisa científica. Ajuda, inclusive, o iniciante em pesquisa, a definir seu trabalho, evitando dispêndio de energia, tempo e gastos, muitas vezes fora de seu alcance. Assim, de maneira geral, podemos graduar as pesquisas científicas em:

a) *Pesquisas exploratórias e descritivas*: são as que têm por objetivo definir melhor o problema, proporcionar as chamadas intuições de solução, descrever comportamentos de fenômenos, definir e classificar fatos e variáveis. Não atingem ainda o nível da explicação nem o da predição, encontrados nas pesquisas "puras" ou "teóricas", nem o do diagnóstico e/ou solução adequada do problema, deparados nas pesquisas "aplicadas".

b) *Pesquisas aplicadas*: são as que se destinam a aplicar leis, teorias e modelos, na solução de problemas que exigem ação e/ou diagnóstico de uma realidade (geográfica, social, econômica, política etc.). Geralmente essas pesquisas supõem a existência de pesquisas puras já realizadas, mas pode ocorrer que o problema específico exija um trabalho duplo: o da investigação de uma "microteoria" que passará a funcionar como o quadro de referência específico e a aplicação desse quadro na ação planejada em decorrência da pesquisa. Isso é muito freqüente quando se tem de testar a validez de algum estudo realizado em locais e culturas diferentes, antes de aplicar seu corpo de informações ao caso concreto de que se ocupa uma pesquisa aplicada.

c) *Pesquisas puras ou teóricas*: cujo objetivo é ir além da simples definição e descrição do problema. A partir da formulação de hipóteses claras e específicas[5], aplicação do método científico de coleta de dados, controle e análise, procuram inferir a interpretação, a explicação e a predição. Agem no terreno da observação empírica e/ou da experimentação, muitas vezes, mas o extrapolam para atingir o nível da "teorização", descobrindo fatos, leis, teorias e modelos. Pertencem, também, ao gênero as pesquisas que se propõem a

---

5. A "hipótese" constitui a resposta dada ao problema em forma proposicional, em que se relacionam variáveis analíticas, geralmente: a) independente-dependente; b) independente-interveniente-dependente; c) independente-contingente-contribuinte-dependente; d) alternativas; e) correlatas. Poderá ser ou não confirmada pela pesquisa: por isso é que se denomina ao plano de "comprovação-desprovação" da hipótese. Comprovada, torna-se uma proposição científica ou formulação de um princípio ou lei.

construção de uma teoria científica axiomaticamente, isto é, teoria dedutiva ou dos postulados. A respeito da construção da teoria científica, teoria dos modelos e a significação, valor e limites do uso dos modelos na pesquisa, convidamos o leitor a consultar ASTI VERA (10: p. 147-60) ou um tratado de maior profundidade, como: POPPER (147, 148), NICOL (137), GIBSON (76) e REICHENBACH (154).

Alguns autores preferem usar os termos "pesquisa fundamental" e "pesquisa aplicada". BEST (21), por exemplo, ao introduzir o assunto "investigação científica" como ponto de partida para tratar dos "métodos" e das "técnicas" da pesquisa pedagógica, adota essa classificação e desenvolve o seguinte esquema em seu trabalho:

1) *Pesquisa fundamental*: para desenvolver teorias mediante o descobrimento de amplas generalizações ou princípios.

2) *Pesquisa aplicada*: para modificar o modo como se fazem as coisas, os resultados dos trabalhos; para modificar instituições através da ação conjugada de seus responsáveis que devem encontrar as práticas a serem mudadas, satisfazendo necessidades e demandas da vida moderna, e recolhendo metódica e sistematicamente os resultados que comprovam seu valor.

3) Não há contradição básica entre a fundamental e a aplicada: a diferença está na ênfase, não no método nem no espírito. Cada uma está obrigada a um alto nível de objetividade e formação científica.

4) Desenvolver a prática da pesquisa, mesmo sem o emprego de "seu ritual", deve ser uma constante do profissional de nível superior: "Nenhuma vocação pode chegar a ser uma profissão, a menos que seu grande corpo de doutrina se ache baseado em uma teoria sólida, a qual, assim mesmo, procede da pesquisa fundamental." (21: p. 11)

5) A *pesquisa pedagógica* apresenta os seguintes tipos e modalidades:

a) *Pesquisa histórica: descreve o que era*. O processo compreende: registro, análise, interpretação dos acontecimentos do passado com o propósito de descobrir generalizações que possam ser úteis para a pesquisa do presente e a predição do futuro. O *enfoque* se faz sobre a mudança, o desenvolvimento de indivíduos, grupos, práticas, instituições ou idéias. Remonta às fontes de informação primárias, originais ou de primeira mão. Seu segredo é a escolha de um problema bastante limitado. Suas técnicas se reduzem a:

- coleta de dados históricos ou coleta "documental": primários e secundários;
- crítica histórica: interna e externa;
- síntese.

Uma das modalidades da história é a pesquisa sobre legislação escolar: lei promulgada e jurisprudência.

b) *Pesquisa descritiva: delineia o que é*. Compreende: descrição, registro, análise e interpretação da natureza atual ou processos dos fenômenos. O *enfoque* se faz sobre condições dominantes ou sobre como uma pessoa, grupo ou coisa se conduz ou funciona no presente. Usa muito a comparação e o contraste. Aplicada à solução de problemas, começa pelo processo de informação sobre: as condições atuais; as necessidades; como alcançá-las. Seus principais tipos e modalidades são:

b.1) *Estudos de conjuntos (surveys)*: recolhem dados de um número relativamente grande de casos num momento dado. Seu método é transversal. Requer planejamento e análise cuidadosa, interpretação clara dos dados e exposição habilidosa e lógica dos resultados. Do contrário, converte-se facilmente em rotina de coleta e tabulação de cifras. Expressões mais comuns:

- pesquisas sociais ou de conjuntos (*surveys*, propriamente ditos, inquéritos sociais, diagnósticos);
- pesquisas escolares de conjunto (para descrever as condições atuais, necessidades, e apontar as diretrizes em busca de um objetivo traçado);
- pesquisas de conjunto sobre a opinião pública ("enquetes");
- pesquisas estatísticas comerciais ("mercadológicas") que se ocupam fundamentalmente de dois problemas: as amostras e a motivação.

b.2) *Estudos de casos* (um só caso ou um número limitado de casos leva à personalização do processo): interesse voltado para a história e desenvolvimento do caso: pessoa, família, grupo, instituição social, comunidade. Estuda a interação dos fatos que produzem mudança. *Enfoque longitudinal*. Diagnosticar o problema e indicar as medidas de reabilitação constitui seu emprego mais difundido. Estende-se à aspiração de melhor compreender a conduta humana.

b.3) *Estudos sobre uma comunidade*: descrição detalhada de grupo de pessoas que vivem socialmente em uma localização geográfica determinada. Busca do "modelo típico".

b.4) *Estudos comparativos causais*: para encontrar resposta a problemas detectados pela análise das relações causais. Pergunta fundamental: Que fatores parecem achar-se associados a certos fatos, condições ou tipos de conduta? O método é: análise do que realmente ocorre (por ser impossível provocar os fatos...).

b.5) *Análise de atividades* que um indivíduo tem de realizar para exercer determinados papéis e funções (diretor, supervisor, mestre, aluno, operário etc.). Está geralmente ligada a práticas como: orientação profissional, treinamento.

b.6) *Estudo de tempo e movimentos* necessários para execução de uma determinada tarefa, visando a um maior rendimento.

b.7) *Análise de documentos* ou análise de conteúdo: consiste no exame sistemático de informes ou documentos como fontes de dados.

b.8) *Estudo longitudinal* sobre indivíduos em relação à instituição: antes, durante, depois. Adaptação do método longitudinal dos psicólogos do desenvolvimento que estudam a criança desde o nascimento até determinada idade.

b.9) *Estudos preditivos* baseados no longitudinal: sobre os fatos colhidos no passado e no presente se prediz com probabilidade o que ocorrerá no futuro. Aplicado para planejamento de programas em qualquer área.

c) *Pesquisa experimental: descreve o que será* quando certos fatores são meticulosamente controlados. O *enfoque* se dirige para as relações de "causa-efeito"; as variáveis se manipulam cuidadosamente com o propósito de determinar sua influência. Tem uma metodologia própria em termos de aplicação da lógica e do planejamento ou modelo do experimento. Seu ponto de partida é sempre a hipótese. Seu processo é comprovação ou desprovação de hipótese, controlando-se as variáveis: chega-se a manipular a independente (fator causal). Principais modalidades:
   - pesquisa de laboratório;
   - pesquisa médica.

   Nos estudos pedagógicos tem-se de fazer uma adaptação, pois certas variáveis não podem ser controladas: ficarão intactas. As técnicas mais usadas são as do "grupo experimental" *versus* "grupo de controle" e as de mensuração.

Métodos experimentais de investigação escolar:

c.1) Caso único (indivíduo ou grupo isolados).

c.2) Caso múltiplo (grupos paralelos equivalentes: dois ou mais):
   - equivalente por escolha ao acaso;
   - equivalente por pontuações médias;
   - equivalente por escolhas pares;
   - método dos gêmeos (univitelinos e bivitelinos).

c.3) Método rotativo (rotação de fatores):
   - grupo isolado;
   - grupos paralelos, equivalentes.

Foi feita assim uma síntese do livro de BEST, a qual servirá para dar ao leitor uma idéia da pesquisa científica na educação, como em outras áreas. Certamente uma digressão útil para muitos interessados no assunto.

2.3.3 – *Identificação de diversidades de estudos no campo da ciência e na história do conhecimento científico.* A *vol d'oiseau* podemos identificar os principais tipos de estudos:

1) *Elaboração de macroteorias ou estudos provenientes da criatividade*, da reflexão, da capacidade analítica do pensador, confirmados por pesquisas ou com grande possibilidade de o serem. São estudos eminentemente teóricos, alguns até especulativos, que se afirmam pela fundamentação que trazem: o relacionamento lógico dos fatos. Freqüentemente brotam de análise de amostras aleatórias ou intencionalmente escolhidas, sempre limitadas, mas sem comprometer a envergadura do poder analítico ou reflexivo que sofreram. É oportuno esclarecer que grande parte dos conhecimentos científicos modernos, sobretudo dos que se referem ao homem, seu comportamento e suas produções, está adstrita a esse tipo de estudo. A história da ciência mostra que o "processo cumulativo do conhecimento científico" deve muito de sua realização à comprovação de predições geniais elaboradas por homens de grande poder reflexivo. Haja vista, para citar apenas três expoentes contemporâneos, teorias efetuadas nesse nível por EINSTEIN, MARX, FREUD: muitas de suas predições têm sido confirmadas por cientistas que se dispuseram a comprová-las pela pesquisa; isso, sem olvidar aquelas que seus próprios autores tiveram oportunidade e condições de comprovar em vida.

2) *Estudos efetuados através de pesquisa de laboratório*, porque a natureza do problema assim o exige. O pesquisador, de posse de um quadro de referência teórico, elabora um planejamento idealizado do experimento, empregando seu modelo de comprovação da hipótese: no contexto da pesquisa recorrerá a uma lógica em uso (que pode ser a matemática, a simbólica ou a indutiva esboçada por BACON e sistematizada por STUART MILL, compreendendo os célebres cânones da concordância, da diferença, da simultaneidade da concordância e diferença, dos resíduos e da variação concomitante). Utilizará grupos experimental e de controle ou paralelos para controlar ou manipular variáveis e coletar dados; fará a análise necessária dos resultados mediante o emprego de técnicas e fórmulas lógicas,

matemáticas ou estatísticas, a fim de estabelecer relações de causalidade ou simples correlações. Comprovada ou desprovada a hipótese ou as hipóteses, terá condições de generalizar, da amostra utilizada, princípios que regem o comportamento dos elementos da população ou universo em questão. Por serem esses estudos os que têm apresentado conclusões mais precisas e verificáveis, costumam ser apresentados como o modelo da pesquisa científica. Entretanto, é sempre oportuno repetir que o modelo experimental é apenas mais um modelo, não o único; além disso, apesar das inúmeras tentativas de copiá-lo, nas chamadas ciências humanas ou sociais, estas têm progredido independentemente e em muitos setores, criando seus próprios modelos metodológicos.

3) *Estudos efetuados através de pesquisa de campo e* surveys, em que o pesquisador, através da observação controlada, de técnicas cada vez mais sofisticadas de amostragem, de coleta de dados e mensuração, procura analisar as variáveis detectadas no comportamento do fenômeno e chegar a conclusões cientificamente satisfatórias. As ciências humanas ou sociais, como a psicologia, a sociologia, a antropologia, a economia, a política, se enriquecem cada dia com tais estudos e estão aí a demonstrar a sua validade.

4) *Estudos que se realizam pela pesquisa do pensamento acumulado*, através de pesquisa bibliográfica, documentação, heurística, análise e crítica de obras representativas ou de valor. Constituem o grande acervo das produções científicas reelaboradas e passam a ser, de um lado, o elo que liga o passado e o presente científicos e, de outro, a garantia do "processo cumulativo" que são as ciências.

5) *Estudos que se realizam através da observação dos produtos culturais* de grupos sociais. Ultimamente já se desenvolveram métodos e técnicas avançados para a coleta de dados e análise de "documentos" e "monumentos" representativos de um passado e de um presente da cultura.

6) *Estudos que se esboçam como "ensaios" teóricos ou de aplicação*: não chegam a ter o estofo dos que identificamos no primeiro grupo, mas propõem-se investigações, descobertas ou

novidades no campo do conhecimento científico. Seu mérito é tão grande quanto o dos anteriores e eles se enfileiram nos trabalhos de provável pesquisa científica. Há estudos desse gabarito que chegam a esboçar uma metodologia e técnicas originais e revolucionárias, cuja implantação está dependendo, certamente, de melhores condições. De muitos ensaios surgiram notáveis teorias e experimentos. Será uma constante na evolução do pensamento científico.

7) *Estudos reduzidos*, de difícil rotulação genérica entre os trabalhos de pesquisa científica. São de limitada envergadura e, geralmente, utilizam métodos e técnicas já testados ou incidem em campo de problemas já explorados, mas continuam tendo significação para a comunidade científica. Entre esses estudos podemos arrolar algumas práticas de laboratório e de campo, outras de exercício profissional, que se consumam em "dissertações" e "memórias científicas", artigos, informes e comunicações nas associações e congressos especializados.

Assim foram apontados os principais estudos ligados à pesquisa científica. Foram identificações à guisa de *exemplificações*, não classificações de estudos. Pretendeu-se apenas comunicar ao leitor, sobretudo ao estudante superior e iniciante nas atividades científicas:

a) uma amostra da riqueza denominada "realização científica";
b) um quadro de referência para que o interessado possa situar-se quando já tem o propósito de fazer algo cientificamente ou deseja tratar cientificamente um problema já selecionado. Para atender melhor a essa segunda comunicação, temos necessidade de continuar o assunto "pesquisa científica" mediante uma série de indicações práticas e gerais para a realização de uma pesquisa.

2.4 – Indicações metodológicas genéricas para a pesquisa científica

Sendo apenas indicações genéricas, cabe ao leitor consultar os manuais de metodologia e técnicas de pesquisa destinados especificamente a atender seu interesse. Como os problemas são diversificados e muitas são as áreas especializadas atualmente, essas indicações se completam com o levantamento bibliográfico condizente; para certas necessidades a própria bibliografia é insuficiente: o interessado deverá recorrer a professores e pessoas especializadas na área a que voltou sua atenção. O propósito aqui é apenas abrir alguns horizontes. Desde que o *problema* é o ponto de partida, procurarei, através de classificações genéricas, indicar o tipo de pesquisa, de método e de técnicas adequados. Este esquema funcionará, então, como guia – nada mais do que isso.

2.4.1 – *Problema "ideal" ou já colocado em nível de abstração* ("ideal", aqui, está sendo empregado para rotular problemas conceituais, ou seja, conceitos, idéias, abstrações etc.; problemas que não se podem caracterizar como "empíricos", "materiais", "fácticos", "físicos", "naturais", "positivos", "sensoriais", "observáveis" etc.)

a) *Pesquisa indicada*: teórica ou pura (bibliográfica, heurística, reflexiva, analítico-crítica, dedutiva).
b) *Métodos adequados*: dedutivo, pré-intuitivo, dialético-discursivo, demonstrativo, fenomenológico.
c) *Fases comuns*: apresentação da tese, elaboração da hipótese, formulação dos postulados, desenvolvimento dentro de um contexto de justificação: 1) explicação; 2) discussão; 3) demonstração; 4) conclusão; 5) comunicação.
d) *Recursos e técnicas mais empregados*: enunciados analíticos; enunciação clara e precisa do problema e da tese; exames de trabalhos anteriores; definições rigorosas; classificações; argumentos adequados à natureza do problema: provas, exame de contra-argumentos e objeções (antítese), demonstração da falácia desses contra-argumentos, inferência dedutiva, resumo completo das provas e conclusão (síntese).
e) *Tipos de estudos indicados*: reflexivos, teóricos, "teses", críticas, ensaios.
f) *Área de maior freqüência de realização*: filosofia, lógica, matemática, teoria das ciências.

2.4.2 – *Problema "material", empírico, observável, verificável; análise de uniformidades empíricas; explicação e/ou interpretação de fatos*

a) *Pesquisa indicada*: teórica ou pura em três níveis, de acordo com a natureza do problema, capacidade do pesquisador e emprego do método científico: 1) pesquisa exploratória; 2) descritiva; 3) teórica (capaz de descobrir a lei, a teoria, o modelo).

b) *Métodos indicados*: indutivo; observação; experimentação: de laboratório, de campo, histórica, *survey*, de diagnóstico. Quando a pesquisa passar do contexto da descoberta para o da justificação: método dedutivo. Em ciências sociais, os principais métodos são: o quantitativo, o hipotético-dedutivo, o fenomenológico, o dialético. Não se excluem totalmente, podendo haver numa mesma pesquisa a utilização de mais de um deles (ver BRUYNE, 35: cap. 2).

c) *Fases comuns*: formulação clara do problema; elaboração da(s) hipótese(s); planejamento da pesquisa idealizada; definição(ões) operacional(ais); classificação(ões); identificação de relacionamento de variáveis; categorização; manipulação ou controle da variável independente; controle através de grupos (experimental, controle, paralelos); coleta de dados com instrumentos adequados; mensuração; análise de dados; utilização de técnicas lógicas ou matemáticas ou estatísticas; generalização; conclusão; comunicação[6].

d) *Recursos técnicos mais empregados*: quadro teórico e conceptual; pesquisa bibliográfica; identificação do problema dentro de quadro(s) teórico(s) de referência; especificação de hipótese(s) clara(s); variáveis bem definidas: independentes, dependentes, intervenientes, contingentes, contribuintes, alternativas, analíticas; escolha do tipo de hipótese (de trabalho: alternativa, nula etc.); elaboração da(s) hipótese(s) em termos de proposição(ões): determinista, esto-

---

6. Ver ficha "Fases de uma pesquisa pura (não-aplicada) em ciências sociais", p. 113 deste manual.

cástica, alternativa, suficiente, necessária, substituível, interdependente, reversível, irreversível, seqüencial, contingente. Uso de indicadores e matrizes de dados; determinação de variáveis a serem controladas e/ou manipuladas; simbolização das variáveis e das proposições. Montagem do "desenho" da pesquisa (experimental ou não-experimental), em termos de: objeto, estímulo, circunstâncias, reações. Utilização de modelos: teórico, de comprovação e desprovação de hipótese, matemático, simbólico, administrativo. Se o método for "observação": determinação prévia do tipo de observação: assistemática, sistemática, participante, não-participante e escolha das técnicas de coletas de dados e mensuração: entrevistas, questionários, escalas, estudos de caso etc. Se for experimentação: escolher instrumentos adequados de coleta de dados, escalas de mensuração, de controle e registro. Uso da codificação. Recursos fidedignos de registro de dados. Determinação do tipo de amostragem adequada: intencional, probabilística, aleatória, por cotas, estratificada etc.: a amostra tem de ser significativa e representativa (recorrer à estatística). Determinação das técnicas estatísticas de análise de dados e representação de resultados. Treinamento da equipe "pesquisadora", "coletora de dados", "codificadora" etc. Utilização do plano-"piloto" ou de préteste. Programação da pesquisa para utilização de instrumentos de cálculo e análise (como computador, máquina calculadora etc.). Utilização das técnicas estatísticas apenas necessárias para a generalização a partir da amostra escolhida. Quando a pesquisa passar do contexto de investigação para o da justificação: aplicar as técnicas indicadas para o método dedutivo e reconstrução lógica explícita.

e) *Tipos de estudos indicados*: experimentos; teóricos; teses; informes científicos; monografias; ensaios; inquéritos.

f) *Área de maior freqüência de realização*: todas as ciências fácticas e/ou empíricas (física, química, biologia, geologia, psicologia etc.).

2.4.3 – *Problema do diagnóstico de uma realidade concreta – ação*

a) *Tipo de pesquisa*: aplicada, de diagnóstico, exploratória.
b) *Métodos indicados*: indutivo, dedutivo e dedutivo-indutivo, conforme a natureza do problema, a existência ou não de quadros teóricos de referência para serem utilizados ou criados, a possibilidade de aplicação de teorias ao caso concreto, com a necessária adequação.
c) *Fases comuns*: as mesmas da pesquisa teórica para problemas empíricos, com as devidas adaptações.
d) *Recursos técnicos mais indicados*: de um modo geral utilizar os mesmos recursos apontados para a pesquisa teórica para problemas empíricos. As técnicas poderão acompanhar modelos e guias. Aqui são lembrados três deles. Um é calcado em diagrama elaborado por ACKOFF (1), os outros dois são uma síntese do volumoso trabalho de LEBRET (113). Referem-se especificamente ao planejamento de pesquisa social, visto ser essa área a que mais requisita pesquisa de diagnóstico e ação.

2.4.3.1 – *Modelo de um plano de pesquisa aplicada*

I. *Interessado na pesquisa*: pode ser o próprio pesquisador ou um terceiro interessado (instituição, grupo de pessoas etc.). Este está diante de um problema e o comunica ao pesquisador ou cientista.
II. *Pesquisador ou cientista*: uma vez recebido o problema, descreve-o, define-o e planeja a pesquisa. Escolhe a equipe. Treina e supervisiona o observador. O planejamento é feito em termos científicos, administrativos e econômicos.
III. *Observador*: procura criar situação observacional; produz ou observa estímulo(s) existente(s) no campo ou no observado: indivíduo(s) ou grupo social. É treinado em coletar dados e usar os instrumentos: entrevistas; questionários; escalas; códigos etc. O observador pode ser o próprio pesquisador.
IV. *Observado(s)*: responde(m) ao(s) estímulo(s).

V. *Observador(es)*: registra(m) respostas e as transmite(m) dentro do(s) instrumento(s) e técnicas em que foram treinados.

VI. *Pesquisador*: "manipula" os dados; utiliza os métodos e técnicas de análise lógica, matemática, estatística. De posse dos resultados e das conclusões inferidas, transmite os resultados ao interessado na pesquisa, apontando as vias de ação.

VII. *Interessado na pesquisa*: recebe o "relatório" da pesquisa com as conclusões específicas, capazes de lhe dar condições de optar. Seleciona a via de ação para resolver o problema.

2.4.3.2 – *Guia de diagnóstico ("pesquisa rural")*

A – *Etapas da pesquisa*

I. *Contato global*: através de observação direta, leitura atenta de mapas, documentos estatísticos e oficiais, entrevistas e reunião com vários representantes, donde se colherão informes sobre:

1) demarcação da região estudada;
2) atividades industriais da região;
3) vida agrícola;
4) intercâmbios; função econômica da região;
5) vitalidade da população e migração;
6) habitação; urbanismo; ruralismo; equipe sanitária;
7) rede de distribuição dos bens de consumo habituais;
8) níveis de vida, gêneros de vida de estratos sociais;
9) aumento da população;
10) topografia política.

II. *Estudo estatístico*

1) Analisar corretamente as estruturas.
2) Fazer ressaltar sua base fundamental e sua evolução.
3) Facilitar os elementos de classificações objetivas.
4) Oferecer possibilidades para continuar explorando-a, tornando-a o menos disponível possível.

5) Dessas condições derivam as divisões da exposição metodológica:
   a) dados: análise dos elementos de uma estrutura; questionários e quadros;
   b) representação individual e global: mapas, diagramas e gráficos;
   c) classificação: distribuições, categorias, classes e tipos;
   d) redução da investigação: sondagem e indução.

III. *Nova intuição global e intervenção*
   1) Interpretação e ação:
      a) a interpretação em forma de síntese;
      b) diagnose e tratamento;
      c) como proceder à ação.
   2) Análise e política do bem comum:
      a) atuação sobre as causas;
      b) ação política eficaz.

B – *Prática da pesquisa*

I. *Constituição da equipe* (condições, diretor, pesquisadores e equipe).
II. *Primeiro contato global*: tomada de contato com o conjunto estudado; exposição dos especialistas.
III. *Organização*: fichários; documentação; participação dos interessados; distribuição das tarefas e coordenação; ordem de execução dos trabalhos; material necessário.
IV. *Reunião de dados*: qualidades psicológicas dos entrevistadores; reunião de dados e informes; entrevistas; diário; reunião semanal; inscrição nas fichas.
V. *Preparação inicial dos dados*: preenchimento e elaboração de quadros; proporção e percentagens; confecção de mapas; como preencher diagramas; elaboração de gráficos; anotação em linguagem corrente.
VI. *Transição das unidades elementares às unidades superiores*: a passagem do município ao distrito; deste aos nú-

cleos urbanos, à região, ao estado, ao país. Análise de ramos de atividades.

VII. *Utilização*: elaboração dos dados; elaboração mecânica; elaboração visual; correlações.

VIII. *Interpretação*: utilização de diagramas de recapitulação e significativas sínteses das estatísticas; síntese das necessidades; diagnóstico.

IX. *Tratamento e intervenção*: o desejável e o possível; problemas imediatos e de fundo; despertar a opinião pública; inquietação política.

X. *Perspectivas*: organismos de estudos sobre o país; centro regional de análise; a estatística nacional.

2.4.3.3 – *Guia de um diagnóstico ("pesquisa urbana")*

A – *Primeiro contato global*

I. *Contato direto*

1) *Visão de conjunto* (estudo de mapa; exame de fotos aéreas; sobrevoar de avião a cidade e arredores).

2) *Visita detalhada* (delimitação das grandes zonas; reconhecimento do terreno – centro, bairros, arrabaldes, localidades suburbanas; percurso pelas ruas principais – comércio, circulação, tráfego, indumentárias etc.; visitar as zonas periféricas, identificando paisagem, fábrica, ruas, bairros, locais mais característicos onde se observa maior comodidade e maior miséria; estudo da natureza das fábricas e sua localização e depois localizá-las no mapa, visitar ao menos uma fábrica diferente; percorrer as grandes artérias, observando aglomeração e circulação, sobretudo na hora da saída do trabalho; observar nas zonas suburbanas o grau de dependência e autonomia da cidade em relação a indústria, comércio, horticultura, residências, transportes coletivos; tomar contato com a população em bares, cafés, restaurantes, logradouros públicos).

II. *Consulta dos documentos e sua utilização em relação à população*
1) *Evolução histórica* (nas bibliotecas municipais, museu histórico, arquivos: consultar as obras sobre a cidade).
2) *Evolução da população* (tomando os últimos cinco anos, verificação de natalidade, mortalidade, mortalidade infantil, densidade da população, pirâmide de idades, emigração-imigração, distribuição das profissões: criar formulários e fichas para coleta desses dados).

III. *Inventário das instalações fundamentais* (usar fichas apropriadas para coletar dados sobre: comunicações; transportes urbanos; lojas e mercados; densidade da população e zonas verdes; água; gás; eletricidade; rede de esgoto; instalações culturais; instalações sanitárias e sociais; instalações desportivas; serviços públicos; instalações para o culto).

B – *Implantação e zonas de influência*

I. *Divisões administrativas* (verificar se correspondem ao distrito pesquisado).
II. *Divisão funcional* (sobre um mapa se delimitam as zonas de atividades e residências: rurais, hortigranjeiras, industriais, de armazéns e silos, comerciais, administrativas, verdes, residenciais distinguindo os tipos de casas).
III. *Distritos ou divisões conforme densidade de população por hectare.*
IV. *Zonas de influência da cidade* (verificar se há atração para a cidade: mercado, centro administrativo, centro cultural, centro industrial de clientela regional, centro industrial de clientela extra-regional, centro médico, centro de confluência de duas ou mais regiões).
V. *Estrutura – implantação* (definir os bairros: organizados; conjuntos de constituição inorgânica; projetados).
VI. *Auto-suficiência e organização* (pelas instalações)
1) *Instalações mínimas* (vias de circulação; transportes; de serviços municipais; comerciais; escolares; cultu-

rais; sanitárias; sociais; higiene pública; dedicadas ao culto; logradouros públicos – parques e praças, instalações desportivas).

2) *Bairros bem equipados* (em grau satisfatório quanto às instalações acima e acrescidas de algumas mais).
3) *Bairros mal equipados* (deficiências quanto ao número e qualidade das instalações acima).
4) *Grau de auto-suficiência e de organização do bairro* (vias de comunicação e transportes; instalação de serviços municipais; instalações comerciais; instalações escolares e culturais; instalações desportivas etc.).

VII. *Estrutura – população*

1) *Estatísticas da população*: classificação da população (densidade por hectare; número total de habitantes e sua divisão em nacionalidades; número de famílias; menores de quinze anos; mortalidade; mortalidade de menores de um ano).
2) *Distribuição das profissões*: classificação (patrões; assalariados; homens; mulheres; diversas qualificações profissionais; percentagem de trabalhadores pertencentes às empresas mais importantes).
3) *Deslocamentos da população*: classificação em fichas apropriadas (origem da população ativa; movimentos migratórios que alimentam as diversas profissões; saídas; estabilidade do bairro).
4) *Níveis de vida e nível humano* (camadas sociais: subproletariado, camadas populares, classes médias, burguesia propriamente dita; sondagem dos níveis de vida: composição das famílias, salários, alimentação, residência com descrição detalhada, gênero de vida).

VIII. *A vida do bairro*

1) *Agrupamentos internos do bairro* (dimensão geográfica, agrupamentos homogêneos, agrupamentos de vizinhança, centros de vizinhança, centros de reunião de influência, a família, a vida religiosa).
2) *Agrupamentos que extrapolam o bairro* (trabalho, diversões, transportes, meios de relação).

3) *Forças e tensões sociais* (de ordem social, entre grupos de idades, ocasionadas por preconceitos, religiosas, políticas, sindicais).

IX. *Particularidades do centro da cidade*: classificação e descrição das aglomerações.

X. *Avaliações e necessidades do bairro*: através de fórmula e preenchimento de formulários específicos; avaliação em todos os tipos gerais de necessidades: administrativa, social, comercial, escolar etc.

C – *A cidade em seu conjunto*

I. *Do bairro à aglomeração*: análise de todos os bairros ou somente um bem selecionado de cada tipo.

II. *Estrutura social e vida social*

1) *Estrutura social* (composição da família, rendas e gastos, alimentação, habitação, gênero de vida, nível de vida).

2) *Vida social* (tensões, conflitos, evolução política e sindical).

III. *Razão de ser da aglomeração e segurança econômica* (economia local, atividades primordiais; estabelecer os "ciclos": população, indústrias de extração, indústrias de transformação, serviços, acontecimentos-chave).

IV. *Instalações e plano de urbanismo* (unidade; coerência arquitetônica; densidade da população em relação ao traçado da cidade; perímetro de aglomeração; zonas industriais; zonas habitáveis; zona rural; de serviços especiais; espaços reservados ou a reservar; escolares; desportivas; recreativas; centros cívicos e sociais ou coletivos do bairro; estado das vias de comunicação; pontes; as habitações em relação à expansão da cidade).

V. *Orçamento municipal*

1) *Análise e crítica do orçamento municipal* (documentos normativos: o orçamento aprovado no fim do ano para o ano seguinte, o orçamento adicional, autorizações espe-

ciais; documentos executivos; prestação de contas administrativas; cobrança; dívida ativa e passiva do município; pessoal; categorias de aplicação do orçamento; subvenções; orçamento ordinário e extraordinário).

2) *Comparação com outras cidades.*
3) *Grandes obras municipais* (as realizadas no ano anterior e as projetadas).
4) *Levantamento do patrimônio do município* (demarcar no mapa).

D – *Síntese*

I. *Posição da análise*: antes do diagnóstico final, precisam-se conhecer os limites exatos dos conhecimentos adquiridos. Revisão dos dados. Elaborar um quadro de "posição da análise", em que se estabelecem, para os bairros: análise direta, comparação, analogias, semelhanças e diferenças.

II. *Necessidade do "descongestionamento"*: para as grandes cidades em função de nova estruturação da aglomeração–descentralização.

III. *Receptividade*: classificação dos elementos e pessoas de receptividade: aspectos humanos e econômicos (identificar as profissões em função da mão-de-obra necessária: operários, especialistas, técnicos, profissionais, dirigentes).

IV. *Diagnóstico e tratamento*: síntese das necessidades e descrição em detalhe da ação a empreender.

2.5 – Nota final sobre pesquisa científica

Ao focalizar a pesquisa no capítulo sobre trabalhos científicos, o objetivo foi apenas dar uma visão geral do assunto para o estudante e iniciante em trabalhos científicos: uma exemplificação de "modelos" e guias esquematizados de alguns tipos de pesquisa. Visto não ser possível estender tais ilustrações a outros tipos de pesquisa nas diversas áreas do conhecimento científico, deverá o interessado informar-se em livros especializados de metodologia da pesquisa ou consultar professores e pesquisadores. A leitura de trabalhos científicos (teses, monografias, relatórios de pesquisa, informes científicos) constitui, também, excelente ajuda àquele que projeta realizar uma pesquisa científica. Os capítulos subseqüentes atenderão a muitas dúvidas relativas a esse tipo de necessidade do leitor, pois vamos dedicar nossa atenção aos diversos tipos de trabalho científico *comunicados*. Antes, porém, julgo meu dever alertar o estudante sobre aspectos relacionados com a pesquisa, cujo conhecimento é sempre útil possuir por informação, antes de descobri-lo por tentativas frustradas na realização da pesquisa. Faça-o sucintamente e aproveitando a experiência própria e alheia.

2.5.1 – Quando afirmo que "há graus na realização científica" e que "há pesquisa e pesquisa", implicitamente estou aludindo, também, às modestas contribuições que surgem em termos de pesquisas limitadas em gastos e pretensões. No Brasil até há pouco era exígua a contribuição científica. Hoje já constatamos que as produções começam a aparecer, ainda que tenhamos condições de render muito mais. Fazer pesquisa não deve ser considerado uma atividade distante do alcance da faixa promédia da população universitária. Por se pensar ao contrário é que pouco se tem produzido ainda no Brasil. Talvez seja oportuno despertar a consciência de muitos para um fato que LASSO DE LA VEGA identificou na Espanha, mas que é muito mais grave para nossa realidade brasileira. Escreveu ele no prólogo de seu *Manual de documentación*:

> Motivo de profunda preocupação para os espanhóis devem ser os *oito bilhões de pesetas* que a Espanha investe por ano (1969) em adquirir patentes do estrangeiro: mais da metade do que nos custa o petróleo para sustentar o transporte e suas outras aplicações. Sem querer trazer à tona o debate já antigo sobre a capacidade ou a incapacidade dos espanhóis para a ciência, acreditamos ser recomendável não dar as costas a este enigmático problema e tentar procurar-lhe a solução radical, substituindo aqueles utilíssimos debates pelo estudo dos remédios que poderiam debelar tão deprimente situação e os graves preconceitos econômicos e de prestígio nacional que arrastam consigo.

> Como indaga José Antônio de Artigas: A que se deve que, vindo das Astúrias até aqui, a estrada de ferro e os nomes do aço são Bessemer ou Thomas; a locomotiva se deve especialmente a Stephenson? Tomas aqui um elétrico? As linhas levam o nome de Lord Kelvin e o eletromotor é de Gramme. Trata-se de um ônibus? – O motor se chama Diesel... Nem um nome espanhol!
>
> A que se deve, ao contrário, que em qualquer seminário ou laboratório alemão se sucedem em cadeia os homens que vão trazendo para a ciência e para a tecnologia novos avanços técnicos e científicos! Que misterioso elo liga os homens desses centros entre si? O que liga Koch, descobridor do bacilo da tuberculose, aos descobridores de outros bacilos, tais como Klebs, Proskauer, Loffer, Kirchner etc.?
>
> Existe, em nossa avaliação, manifesta ligação entre uns e outros; um eficaz instrumento os une e assegura a perpetuidade da continuação. O misterioso anel que os liga em cadeia é, em nossa opinião, o ensino teórico e prático das técnicas do trabalho científico e intelectual. Nos centros universitários da Alemanha, dos Estados Unidos e dos países desenvolvidos, os cursos ensinam desde os primeiros graus estas técnicas em suas modalidades teóricas e práticas.
>
> Se em alguns países estas técnicas são estudadas e em outros não, estes últimos dependerão escravizadamente dos primeiros (110: p. XI-XVI).

Esta transcrição dispensa comentários. Apenas acrescento que responsabilizar governos e esperar que as soluções partam das esferas da alta administração do país não parece a solução adequada. Cabe a cada um, dentro de seus limites institucionais, coletivos e individuais, começar a agir positivamente: as universidades, as escolas, os mestres, os alunos. Uma verdade é certa: é preciso começar; a estagnação não se modifica por si mesma.

2.5.2 – Outra chamada de atenção também se torna oportuna: a improcedência da atribuição da falta de produção científica à falta de condições. Realmente, para determinados tipos de empreendimentos, há necessidade de grandes recursos. Mas, em geral, não se produz porque se coloca a questão em termos distorcidos ou deturpados: alguns dão demasiada ênfase ao "aparato" da pesquisa, acreditando que para realizar qualquer pesquisa científica são imprescindíveis instalações completas, aparelhamento sofisticado; há também os que condicionam sua realização científica a projetos de grande vulto, deixando de realizar outros mais modestos e que estão a demandar imediata aplicação. Não esqueçamos que grandes descobertas científicas se deram nos mais humildes laboratórios e, muitas vezes, utilizando instrumentos fabricados manualmente.

2.5.3 – Cabe nessa colocação o registro de um fato bastante repetido em situações de motivação à pesquisa. Sirvo-me das palavras de experiente pesquisador no campo da psicologia e notável supervisor de trabalhos científicos na Universidade de Oregon: RAY HYMAN. Em seu livro *Natureza da investigação psicológica*, deixou este depoimento que é válido para as demais áreas da pesquisa:

> Registrou-se recentemente uma tendência para exaltar o pensamento criador e independente como finalidades valiosas do nosso sistema educacional. Uma ênfase semelhante em encorajar a originalidade surgiu no ensino da investigação científica e, especialmente, no ensino da pesquisa psicológica. Essa ênfase, em parte, representa uma reação justificável contra o excesso de formalização e ritualização em nossos esforços para ensinar aos estudantes o método científico.
>
> Todavia, essa ênfase poderá ter resultados negativos. Em primeiro lugar, encorajar a "originalidade" ou o "ser diferente", como fins em si, parece resultar, freqüentemente, numa relutância em enfrentar os problemas normais ou corretamente aceitos. O psicólogo jovem e ambicioso não quer percorrer velhos caminhos. Quer inovar, enfrentar novos problemas, usar novos métodos, inventar novos conceitos e ligar o seu nome a novos fenômenos. Infelizmente, as conseqüências de tais ambições são, na maior parte das vezes, uma enxurrada de relatórios isolados não conduzindo a parte alguma nem estabelecendo contatos com o passado ou o presente. Tais esforços esvaem-se diante do fato de que a iniciativa científica é um assunto cumulativo; cada nova adição ao edifício brota do que já foi feito e nele se apóia.

> [...] o valor da investigação científica não reside em sua novidade, mas nas suas adições ao nosso entendimento e domínio do terreno em estudo. Por vezes, uma semelhante adição aos nossos conhecimentos requer novas idéias ou a rejeição das antigas. Mas essa espécie de novidade ou revolução é uma conseqüência da busca de uma imagem mais adequada, não o objeto dessa busca. Por outras palavras, a idéia do inquérito é realizar uma combinação melhor entre os nossos sistemas conceptuais e os fenômenos a que estes se referem; essa idéia é desvirtuada quando se confunde com o objetivo de ser "diferente", "original" ou "revolucionário" (96: p. 45).

2.5.4 – Engano sutil que ultimamente se tem repetido e é freqüentemente deflagrado nas comunicações de resultados de pesquisa diz respeito a duas formulações intimamente relacionadas: primeiro, confundir valor da investigação com ritual da investigação; segundo, julgar que o uso das estatísticas e o aparato de sua apresentação é que caracterizam a pesquisa.

Quanto ao primeiro aspecto já firmei minha posição, quando procurei mostrar o que se deve entender por metodologia. Resumindo: métodos e técnicas operativas são instrumentos, meios, e não fins em si mesmos. A capacidade do pesquisador e o valor de seu trabalho muitas vezes se revelam justamente pela maneira de escolher o método e as técnicas e pelo poder de decisão em aplicar no momento oportuno a "ferramenta" mais indicada. Assim como concordo com o pensamento de KAPLAN ao apontar a missão da metodologia, também aceito a colocação pitoresca de BACHRACH quando afirma: "Não se pesquisa, geralmente, na forma em que os que escrevem livros sobre a pesquisa dizem que se pesquisa." (13: p. 11)

A respeito das estatísticas, é sempre importante lembrar que também elas são instrumentos e chegam a constituir freqüentemente um método para opção no tratamento científico: o método estatístico. Desde a escolha da amostra até a análise dos dados, o emprego das estatísticas deve obedecer ao critério da parcimônia e da objetividade. Assim como colocar a metodologia em termos de condição necessária e suficiente para a realização científica constitui abuso, não menor abuso consiste fazer das estatísticas a razão de ser da pesquisa científica. Aqui coloco, para corroborar esse pensamento, duas citações importantes pelo seu conteúdo e valorizadas pelo nome de seus autores. BLALOCK, notável pesquisador e autoridade em estatística, escreve:

> A idéia que da estatística faz o leigo pode diferir muito da que tem dela o estatístico profissional. Às vezes se supõe que o estatístico é uma pessoa que manipula números para demonstrar seu ponto de vista. De outro lado, ao contrário, alguns estudantes de sociologia ou de outras ciências sociais tendem a julgá-lo como alguém que, com ajuda de sua calculadora, pode converter qualquer estudo em científico. [...] a estatística não é de modo algum um método com o qual se possa provar quase tudo aquilo que se deseja provar. [...] Não há nada nos métodos estatísticos em si mesmos que seja capaz de evitar que o indivíduo superficial ou intelectualmente pouco escrupuloso tire suas próprias conclusões, apesar dos dados; e um dos aspectos mais importantes de um curso de introdução à estatística consiste precisamente em pôr os estudantes em guarda contra os possíveis abusos desta ferramenta (23: p. 15).

BACHRACH:

> Pesquisar *não* é só estatísticas. Inicio esta introdução ao estudo da pesquisa psicológica com uma frase negativa, pois creio que muitos estudantes fogem assustados ao agradável fim da pesquisa, porque a equiparam ao tédio e à implicação em uma série de manipulações estatísticas. Não é difícil compreender isso, já que, provavelmente, o estudante que toma um livro sobre investigação costuma deparar simplesmente com um tratado de estatística aplicado a tal tarefa, o que não significa, de modo algum, que desprezamos a estatística, mas apenas que a consideramos como uma "ferramenta" do trabalho de pesquisa, muito útil, por certo, porém não mais do que uma técnica para manipular alguns dados (não todos) da investigação (13: p. 17).

2.5.5 – Finalmente, lembramos ao iniciante a necessidade do equilíbrio nas fases da pesquisa. A falta de dosagem é um defeito denotado em muitas exposições de trabalho científico, em que certas partes ficam sacrificadas pelo excesso de detalhes em outras, muitas vezes até secundárias. Além disso, alertar o estudante para essa falha provavelmente ajudá-lo-á a coordenar as atividades da pesquisa para uma finalidade comum. HYMAN, um dos poucos autores de metodologia que observou esse aspecto, assim nos adverte:

> Todos os que tentamos ensinar a arte da pesquisa sabemos muitíssimo bem qual é a sorte do estudante que se deixa atolar na fase preliminar. Parece jamais estar em condições de parar a minuciosa pesquisa de dados na literatura existente ou de terminar os primeiros passos na formulação do problema e das hipóteses. Por outro lado, também estamos familiarizados com os resultados triviais de um mergulho precipitado numa experiência prematuramente planejada. Outros investigadores perdem-se nos meandros intricados da compilação de dados – aperfeiçoando aparelhos, inventando dispositivos para registro automático, ficando enlevado com um polígrafo, ou reorientando um problema para permitir a inclusão de um novo e atraente mecanismo. Ainda outros psicólogos compelem as partes importantes de seu labor a sujeitar-se à rotina altamente ritualizada e "computadorizada" do processamento de dados. Em sua veneração da magia dos complexos sistemas de manipulação de dados, perdem de vista a questão principal. Muitos de nós afundamo-nos na fase escrita da pesquisa. Ou, mesmo quando logramos redigir um relatório que recebe a aprovação de uma comissão de redação, não conseguimos, com freqüência, atingir as audiências que mais lucrariam com o conhecimento dos nossos resultados (96: p. 26).

3 – Espécies de trabalho científico

A redação dos resultados de uma investigação ou a comunicação de um projeto de pesquisa, bem como a descrição de problemas que interessam à investigação científica, e até a elaboração de uma teoria que merece ser confirmada pela própria investigação, têm provocado uma grande variedade de rótulos na classificação dos trabalhos científicos. Acresce ainda um duplo fato no mundo das comunicações gráficas em função do processo científico: de um lado, o atendimento à necessidade de organizar e divulgar de maneira compacta o conhecimento científico acumulado; e, de outro, a publicação de análises críticas de trabalhos científicos já comunicados. Apenas a título de ilustração, podemos constatar, no mínimo, a seguinte classificação (entremeando os títulos usados com rigor terminológico com os de uso vago e conotativo): livro; obra; ensaio; tratado; tese; monografia; recensão; resenha; sinopse; resumo; estudo; teoria; artigo; relatório; informe; dissertação; exercitação; "tesina"; comunicado; comunicação; divulgação científica; obra didática; livro de textos; manual; descoberta; invenção; memória científica.

Em rigor, aplicando o conceito de trabalho científico há pouco estipulado, só existem três categorias de trabalho científico, dentro dos quais os mais variados tratamentos por escrito podem incluir-se:

a) a pesquisa científica;
b) a comunicação dos resultados de uma pesquisa científica;
c) tratamentos à maneira científica.

Por isso, e atendendo aos diferentes graus de pesquisa científica, bem como à diversificação dos chamados "estudos científicos" atrás identificada, é que são considerados neste livro apenas os seguintes tipos de trabalho científico escrito:

a) os trabalhos que se colocam no nível da "tese" e da "monografia";
b) os que se colocam no nível dos "relatórios de pesquisa" e dos "informes científicos";
c) os que se colocam no nível da "recensão" ou dos "resumos".

Como tenho resistências às classificações, conforme já assinalei, fiz esta simplesmente para atender à necessidade de abordagem dos vários tipos de trabalho científico e indicação da metodologia de construção de cada um. Alguns tipos de trabalho fogem certamente a este esquema: uns, por impossibilidade de lhes vincular técnicas metodológicas e "normas de documentação" específicas; outros, embora não se identifiquem perfeitamente em espécie e grau, serão tratados junto com seus congêneres – é o caso, por exemplo, dos "livros de condensação", que estão implícitos entre "recensões e resumos" e/ou "divulgação científica"; as chamadas "dissertações científicas"; as "exercitações" ou "tesinas", que receberão o mesmo tipo de tratamento dispensado à "monografia" e à "tese". Minha preocupação é apresentar, ao estudante e ao iniciante da produção científica, o *fundamental*, ou seja, as *indicações práticas* extraídas da *metodologia* e da "*normalização da documentação*" internacional e brasileira; não há intenção de propor e discutir questões epistemológicas nem "técnicas de biblioteconomia e documentação" e, menos ainda, fazer incursões no terreno da "bibliopsicologia"[7].

7. A "bibliopsicologia" tem por objetivo estudar as relações autor-leitor, leitor-autor, o processo e as reações psicossociais que livros e literaturas provocam. Já se ocuparam do assunto, entre outros: TARDE, HUMBOLDT, POTBENIA, SIGWART, HENNEQUIN. Seu principal teorizante foi o russo ROUBAKINE em *La réaction russe et son révolution*, 1916, e *Qu'est-ce que la révolution russe?*, 1917.

Capítulo VI

Recensão e abstract

Não me contentando com as ciências que nos ensinavam, percorrera todos os livros que pudera ter em mãos.

DESCARTES

Introdução. 1 – Conceituação. 2 – Utilidade dos resumos de publicações científicas. 3 – Como fazer uma recensão. 4 – Recensão crítica. 5 – *Abstracts*. 6 – Principais normas internacionais sobre os *abstracts*. 7 – Principais normas nacionais sobre os resumos ou *abstracts*. 8 – Principais instituições.

De acordo com o conceito de trabalho científico formulado no capítulo precedente, foi reservado este lugar para a recensão e suas modalidades. Neste capítulo, além de justificar esta colocação, procurarei conceituar os "trabalhos de extração" das produções científicas e mostrar as vantagens que se colhem ao elaborá-los e ao utilizá-los. Visto que hoje, na era da documentação tecnológica, o assunto se torna objeto de preocupação de organismos internacionais e nacionais, coloco, ao lado das indicações práticas de elaboração e utilização, as normas estipuladas por aqueles órgãos para a redação de sinopses, resumos ou *abstracts*. Tudo para o estudante de curso superior e o iniciante na produção científica; não o documentalista nem o aluno de curso de biblioteconomia. Isso não impede, entretanto, que as informações sejam corretas, ainda que não sejam completas ou detalhadas.

1 – Conceituação

O termo "recensão" (ou resenha) é o mais tradicional que possuímos para designar os trabalhos de "síntese", "análise resumida" e "arrolamento" de produções científicas. Com o aparecimento da *documentação* (como ramo científico-técnico e atividade especializada), já notamos que a palavra "recensão" tornou-se abrangente: exigem-se novas denominações para atividades específicas, cujo tratamento é também especializado.

Em metodologia do trabalho científico, *recensão* sempre designou a "exposição em síntese do assunto tratado em uma obra científica ou a resenha dessas sínteses". Essa segunda parte da definição está mais próxima da etimologia da palavra (do latim *recensionem* – resenha, arrolamento, lista, rol) e justifica-se: comumente as revistas que publicam "sínteses" de livros costumam arrolar várias recensões na mesma seção do periódico.

A prática e a utilidade das recensões enfrentam nos últimos tempos o problema da explosão da literatura especializada (científica e técnica). Redigi-las e publicá-las de maneira adequada, a fim de atender satisfatoriamente à demanda dos estudiosos e dos centros de documentação, exigiu reformulações conceituais e técnicas no seu tratamento. Como veremos, encarregaram-se dessa tarefa organismos especializados. O resultado é que hoje deparamos com vários termos técnicos que merecem ser conceituados para maior esclarecimento do leitor. Ei-los em forma de esquema, que muito auxiliará ao interessado:

1) *Recensão*: exposição em síntese do assunto tratado em uma obra científica ou a resenha dessas sínteses (obra científica aqui designa o próprio trabalho científico; é claro que, tratando-se de obra não-científica, haverá recensão de igual maneira, utilizando-se a mesma técnica de redação).

2) *Recensão crítica* ou simplesmente *crítica*: a recensão desenvolvida em forma de apreciação da obra.

3) *Sinopse*: "Apresentação concisa do texto de um artigo, obra ou documento que acompanha, devendo ser redigida pelo autor ou pelo editor." (6: p. 45) Em inglês: *synopsis* ou *summary*. Em francês: *résumé d'auteur*.

4) *Resumo* ou *abstract*: "Apresentação concisa e freqüentemente seletiva do texto de um artigo, obra ou outro documento,

pondo em relevo os elementos de maior interesse e importância, sendo freqüentemente redigido por outra pessoa que não o autor." (6: p. 46) Em inglês: *abstract*. Em francês: *analyse* ou *compte-rendu analytique*.

5) A recensão e o resumo podem ser: *informativos*, *indicativos*, *críticos*:

a) *Informativos*: quando são apresentados de tal maneira que conseguem dispensar a leitura do trabalho original (têm sido os de maior solicitação por parte dos estudiosos).

b) *Indicativos*: quando são apresentados de maneira tão sucinta que apenas indicam o trabalho original, não têm condições de dispensar a leitura desses (embora muito usados por editoras e algumas revistas especializadas, seu uso tem sofrido várias restrições por parte dos autores dos trabalhos originais e dos estudiosos).

c) *Críticos* (já definidos: formulam julgamentos sobre o trabalho).

6) *Resumos homotópicos* (o mesmo que sinopse): "Denominam-se assim aqueles resumos que correntemente aparecem junto com o texto completo do artigo, da mesma revista e sob a responsabilidade do editor." (110: p. 240)

7) *Sumário*: "Enumeração das principais seções, artigos ou contribuições mais importantes de um fascículo, feita na mesma ordem em que nele se sucedem." (6: p. 52) Não confundir sumário com *índice*, *lista*, *tabela* (6: p. 66). O termo *sumário*, uma vez definido pela Associação Brasileira de Normas Técnicas (ABNT), não deve ser empregado nas publicações como "resumos de final de capítulo ou artigo". Em inglês: *contents*. Em francês: *table de matières*. Além da função técnica definida pela ABNT, há a apontada por LASSO DE LA VEGA: "No cabeçalho de cada capítulo é conveniente redigir o *sumário* ou relação de conteúdo do mesmo. Neste caso enumeram-se os parágrafos em que começa cada um dos conceitos que nele figurem." (110: p. 694)

De posse do significado e uso desses termos técnicos, o leitor poderá acompanhar a discussão sobre recensão e *abstract*.

Embora não tenha localizado o termo *recensão* entre as normas nacionais e internacionais que tratam do assunto, mantenho-o por três razões muito simples: 1.ª) o uso tradicional do termo criado (suponho) nas universidades – e freqüentemente aproveitado pelas revistas especializadas e de divulgação científica; 2.ª) o fato de seu significado não coincidir exatamente com os demais afins, podendo assim designar o que queremos dizer; 3.ª) a prática universitária de iniciar os alunos na produção científica através de redação de trabalhos que se identificam perfeitamente com as recensões: são mais desenvolvidas que os *abstracts*, embora tenham em comum o aspecto "extração" de obras alheias. É por isso que nos ocuparemos primeiramente da recensão e em seguida da recensão crítica; depois dedicaremos atenção aos *abstracts*.

Antes, porém, é preciso justificar a colocação desses tipos de trabalho entre os "científicos".

2 – Utilidade dos resumos de publicações científicas

A rigor, recensões e *abstracts* não mereceriam ser enumerados entre os trabalhos científicos, por faltar-lhes características fundamentais como: "contribuição nova" (relevância contemporânea) no processo cumulativo da ciência; profundidade do exame e análise de um problema; apresentação de conclusões próprias oriundas da pesquisa. São trabalhos de "extração" e não de "produção".

Entretanto, devido a outras propriedades, não se lhes pode negar a atribuição que lhes estamos emprestando. Os promotores da ciência são os cientistas. E justamente são os que mais enfatizam a importância das recensões e dos *abstracts* para a produção científica. Através desse tipo de comunicação, conseguem colocar-se em dia (*mise au point*) com a produção referente a áreas especializadas e afins. A explosão bibliográfica, científica e técnica é hoje de tal monta que só mesmo através de comunicações sucintas e constantes em órgãos especialmente voltados para esse objetivo obtêm-se as informações exatas no momento oportuno. A documentação tem desenvolvido os processos e as técnicas mais sofisticados nesse aspecto: *ordenando* e *classificando* as publicações originais ("publicações primárias") e *tornando-as* conhecidas em forma de *extratos* ("publicações secundárias"). Os *abstracts* são criação de nosso tempo. Trazem a vantagem da difusão de informações preciosas entre pessoas que talvez não as demandariam e assim se atualizam cada vez mais. Não olvidemos, também, uma utilidade particular, mas significativa: o fato de esses extratos serem publicados numa só língua, ainda que os trabalhos originais sejam redigidos nos mais diversos idiomas.

Além do atendimento dessa necessidade de "atualização" do cientista e demais pessoas interessadas, as recensões e *abstracts* satisfazem, sobretudo, ao "pesquisador", ao aluno de curso superior e iniciante em investigação científica. Conforme ficou claro na abordagem da natureza e processamento da pesquisa científica, todo pesquisador tem necessidade de recorrer às fontes para sua formação e informação. É que a pesquisa se desenvolve a partir da formulação do problema e elaboração da hipótese ou do planejamento da solução; ora, um marco teórico de referência é condição prévia para essa formulação e para essa elaboração; e o pesquisador o consegue através de contribuições já existentes. As recensões e *abstracts* fornecerão, direta ou indiretamente, os elementos teóricos básicos e até os metodológicos para a realização da pesquisa. Além do mais, o pesquisador, mesmo por questão de amor-próprio, necessita informar-se a fim de que seu trabalho seja realmente "original", isto é, fruto de sua criatividade. Não tendo essa preocupação, poderá incorrer no erro elementar de comunicar algo já comunicado.

Quanto ao aspecto de o aluno de curso superior e iniciante em pesquisa "*fazer recensões*", lembremos que essa prática é universalmente considerada como *imprescindível* entre as que desenvolvem a mentalidade científica, constituindo-se no primeiro passo para introduzir o iniciante na pesquisa e na elaboração de trabalhos monográficos.

Como se vê, as vantagens são inúmeras para quem a faz, e para os leitores em geral, quando publicada. Proporciona a possibilidade de possuir uma obra inteira em poucas linhas e em rápida síntese.

Para a maioria é o único meio de colocar-se a par dos últimos resultados da ciência. As obras de vulto, volumosas que são, encontram difusão limitada. E nada mais prático do que uma recensão para estender o conhecimento de tais obras.

Quem se dedica ao magistério possui nas recensões bem-feitas o recurso mais acessível e mais fácil de atender a uma dupla necessidade do seu ofício: colocar-se em contato com as últimas conquistas da própria disciplina e fornecer aos alunos bibliografia indispensável.

3 – Como fazer uma recensão

Sendo a recensão e o *abstract* trabalhos de resumo, a primeira indicação prática é aplicar as técnicas expostas no capítulo III da primeira parte – "Como resumir" – e as noções contidas na parte dedicada à "Análise de texto".

Especificamente, quando se tem em mira resumir para transmitir, convém atentar para as indicações que agora serão apontadas. Trata-se da *recensão* apenas; é interessante aproveitar, também, para sua elaboração e comunicação, aquelas técnicas e normas nacionais e internacionais sobre a redação de *abstracts* que forem aplicáveis ao caso (acham-se no fim deste capítulo).

Teremos de distinguir três tipos de trabalhos que podem ser resumidos: *a*) livros e artigos; *b*) vários escritos; *c*) uma literatura inteira.

3.1 – Recensão de livro especial e artigo

Cabe ao redator da recensão elaborar um resumo *perfeito* de *todas as partes* da obra e apresentar o fio condutor dela.

Lembremos que toda obra, em última análise, pode ser reduzida a uma tese ou proposição. Uma obra que tenha mais de um objeto, a não ser que seja de referência ou um tratado, não é bem-feita.

Assim, convém observar as seguintes indicações práticas:

a) *Leitura atenta*. Enquanto se lê, devem ser anotados os tópicos importantes, o desenvolvimento geral do assunto, as obras citadas com mais freqüência, as provas aduzidas, as conclusões etc.
b) *Leitura completa da obra*. Não basta percorrer o índice que forneceria um conhecimento demasiado superficial da obra. Mas não é preciso ser minucioso demais ou seguir todas as digressões do autor. Para isso sigam-se as normas de leitura já abordadas.
c) *Anotações breves*. Basta às vezes uma palavra evocativa. É sempre válido o princípio já formulado a respeito das anotações em "Documentação pessoal": "As longas transcrições não pagam o preço do tempo."

Depois da primeira leitura geral convém traçar a linha-mestra da recensão. Dar uma forma concisa ao apanhado. Saber agrupar e distribuir.

3.2 – De vários escritos

É preciso partir de cada um dos escritos agrupando-os em elementos comuns e sublinhando com qualificações próprias os pontos mais importantes de cada um. Se as várias obras examinadas versam sobre o mesmo assunto, deve-se emprestar à composição o feitio de uma apresentação sinótica. Aplicar-se-ão também as mesmas técnicas referidas no item anterior.

3.3 – De uma literatura inteira

Este tipo de recensão é mais extenso que o anterior. Tratase de examinar toda uma literatura a respeito de uma questão especial ou de determinado autor.

Técnica preliminar: nunca se deve começar sem consultar antes as histórias preliminares ou as respectivas revistas e anuários para se ter previamente uma idéia geral. É de capital interesse uma leitura cuidadosa dos vários escritos mais importantes de toda aquela bibliografia.

Nem aqui se pode desprezar o primeiro e mais relevante ponto de qualquer trabalho científico: ir diretamente às fontes e nunca aceitar algo de segunda, terceira e até de quarta mão.

Quanto às técnicas de resumir, serão aproveitadas as já indicadas anteriormente.

4 – Recensão crítica

Diferencia-se da anterior pelo fato de acrescentar à análise da obra um juízo crítico. Crítica aqui deve ser tomada no verdadeiro sentido do termo: juízo imparcial do valor, conteúdo e exposição de determinada questão.

Note-se que não pode ser idêntico o critério de crítica para todas as obras. Uma obra científica é diferente de uma obra de arte. Nesta tem-se de levar em consideração o lado subjetivo, emocional, próprio de cada autor.

Na crítica científica prescinde-se desse aspecto subjetivo, e o critério é a *verdade* no seu aspecto mais objetivo. Assim, uma crítica científico-histórica não pode prescindir do exame de genuinidade e autenticidade do texto.

Há várias espécies de crítica; na prática, resumem-se a duas: *externa* e *interna*. A externa ressalta o significado, a importância, o valor histórico da obra. Compreende a crítica do texto, a da autenticidade e a da proveniência.

A *crítica do texto* se encarrega de saber se ele não sofreu alterações, interpolações e falsificações.

A da *autenticidade* é a operação pela qual se determinam o autor, a data, o lugar e as circunstâncias de composição de um escrito.

A da *proveniência* procura determinar os influxos históricos e doutrinais que deram origem à obra. Ocupa-se do problema das "fontes" do documento.

A *crítica interna* é destinada ao exame do conteúdo da obra, o seu significado. Também esta se divide em outras categorias como: *crítica de interpretação (hermenêutica)* e *crítica de valor interno do conteúdo*. Esta julga o valor das idéias contidas na obra. Aquela procura interpretar o sentido exato do pensamento do autor.

Numa recensão crítica há de conciliar-se a função da crítica, em suas diversas modalidades anteriormente apontadas, com a síntese requerida pela natureza da própria recensão. Por isso torna-se um trabalho bastante difícil e delicado: razão por que em geral a crítica, em forma de recensão, costuma deter-se em alguns aspectos apenas.

De qualquer maneira, o escopo da crítica é: servir aos direitos e interesses da verdade. Não basta mostrar o erro, a falha. É preciso mostrar onde a verdade se oculta.

4.1 – Condições e requisitos

A crítica, todos o sabem, resulta duma comparação entre dois termos: a obra e determinadas normas ou postulados. Daí a necessidade de o crítico conhecer bem os dois elementos. A leitura consciente da obra satisfaz facilmente ao primeiro requisito. O conhecimento das normas é que importa verdadeira dificuldade. Como entretanto, hoje em dia, a crítica é por si uma autêntica profissão, não nos será possível apresentar, nos estreitos limites deste trabalho, todos os requisitos que se exigem da função de uma crítica.

Recomenda-se que a recensão crítica se revista de determinadas qualidades.

4.2 – Qualidades

a) *Justiça no apreciar*. Mostrar tanto os aspectos positivos como as deficiências do trabalho. Saber ser juiz na defesa como na condenação.

b) *Apreciação segundo as exigências da verdade*. Naturalmente que a atitude de julgar segundo a verdade implica aspectos de ordem filosófica. A justiça no apreciar e as exigências da verdade proporcionam a chamada *crítica imparcial*.

c) *Clareza de exposição*.

d) *Fidedignidade ao texto analisado* (conteúdo e forma).

e) *Precisão nos termos e síntese* na coordenação das idéias.

f) De acordo com a natureza e alcance do trabalho, a crítica será *profunda*, *íntegra*, *abrangente*. A crítica superficial corre o risco de ser injusta.

Revestida dessas qualidades, a crítica cumprirá realmente sua função: selecionar, estimular, esclarecer, promover.

4.3 – Normas práticas

Há algumas normas fáceis de atuar e de suma utilidade:

a) Se desde o princípio se percebe que o assunto a criticar está fora da própria competência, não convém encetar o trabalho. Se exigido pela necessidade, é conveniente contentar-se com simples recensão objetiva ou, então, após avisar o leitor, criticar apenas o que corresponde à própria especialização.

b) Durante a leitura anotar-se-á sempre, distribuindo-se o resultado em núcleos: "por esclarecer"; "por apreciar"; "por corrigir"; "trechos profundos"; "obscuros", "duvidosos"; "novidade"; "lugar-comum"; "plágio"; "repetição" etc.

c) A parte mais importante é fazer ressaltar a tese do autor, os seus pontos de vista particulares e o desenrolar das questões. Se para isso não bastar uma simples leitura, far-se-ão outras. Um julgamento superficial transforma o trabalho do crítico em apreciação sem fundamento. Exige-se o aprofundamento de certos pontos para mostrar como deveriam ser apresentados.

d) Estes juízos hão de versar sobre o conjunto da obra e de cada uma das partes.

e) Aconselha-se a máxima parcimônia na caça de minúcias.

Constitui gesto de delicadeza enviar oportunamente ao autor a documentação crítica que se apurou, incluindo-se os erros tipográficos, os lapsos, as omissões, as contradições, as falhas metodológicas etc.

5 – *Abstracts*

Quanto aos *abstracts* ou resumos, terei de acrescentar sobre o que referi a respeito da recensão apenas o que substancialmente se colhe das "normas nacionais e internacionais" emanadas pelos organismos que se ocupam do assunto. Desde 1946 a Unesco se encarregou de sua "normalização" no mundo inteiro. Junto com a Unesco, outras entidades que costumam congregar representantes de diversas nações têm prestado seus relevantes serviços ao progresso da ciência, incluindo entre suas atividades de documentação e atendimento ao mundo especializado dos cientistas e técnicos a da padronização dos *abstracts*: no final do capítulo daremos a lista das principais instituições internacionais com seus respectivos endereços a fim de facilitar ao interessado dirigir-se a elas, em caso de consulta para seus trabalhos científicos.

Os *abstracts* assumiram tamanha importância que provocaram o aparecimento de verdadeira "literatura dentro da literatura especializada": *a bibliografia dos resumos*. A título de ilustração, eis algumas publicações: *World List of Scientific Periodicals; Ulrich's International Periodicals Directory; Industrial Arts Index; Bibliography of Agriculture; Current List of Medical Literature; Index Catalogue; Index Medicus; Bibliographie des Sciences Géologiques*. Mas o principal é o *Index Bibliographicus* publicado pela FID (Federação Internacional de Documentação).

LASSO DE LA VEGA teve o cuidado de realizar um levantamento quase completo da bibliografia dos resumos nas diversas áreas especializadas (110: p. 235, 781).

Antes de transcrever as normas internacionais e nacionais sobre a redação e publicação de *abstracts*, antecipo-me à curiosidade do leitor, informando-lhe o seguinte:

a) quanto ao método de redigir os *abstracts*, os redatores procuram ter sempre em vista a especialidade e a profissão dos leitores a que se destinam;
b) é unânime a opinião dos estudiosos desse assunto de que os *abstracts* devem ser seletivos e não abarcar tudo o que se publica sobre determinada matéria;

c) os documentalistas devem fazer a seleção; mas em alguns países como a Suíça, Itália, Noruega, e outros, há os comitês nacionais que disso se encarregam;

d) há quase unanimidade em se exigir que os *abstracts* sejam destituídos de crítica, aceitando-se apenas a fixação do valor do trabalho original: a Unesco em 1949 decidiu que os resumos devem vir sem crítica;

e) fundamentalmente devem ser objeto de *abstracts* as seguintes publicações científicas: artigos, teses, patentes, livros, atas, conferências, informes relativos aos novos aparelhos técnicos e científicos, tudo, em suma, que se relaciona com o progresso da ciência e da técnica;

f) os *abstracts* são publicados geralmente em revistas especializadas; alguns defendem a publicação em forma de fichas, mas, como estas encarecem a aquisição, indica-se a publicação em página da revista com seu anverso em branco ou destinado a alguma publicidade: assim pode a folha ser extraída sem prejuízo do exemplar;

g) mais do que praxe, já se tornou obrigatório, para as dissertações de mestrado e teses de doutorado, a presença de seu *abstract* logo antes da *introdução*. Algumas instituições exigem que seja feito em inglês – outras, em inglês e português.

As recensões e os *abstracts* acham-se normalmente na seção de "bibliografia" dos periódicos ou revistas científicas. Às vezes essa seção recebe nomes como "Notas de livros", "Resenha bibliográfica", "Resumos de livros", "Análise de livros" etc.

6 – Principais normas internacionais sobre os *abstracts*

A ISO (International Standardization Organization) baixou a seguinte resolução sobre "normas para a redação de resumos":

ISO. R. 214

Resumos

1 – *Definição*

Um resumo é uma breve indicação do conteúdo de um artigo ou outra obra, que se publica independentemente dele e inclui a referência bibliográfica apropriada (veja-se seção 4). Costuma ser redigido por outra pessoa que não o autor mesmo quando possa estar baseado na sinopse (do autor) que acompanha o artigo ou obra.

2 – *Objeto, caráter e conteúdo*

O resumo deve expor os fatos essenciais do artigo ou obra original, indicando novas observações e qualquer conclusão derivada delas, de maneira que o leitor possa decidir se necessita ou não consultar o original. Quando o original não for facilmente acessível, o resumo deve ser suficientemente amplo para que sirva como substituto do original.

2.1 – Normalmente um resumo deve ser objetivo e respeitar a forma e o equilíbrio do original; o alcance e o tratamento do tema deverão corresponder aos termos "breve", "exaustivo" ou "teórico".

2.2 – Se é destinado a um determinado grupo de leitores, um resumo deve ser seletivo e realçar os fatos de interesse para eles.

2.3 – Não é função de um resumo valorizar ou criticar, exceto quando se trata de um resumo chamado "critério", que é, com efeito, uma resenha com aparência de resumo. Se se inclui alguma crítica do artigo, ou trabalho, original, esta seria claramente distinguida do resto do resumo.

3 – *Expressão*

O resumo deve ser inteligível por si mesmo, sem necessidade de referir-se ao artigo ou trabalho original. É preferível empregar frases completas em vez de uma simples lista de cabeçalhos de cada seção. Podem reproduzir-se desenhos e diagramas.

3.1 – *Abreviaturas e símbolos*

Deverão ser evitadas as abreviaturas e contrações distintas das empregadas internacionalmente; os símbolos especiais, quando sejam essenciais, deverão limitar-se aos explicados nas normas de resumos ou no serviço.

3.2 – A primeira frase não deverá reproduzir o título, mas indicará o tema tratado, se não estiver claro no título.

4 – *Referência bibliográfica*

A referência bibliográfica precederá o texto do resumo, e de acordo com os requerimentos das Recomendações ISO R. 77, "Referências bibliográficas", "Elementos essenciais", e R. 4, "Código internacional para as abreviaturas de títulos de revistas".

7 – Principais normas nacionais sobre os resumos ou *abstracts*

As normas brasileiras sobre resumo encontram-se na NBR – 6028: 2003 da ABNT. Interpretando-as ou extraindo delas o fundamental, é possível obter o seguinte quadro de recomendações:

7.1 – As normas estabelecidas pela ISO R. 214 serão integralmente respeitadas.

7.2 – Resumo é a apresentação concisa dos pontos relevantes de um documento. Tecnicamente, apesar de corresponder ao inglês *abstract*, tem extensão maior que este, pois compreende os seguintes tipos:

a) *resumo crítico*: resumo redigido por especialistas com análise crítica de um documento. Também chamado de resenha. Quando analisa apenas uma determinada edição entre várias, denomina-se recensão.
b) *resumo indicativo*: indica apenas os pontos principais do documento, não apresentando dados qualitativos, quantitativos etc. De modo geral, não dispensa a consulta ao original.
c) *resumo informativo*: informa ao leitor finalidades, metodologia, resultados e conclusões do documento, de tal forma que este possa, inclusive, dispensar a consulta ao original.

Independentemente dessa classificação, o resumo sempre consiste na apresentação concisa e seletiva de texto de qualquer tipo de documento, com as seguintes características:

a) ter forma clara e sintética;
b) ressaltar a natureza do trabalho, o objetivo, o método, os resultados e as conclusões mais importantes;
c) há de apontar o valor em função da contribuição relevante ao conhecimento;
d) notadamente há de mostrar a originalidade do trabalho (caso de teses e de relatórios de pesquisa).

7.3 – Quem resume deve ter sempre em mente que o *resumo* é importante para pesquisadores de todas as áreas, particularmente porque funciona como auxiliar nas fases da pesquisa bibliográfica e da documentação.

7.4 – Em teses, dissertações de mestrado, monografias, há obrigatoriedade de apresentar o resumo *antes do texto*, ou seja, logo após o sumário, e será redigido na mesma língua do documento. É permitido em tais documentos (se assim a instituição acadêmica ou científica o exigir) que, após o resumo, coloque-se, em inglês, este mesmo resumo sob o título de *abstract* ou *summary*.

7.5 – Em livros traduzidos para outros idiomas, o resumo será colocado *após* o texto.

7.6 – Pode também ser publicado, *independentemente do texto*, em bibliografias analíticas, em revistas de resumo, em seção específica de periódicos científicos, geralmente sob o nome de recensão ou resenha.

7.7 – Quando publicado *independentemente do texto*, antes do resumo deve constar a referência bibliográfica do documento, de acordo com a ABNT. *Referências bibliográficas*, NBR 6023. Rio de Janeiro, 2000.

7.8 – Recomenda-se que a primeira frase deva ser significativa, explicando o tema principal do documento. Logo a seguir indica-se a categoria do tratamento (memória, estudo de caso, análise da situação etc.).

7.9 – O resumo deve ser feito em *parágrafo único*, formado por seqüência de frases concisas, afirmativas, e não de enumeração de tópicos.

7.10 – Quanto à extensão, os resumos devem ter:

a) de 150 a 500 palavras para os de trabalhos acadêmicos (teses, dissertações e outros) e relatórios técnico-científicos;
b) de 100 a 250 palavras para os de artigos de periódicos;
c) de 50 a 100 palavras para os destinados a indicações breves.

Observação: os resumos críticos não estão sujeitos a limite de palavras.

7.11 – Após o resumo colocar-se-ão as *palavras-chave*. Estas devem ser separadas por ponto.

7.12 – Importa enfatizar o que a ABNT coloca como defeitos a evitar:

a) abreviaturas, símbolos, fórmulas, equações e diagramas que não sejam absolutamente necessários à sua compreensão;
b) comentários, críticas e julgamento pessoal do resumidor (óbvio que esta recomendação não é válida para os resumos críticos);
c) palavras e frases supérfluas como: "o presente trabalho trata de..." – "o autor do trabalho descreve" – "como introdução ao seu trabalho o autor dá a definição dos termos usados" etc.

7.13 – Quando o resumo não integra o texto (caso das teses, monografias etc.), pode ser traduzido para tantos idiomas quantos forem convenientes à difusão do trabalho. Nesse caso usam-se os seguintes cabeçalhos: Summary ou Abstracts (inglês), Résumé (francês), Resumen (espanhol), Zusammenfassung (alemão).

7.14 – Cabe aos periódicos científicos orientar o formato e a escolha das línguas dos resumos dos artigos publicados. Autor que se preze não deixa para o conselho editorial do periódico fazer o resumo de seu trabalho.

7.15 – Seguem exemplos elucidativos de como fazer o resumo, alguns fornecidos pela própria ABNT:

a) Exemplo de resumo de "indicação breve":

ALVES, José Eustáquio Diniz; FAVERSANI, Fábio. Desafios políticos para o século XXI. *Caminhos*: revista da Associação Profissional dos Docentes da UFMG, Belo Horizonte, n.19/20, p. 17-40, maio 2001.

O objetivo da análise apresentada a seguir é traçar uma visão geral do quadro da correlação de forças em que se insere o Movimento Docente – MD. A conjuntura internacional e nacional não tem favorecido as forças de esquerda, que se encontram em uma situação defensiva. Neste quadro, qual a tática de luta mais adequada ao MD? Colocar propostas de superação da "Ordem do Capital" seria cair em um voluntarismo inconseqüente. A análise aponta para a necessidade de se enfrentar a conjuntura, a partir de bandeiras práticas e reivindicações transitórias que avancem na resistência ao projeto neoliberal de privatização das universidades públicas e de desmonte das estruturas estatais de apoio social.

Palavras-chave:
Movimento Docente. Universidade pública. Neoliberalismo. Globalização. Conjuntura.

b) Exemplo de resumo (também denominado sinopse) apresentado pela ABNT:

Ensaios de acumuladores elétricos do tipo ácido-chumbo.
João Wiliam MEREGE

Errado:

Como introdução ao seu trabalho, o autor dá definição dos termos usados, de acordo com as especificações brasileiras recomendadas pela ABNT (Associação Brasileira de Normas Técnicas), enumera os aparelhos a serem usados e explica o tratamento prévio necessário ao êxito dos ensaios.

Explica, com pormenores, as fases dos ensaios parciais e apresenta vários gráficos e tabelas dos resultados obtidos. Expõe também a diferença entre os métodos da SAE (Society of Automotive Engineers) e os da ABNT, usados nos ensaios.

Certo:

Definição dos termos usados, de acordo com as especificações da ABNT. Aparelhos usados e tratamento prévio necessário ao êxito dos ensaios. Fases dos ensaios parciais: determinação da tensão final de carga, da f.e.m. da capacidade em A-h e W-h, dos rendimentos. Gráficos e tabelas dos resultados obtidos. Diferença entre os métodos da SAE e da ABNT.

Note-se que o resumo errado foi feito em dois parágrafos e com 79 palavras e o correto em um só parágrafo e 56 palavras.

c) Exemplo de resumo do tipo "recensão" (não crítica) publicado em seção especial de revista:

FREYRE, Gilberto. A escravidão, a monarquia e o Brasil moderno. *Revista Brasileira de Estudos Políticos*. Belo Horizonte, I (1): 39-48, dez. 1956.

Errado:

Gilberto Freyre mostra, neste interessante artigo, que a evolução política do Brasil moderno foi muito diferente da dos outros países latino-americanos. Para o grande sociólogo, o Brasil tornou-se uma democracia e uma das sociedades mais avançadas da América Latina e mesmo do mundo, sem ter conhecido os golpes de Estado, nem os governos ditatoriais. O fato se explica porque a mentalidade política brasileira foi moldada pela escravidão e pela monarquia. A escravidão – esclarece o autor de *Casa-Grande & Senzala* – deu nascimento a uma estrutura social patriarcal e aristocrática, fonte de segurança, enquanto a monarquia temperava os excessos de poderes locais e arbitrava sua luta. A República fraternal proclamada em 1889 tornou-se tão paternalista como o regime precedente, para apaziguar o sentimento de insegurança de todos os novos homens livres. Assim, conclui Gilberto Freyre, o regime presidencial é um substituto da estrutura patriarcal, enquanto a atribuição de arbitragem, outrora reservada à Coroa, cabe agora ao Exército.

Certo:

A evolução política do Brasil moderno foi muito diferente da dos outros países latino-americanos. Tornou-se uma democracia e uma das sociedades mais avançadas da América Latina e mesmo do mundo, sem ter conhecido os golpes de Estado nem os governos ditatoriais. Sua mentalidade política brasileira foi moldada pela escravidão e pela monarquia. A escravidão deu nascimento a uma estrutura social patriarcal e aristocrática, fonte de segurança, enquanto a monarquia temperava os excessos de poderes locais e arbitrava sua luta. A República fraternal proclamada em 1889 tornou-se tão paternalista como o regime precedente, para apaziguar o sentimento de insegurança dos novos homens livres. O regime presidencial substituiu a estrutura patriarcal cujo arbítrio, antes reservado à Coroa, cabe agora ao Exército.

(Extrato do *International Political Science Abstracts*, v. 7, n. 3, 1957, resumo n. 1028.)

Repare o leitor: o resumo dito errado pela ABNT possui 156 palavras, e o considerado correto, 119 palavras.

d) Resumo colocado na minimonografia ainda não publicada "A monografia na pós-graduação 'lato sensu'", de Délcio Vieira Salomon:

A pós-graduação "lato sensu" no Brasil já goza de verdadeiro surto de proliferação. O Conselho Nacional de Educação, através da Resolução CNE – CES nº 1, de abril de 2001, ao regulamentar tais cursos, abre a possibilidade de serem exigidas, por instituições já reconhecidas, a duração de 360 horas/aula e a obrigatoriedade da monografia ou de trabalho equivalente para obtenção do grau de especialização. Mas não define a monografia. Defini-la e compará-la com a tese do doutorado e com a dissertação de mestrado, de um lado, e com outros tipos de trabalhos técnicos e científicos como o "paper", o projeto e o ensaio, de outro, é o principal objetivo dessa minimonografia. Ao mesmo tempo ocupa-se do problema da relação entre monografia da pós-graduação "lato sensu" e a pesquisa científica.

Palavras-chave:

Pós-graduação "lato sensu". Trabalho científico e acadêmico. Pesquisa. Dissertação de Mestrado. Tese de Doutorado. Monografia.

8 – Principais instituições

ISO	International Standardization Organization 1 rue de Varembé, Genève, Suíça
CIB	Conseil International du Bâtiment pour la Recherche, l'Étude et la Documentation J. de Geus 700 Weena, P. O. Box 299, Rotterdam, Holanda
CIDSS	Comité International pour la Documentation des Sciences Sociales Christian Michelsens Institutt, Kalvedalsvei 12, Bergen, Noruega
FID	Fédération International de Documentation 7 Hofweg, The Hague, Holanda
ICSU	Conseil International des Unions Scientifiques 2 Via Sebenico, Roma, Itália
UNESCO	Organisation des Nations Unies pour l'Éducation, la Science et la Culture Place de Fontenoy, Paris 7e, França

Capítulo VII
Divulgação científica

Seria útil que o público fosse mais particularmente informado.
DESCARTES

Introdução. 1 – O que é uma *divulgação científica*. 2 – Técnicas práticas para elaboração de trabalhos de *divulgação científica.*

Constitui hoje lugar-comum afirmar que a função do cientista não pode ser a de enclausurado numa "torre de marfim". Se a ciência tem por objetivo conhecer e dominar a natureza para servir ao homem, compete ao cientista ou ao pesquisador comunicar os resultados de seus estudos, pois esta é uma das maneiras de ele ser "social". Surge assim o genuíno sentido da *divulgação científica.* Mas acontece que o especialista nem sempre tem condições de estar constantemente "divulgando": o máximo que consegue é comunicar-se cientificamente dentro de uma comunidade restrita – a dos integrantes de sua especialização. Para obter a irradiação da ciência, além dos muros das instituições científicas, atendendo às variadas modalidades de público, surgem os divulgadores do conhecimento científico. Fazem-no através dos mais diversificados meios de "extração" e "comunicação" (exposição oral, escrita, informal, formal, técnica, não-técnica, objetiva e até emocional)[1].

1. Há, muitas vezes, a tendência de cativar a atenção do público com publicações de caráter emocional. Esse fato, freqüente nas ciências sociais, foi observado por GOODE e HATT: "Presentemente, em grande número, monografias sociológicas são escritas por leigos inteligentes e apreciável esforço é dispendido na dramatização das histórias de caso [...] o sociólogo é tentado a escrever preocupando-se mais com o estilo do que com a clareza, mais com o drama do que com os fatos, de modo mais persuasivo do que incisivo." (79: p. 458)

Como se nota, a *divulgação científica* é um assunto abrangente, quer se pense em sua conceituação, quer em sua aplicação. Para o objetivo deste manual, o melhor procedimento pareceu-me a atitude seletiva: dizer o que deve ser considerado *divulgação científica* e reduzir o conjunto de técnicas de elaboração a um feixe comum capaz de satisfazer genericamente as diferentes espécies de trabalhos de *divulgação científica*. Não há condições de apresentar técnicas para cada tipo. A atenção se fixará naquilo que reúne todos esses tipos e que nos leva a classificá-los entre os "trabalhos científicos": o *método de tratamento*.

1 – O que é uma *divulgação científica*

À primeira vista, o significado de *divulgação científica* parece ser unívoco, equivalendo à "comunicação dos conhecimentos científicos ao público de leitores". Mas, ao levantarmos as perguntas fundamentais (o que se comunica? a qual público? como? e para quê?), percebemos que a expressão possui vários sentidos.

Como se trata de: *a*) divulgação *científica e/ou técnica* de conhecimento e *b*) divulgação de *conhecimentos científicos*, atentemos, inicialmente, para o aspecto dos três níveis de conhecimento: *popular*, *de divulgação*, *científico*.

1.1 – Considerando *conhecimento popular* "toda informação recebida e transmitida sem uma crítica expressa de sua origem, das fontes de que provém ou das razões que lhe dão validez" (PARDINAS, 140: p. 14), teremos entre suas expressões, a partir da origem das informações:

a) informações assistemáticas (entrevistas abertas, diálogos cotidianos etc.);
b) informações provenientes de veículos de comunicação de massas: jornal, revista, rádio, cinema, televisão etc.;
c) enciclopédias gerais e populares;
d) conferências populares;
e) ensino de níveis inferiores;

f) livros, artigos ou outras formas de comunicação escrita, caracterizados pela linguagem simples e acessível e colocações superficiais.

Geralmente, os dados dessas informações são *extraídos* ou de *segunda mão*: não são resultados diretos das investigações que os colheram.

1.2 – Num nível mais elevado, estão os *conhecimentos de divulgação*:

> as informações recebidas ou transmitidas que se caracterizam, particularmente, por três qualidades: uma crítica razoável das informações expostas, uma exposição superficial das fontes da informação transmitida e o caráter de serem, também, dados secundários, ou seja, *recolhidos* diretamente das obras de investigadores e de primeira mão (PARDINAS, 140: p. 19).

A divulgação, neste caso, depende do tipo de destinatário, desde os leitores mais especializados, que requerem informações mais próximas das fontes, até os menos exigentes.

Os *conhecimentos de divulgação* provêm geralmente de:

a) enciclopédias e dicionários *especializados* e publicações congêneres;
b) revistas especializadas;
c) livros especializados;
d) críticas de livros e artigos relacionados com a especialização do leitor;
e) boletins bibliográficos;
f) trabalhos universitários, geralmente ensaios de investigação científica, que não atingem ainda o nível das *teses* e *monografias* propriamente ditas;
g) exposições orais como: mesas-redondas, painéis, congressos científicos abertos, seminários, aulas universitárias etc.

1.3 – Já o *conhecimento científico*, segundo ficou esclarecido pelo conceito de "ciência" (cap. V), é o obtido pela *investigação científica*. Se quisermos, é correto também dizer que é "aquele voltado para a obtenção e comunicação de resultados desconhecidos até o momento da publicação do livro ou artigo, com fins de explicação e/ou predição do comportamento de certos fenômenos" (140: p. 38).

Compreende, em termos de publicação, as macro e microteorias, as teorias dedutivas e as indutivas.

1.4 – Essa classificação tripartida do conhecimento, elaborada em função da relação *origem–veículo transmissor–destinatário*, apesar de arbitrária, fornece-nos agora alguns elementos importantes à discussão, como:

a) a abrangência da expressão "divulgação científica";
b) a variedade de trabalhos que se destinam à divulgação da ciência.

Em face desses elementos, não podemos identificar os chamados trabalhos de divulgação científica apenas com os do segundo nível da classificação.

Realmente, por causa do conteúdo, das formas de exposição e do tipo de público, há divulgações científicas que são também *conhecimento popular*. Denotaria excesso de rigor, por exemplo, não considerar divulgação científica: enciclopédias gerais, livros de texto, obras didáticas, artigos encontrados nos mais variados periódicos populares.

É por isso que temos de estender o conceito. Afinal, as divulgações científicas vinculam-se à ciência, levando-a ao público, e freqüentemente chegam a despertar vocações para a pesquisa. Tornam-se, inclusive, o meio de formação básica dos futuros cientistas.

Há, ainda, *tratamentos escritos* que se revelam relacionados com a ciência indiretamente e abordam determinados assuntos à maneira científica; merecem rotular-se de "divulgação científica" não pelo conteúdo em si, mas por causa do método e das técnicas adotados. À guisa de ilustração: os *manuais de operação* nos diversos setores das atividades técnicas, os *relatos de viagens* feitos por leigos ou não-especialistas, mas cujos depoimentos, além de poderem servir como dados para a *observa-*

ção documental das ciências sociais, informam com objetividade os leitores a respeito de uma realidade específica...

1.5 – Entender-se-á, então, por *divulgação científica*: *a comunicação ao público, geral ou particular, de conhecimentos "extraídos" de obras de pesquisa científica e/ou tratados à maneira científica, com o fim de informar*.

Talvez a definição de FONCK possa ser-nos mais útil: "Consiste em fazer conhecidas do público em geral, e sobretudo das pessoas interessadas nos últimos resultados da pesquisa científica, as mais recentes conquistas da ciência." (71: p. 88)

Compete a quem a faz colocar-se entre os pioneiros da ciência ou os pesquisadores e o público, tendo para com aqueles o respeito devido a seu trabalho e para com este o compromisso de difundir os resultados que a ciência traz. Como o autor da divulgação age "em nome da ciência", deverá caracterizar seu trabalho com os atributos do tratamento científico: imparcialidade e fidedignidade, mesmo sendo superficial e abrangente, como a natureza de seu trabalho freqüentemente o exige.

Todos vêem o alcance desta tarefa. Beneficiam-se dela, em primeira linha, as pessoas interessadas no progresso científico. Mas é inegável que também o público em geral participa das vantagens da divulgação científica. Em alguns ramos ela se torna imprescindível.

O aluno de curso superior, além de servir-se, com certa assiduidade, das divulgações científicas, vê, nesse tipo de trabalho, um campo fértil de realização pessoal. No tempo de estudante, como no futuro, poderá encontrar, na elaboração de trabalhos de divulgação, um meio de satisfação intelectual, de prestação de serviços à sua comunidade e até de rendimentos financeiros.

Será proveitoso para ele conhecer as principais técnicas práticas.

2 – Técnicas práticas para elaboração de trabalhos de divulgação científica

Acabamos de ver que muitas são as espécies de divulgação científica. Multiplicam-se de acordo com a ciência a ser transmitida e com a comunidade para cujo serviço é feita.

Assim são consideradas obras de divulgação científica: livros didáticos em geral, muitos ensaios, introduções, sínteses de tratados, de monografia, teorias não-comprovadas, condensações de livros etc.

A expressão literária mais difundida hoje em dia é, sem dúvida, a divulgação científica. Se entramos numa livraria não-especializada, provavelmente a grande maioria dos livros à venda é de divulgação científica.

Infelizmente, poucos são os que revelam aquilo que julgamos necessário numa divulgação científica: método de abordagem e de comunicação.

Para que um trabalho seja verdadeira *divulgação científica* é preciso satisfazer alguns requisitos básicos.

2.1 – Requisitos

Além dos requisitos comuns a todo trabalho científico, enumeram-se os seguintes, próprios da divulgação científica:

a) *Conhecimento suficiente* da matéria a tratar. É uma exigência óbvia. Quanto mais elevado é o assunto, mais difícil se torna apresentá-lo ao público.
b) *Exatidão na exposição*. A divulgação científica não deve deturpar as conquistas já realizadas. Havendo dificuldade em apresentar a teoria ou a doutrina em certos pontos, em vez de transcrever trechos demasiado longos que de nada adiantariam ao leitor não-preparado, é melhor indicar as fontes. O divulgador deve evitar cometer os “arcos de distorção” nas suas comunicações (ver ficha na p. 113).
c) *Adaptabilidade*. Defeito comum aos que se dedicam a esse trabalho é a ilusão de que todas as premissas sejam conhecidas, quando, inversamente, é por falta de conhecimento delas que o público em geral se sente incapaz de haurir be-

nefícios da leitura direta das grandes obras científicas. Por conseguinte, é preciso que o divulgador ajude o leitor da melhor maneira possível, proporcionando-lhe os conhecimentos que sua deficiente formação científica não forneceu. Para atingir o público, é preciso que o autor conheça, antes de escrever, as características relevantes desse público e confesse de maneira explícita a quem se dirige.

d) *Linguagem acessível ao promédio do público.* Uma das grandes dificuldades enfrentadas pelo divulgador é a da comunicação, particularmente quanto ao aspecto de traduzir, muitas vezes, a terminologia científica e técnica, sem distorcer o sentido ou ferir a propriedade dos termos. Mas é preciso que se atenda a esse requisito, sob pena de nada ou pouco transmitir por causa da linguagem hermética.

Convém, entretanto, evitar o escolho oposto: *o de vulgarizar em vez de divulgar.*

2.2 – Além dos requisitos, algumas técnicas de elaboração são dignas de ser aproveitadas, a saber:

a) as indicadas para a construção de resumos: a maioria das divulgações científicas são "extratos" organizados dentro de um contexto;

b) as que serão apontadas para a elaboração do trabalho monográfico, observando-se as devidas adaptações, particularmente procurando aplicar as referentes a: escolha do assunto; elaboração de plano e distribuição lógica das partes; pesquisa bibliográfica; documentação e crítica reflexiva sobre documentos e detalhes do tema.

Visto tratar-se de técnicas facilmente localizáveis neste livro, fica ao interessado a tarefa de revê-las e verificá-las.

Talvez ajude ao leitor a seguinte "tabela de avaliação de divulgação científica", que costumo usar para julgar o valor de um trabalho desse gênero.

TABELA DE AVALIAÇÃO DE DIVULGAÇÃO CIENTÍFICA

(Assinala-se *X* nos quadrículos conforme o valor: avaliação de 0 a 5)

Itens de avaliação	Pontos					
	5	4	3	2	1	0
1 – *Escolha do assunto revela:*	**Escolha do assunto**					
1.1 – Relevância contemporânea						
1.2 – Relevância operativa						
1.3 – Relevância humana						
2 – *Requisitos básicos da "divulgação":*	**Requisitos básicos**					
2.1 – Conhecimento suficiente do assunto						
2.2 – Exatidão na exposição e referência fiel às fontes						
2.3 – Adaptabilidade						
2.4 – Linguagem acessível ao promédio do público a que se destina						
2.5 – Divulgação e não-vulgarização						
3 – *Pesquisa bibliográfica e documentação:*	**Pesquisa bibliográfica**					
3.1 – Atualizada						
3.2 – Bibliografia específica						
4 – *Conteúdo:*	**Conteúdo**					
4.1 – Revela contribuição pessoal						
4.2 – Análise da documentação						
4.3 – Capacidade de síntese. Não mera e/ou excessiva compilação						
4.4 – Evita digressões desnecessárias						
5 – *Método expositivo empregado:*	**Método expositivo**					
5.1 – Revela no conjunto e nas partes unidade entre introdução, desenvolvimento, conclusão						
5.2 – Proposições elaboradas de forma que revele o que é "principal" e o que é "detalhe importante" (provas, exemplificações etc.)						
5.3 – Lógica na exposição, revelada no processo de demonstrar, explicar, generalizar, inferir, concluir						
5.4 – Usa argumentos para demonstrar em vez de persuadir						

(*cont.*)

Itens de avaliação	**Pontos**						
	5	4	3	2	1	0	
6 – *Redação:*	**Redação**						
6.1 – Observância de *normas técnicas* de distribuição das partes							
6.2. – Observância da *Normalização da documentação no Brasil* (ABNT) quanto aos elementos *formais*: referências bibliográficas, citações, nomenclaturas, índices, gráficos etc.							
6.3. – Observância das normas de redação, principalmente as gramaticais e ortográficas							
Subtotais e total geral de pontos							

Avaliação geral: 95 a 105 pontos: Excelente
80 a 94 pontos: Satisfatória
75 a 79 pontos: Tolerável
Abaixo de 75 pontos: Não mereceria ser escrita

Capítulo VIII

Projeto de pesquisa, relatório e informe científico

> *[...] tendo achado um caminho que, na minha opinião, quem o seguir deverá infalivelmente encontrar a ciência [...] julgava que [deveria] comunicar fielmente ao público todo o pouco que eu descobrira e convidar os bons espíritos a que procurassem ir além, contribuindo cada qual segundo sua inclinação e seu poder para as experiências que seria necessário fazer.*
>
> DESCARTES

Introdução. 1 – Como fazer um projeto de pesquisa. 2 – Como fazer um relatório de pesquisa. 3 – Informe científico e técnico. 4 – Redação e apresentação dos projetos de pesquisa, relatórios e informes científicos e técnicos.

No capítulo V sobre "Trabalhos científicos", afirmei que o trabalho científico por excelência é a pesquisa. Enquanto *tratamento escrito* a pesquisa se desdobra em dois tipos distintos, porém intimamente vinculados: o *projeto* e o *relatório*.

Projeto de pesquisa e relatório de pesquisa representam uma necessidade do pesquisador, uma exigência universal de agências patrocinadoras e não deixam de ser também condição metodológica para o êxito da pesquisa. Daí a razão de figurarem ao lado do *informe técnico* entre os tipos de trabalho que merecem, neste capítulo, indicações de *como fazer*.

Nas edições anteriores, havia apenas o relatório de pesquisa e o informe técnico. É que desde a concepção do *Como fazer uma monografia* pareceu-me que só deveria ocupar-me de trabalhos que se editam e, portanto, circulam entre interessados de uma determinada especialização ou dentro de uma comunidade científica. Entretanto, tantas foram as solicitações de alunos e leitores que resolvi tratar também do projeto de pesquisa.

A introdução ao capítulo merece ser mantida, ainda que sua referência seja apenas para o relatório de pesquisa e o informe técnico.

O *relatório de pesquisa* e o *informe científico ou técnico* enumeram-se entre os de maior circulação nas universidades, nos congressos especializados e abertos, e nas associações de classes profissionais de nível superior. Por serem, em geral, de menor envergadura que as teses e monografias, podem ser produzidos com maior freqüência. Tanto a ciência como a tecnologia devem, sobretudo a eles, o grau de desenvolvimento que têm atingido. Não é só o cientista que os escreve. O aluno de curso superior, o iniciante na investigação e o profissional comunicam periodicamente os resultados de pesquisas realizadas. Todos sabemos que não basta adquirir mentalidade científica, saber e realizar investigação: é preciso comunicar. O pesquisador tem compromisso com alguma instituição ou comunidade: há os colegas, o orientador da pesquisa, o patrocinador, como interessados diretos; mas há também os interessados indiretos: o público em geral e o especializado. Ao contrário do que muitos pensam, o grande público é "ávido e curioso em penetrar nesses tipos de comunicação", conforme revelou há alguns anos um *survey* promovido pela Rockfeller Foundation (110: p. 652).

Provindos diretamente da pesquisa que acabou de terminar, o relatório e o informe, como todo trabalho científico de primeira mão, tornam-se "fontes" de que se servirão outros para "extrair" e "divulgar" a ciência. Não teria sentido, portanto, que o pesquisador deixasse de informar os resultados de sua investigação. Por mais notáveis que estes sejam, não terão valor se não forem transmitidos.

Durante o curso superior, sobretudo nos últimos anos, costuma-se incumbir o aluno de realizar uma pesquisa. Seu projeto é montado, desdobrado em partes para ser apresentado em etapas sucessivas até que, ao fim, se transforme no *relatório de pesquisa*. Muitos desses relatórios são dignos de difusão e de ser confiados à publicação especializada.

Na vida profissional, é freqüente que dados acumulados no atendimento da clientela e no campo de trabalho provoquem uma "intuição" interpretativa e até explicativa de um problema: o trabalhador intelectual sente necessidade de levar ao conhecimento de seus colegas ou do público a sua "descoberta" ou uma nova possibilidade de abordagem. Encontrará no "informe científico ou técnico", ao lado de artigos e ensaios, o meio mais prático de fazê-lo.

Visto que o *relatório de pesquisa* e o *informe científico ou técnico* se equiparam, são aqui considerados juntos. Informarei como fazer cada um desses tipos de trabalho científico e como redigi-los. Procuro apresentar apenas o necessário: aquilo que a experiência tem me ensinado atenderá satisfatoriamente ao objetivo de quem pretende comunicar resultados de uma investigação.

Por serem diferentes as áreas científicas, haverá variações de detalhes técnicos na apresentação de relatórios e informes. Mas todos têm uma estrutura comum: as indicações práticas referem-se a esse conjunto de elementos idênticos. Pesquisador e *relator* são considerados aqui como uma só pessoa, mas hoje já existe em centros de pesquisa e certas empresas a figura ou a profissão dos *redatores de trabalhos científicos*, aos quais os pesquisadores confiam os resultados de suas investigações.

1 – Como fazer um projeto de pesquisa

Entre as atividades que já merecem ser rotuladas de "trabalho científico", ocupa lugar especial o *relatório de pesquisa*.

A pesquisa – trabalho científico por excelência – metodologicamente há de ser planejada. O projeto e o relatório final formam com ela um todo indissociável.

As instituições promotoras e patrocinadoras da pesquisa exigem previamente, até como requisito, para toda proposta de pesquisa, seu respectivo *projeto*, a partir de cuja avaliação irá se decidir pela concessão ou não do patrocínio. Para tal estabelecem-se, em formulários, as normas e diretrizes para a elaboração de tais projetos. Conteúdo e forma são novamente os dois grandes referenciais de um projeto de pesquisa: o que deve conter em sua estruturação e como deve ser redigido.

É bastante pertinente a distinção que faz SEDI HIRANO, baseando-se, sobretudo, em FLORESTAN FERNANDES e ROGER BASTIDE, entre *projeto de estudo* e *plano de pesquisa*.

Mas, para os objetivos deste capítulo, não há conveniência de ocupar-se desta distinção. Afinal os próprios especialistas reconhecem que ambos se suplementam e a divergência se dá no nível da direção: a do projeto de estudo é mais teórica (portanto, mais abrangente e mais abstrata) e a do plano de pesquisa é mais empírica e operacional, em função das "condições concretas e possibilidades reais de organização, direção e realização da pesquisa" (93: p. 89).

A feitura de um projeto de pesquisa há de se pautar pela seguinte estruturação:

1.1 – Tema e problema

O autor de um projeto não só realiza a distinção tema – tópico – problema, dentro da tradição metodológica dos cientistas e pesquisadores, como a pratica no momento em que monta seu projeto de pesquisa. Seu objetivo é, no mínimo, de duas ordens epistemológico-operacionais:

a) a especialização e especificidade exigidas por sua área de interesse teórico e científico;

b) a alocação de seu trabalho na documentação, enquanto esta, como "ciência" e "técnica", constitui, concretamente, um processo de sistematizar, organizar e classificar os trabalhos científicos, em vista do progresso da ciência.

Didaticamente, e tendo em vista o iniciante em trabalho científico, procede a distinção: *tema* é mais genérico que *tópico*, e este se converte em problema quando atinge o máximo da delimitação teórica e operacional possível ao pesquisador. O *problema* implica: ser dificuldade, ser delimitação, ser expressão de pensamento interrogativo (dúvida, curiosidade, necessidade, admiração...). Assim o *tema* ou *assunto* "A adoção de criança", abordável em diversos campos das ciências humanas e sociais, mesmo o interdisciplinar, pode ser convertido no seguinte *tópico* (já especificado numa área teórica de concentração interdisciplinar típica da psicologia e da sociologia, talvez a psicologia social): "*o perfil da mãe cedente no processo de adoção*", e transformado em *problema*, ao se focalizarem as condições mais preponderantes no processo de decisão que levam a mãe a ceder o filho à adoção. Ou como fez BARDAVID (1980), citado por LAKATOS e MARCONI:

> – *tema*: o perfil da mãe que deixa o filho recém-nascido para adoção;
>
> – *problema*: quais condições exercem mais influência na decisão das mães em dar os filhos recém-nascidos para a adoção? (107: p. 122).

A formulação do problema, sobretudo a partir da penetração da dialética nas ciências sociais e, notadamente, a partir das contribuições de POPPER e KHUN para a lógica e a metodologia científicas, é considerada o ponto de partida de toda pesquisa, ou o motor do processo investigatório, como mostrou LARROYO (109: p. 210). Hoje é quase unânime entre pesquisadores e cientistas considerá-la condição necessária para se fazer pesquisa, em oposição ao ponto de vista clássico, oriundo da metodologia de BACON e da concepção de experimento de GALILEU, que estabeleciam a *observação* como a atividade que dá início ao processo de produção de conhecimento científico.

Devido a esta importância foi reservado maior espaço para o tratamento do *problema* no capítulo dedicado à *escolha do assunto*, na terceira parte deste manual.

1.2 – Formulação de hipóteses

Hipótese e *problema* formam um todo indivisível, pense-se no projeto quer metodológica, quer teoricamente.

Elementar, mas correta, é a definição da *hipótese* como *resposta provisória ao problema*. Como é a "solução" indicada e que precisa ser comprovada pela pesquisa – daí a coleta de dados e sua análise se fazerem em função da(s) hipótese(s) –, sua formulação está intimamente relacionada com o problema. Freqüentemente o problema, em sua operacionalização, se desdobra, a ponto de existir no projeto: um problema geral e vários problemas derivados. Para cada problema, neste caso, haverá, no mínimo, uma *hipótese*.

Tanto o problema como a hipótese são formulados dentro do *marco teórico de referência* adotado pelo pesquisador. O esboço desse marco teórico já deve existir e ser revelado no projeto. O processo de pesquisa, particularmente nas fases do levantamento bibliográfico e da documentação, proporcionará ao pesquisador sua complementação ou sua reformulação.

A hipótese deve ser formulada como proposição, em que sujeito e predicado se relacionam como variáveis; e os conceitos, categorias, índices, indicadores, definições operacionais são escolhidos e definidos também de acordo com o marco teórico de referência adotado.

Não se trata de uma exigência meramente metodológica. É de natureza epistemológica; o próprio processo de formação da ciência e o da construção da teoria científica o exigem. Há muito estava implícita no método e na lógica dialéticos e explícita na formulação de seus princípios *heterotético* e de *trânsito dialético*. Por força de tais princípios, toda nova teoria, toda lei ou proposição científicas e, conseqüentemente, toda hipótese, formam-se e formulam-se em contraposição à teoria já existente, e nada se faz a partir do zero. De certo modo constitui a alma do método hipotético-dedutivo, particularmente na *contrastação* e na *falseação* propostas por POPPER.

1.3 – Marco teórico de referência

Desde a formulação do problema venho falando insistentemente da apresentação do *marco teórico de referência*. Quase sempre ele já existe em embrião na mente do pesquisador, quando sua atenção se volta para determinado problema: suas raízes estão no *corpo de conhecimento* (o formado pelo pesquisador e o disponível em face da possibilidade da consulta bibliográfica e da documentação) que leva o pesquisador a encontrar o problema e a hipótese, no momento em que o contrasta com a realidade concreta. BUNGE sintetizou esta gênese do conhecimento a ser produzido pela pesquisa em seu *ciclo de investigación* (39: p. 23):

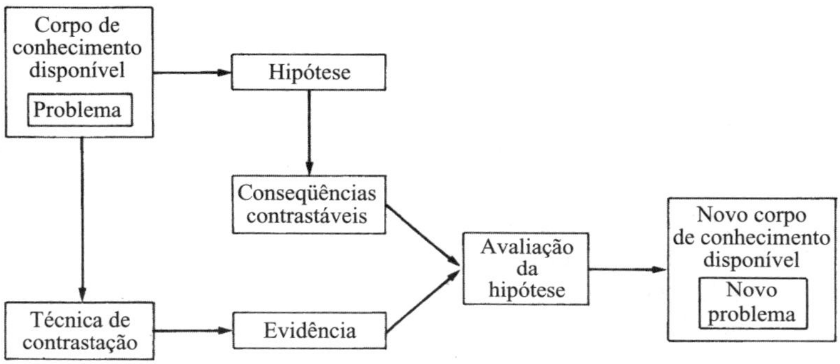

Um ciclo de pesquisa. A importância da pesquisa científica se mede pelas mudanças que acarreta em nosso corpo de conhecimentos e/ou pelos novos problemas que suscita.

Na prática, e tecnicamente, o *marco teórico de referência* reflete:

a) a opção do pesquisador dentro do universo ideológico e teórico em que se situam as diversas escolas, teorias e abordagens de seu campo de especialização;
b) a síntese a que chegou, após as análises e críticas a que submeteu os textos lidos e consultados;
c) o conjunto de conceitos, categorias e constructos abstratos que constituem o arcabouço teórico, em que se situam suas preocupações científicas, particularmente os problemas cognitivos que o preocupam (tanto os já explicitados como os em gestação);
d) a relevância contemporânea ou o caráter de atualização científica exigidos de toda pesquisa;
e) o balizamento teórico em que se dará a delimitação do problema – sua formulação e a operacionalização de conceitos e definições;
f) a base e o referencial da metodologia da pesquisa (não esquecer que teoria e método estão intimamente relacionados).

Diante do significado e da importância da apresentação do marco teórico de referência, cabe ao pesquisador em seu projeto reservar-lhe um lugar de destaque, embora nessa etapa apenas se exija um esboço ou as linhas gerais de sua montagem. Isso não impede que os elementos desse quadro teórico sejam suficientes e necessários para se poder avaliar o projeto quanto a sua relevância na produção de conhecimento científico.

Importa, através do marco teórico de referência, indicar a orientação e as diretrizes da pesquisa a ser empreendida. E a explicitação de tal orientação e tais diretrizes há de ser feita não só em função do trabalho de pesquisa – enquanto atividade planejada – como também em função do patrocinador da pesquisa, do leitor, dos futuros interessados nos resultados da pesquisa. Não se pode descuidar de que geralmente um projeto de pesquisa implica a existência de uma equipe de pesquisadores: a orientação e as diretrizes explicitadas passam a ser "a primeira condição para o entendimento objetivo entre os pesquisadores que colaboram na investigação", conforme apontou HIRANO, citando FLORESTAN FERNANDES e ROGER BASTIDE (93: p. 89).

1.4 – Bibliografia básica

Expressão concreta do marco teórico de referência são as *fontes* e *bibliografia* de que nasceu e em que se alimenta. Segundo HIRANO, "a orientação seguida pelo investigador na formulação do tema, as noções, os conceitos-chave e os problemas envolvidos quanto à adequação destes em relação ao objeto de conhecimento [...], isto conduz o sujeito de conhecimento ao *tombamento da literatura* pertinente ao tema proposto, requerendo do observador uma análise crítica e teórica quanto à limitação e ao alcance das questões, das noções e dos conceitos formulados, ressaltando, assim, a especificidade e a generalidade em que deverá processar sua investigação" (93: p. 93).

Obviamente que a referência bibliográfica de um projeto há de ser apenas a essencial. A própria pesquisa encarregar-se-á do levantamento mais completo e atualizado. Este mínimo de indicação de autores e textos em que se fundamenta o trabalho do pesquisador é necessário, ao menos, para explicitar a orientação teórica do projeto.

1.5 – Justificação

Um elemento que não pode deixar de aparecer na redação de um projeto de pesquisa. Freqüentemente *justificação* e *objetivos* formam uma só fase do projeto, tal a afinidade de sua relação. Mas é possível quase sempre distingui-los, reservando, para *objetivos*, os fins teóricos e práticos que se propõe alcançar com a pesquisa, e para *justificação*, as razões, sobretudo teóricas, que legitimam o projeto como trabalho científico. Em *justificação*, entra a defesa do projeto, cujo referencial há de ser a relevância do problema: a teórica; a humana; a operacional; a contemporânea.

Completa a *justificação* a exposição de interesses envolvidos (os teóricos, os pessoais, os da equipe de pesquisadores), como os relacionados com "iniciação científica", "aperfeiçoamento", "especialização", "titulação acadêmica", "descoberta científica" etc.

1.6 – Metodologia

Não basta mostrar a cientificidade e a aplicabilidade do projeto (o que se consegue na formulação do problema, na apresentação do marco teórico de referência e na justificação). Se o projeto é de pesquisa, importa explicitar detalhadamente a metodologia que funciona como suporte e diretriz da pesquisa.

Primeiro, a indicação do método que caracteriza a pesquisa (por exemplo: experimento *ex ante facto*, experimento *ex post facto*, observação, observação participante, pesquisa-ação, estudo de caso, *survey*, estudo historiográfico etc.).

Em seguida, dentro do método de pesquisa adotado, explicitar-se-ão as fases e táticas, estratégias, técnicas operacionais etc., referentes a:

- amostragem;
- coleta de dados;
- análise de dados;
- teste de hipótese.

Como em geral a pesquisa se faz em equipe, convém explicitar:

- composição da equipe de pesquisa;
- titulação, função e tarefas de cada integrante;
- organograma de suas atividades;
- fluxograma das operações.

É comum desdobrar a metodologia em itens específicos como:

a) método de amostragem adotado (sua descrição e a justificação de sua escolha);

b) população e amostra a serem pesquisadas (não esquecer da necessidade de caracterizar o universo, donde se extrairá a amostra, pois dessa caracterização decidir-se-á pelo volume da amostra e definir-se-á sua representatividade, significância e índice de confiabilidade);

c) coleta de dados, ou seja, exposição dos instrumentos de coleta de dados como: questionários, entrevistas, escalas de mensuração, testes, técnicas estatísticas de coleta e agrupamento de dados, elaboração de tabelas, descrição gráfica e codificação (sobretudo quando se almeja analisar os dados pelo computador);

d) análise de dados que, em geral, na pesquisa em ciências humanas e sociais, se apresenta sob duas modalidades:
  - análise estatística (apresentar-se-ão as estatísticas descritivas, analítico-paramétricas e não-paramétricas – a serem usadas tanto na mensuração das variáveis e suas relações como no teste de hipótese);
  - análise qualitativa (que tipo de análise usará: análise de texto, análise do discurso, análise de conteúdo, método fenomenológico de leitura de entrevista e estudo de casos etc.);

e) teste de hipótese: descrever ou apontar o método e as técnicas do teste de hipótese. Por exemplo: a prova crucial do experimento clássico, em que se comparam os resultados da variável experimental introduzida e manipulada no grupo experimental em contraposição com os detectados no grupo de controle. Se o teste de hipótese é o estatístico, obedecer-se-á ao "ritual" de procedimento:

- formulação da hipótese estatística (H_1);
- formulação da hipótese nula (H_0);
- nível de significância adotado e sua justificativa;
- estatística indicada e sua justificativa;
- decisão estatística ("se rejeita ou não a H_0"), diante do confronto entre os resultados obtidos pelo experimento e os da estatística empregada, levando-se em conta o nível de significância adotado e os graus de liberdade, caso haja.

1.7 – Cronograma

Um projeto que não se reduz a mero "projeto de intenções", uma vez que tem de ser *tecnicamente* redigido, não pode deixar de conter *cronograma* e *orçamento*.

A forma mais racional de se fazer um cronograma é assumir o modelo cartesiano de cruzamento de coordenadas ou o da tabela cruzada, em que as *colunas* mostram os períodos e momentos do tempo reservado a cada fase da pesquisa, e as *fileiras* delineiam as fases e tarefas a cumprir.

O modelo a seguir pode servir de ilustração de como fazer.

No cronograma estão representados os elementos constitutivos do processo de pesquisa tomando como referenciais o tempo (início, duração e término) e a natureza das atividades. Observe-se que se trata de uma pesquisa projetada para catorze meses (do início de janeiro ao fim de fevereiro do ano seguinte), e que o andamento dela foi calculado como mais lento no início do processo e mais célere no fim, uma vez que a posse de material, de instrumentos e de resultados possibilita a agilização final, sem incorrer nos defeitos característicos de trabalho apressado. Além disso a concepção do cronograma é dinâmica e flexível: as tarjas negras representam a duração da atividade; o início e o fim de uma atividade ou de uma fase são representados pela linha vertical de cada lado do retângulo identificado com a tarja. Esse aspecto dinâmico e flexível pode ser mostrado: *a*) definindo-se *a priori* que início, duração, término de uma fase ou de uma atividade não hão de ser entendidos rigidamente e de maneira estanque; *b*) nem sempre o tér-

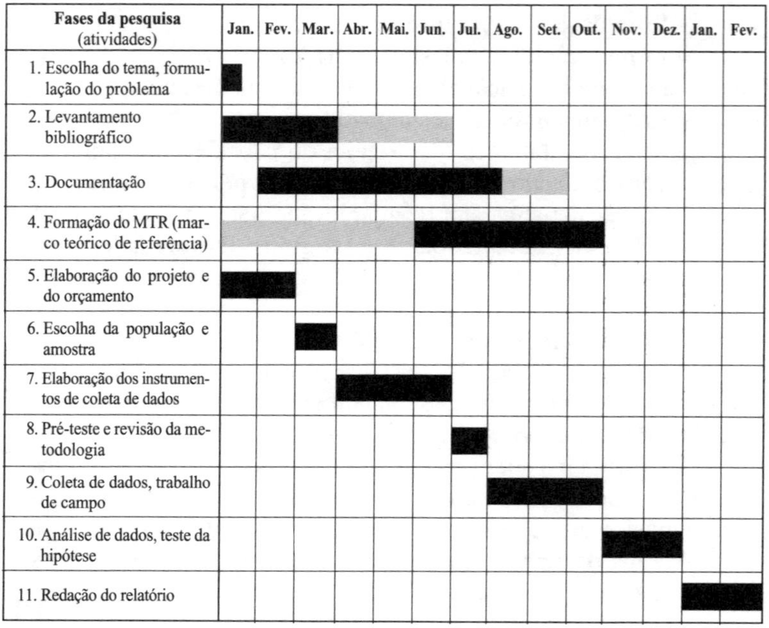

mino de uma fase é condição necessária para o início de outra subseqüente; há possibilidade de imbricação de fases e a projeção de uma fase iniciar-se concomitantemente com outra; *c*) a representação da tarja ou do retângulo pontilhado como antecipação ou continuação da tarja negra está indicando a intenção do pesquisador em trabalhar naquelas atividades, ora com certa antecedência, ora com prevista continuidade, mesmo após seu término. A natureza dinâmica do processo de pesquisa o determina. Um pesquisador experimentado sabe disso.

Um cronograma bem-feito faz com que o projeto seja exeqüível e econômico.

1.8 – Orçamento

Os cálculos de custos devem ser feitos em forma de *orçamento-programa*.

Segundo JOSÉ ALBERTINO RODRIGUES, são estes os principais tipos de custos que o orçamento de um projeto de pesquisa há de considerar:

a) pessoal técnico: com remuneração unitária diferenciada por nível;
b) custos diretos: referentes a pessoal contratado por tarefa, despesas com material, viagens, estadias etc.;
c) despesas administrativas: referem-se a serviços de apoio, bem como a encargos sociais de pessoal (INPS, imposto de renda etc.), correspondendo geralmente a 1/4 da somatória dos itens anteriores[1];
d) eventuais: como margem de garantia, devem ser previstas despesas decorrentes da subestimação dos demais itens, bem como gastos imprevistos; recomenda-se que seu valor corresponda a 10% da somatória dos itens anteriores (93: p. 114).

Obviamente, numa situação de instabilidade econômica como a que vivemos, há necessidade de recorrer a um bom economista para a elaboração de um orçamento realista e seguro.

2 – Como fazer um relatório de pesquisa

O pesquisador que preze o trabalho que realiza e a si mesmo sabe quão importante é transmitir de modo adequado a investigação científica realizada. O relatório é parte essencial da própria pesquisa; além disso, proporciona o momento de revisão, através de reexame do problema, dos dados, dos processos, das técnicas e das conclusões tiradas.

O relatório tem uma posição típica entre os trabalhos científicos: "*relatar*" *a pesquisa em toda sua dimensão*, desde o planejamento até as conclusões, mas de *maneira concisa*. Ao mesmo tempo, deve ser feito *visando ao destinatário*, conforme o quadro ilustrativo que se encontra a seguir.

---

1. Talvez seja mais seguro estimar entre 30 e 35%. Tudo depende do volume de encargos que a pesquisa irá comportar (folha de pessoal, custos operacionais etc.).

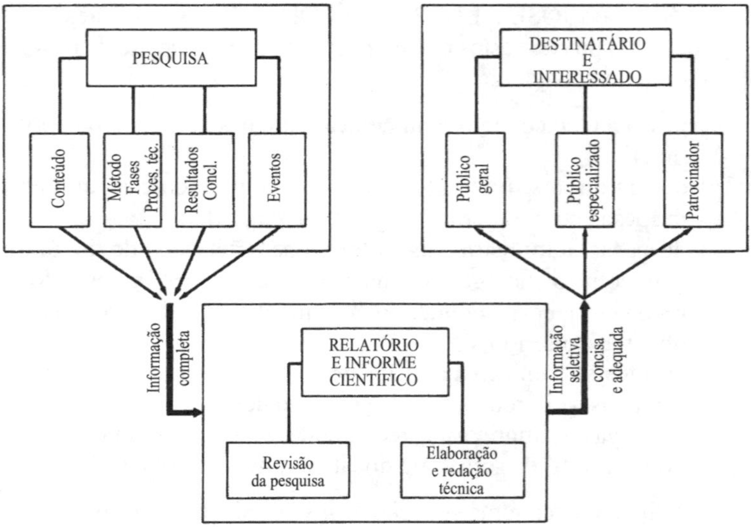

Objetivamente, pode-se responder às necessidades de quem deseja aprender a fazer um relatório de pesquisa focalizando:

a) o que deve conter um relatório de pesquisa;
b) técnicas práticas para elaboração e comunicação do relatório de pesquisa.

2.1 – Conteúdo de um relatório de pesquisa

Afirmar que o relatório deve informar a pesquisa toda é contrariar a prática e apontar uma meta inatingível. Também não há possibilidade de determinar a extensão de um relatório. Depende do tipo de pesquisa que se desenvolveu e de seu objetivo. Há relatórios que se convertem em verdadeiras monografias e há os que se reduzem a informar com precisão os elementos essenciais da pesquisa. Cabe ao relator *selecionar* o que *deve ser comunicado*. Em geral um relatório de pesquisa deve conter:

a) o problema a que se refere o estudo;
b) o planejamento da pesquisa;

c) as hipóteses formuladas, as definições, as categorias e os conceitos utilizados;
d) a justificativa do método escolhido, do desenho da pesquisa;
e) descrição dos instrumentos e técnicas empregados para atingir os objetivos e processos de pesquisa;
f) os recursos utilizados para controle de variáveis:
g) natureza da amostra;
h) os resultados da pesquisa;
i) métodos e técnicas de análise de dados e a lógica da comprovação das hipóteses;
j) as conclusões inferidas dos resultados;
l) eventos ocorridos durante a pesquisa.

2.1.1 – *O problema* deve ser enfocado em seus vários aspectos históricos e relevantes: como surgiu para o pesquisador e por que mereceu estudo (relevância contemporânea, operativa e humana)[2]. Os leitores de um relatório deverão ser informados do estado atual da questão e do que já havia a respeito do assunto. Uma das maneiras de conseguir pôr os leitores no ponto de receptividade de um relatório de pesquisa ou de um informe científico é fazer uma resenha ou um sumário de estudos precedentes e congêneres, a fim de que a pesquisa seja vista dentro de um contexto. O material dessa colocação é obtido pela pesquisa bibliográfica e documentação[3].

Para um público especializado dá-se ênfase aos aspectos teóricos e para o patrocinador da pesquisa, aos aspectos práticos. O enfoque do problema e seu fundamento teórico devem ser bem esclarecidos.

2.1.2 – Apresentado o problema, ter-se-ão de comunicar as respostas científicas que foram propostas; isto é, as *hipóteses* e *soluções*. Isso se fará através: da formulação do tipo de hipóteses escolhido em forma proposicional; dos níveis de abstração;

---

2. Sobre formulação do problema, ver o cap. X.
3. Também sobre a "pesquisa bibliográfica" e a "documentação", consultar os caps. XI e XII.

das relações analíticas encontradas; da identificação das variáveis relacionadas; das conceituações; definições e classificações usadas; e da especificação dos indicadores e das categorias empregados na coleta de dados.

É preciso esclarecer esses elementos de tal forma que o leitor se sinta em condições de estabelecer as relações entre as hipóteses e as conclusões e assim acompanhar a seqüência lógica de idéias que conduz à teoria.

Caso se trate de pesquisa exploratória, descritiva e aplicada sem formulação de hipóteses propriamente ditas, far-se-á da "*solução proposta*" e dos meios escolhidos para alcançá-la exposição equivalente à *da apresentação* das hipóteses nas pesquisas puras. É que há um paralelismo entre a relação lógica "problema–hipótese–teoria" e "problema–solução planejada–aplicação de medidas". Neste último caso, a teoria que embasou a solução planejada deve ser revivida, pois é dela que depende, quase sempre, o sentido científico da pesquisa aplicada.

2.1.3 – O *planejamento de uma pesquisa*, em geral, é o resultado de muitas reflexões e confrontos de *modelos* para se chegar a uma definição de qual o mais indicado para atender satisfatoriamente aos objetivos da pesquisa. Há que se decidir sobre adoção de modelos teóricos, simbólicos, matemáticos, estatísticos e até administrativos. Durante a pesquisa, o plano traçado sofre freqüentemente modificações e substituições até que se consiga o "plano ideal" e a "programação". O relator deverá resumir o histórico de seu planejamento juntamente com a descrição de seu plano, ao comunicá-lo aos leitores. Omiti-lo constitui falha lamentável.

2.1.4 – Parte integrante do planejamento é a escolha e adequação do *método da pesquisa*. O pesquisador decide por determinado método ou técnicas, de acordo com a natureza do "problema" e os "objetivos" visados. Para se chegar a uma decisão, muitos fatores são levados em conta. Iniciada a pesquisa, em várias ocasiões, método e técnicas são revistos. Se foram mantidos, com ou sem modificações, é sinal de que foram úteis.

O pesquisador é quem o sabe, não os leitores. Ao redigir o relatório, deverá justificar o método adotado, não só por motivo de autoproteção como também para que interessados em verificar os resultados e as conclusões possam repetir o mesmo método e utilizar as mesmas técnicas, dentro do "desenho" de pesquisa apontado. Assim se cumpre um princípio fundamental da ciência: possibilidade de verificação do fato, respeitada a igualdade de circunstâncias e condições. Erro imperdoável seria omitir as *razões* da escolha do *método* com suas *vantagens* e limitações. Não se pode esquecer que o interessado está preocupado não apenas com o resultado e as conclusões das pesquisas, mas também com a metodologia ou a metódica da investigação. Em síntese: o leitor quer saber minuciosamente qual a forma de realização do estudo.

2.1.5 – É por isso que, após justificar o uso do método, compete ao relator *descrever os instrumentos e técnicas utilizados*. Aparelhos de medição e controle devem ser especificados e, se foram empregados pela primeira vez, devem ser detalhadamente descritos.

Não basta informar apenas a respeito dos instrumentos e técnicas em si. É preciso mostrar seus aspectos funcionais observados naquela pesquisa: a dimensão da aplicação, o grau de precisão e validez, as limitações e possibilidades que esses meios ofereceram.

Assim, a título de exemplificação, se na pesquisa foi utilizada uma "escala", é imprescindível informar, ainda que concisamente: histórico, autor(es), objetivos, técnicas básicas de aplicação, precisão e validez, margem de erro, adaptações sofridas etc. Se foi um questionário, além de reproduzi-lo (o que se faz geralmente no fim do relatório como "anexo" ou "apêndice"), é sempre útil informar sobre os tipos de perguntas escolhidas, o critério de sua distribuição no questionário etc.

2.1.6 – Um experimento usa *métodos e técnicas de controle da variável independente* (aplicação dos princípios de lógica indutiva, grupo experimental e de controle etc.) e instrumentos para operar tais controles: trata-se de autêntica manipulação. Nas pesquisas não-experimentais, à base de observação, recorre-se a processos e técnicas de controle das variáveis. Talvez seja a fase da pesquisa em que se revelam a criatividade e a habilidade do pesquisador. Por isso é que constitui uma das mais requisitadas no relatório da pesquisa. O relator sentirá que atender a essa necessidade é não só um dever como também uma fonte de prazer intelectual, semelhante ao do jogador ou do prestidigitador que exibe sua capacidade nos lances.

Nunca é demasiado insistir em que os relatórios devem dar o valor a esta parte, expondo até detalhadamente os recursos utilizados para o controle, os êxitos e possíveis fracassos havidos, tentando localizar áreas e fatores que os motivaram.

2.1.7 – Hão de receber um cuidado especial, no relatório, a apresentação de *amostragem* e a *descrição* das amostras. Todo leitor de uma peça científica sabe muito bem que a amostragem e as características relevantes das amostras usadas funcionam como "pedra de toque" da pesquisa. É que de uma amostra representativa e significativa depende a validade da inferência ou generalização: objetivo último da pesquisa. Como oportunamente lembram GOODE e HATT:

> O uso de amostras significa que não podemos estar seguros de que nossos dados representam exatamente o nosso universo. É por esta razão que a medida do erro-padrão é sugerida como um cálculo elementar mais útil. Assim, quando se verificam diferenças entre grupo, é importante averiguar a significância estatística dessas diferenças. As operações são relativamente simples, mas protegem o escritor contra reclamações inconvenientes. E, nessas limitações mencionadas, é preciso ter em mente que estamos falando de probabilidade. Não podemos saber quanto nossos dados estão próximos dos parâmetros do universo. Se o soubéssemos, conheceríamos os dados desse universo. É, portanto, um erro dizer que nossa média tem 95 chances em 100 de ser 3,5 unidades da medida do universo, a não ser que usemos esta frase apenas com o propósito de simplificar a expressão verbal (79: p. 473).

2.1.8 – Na *apresentação dos resultados* cumpre-se a primeira fase objetiva do relatório: o que a pesquisa realmente apurou (a segunda fase objetiva refere-se às conclusões tiradas desses resultados). Mas também é nesse momento que o pesquisador testa sua honestidade e o grau de identificação com a ética do cientista. Tem de apresentar os dados brutos e selecioná-los (dados relevantes); as provas significativas para a resposta ao problema, estejam elas ou não de acordo com o ponto de vista do pesquisador. JAHODA, ao admitir a necessidade de se fazer "certa seleção" em função do que é significativo, lembra oportunamente: "Ao contrário do que ocorre com outros escritores, o autor de trabalhos científicos não tem liberdade para escolher o que incluirá e o que deixará de lado em função dos efeitos que deseja criar." (165: p. 503)

2.1.9 – Decorrência natural dos resultados colhidos é a *análise de dados*. A análise consiste no emprego de técnicas derivadas da lógica, da matemática, da estatística e tem por finalidade fornecer ao pesquisador os elementos de inferência: as conclusões da pesquisa são a conseqüência da análise. As hipóteses são comprovadas ou não mediante a análise. Mesmo quando a natureza da pesquisa não possibilitou o uso de "hipóteses", haverá sempre necessidade de analisar os resultados para indicar a solução, a ação, as medidas ou para caracterizar com maior clareza e precisão o fenômeno ou mesmo para detectar possível hipótese. Certos tipos de problema que são objeto de *observação documental* nem sempre demandam *análise quantitativa*, mas *qualitativa* ou *de conteúdo*. De qualquer maneira, seus resultados são analisados.

A respeito da *análise estatística* – praticamente, a mais usada – é sempre conveniente insistir na necessidade da parcimônia e da escolha acertada dos cálculos adequados. Assim, a experiência e a leitura de comunicações de pesquisa têm-nos mostrado que os recursos estatísticos *mais freqüentemente usados* são:

2.1.9.1 – *Recursos preliminares*

a) *Estabelecimento de categorias*:
- usar critérios fundamentais de classificação;
- estabelecer conjuntos de categorias de tal forma que estas sejam mutuamente exclusivas;
- fixar rótulos de forma exaustiva, a fim de que não haja respostas excluídas: é comum destinar uma categoria especial, caracterizada por rótulos como: "diferente de todas as anteriores", "não responderam", "não identificados" etc., para abarcar os casos não contidos em categorias anteriores.

b) *Codificação*: os dados brutos são transformados em símbolos – geralmente numerais – para que possam ser tabulados e contados. Como há necessidade de que os dados codificados o sejam em função da categoria, de maneira exata, recorre-se a cálculos estatísticos para se conseguir essa precisão: *coeficientes de precisão*.

c) *Tabulação*: praticamente inicia a série de processos técnicos estatísticos:
- operação fundamental: *contagem* (estabelecer os casos "reais" e os "marginais"); recorre-se às tabelas, com colunas para categorias e outras para freqüência simples, acumulada e cálculos estatísticos;
- seguem as operações de *tabulação cruzada* e *desdobramento* para estabelecer relações entre categorias e variáveis.

2.1.9.2 – *Análise estatística de dados*: usada como um dos recursos para avaliar a precisão das generalizações das amostras estudadas para a população total do universo. Essa avaliação, entretanto, é precedida da descrição dos dados obtidos nas amostras. Há métodos estatísticos *descritivos* (freqüentemente usados para resumir os dados obtidos) e *indutivos* ou de *amostragem* (para avaliar as generalizações ou assegurar as inferências).

a) *Descrição de dados*:
- *Cálculo de proporções, percentagens e razões* de freqüência de casos em relação à amostra total.

- *Caracterização do que é "típico"* num grupo: qual a "média" de um comportamento de fenômeno; recorre-se às chamadas *medidas de tendência central*:
  - *média aritmética* (soma dos resultados individuais dividida pelo número de casos), quando se têm intervalos iguais entre os números; informa o ponto na escala em que os casos se equilibram: os casos num extremo se contrabalançam com casos noutro extremo; se não houver simetria, a média aritmética é enganadora;
  - *mediana* (o ponto numa escala acima do qual e respectivamente abaixo do qual estão 50% dos casos), quando não há razões para se aceitar que as posições de escala estão igualmente distantes entre si, apenas ordenadas (escala ordinal); informa o ponto de equilíbrio entre as posições ordinais de resultados e não de valores absolutos;
  - *moda* (resultado que ocorre com maior freqüência), quando os dados estão apenas numa escala nominal, sem relação de ordem entre si; seu uso afasta a idéia de ponto de equilíbrio; numa distribuição, é possível ter mais de uma moda; há freqüências bimodais, multimodais etc.
- Freqüentemente há interesse em indicar até que ponto os casos variam na amostra. Os recursos estatísticos são vários e seu objetivo é mostrar grau de semelhança ou diferença entre os indivíduos. As mais usadas *medidas de variação* interindividual são:
  - *amplitude* (mostra os extremos de variação): como a amplitude é influenciada por casos extremos, pode ser enganadora como imagem geral da amostra;
  - *desvio-quartil* (a média de distância entre o primeiro e o terceiro quartis; mede a amplitude ocupada pela metade central dos casos): é mais estável que a amplitude; emprega-se também quando a escala é ordinal;
  - *desvio médio* (empregado em escala de intervalo; média dos desvios dos casos em relação a alguma medida central): usado para controlar o número de casos compreendidos nesses desvios.

– *desvio-padrão* (também próprio das escalas de intervalo e de uso mais freqüente que o desvio médio): mede a distância média entre os indivíduos e a média aritmética do grupo – cálculo necessário para estabelecer, em muitas áreas de estudo (psicologia, educação, relações humanas etc.), o chamado *critério de normalidade estatística*, em que normal é o caso cujo valor estiver dentro da faixa compreendida entre um desvio-padrão à direita e outro à esquerda da média do grupo ou amostra (corresponde a 68,26% da distribuição de freqüência).

- Como toda pesquisa se ocupa de *variáveis* que são medidas, interessa ao pesquisador saber outros aspectos da distribuição dos indivíduos em relação a determinada variável. Neste caso, recorre-se quase sempre aos *gráficos* e *curvas de distribuição*. Em geral, a curva de distribuição de uma variável é normal (em forma de "sino"), mas isso nem sempre ocorre. Neste caso, é conveniente verificar se outras curvas conhecidas são adequadas aos dados ou se é possível tratar os dados matematicamente para uma distribuição conhecida.
- Uma estatística muito usada é a *prova do qui quadrado*, que se emprega quando há interesse em verificar se freqüências obtidas empiricamente *diferem significativamente ou não* das que se esperariam de um conjunto de supostos teóricos. A prova apresenta muitas possibilidades de aplicação, entre as quais a mais comum é relacionada aos problemas de *contingência* em que duas variáveis de escala nominal são classificadas por comparação de uma com outra.
- O pesquisador, de posse de dados diversificados em categorias e quantidades, tem, quase sempre, a curiosidade natural de saber que relação há entre as categorias e entre as variáveis. Acontece que provavelmente não se trata de uma relação causal nem de relação "produtor-produto", mas simplesmente de uma *correlação*. Para calcular as correlações (positivas, negativas, nulas etc.) há várias "estatísticas", entre as quais sobressaem o *coeficiente de cor-*

relação "r", de PEARSON, e o *gama*, de GOODMAN e KRUSKAL.

b) *Generalização das amostras para a população*:

- Preliminarmente o pesquisador tem de garantir a representatividade e significância das amostras. Começará por criar *planos de amostragem*, calcular a *margem de erro* ou o *limite de exatidão* e a *probabilidade* ou *nível de confiança*.
- Em seguida, procederá a cálculos de *afirmação de probabilidade* entre amostras para verificar se as diferenças entre elas se devem ao acaso ou se são reais.
- Comparando amostras ou grupos (experimental e de controle, por exemplo), o pesquisador deseja testar alguma hipótese a respeito da natureza da diferença real entre as populações maiores representadas nas amostras. Isso se faz pelo cálculo estatístico de verificação de *hipótese nula* e *testes estatísticos de significância* através dos quais se pode saber qual a probabilidade de as amostras em confronto diferirem tanto quanto o fazem por acaso, mesmo que *não* houvesse diferença entre os indivíduos como um todo. Para os casos em que a distribuição da característica não seja normal e não haja escalas de intervalo, há atualmente as denominadas *estatísticas não-paramétricas* ou *independentes de distribuição*. O iniciante em pesquisa geralmente julga estranho que, quando se está interessado numa hipótese *positiva*, *deva-se* testar *o oposto* (a hipótese nula). Segundo JAHODA:

> não é difícil compreender a razão para isso. Como não conhecemos a situação real na população, tudo o que podemos fazer é inferi-la, a partir de nossos resultados na amostra. Se estamos comparando dois grupos, evidentemente existem duas possibilidades: ou as duas populações são semelhantes ou são diferentes. Suponha-se que nossas *amostras* das duas populações sejam diferentes quanto a determinada característica ou medida. Evidentemente, isso tenderia a ocorrer se as duas populações das quais foram tiradas as amostras são realmente diferentes nessa característica. No entanto, em si mesmo, isso não constitui prova de

> que sejam diferentes, pois sempre existe a possibilidade de que as amostras não correspondam exatamente à população que procuram representar. Precisamos considerar a possibilidade de que o elemento de acaso que existe na seleção de uma amostra possa nos ter dado amostras diferentes entre si, mesmo que as duas populações não sejam diferentes. Por isso, a questão crucial é a seguinte: é provável que teríamos chegado a amostras que apresentem tais diferenças, se as duas populações fossem realmente semelhantes? Essa é a pergunta a que a hipótese de nulidade responde; diz-nos quais as probabilidades de que duas amostras com tais diferenças tivessem sido retiradas de duas populações que na realidade são semelhantes. Apenas se o teste estatístico indica que é improvável que duas amostras com tais diferenças tenham sido retiradas de populações semelhantes, podemos concluir que as duas populações provavelmente são diferentes (165: p. 468).

Usam-se cálculos estatísticos para verificar afirmações de probabilidade, mas a prova estatística não garante se uma hipótese é verdadeira ou não. Tem-se de usar *processos analíticos* (lógica indutiva) para garantir as *inferências*, sobretudo quando estas são *causais*.

É sempre útil recorrer a um estatístico para rever os cálculos e tomar a incumbência de efetuar outros mais especializados e mais indicados. É uma praxe adotada pela maioria dos pesquisadores.

2.1.10 – Induzidas as *conclusões*, mediante os processos analíticos de inferência, cabe ao pesquisador apresentá-las todas em seu relatório, tendo o cuidado de reservar-lhes uma seção de destaque. Ao mesmo tempo, ao comunicá-las terá de recorrer a processos lógicos explícitos (dedutivos) para demonstrá-las.

Provavelmente, o arrolamento das conclusões proporciona ao pesquisador a constatação de que houve lacunas em seu trabalho. Sugestões para novos estudos se fazem oportunas.

2.1.11 – Um tipo de conteúdo que não pode faltar num relatório de pesquisa é o dos *eventos* que se dão durante a investigação e que são *relevantes* para o estudo. Assim, por exemplo, a constatação de dados inesperados, erros na utilização de técnicas, mudanças no emprego do método, incidentes que chegam a desviar diretrizes da pesquisa são alguns tipos de eventos que merecem ser registrados e relatados para maior esclarecimento a respeito da pesquisa como defesa do próprio pesquisador.

2.2 – Técnicas práticas para elaboração e comunicação do relatório de pesquisa

Esquematicamente, eis um guia de elaboração e comunicação de um relatório de pesquisa:

1) Considere a fase de elaboração como um momento de *revisão* de toda a pesquisa: planejamento, quadro teórico de referência, bibliografia, método, processos, técnicas, conteúdo, documentos, dados coletados, resultados, análise, conclusões.

2) Especifique de maneira exata o *destinatário* do relatório: público em geral, público especializado, patrocinador da pesquisa. Isso é fundamental, pois dessa especificação dependerá a extensão, a estrutura, a construção do relatório e a linguagem a ser usada na comunicação. Nesse momento, indagar-se-á o que o destinatário deseja ou precisa saber sobre o estudo e qual a melhor forma de apresentar a informação. Tratando-se de público especializado, importa informar como repetir a pesquisa.

3) Estabeleça o *sistema conceptual* comum aceito no campo da pesquisa. Aliás, é de supor que, na fase da formulação do problema e das hipóteses, esse sistema conceptual tenha sido elaborado. Nem sempre é fácil precisar quanto conhecimento se deve supor e quanto deve ser apresentado, mas nenhum relator de pesquisa pode ser excusado de realizá-lo.

4) Faça um *esquema básico* mental e em seguida formal para o desenvolvimento do relatório. É preferível que esse esquema não se restrinja só a tópicos como introdução, problema, hipóteses, descrição da amostra etc., mas se faça através de frases.

Elaborado o esquema, convém testá-lo antes de desenvolvê-lo mediante uma série de perguntas como:

- O problema está bem formulado e situado?
- Os antecedentes teóricos estão completos, sucinta e claramente apresentados?
- A documentação está acabada e é significativa?
- Está bem justificada a hipótese e apontada sua origem?
- O problema e as hipóteses estão propostos em termos científicos?
- As conceituações, as definições e as classificações estão corretas?
- Categorias e indicadores bem escolhidos dentro do contexto da pesquisa?
- O plano da pesquisa denota os processos lógicos indicados e fornece possibilidade de emprego de uma lógica explícita?
- O relatório tem condições de informar o que realmente ocorreu e não o que o pesquisador esperava que ocorresse?
- As operações que devem ser relatadas são selecionadas a ponto de fornecer ao leitor o suficiente para que possa julgar as conclusões?
- As conclusões são específicas e limitadas à dimensão da pesquisa?
- Detalhes e eventos relevantes foram esquecidos?
- Reservou-se lugar para tabelas e cálculos estatísticos necessários?
- As várias proposições e subproposições relacionam-se entre si e com as observações e tabulações contidas no relatório?

5) Ao desenvolver o esquema, procure conciliar um *plano cronológico* com o *lógico*, ciente de que a melhor maneira de "relatar" é seguir a tendência natural da pesquisa efetuada.

6) Embora o relatório seja em si mesmo um "sumário" da pesquisa, reserve a parte final para fazer um resumo de tudo e indicar as sugestões de novas pesquisas relacionadas com o problema enfocado.

7) Quanto à redação e ao uso da linguagem, observe o que será comunicado na última seção deste capítulo.

3 – Informe científico e técnico

Sob a epígrafe acima se incluem os trabalhos científicos seguintes:

a) os informes de experiências em laboratórios e indústrias;
b) os informes técnicos;
c) os informes de resultados menos importantes de atividades técnicas;
d) as comunicações de caráter científico oriundas de atividades profissionais e feitas geralmente dentro da comunidade específica, associações de classe, congressos, centros de estudo etc.

Como se vê, não é fácil distinguir, muitas vezes, um informe científico de um relatório de pesquisa ou mesmo de uma monografia, embora possamos caracterizá-lo com as seguintes notas:

a) *é trabalho científico* propriamente dito, normalmente considerado de "primeira mão";
b) distingue-se dos demais congêneres, geralmente por ser mais sucinto, sobretudo no que se refere à comunicação dos fundamentos teóricos e análise de dados;
c) não obedece ao "ritual" do relatório, pois não tem o compromisso de relatar a pesquisa, mas de informar os *resultados* de um estudo, uma *descoberta* ou a *existência* do próprio estudo e seus primeiros resultados;
d) é uma comunicação voltada especificamente para destinatários especializados, embora possa atingir também o grande público;
e) tem forma de redação mais ou menos *estandardizada* internacionalmente;
f) às vezes é simples comunicação de *problema* que merece ser pesquisado, pois já foi detectado pela pesquisa exploratória; de *hipótese* já formulada com grande probabilidade de ser comprovada: assemelha-se nesses casos aos *ensaios*.

As técnicas práticas de elaboração e comunicação de um informe científico ou técnico não diferem substancialmente das apontadas para o relatório de pesquisa.

SOUTHER, citado por LASSO DE LA VEGA (110: p. 653-4), após traçar a diretriz geral da elaboração de um informe científico ou técnico ("aplicar-lhe o mesmo método que seguem os trabalhos de indústria"), apresenta os oitos pontos fundamentais que se observam no método aplicável à industrialização que são:

1. Análise do problema:
   - A quais objetivos responde o produto?
   - Como se deve utilizá-lo?
   - Quem irá utilizá-lo?

2. Planejamento e tratamento do problema:
   - Que elementos são de maior importância?
   - Que auxílios disponíveis possui?
   - Que plano poderia ser utilizado?

3. Investigação do problema:
   - Estão os dados completos e perfeitos?
   - Quais são os resultados?
   - Que conclusões podem ser deduzidas?

4. Determinação do produto:
   - Que processo fará que os dados obtidos cumpram melhor seus objetivos?
   - Qual deles conseguirá que sejam mais úteis?
   - Quais destacarão melhor as partes importantes?

5. Fabricação do produto:
   - Cumpriu-se ou seguiu-se a organização fixada?

6. Comprovação do produto:
   - Está completo o produto?
   - O produto cumpre sua finalidade?

7. Modificações do produto:
   - Realizaram-se as mudanças ou modificações requeridas?

8. Preparação final do produto:
   – Utilizaram-se os materiais estabelecidos?
   – O produto é realmente ótimo?
   – Que alterações foram feitas no produto terminado?

Seguindo esses oito princípios, SOUTHER redigiu o formulário seguinte:

1. Análise do problema:
   a) Quem lerá o informe?
   b) Qual é o alcance do informe?
   c) Que ação industrial se propõe?
   d) Para que foi pedido especificamente?
   e) Quanto tempo se leva para sua realização?
   f) Que diretrizes, instruções etc. devem ser levadas em conta?

2. Planejamento do trabalho:
   a) Que classe de informação deve incluir-se: fatos, informações, resultados, conclusões, recomendações ou combinações?
   b) O que há de conhecido e de desconhecido nele?
   c) Quais os elementos de maior importância e quais os de menor?
   d) Que estudos prévios, informes, relatórios etc. podem ser acrescentados?
   e) Quem pode prestar auxílio?
   f) Que investigação deve ser feita?

3. Investigação do problema:
   a) Os dados oferecem segurança?
   b) São completos?
   c) Os dados reunidos são suficientes para o estudo que se planeja realizar?
   d) Estão delineadas todas as fases?
   e) Quais são os fatores e os resultados mais importantes?
   f) Os resultados excedem os dados?
   g) Deve realçar-se a importância dos dados, métodos, resultados ou conclusões?

h) Requer a natureza própria do informe que todas as fases se apresentem em todos os detalhes?

4. Exposição do informe:
   a) Que ordem ou organização fará com que o estudo preencha melhor seus objetivos?
   b) Que nível e que estilo o estudo requer para que seja compreendido pelos leitores?
   c) De que forma pode ser ordenado o material reunido, a fim de poupar tempo aos leitores?
   d) Que forma especial convém imprimir-lhe para que responda mais adequadamente ao uso que se fará dele?
   e) Requer-se uma exposição dos objetivos?
   f) A complexidade do informe requer sumário, índice ou resumo?
   g) Que dados específicos, exemplos, detalhes e ilustrações se requerem para atingir a maior clareza do informe?
   h) Que fatos devem ser interpretados, explicados e esclarecidos?
   i) Que parte do informe importa destacar?

5. Organização do informe:
   a) Cumpra-se a organização estabelecida para começar.
   b) Não se deve desperdiçar tempo.
   c) Deve-se redigir o mais rapidamente possível, deixando para depois o polimento, para não se perder agilidade, força e brilhantismo.
   d) Trabalhar-se-á por partes, em períodos, se o trabalho for longo e complexo.
   e) Deve-se incluir, de imediato, tudo o que pareça conveniente, ainda que mais tarde seja aconselhável suprimi-lo.

6. Controle do informe:

   A) Organização:
      a) O assunto, a matéria, está claro desde o início?
      b) Estendeu-se demasiadamente no começo do trabalho?
      c) O desenvolvimento do trabalho se dá progressivamente através das etapas?
      d) As relações entre uma etapa e outra estão claras?

e) Deixa para o leitor a conclusão dentro do esperado ponto de vista?

B) Conteúdo:

a) Está a matéria suficientemente completa para os objetivos perseguidos pelo informe?
b) Requerem-se mais detalhes, exemplos, modelos ou ilustrações?
c) Requerem os dados ou supostos maior número de explicações ou interpretações?
d) Os pontos principais estão suficientemente esclarecidos?

C) Forma:

a) A forma adotada torna as partes bastante acessíveis?
b) Os começos e fins de cada seção estão bem indicados, mediante os títulos devidos e adequadamente especificados?
c) A forma adotada representa bem a coordenação e subordinação dos materiais?
d) A organização necessita de modelos, sumários, índices, resumos?

D) Estilo:

a) O estilo adotado facilita a rapidez da leitura?
b) Conseguiu-se o significado ou significação exata?
c) O estudo está suficientemente claro para referir-se a ele posteriormente?
d) Há algum desperdício, material inútil, que deva ser retirado?
e) São as frases diretas e efetivas?
f) Está correta a "mecânica"?

7. Modificação do estudo:

a) Far-se-ão as mudanças necessárias, acréscimos e supressões.
b) Idem, as alterações que sejam procedentes.
c) Idem, as necessárias e estilísticas.

8. Preparação final:

a) Utilizam-se os materiais normalizados.
b) Deve-se ser preciso, cuidadoso e exato.

c) Sobre o manuscrito final só se devem admitir pequenas emendas.

Esse modelo de elaboração do informe científico é válido, como se nota, para os outros tipos de informes.

Quanto aos informes de laboratório, lembramos que, apesar de serem menos extensos, devem conter, segundo LASSO DE LA VEGA (110: p. 662):

a) introdução em que se exponha com clareza e sumariamente o problema;
b) informação dos resultados obtidos;
c) exposição e discussão do método empregado, trabalho realizado e as respostas aos problemas que se apresentaram em torno dele;
d) literatura e técnica consultadas;
e) dados e cálculos relacionados com a experiência realizada.

Os resultados obtidos deverão ser expostos em forma de seções numeradas, entre as quais deveriam figurar:

a) objetivo do trabalho;
b) descrição completa e detalhada do modelo do trabalho e do material utilizado para realizá-lo; o mesmo para os dados de laboratório e cálculos, curvas, desenhos etc., expostos com a clareza e precisão habituais nos informes técnicos;
c) especificação analítica dos resultados obtidos;
d) curvas, representações, esquemas, desenhos etc., que se julguem necessários para a realização do trabalho;
e) conclusões, recomendações ou discussão breve do significado dos resultados obtidos.

4 – Redação e apresentação dos projetos de pesquisa, relatórios e informes científicos e técnicos

A redação de um relatório de pesquisa e a de um informe científico ou técnico têm em comum as seguintes qualidades e requisitos:

a) exatidão;
b) clareza;
c) simplicidade;
d) correção gramatical;
e) linguagem objetiva e estilo direto (quanto à estrutura da frase, tamanho dos períodos e organização dos parágrafos);
f) equilíbrio na disposição e tamanho das partes;
g) emprego da linguagem técnica necessária, evitando-se o preciosismo e a "pretensão";
h) disposição adequada dos recursos estatísticos, tabelas, gráficos, desenhos, ilustrações etc.;
i) apresentação dentro das "normas" nacionais e internacionais ou de praxe de apresentação e redação do trabalho;
j) utilização dos recursos técnicos de redação para que a apresentação atinja melhor seu fim, a saber:
   - divisões em capítulos ou seções;
   - sinopses e sumários;
   - índices;
   - página de rosto;
   - introdução;
   - seções e subdivisões com numeração progressiva;
   - notas de rodapé.

Quanto às notas de rodapé, lembre-se de que são recursos apropriados, particularmente nos seguintes casos: *a*) para dar crédito àqueles que precederam o escritor na discussão de um determinado problema; *b*) para informar o leitor exatamente se está atacando o problema e que tipo de problema é. Não só aviso ao leitor que o problema tem vários aspectos, mas lhe digo também onde buscar maiores informações sobre o assunto (consulte GOODE e HATT, 79: p. 466).

Parece-me valioso reproduzir aqui as "dez condições" estabelecidas pelos editores do *Oil and Gas Journal* para que os escritos sejam lidos (LASSO DE LA VEGA, 110: p. 657):

1. Fazer parágrafos breves: de 16 a 20 palavras por frase.
2. Utilizar palavras, cláusulas e frases simples em vez de complexas.

3. Utilizar palavras familiares e breves de preferência às longas.
4. Suprimir palavras desnecessárias e fazer que cada palavra seja a que mais apropriadamente expresse a idéia.
5. Utilizar os verbos ativos em vez dos passivos.
6. Para as ilustrações, escolher assuntos, temas concretos que se refiram a coisas que se possam ver e tocar. Suprimir os abstratos.
7. Utilizar redação coloquial e fugir ao emprego dos jargões técnicos.
8. Utilizar variedade de expressões; suprimir as formas monótonas. Deve-se redigir com vida e colorido.
9. Empregar redação familiar. Comparem-se as novas idéias com as correntes e simples.
10. Escrever para expressar, não para impressionar. Recorde-se de que os grandes homens utilizam palavras simples e que os homens medíocres usam palavras complicadas.

Quanto à *forma de apresentação* dos trabalhos, lembremos que, em princípio, tais tipos de trabalhos devem ter:

a) o assunto como título do informe;
b) o nome da entidade a que é dirigido;
c) nome do autor, seguido de uma indicação de seu título e posto de trabalho;
d) local, instituição e data;
e) sua autoridade, seus objetivos e seus limites;
f) a forma, com maior número possível de detalhes, em que se desenvolveu o trabalho;
g) os capítulos, divisões e subdivisões devem estar classificados com subordinação aos princípios lógicos: devem ser compactos e claros.

Na *página de rosto* devem constar: *a*) o título ou assunto; *b*) o nome do destinatário e seu cargo; *c*) o nome do autor e seus títulos; *d*) local, instituição, data.

Quando o relatório ou informe for publicado em revista científica ou periódico especializado: seguir as normas internacionais e nacionais de publicação em tais órgãos de difusão.

Não poderia terminar este capítulo sem lembrar ao estudante de curso superior e iniciante na pesquisa que uma prática de grande utilidade, antes de dar à luz um trabalho científico, é pedir o parecer e a colaboração, no mínimo, de três tipos de pessoas: um especialista (colega, professor etc.) no assunto, um estatístico (para rever os cálculos quando se utilizou esse instrumento), um conhecedor de linguagem e redação (para corrigir e melhorar a redação).

Terceira parte

Capítulo IX

Monografia e trabalhos monográficos

Para conhecê-las teria necessidade de considerar cada uma em particular.

DESCARTES

Introdução. 1 – O que é monografia. 2 – Monografia e pesquisa científica. 3 – Outros tipos de trabalhos monográficos.

De alguns anos a esta data tenho observado no meio universitário brasileiro que a palavra "monografia" tem sido empregada, com sabor de jargão acadêmico, para designar o "trabalho científico"[1]. O tradicional método das ciências sociais, que apareceu na terceira década do século passado ao lado do inquérito, deixou de ser método para transformar-se em trabalho científico escrito. Por outro lado, na Europa, a expressão "memória científica" para rotular trabalhos de término de cursos vem substituindo a tradicional "tesina" e a "exercitação científica". A evolução faz com que se usem novos termos para designar velhas coisas ou que velhos vocábulos passem a significar coisas novas: é a eterna lei da semântica. As reformas universitárias em vários países, notadamente no Brasil, como decorrência do progresso científico e tecnológico, trouxeram, por sua vez, um fato típico ao contexto de nossa abordagem: a reformulação do conceito de tese de doutoramento e de cátedra, com conseqüências na prática, no ritual de solenidade e na projeção intelectual que tradicionalmente a envolviam. Talvez tenha sido esse fato, juntamente com a reestruturação do ensino e dos sistemas de formação profissional nas escolas superiores, os

1. Lembro ao leitor que a data a que me refiro é o ano de 1968, quando estava escrevendo este manual.

fatores que mais contribuíram para dar ao "trabalho monográfico" uma dimensão que antes não tinha. Mas a diversificação de termos para designar a mesma coisa e o emprego do mesmo termo para traduzir coisas diferentes ainda perduram, trazendo o caudal de confusões e equívocos: terei de deslindar esse problema antes de propor as técnicas práticas de elaboração da monografia.

A monografia ocupa, no plano deste manual, o ápice de uma pirâmide, cuja *base* são o método e as práticas do estudo eficiente, superposta por um *corpo* de reflexões sobre pesquisa e trabalhos científicos.

Acredito abarcar todo o conjunto metódico da construção de uma monografia em quatro capítulos que tratem da natureza do trabalho monográfico, da escolha do assunto, do uso da biblioteca e dos centros de documentação e, finalmente, da elaboração, organização e comunicação da monografia.

Dou destaque à biblioteconomia e à documentação, cujo cartão de ingresso é a *pesquisa bibliográfica* por duas razões muito importantes: *a*) porque é possível realizar *pesquisa científica*, e conseqüentemente uma monografia, freqüentando apenas os centros de documentação, bibliotecas e bancos de dados; *b*) porque, infelizmente, ainda se ensina pouco em nossos cursos superiores brasileiros "como se usa uma biblioteca" e, no entanto, a *documentação* é a mola real de qualquer trabalho científico e da própria formação superior.

1 – O que é monografia

Historicamente parece que a origem da monografia, como expressão de tratamento científico, encontra-se no trabalho de LE PLAY (1806-1882), *Les ouvriers européens*, publicado em 1855 (embora já viesse empregando o método desde 1830). São 57 monografias em que o autor descreve com minúcias o gênero de vida dos operários e o orçamento de uma família-padrão daquela classe. PAUL BUREAU saudou a publicação de LE PLAY, afirmando que "acabava de ser inventado um verdadeiro método científico para o estudo dos fenômenos sociais". LE PLAY, segundo se informa, era engenheiro de minas e, tendo sofrido um acidente que o deixou inativo durante um ano (o período em que se dedicou ao estudo dos fenômenos sociais pela primeira vez), pensou em aplicar à análise de tais fenômenos os processos metodológicos a que já se habituara no estudo dos fenômenos mineralógicos. Escolheu a *família operária* por ter intuído, desde o início, que a *família* é o órgão preponderante do grupo social e a *operária* é aquela que mais do que qualquer outra é atingida pelos elementos especificadores do grupo social, "por seu trabalho e por seus meios de existência essencialmente subordinados às influências reunidas do solo e do clima". Assim, a *monografia da família operária* passou a constituir para LE PLAY a "base e o ponto de partida da observação social". "As famílias burguesas ou ricas têm", segundo seu pensamento, "a faculdade de subtrair-se, pelos recursos de que dispõem, à influência do meio que as cerca."

Julgou, entretanto, ser impossível realizar a pretendida observação e o conhecimento completo da família operária se não constatasse o que ela produz e o que ela consome: afinal todos os fatos importantes da vida se traduzem por uma receita e por uma despesa. Seu método ficou reduzido à "monografia da família operária pelo orçamento".

Localizamos na origem histórica da monografia aquilo que até hoje caracteriza essencialmente esse tipo de trabalho científico: a *especificação*, ou seja, a redução da abordagem a um só assunto, a um só problema. Mantém-se assim o sentido etimológico: *mónos* (um só) e *graphein* (escrever): dissertação a respeito de um assunto único.

Provavelmente (confirmando a visão crítica de PAUL BUREAU), o trabalho de LE PLAY serviu de modelo a outros congêneres em vários setores científicos e hoje recebe a mesma consagração que tradicionalmente recebia a tese.

Pela origem histórica, a etimologia e a evolução do uso do termo, temos de convir que *monografia* possui sentido lato e sentido estrito.

Em sentido *estrito* identifica-se com a *tese*: tratamento escrito de um tema específico que resulte de pesquisa científica com o escopo de apresentar uma contribuição relevante ou original e pessoal à ciência.

Em sentido *lato* é todo trabalho científico de *primeira mão*, que resulte de *pesquisa*. Consideram-se nesta categoria: as *dissertações científicas*, as *dissertações de mestrado*, as antigas *exercitações* e *tesinas*, as *memórias científicas*, os *college papers* das universidades americanas, os *informes científicos ou técnicos* e obviamente a própria *monografia* no *sentido acadêmico*, ou seja, o tratamento escrito aprofundado de um só assunto, de maneira descritiva e analítica, em que a reflexão é a tônica (está entre o ensaio e a tese e nem sempre se origina de outro tipo de pesquisa que não seja a bibliográfica e a de documentação).

É preciso atentar também para o uso escolar da palavra monografia. Embora tenha de comum com o emprego científico o caráter de "tratamento de um tema bem delimitado", difere na qualidade da tarefa: o nível de investigação que a precede. As "monografias" de término de seminários ou atividades semelhantes não merecem a rigor a classificação que se lhes atribui, pois não são, em geral, autênticos trabalhos de investigação científica, mas apenas de iniciação.

Segundo ASTI VERA, as monografias científicas "constituem a concreção de um domínio do tema tratado, tal como o cumprem os verdadeiros pesquisadores. Um exemplo de monografia neste segundo sentido são as teses doutorais que, ainda que tratem de temas especiais, implicam um estudo exaustivo das questões respectivas. Outro exemplo poderia ser o estudo sobre uma enfermidade, cujas partes são: definições, etiologia, anatomia patológica, epidemiologia, sintomatologia, diagnóstico, prognóstico, profilaxia e tratamento. Como se vê, a monografia é também, neste caso, um estudo completo do tema considerado: a enfermidade" (10: p. 163).

Está aqui, talvez, um elemento caracterizador da *tese* em relação à monografia: *ser exaustiva quanto ao aprofundamento da parte teórica*.

Quanto à *originalidade*, que sempre se lembra nas definições de tese e monografia, é oportuno esclarecer a questão, a fim de se evitarem maiores equívocos.

Originalidade, a rigor, significa, pela própria etimologia da palavra, "volta às fontes" (origem quer dizer princípio, *arqué*). Não se identifica, portanto, com *novidade* ou *singularidade*, mas "retorno à origem, à essência, à verdade, ainda que esta verdade tenha sido perdida, obscurecida ou esquecida" (ASTI VERA, 10: p. 108).

Hoje verifica-se o esquecimento do sentido prístino, devido talvez às idéias de "progresso" e "moda" trazidas no bojo do desenvolvimento científico e tecnológico. Mas exigir *originalidade* como *total novidade* num trabalho, para que seja *tese* ou *monografia*, é uma colocação ingênua, para não dizer inatingível:

a) porque a ciência é um processo cumulativo, em que verdades provisórias se assentam com maior freqüência, e a *revisão* é uma constante[2];
b) porque o que está em jogo, desde que pela primeira vez se formulou a exigência de "originalidade" para teses e monografias, é a questão da *atualização* (*mise au point*), lembrada quando se tocou em *relevância contemporânea* na escolha de problema que mereça ser investigado cientificamente;
c) porque desde tempos remotos considerou-se "original" também o trabalho que apresenta modo novo de abordar um assunto já tratado ou que consegue estabelecer relações novas ou, finalmente, que se propõe uma nova interpretação de questões controversas.

---

2. Como já o fiz em nota anterior, volto a lembrar que não estou afirmando que a ciência seja estritamente processo cumulativo. Dialeticamente há de conceber-se o processo chamado ciência como progressivo-regressivo, contínuo-descontínuo. Historicamente é falsa a concepção de que as descobertas científicas e as teorias se sucedem cumulativamente (no sentido estrito), em que cada nova contribuição seja uma soma. Seria ignorar as revoluções científicas e particularmente a existência de "ciência extraordinária" em relação à "ciência ordinária" de que tanto se ocuparam KUHN e POPPER, nos últimos tempos.

Ademais, nem todas as ciências são como as *naturais* que, através de experimentos, conseguem realmente *descobertas* e *inventos*.

2 – Monografia e pesquisa científica

Por mais de uma vez neste trabalho tive ocasião de estabelecer relação entre monografia e pesquisa científica: aquela é decorrência desta. Não há monografia sem pesquisa científica. A discussão sobre trabalhos científicos, feita no primeiro capítulo da segunda parte, permite agora uma breve exposição, útil ao estudante de curso superior ou ao iniciante em atividade científica.

Começarei por relembrar que há pesquisa e pesquisa, e que não se pode, racionalmente, nem diante dos fatos, identificar pesquisa científica apenas com pesquisa experimental e observacional. Certos problemas, por sua natureza, exigem investigação científica diferente e muitas vezes esta não vai além dos limites da documentação e da reflexão analítica e crítica. O importante nesse caso é saber exercer a *reflexão*. Os filósofos gregos deixaram para a história do pensamento científico um dos mais belos exemplos dessa atitude; outros tantos homens, dotados de poder de penetração, relacionamento e abstração, continuam até hoje a demonstrar esta qualidade da mente humana.

WHITNEY inicia seu clássico trabalho de metodologia da pesquisa – *The Elements of Research* – justamente com um capítulo intitulado "Pensar reflexivo, ciência e investigação", em que defende a tese de que o pensar reflexivo, a ciência e a pesquisa estão no mesmo nível e até se identificam. O resumo por ele mesmo feito é digno de ser transcrito:

> Constitui a tese deste capítulo a de que existe um alto grau de coincidência entre os conceitos reflexão, ciência e investigação.
>
> O processo do pensamento equivale à reflexão cuidadosa e ordenada. Brota de um sentimento de dúvida e da necessidade de certeza, dos quais emerge um problema definido. A solução mais

> provável se examina em função de todas as provas disponíveis por meio de todas as fontes possíveis e de métodos pertinentes às condições da situação-problema. Finalmente a melhor solução se aceita provisoriamente, mas é mantida sob um exame crítico contínuo para se avaliar com amplo critério seu valor preditivo.
>
> Quando se examinam as atitudes e métodos da ciência se descobre um processo idêntico desde a necessidade sentida até a predição. O pensamento científico se desenvolve através da reflexão cuidadosamente sistematizada. Analogamente, os métodos da melhor pesquisa tornam-se científicos em função dos processos mentais estabelecidos, envolvendo todas as fases essenciais da resolução de problemas, através do exame crítico das hipóteses até a corroboração final, provisória, e a sucessiva indagação da certeza como base da ação.
>
> De fato, o pensador escrupuloso, tanto no escritório, no laboratório ou no estudo, procede em termos de ação protelada após um período de reflexão, em que as provas sobre as soluções podem ser cuidadosamente ponderadas. Este é o método da investigação fidedigna, qualquer que seja o terreno em que se desenvolva (177: p. 26).

É oportuno refrisar esse aspecto, no momento em que introduzo a explanação sobre monografia, a fim de alertar o leitor para uma pseudoprevenção contra certos tipos de trabalhos científicos e, ao mesmo tempo, chamar sua atenção para a necessidade de se estabelecer para o trabalho monográfico um tratamento essencialmente *reflexivo*.

Sem a marca da reflexão, a monografia transforma-se facilmente em "mero relatório do procedimento da pesquisa" ou "compilação de obras alheias" ou "medíocre divulgação".

A reflexão é a dominante na elaboração e comunicação da monografia, conforme o leitor pode depreender do seguinte esquema que sintetiza o tratamento monográfico: Que faz o autor ao escrever sua monografia? – Realiza um trabalho de três partes inevitáveis (introdução, desenvolvimento e conclusão), três partes organicamente unidas, formando uma estrutura. E o faz por necessidade lógica (a lógica do *contexto da justificação* a que já aludi várias vezes).

A *introdução* tem o objetivo de situar o leitor no *estado da questão*, colocá-lo a par da relevância do problema e do método de abordagem. O *desenvolvimento* tem por finalidade expor e demonstrar: é a fundamentação lógica do trabalho. Propõe o que vai provar, em seguida explica, discute e demonstra: as proposições se sucedem dentro de um encadeamento que persegue a etapa final, a *conclusão*. Esta constitui a fase final do processo dialético iniciado desde a introdução: é a síntese de toda *reflexão*; a *superação* dos conflitos conceituais e das contradições detectadas durante a análise do problema.

Além de tentar mostrar a necessidade da *reflexão* na monografia, tenho também um objetivo final: esclarecer ao leitor que a *monografia* não é, como muitos equivocadamente pensam, um trabalho caracterizado pela *pouca extensão da abordagem*. Não é o número de páginas que faz a monografia: pode compreender desde algumas laudas até o tamanho de um livro volumoso.

3 – Outros tipos de trabalhos monográficos

Para maior esclarecimento, os principais trabalhos monográficos a que repetidas vezes aludimos merecem uma identificação.

3.1 – Dissertação monográfica

O grau de exigência de qualidade nos trabalhos acadêmicos, enquanto tratamentos escritos, submetidos a uma avaliação, está de certo modo criando a seguinte classificação em ordem crescente: *dissertação monográfica* (ou simplesmente *trabalho*); *dissertação científica* (ou *tese de mestrado* ou *dissertação de mestrado*); *tese de doutorado* (ou simplesmente *tese*). Importa distinguir estas modalidades monográficas:

a) *Dissertação monográfica*: exigida tanto no nível da graduação, como no da pós-graduação, sobretudo no mestrado, refere-se geralmente ao trabalho de término de curso ou de unidade de programa de uma disciplina, como atividade de desempenho escolar a ser avaliada. Corresponde ao antigo *trabalho de estágio* dos cursos de ciências humanas e sociais anteriores à reforma de 68. Assim concebida, a dissertação monográfica é de bem menor fôlego do que a dissertação científica, uma vez que esta é que constitui a legítima dissertação de mestrado, vulgarmente já denominada "tese de mestrado".

b) *Dissertação científica*: equiparada à *tese de licenciatura* das universidades européias, particularmente a italiana, como nos revela UMBERTO ECO em *Como se faz uma tese*. Freqüentemente é colocada no mesmo grau de exigência do *research paper* das universidades americanas. A rigor é o trabalho que se há de exigir como condição para obtenção do grau de "mestre", de acordo com a legislação brasileira vigente.

c) *Tese de doutorado*: trabalho de tal nível de qualificação que se torna condição necessária para a obtenção do grau de "doutor" ou do "PhD" das universidades americanas. É assim considerada pela exigência de originalidade, grau de profundidade das questões teóricas tratadas, cientificidade, e pelo fato de ser um trabalho escrito que revele legítima pesquisa científica.

O trabalho que aqui está sendo identificado como *dissertação monográfica* implica muito mais uma atividade de *extração* do que de *produção* de conhecimento. Extração não significa mera *compilação* ou transcrição de texto, sem análise, sem crítica, sem reflexão. A proposta acadêmica da dissertação monográfica nos cursos de graduação, como defendo na primeira parte da Introdução deste manual, visa a *treinar* o estudante nas atividades de leitura-estudo, análise de texto, crítica e discussão de idéias (tudo freqüentemente identificado com "análise do discurso") e nas habilidades de síntese e comunicação. Serve assim para corrigir o hábito que a escola secundária brasileira, infelizmente, tem desenvolvido nos alunos: o da *pesquisa*, em sua pior deformação conceitual, identificada como atividade de transcrição cega de textos superficialmente consultados e que resulta num trabalho cuja apresentação material e quantidade de páginas predominam como critérios de valoração.

Observando as devidas diferenciações entre os cursos de graduação e de mestrado, a meu ver, a dissertação monográfica pertence ao que K. TURABIAN coloca entre o "número cada vez maior de *papers* que são *library studies, a close searching* de material escrito, que envolve não só uma meticulosa investigação do assunto, mas também exame crítico, avaliação e interpretação do material encontrado" (171: p. 1). Enquanto um trabalho que se faz, exclusiva ou predominantemente, através da *pesquisa bibliográfica*, em seu sentido amplo e em contraposição à *pesquisa empírica*, experimental e/ou observacional, há de se considerar a dissertação monográfica como a forma mais eficaz de treinamento do futuro pesquisador. Não esqueçamos que a pesquisa científica e mesmo a tese doutoral têm, na formulação do *marco teórico de referência*, a condição necessária de seu êxito e valor. E o marco teórico de referência, por sua vez, depende essencialmente da pesquisa bibliográfica, da documentação e da crítica à documentação apurada.

Fora do contexto de sua exigência acadêmica (trabalho no nível de graduação e no de mestrado, sem ser a tese de mestrado), é muito difícil sua identificação e sua especificação a ponto de distingui-la de outros trabalhos monográficos. Freqüentemente dissertação monográfica e dissertação científica se confundem. Apenas, para efeito de exposição e objetivo didático, reservo o nome de *dissertação científica* para designar a tese de mestrado ou trabalho do mesmo nível.

Dissertação monográfica, nesta acepção, designa também a antiga *exercitação* das universidades européias tradicionais e é o trabalho feito nos moldes da tese, com a peculiaridade de ser ainda uma tese inicial, em miniatura. É de finalidade didática, pois constitui o grande treinamento para a tese propriamente dita. Por isso é que a universidade italiana a denominava antigamente *tesina*.

Por ser de caráter didático, pode, inclusive, ser exigida como "monografia" de término de curso de graduação e, neste caso, constitui excelente recurso didático capaz de substituir certos tipos de verificação de aprendizagem, inclusive provas.

Sua elaboração segue o mesmo método e as mesmas técnicas apontadas para a monografia, no último capítulo, feitas as devidas adaptações à sua pouca envergadura.

3.2 – Dissertação científica ("tese de mestrado")

O trabalho que se exige como condição para obtenção do título de mestre e que, no jargão acadêmico, tem sido denominado "tese de mestrado", identifica-se com o que UMBERTO ECO chama de "tese de licenciatura" da universidade italiana. Preparando uma definição satisfatória de "tese de licenciatura", assim se expressa ele em *Como se faz uma tese*: "Uma tese consiste num trabalho datilografado com extensão média, variando entre cem e quatrocentas laudas, em que o estudante aborda um problema relacionado com o ramo de estudos em que pretende formar-se." (64: p. 1) Mais adiante, acrescenta: "Via de regra a tese propriamente dita é reservada a uma espécie de supraformatura, o *doutorado*, procurado só por aqueles que desejam aperfeiçoar-se e especializar-se como pesquisadores científicos." (64: p. 2)

Segundo sua avaliação, a tese de licenciatura encaminha o estudante para a profissão e a tese de doutorado, para a vida acadêmica, universitária[3].

Para ECO, coerente com sua visão realística, a tese de licenciatura se faz em torno dos 22 anos de idade e a de doutorado entre os quarenta e cinqüenta anos. Assim, para a tese de doutorado há de se exigir o que não precisa ser exigido da tese

3. Obviamente esse critério de classificação não se aplica na distinção entre tese de mestrado e tese de doutorado da Universidade brasileira, sobretudo porque a tese de licenciatura coloca-se para a universidade italiana tradicional como condição de formar o "profissional de nível superior", no curso de graduação. No Brasil, é pela tese de mestrado que o aluno geralmente almeja ingressar na carreira docente universitária. Não são poucos que defendem que o título de "mestre" deveria ser conferido àquele que demonstra, pelo curso e pela tese defendida, capacidade de assimilar e interpretar autores e transmitir esse conhecimento a alunos da graduação. No doutorado, neste caso, caberia a função de formar o cientista e o pesquisador, autênticos "produtores de conhecimento científico".

de licenciatura: demonstração por parte do candidato de ser um estudioso capaz de *avançar a disciplina* a que se dedica; *originalidade*, por ser necessário *conhecer* a fundo o quanto foi dito sobre o mesmo argumento pelos demais estudiosos e assim poder *descobrir* algo que não foi dito por eles: "O estudioso deve produzir um trabalho que, teoricamente, os outros estudiosos do ramo não deveriam ignorar, porquanto diz algo de novo sobre o assunto." (64: p. 2)

O que ECO pondera a respeito da tese de licenciatura é o que estou defendendo para caracterizar o trabalho escrito de conclusão de mestrado, seja ele chamado de "dissertação científica", "dissertação de mestrado" ou "tese de mestrado": "Não pode representar a conclusão de um trabalho longo e meditado, prova de uma completa maturação." (64: p. 2)

Dentro dessa perspectiva é possível aceitar para nossa realidade brasileira a distinção que o autor faz entre as teses de licenciatura, quando escreve: "Há boas teses que não são de *pesquisa*, mas de *compilação*." (64: p. 2)

Para que não se deforme o pensamento de ECO, importa citá-lo novamente:

> Numa tese de compilação, o estudante apenas demonstra haver compulsado criticamente a maior parte da "literatura" existente (isto é, das publicações sobre aquele assunto) e ter sido capaz de expô-la de modo claro, buscando harmonizar os vários pontos de vista e oferecendo assim uma visão panorâmica, inteligente, talvez útil, sob o aspecto informativo, mesmo para um especialista do ramo que, com respeito àquele problema específico, jamais tenha efetuado estudos aprofundados (64: p. 3).

Na avaliação de uma *dissertação científica* ou de uma tese de mestrado, por representarem estas um trabalho menos longo, menos absorvente, menos fatigante do que a tese de doutorado, a maturidade e a capacidade de trabalho do candidato não podem ser avaliadas com os mesmos critérios de exigência requeridos no exame de uma tese de doutorado. Esta, por exemplo, sempre será "tese de pesquisa"; jamais poder-se-ia aceitar uma *tese de doutorado* que fosse também de "compilação", no sentido extraído da citação de ECO.

Assim é que há de indicar-se para a *tese de mestrado*, identificada com *dissertação científica*, a colocação de ECO:

> Elaborar uma tese significa:
>
> 1) identificar um tema preciso
> 2) recolher documentação sobre ele
> 3) pôr em ordem esses documentos
> 4) reexaminar em primeira mão o tema à luz da documentação recolhida
> 5) dar forma orgânica a todas as reflexões precedentes
> 6) empenhar-se para que o leitor compreenda o que se quis dizer e possa, se for o caso, recorrer à mesma documentação a fim de retomar o tema por conta própria (64: p. 5).

Identificando nossa *tese de mestrado* com a "tese de licenciatura" apontada por ECO, não há como não concordar com ele, sobretudo quando diz:

> Fazer uma tese significa, pois, aprender a pôr ordem nas próprias idéias e ordenar os dados: é uma experiência de trabalho metódico; quer dizer construir um "objeto" que, como princípio, possa também servir aos outros (64: p. 5).

E mais adiante:

> Não importa tanto o tema da tese quanto a experiência de trabalho que ela comporta (64: p. 5).

Como estou colocando a *dissertação científica* (a *tese de mestrado*) entre os *trabalhos monográficos*, vem a calhar a distinção que ECO faz entre *tese panorâmica* e *tese monográfica* (corroborando, inclusive, o que defendi neste *Como fazer uma monografia*, desde sua primeira edição): a *tese panorâmica*, por ser ambiciosa, implica abordagem histórica e pretensamente "completa" do tema escolhido. É um tratamento enciclopédico, revelador mais da preocupação de mostrar erudição do que de produzir conhecimento. Em geral fica só na intenção de abranger tudo sobre o assunto e de restabelecer a história de sua evolução. O estudante que opta por esse tipo de tratamento se expõe fatalmente a toda sorte de contestações. Afinal ele se arriscou a apresentar um trabalho em que as lacunas serão evidenciadas por especialistas desta ou daquela área, deste ou daquele autor e que, provavelmente, serão os examinadores do candidato.

Já a *tese monográfica*, a recomendada sempre, por ser abordagem de um só tema, como tal se opõe a uma "história de", a um tratado, manual ou enciclopédia. O rigor, a precisão, o aprofundamento das questões abordadas que se exigem dum trabalho científico são mais fáceis de conseguir numa tese monográfica. Isso não significa, entretanto, que tal tese há de "perder de vista o panorama". Este é imprescindível como "pano de fundo", como já foi lembrado no início deste capítulo.

Parece que estas duas afirmações de ECO dizem tudo a respeito da importância e da necessidade de uma *dissertação científica* ou uma *tese de mestrado* ser de natureza monográfica:

> Quanto mais se restringe o campo, melhor e com mais segurança se trabalha [...] É melhor que uma tese se assemelhe a um ensaio do que a uma história ou a uma enciclopédia (64: p. 10).

Quando se coloca a *monografia* relacionada com a *pesquisa* na perspectiva metodológica de trabalhos produtores de conhecimento, particularmente na dinâmica das ciências humanas e sociais, surge inevitavelmente o problema que LUKÁCS, citado por L. GOLDMANN, caracterizou como o "fechamento de horizonte" dos estudos monográficos. A passagem de GOLDMANN merece ser transcrita e comentada, tal qual o fiz em minha tese *Da problematização no processo de pesquisa*:

> A pesquisa empírica (monografias, estatísticas, inquéritos etc.) depende de um sistema de conjunto e só responde às questões que lhe coloca o sociólogo. Não decide ademais sobre a importância dos diferentes fatores da vida social. A enorme maioria das pesquisas desse gênero [...] são de tal modo feitas que fecham o acesso à compreensão dos grandes processos sociais e históricos, focalizando, no *melhor dos casos*, o interesse dos lei-

> tores nos problemas gerais de psicologia interindividual: distância social, integração, sentimento de responsabilidade etc. Na maioria desses estudos teóricos e empíricos, da sociologia contemporânea, toda realidade concreta, social e histórica tende a desaparecer completamente. Em 1923, Lukács escrevia: "O método monográfico é o melhor meio de fechar o horizonte diante do problema." (78: p. 64-5)

Esta crítica não se refere ao trabalho monográfico que está sendo proposto aqui. Por três razões:

a) O início do processo tanto da pesquisa como do tratamento monográfico há de ser sempre o *problema* e não o *dado*, como os positivistas lógicos defendem. E o problema surge dialeticamente, ou seja, da contrastação entre um corpo de conhecimento disponível (possibilitador de uma visão global da realidade e formador de um suporte teórico de referência para sua abordagem) e a própria realidade.

b) A necessidade da *reflexão* e da *análise* em termos de relacionamento conjuntural e estrutural (do problema com a realidade maior em que se insere e sobre a qual se revela ao pesquisador social) em contraposição à mera técnica estatística de análise de dados.

c) A exigência monográfica de "delimitação do problema" há de ser entendida também como recurso de se evitar e até de se combater o enciclopedismo e a abordagem de generalidades, que constituem, mais do que atitude não-científica, uma deformação mental incompatível com a mentalidade científica.

Por isso há de se ver a crítica de GOLDMANN não à monografia em si, mas às deformações monográficas. Aliás, outra passagem dele revela isso:

> Nenhum inquérito, nenhuma monografia ou pesquisa, cuja utilidade aliás não há de ser contestada, poderão, *enquanto não forem enquadradas numa análise de conjunto e não abrangerem um longo período histórico*, pôr em evidência os fatores de transformação e de renovação duma sociedade, sobretudo por-

que os fatores se acumulam freqüentemente durante longos períodos sem que suas expressões exteriores sejam facilmente constatáveis. O fato social é um fato total (78: p. 93).

3.3 – Memória científica

Muitas vezes coincide com a própria *dissertação científica*[4]. Caracteriza-se por ser uma monografia que representa:

a) o coroamento de um curso, a especialização de alto nível ou de preparação do futuro cientista. O jovem cientista, para diplomar-se ou receber um determinado título, deixa a *marca* (a memória) de seu aproveitamento e do início de suas atividades de pesquisador, comunicando solenemente o seu primeiro trabalho científico;
b) é limitada pelas normas estabelecidas pela instituição onde é apresentada.

Vê-se que é um tipo especial de monografia ou de tese. Como esta, é julgada por uma banca autorizada a examinar, aprovar ou reprovar e a conferir título.

Por extensão, usa-se o termo também para designar monografias publicamente comunicadas em congressos, jornadas, academias, sociedades científicas, seguindo as normas que tais associações estipulam.

3.4 – Tese doutoral

É a monografia mais antiga e tradicionalmente mais solene. Sua origem está na Idade Média, desde a época das primeiras universidades. A "defesa de tese" ou simplesmente a "tese" representava o momento culminante de quem aspirava ao título

---

4. Em muitas universidades européias (como as da França, Bélgica, Suíça), a *mémoire scientifique* tradicionalmente equivale à *tese de mestrado* ou à legítima dissertação científica. Não confundir *memória científica* com o *memorial* acadêmico, exigido em algumas universidades brasileiras para o concurso de professor titular (antigo catedrático). No memorial se exige o relato e a releitura de toda a produção intelectual, científica e acadêmica do candidato, e a demonstração de sua evolução na área de conhecimento e especialização escolhida. De certo modo ele reproduz sua produção científica e a justifica.

de *doctor* (mestre), que era equivalente ao de "douto" ou "sábio". Sua prática traduz a concreção ou a institucionalização do método filosófico da época: a *disputatio* (sucessor do maiêutico socrático e do dialético platônico): cabia ao candidato defender uma *tese* contra as opiniões contrárias ou objeções de seus examinadores (*antítese*). Vitoriosa a tese, surgia uma nova teoria ou doutrina e consagrava-se um novo filósofo ou teólogo. Nascida com a própria Universidade, a tese veio varando os tempos, mesmo na fase científica, e se mantém até hoje.

Já apontamos a especificidade da tese em relação aos demais trabalhos monográficos. Em síntese: é um trabalho de pesquisa, de fôlego, de alto nível de qualificação, de conteúdo original, de profunda reflexão no tratamento das questões teóricas, mesmo quando se identifica com pesquisa empírica. É um trabalho monográfico, enquanto contraposto às chamadas "teses panorâmicas" ou "de erudição", e deve realmente trazer contribuição pessoal e relevante de seu ator para o avanço do conhecimento científico naquela área de especialização escolhida.

A este tipo de trabalho é que ECO denomina "tese de pesquisa" ou "tese de PhD" e que podemos chamar de "tese doutoral" ou "de doutorado".

É comum caracterizá-la com dois traços: ser original e ser de pesquisa.

Quanto à originalidade, já tive ocasião de mostrar minha posição, ao confrontar a idéia de originalidade com as de novidade, descoberta, invenção, criatividade. Vejo que minha posição é confirmada por ECO quando diz:

> Nas universidades deste tipo, a tese é sempre de PhD, tese de doutorado, e constitui um trabalho *original* de pesquisa, com o qual o candidato deve demonstrar ser um estudioso capaz de fazer avançar a disciplina a que se dedica. E, com efeito, ela não é elaborada, como entre nós, aos 22 anos, mas bem mais tarde, às vezes mesmo aos quarenta ou cinqüenta anos (embora, é claro, existam PhDs bastante jovens). Por que tanto tempo? Porque se trata efetivamente de pesquisa *original*, onde é necessário conhecer a fundo o quanto foi dito sobre o mesmo argumento pelos demais estudiosos. Sobretudo, é necessário "descobrir" algo

> que ainda não foi dito por eles. Quando se fala em "descoberta", em especial no campo humanista, não cogitamos de invenções revolucionárias como a descoberta da fissão do átomo, a teoria da relatividade ou uma vacina contra o câncer: podem ser descobertas mais modestas, considerando-se resultado "científico" até mesmo uma maneira nova de ler e entender um texto clássico, a identificação de um manuscrito que lança nova luz sobre a biografia de um autor, uma reorganização e releitura de estudos precedentes que conduzem à maturação e sistematização das idéias que se encontravam dispersas em outros textos. Em qualquer caso, o estudioso deve produzir um trabalho que, teoricamente, os outros estudiosos do ramo não deveriam ignorar, porquanto diz algo de novo sobre o assunto (64: p. 2).

Quando se diz que a tese doutoral deve ser uma tese de pesquisa, está-se indicando o caráter de cientificidade de que deve revestir-se a tese. Tomando-se o termo "pesquisa" em seu legítimo sentido – trabalho autenticamente produtor de conhecimento científico –, há de se concluir que a tese doutoral revela sua cientificidade pelo uso correto do método científico. Em outras palavras, os elementos constituidores do método científico são os mesmos da cientificidade que se requer de uma pesquisa e, por conseguinte, de uma tese doutoral: ser um processo de procura (de solução de problemas formulados) e de comprovação da validade da verdade e da consistência da solução alcançada. Ou, como diz BUNGE, "um conjunto de procedimentos por intermédio dos quais *a*) se propõem os problemas científicos e *b*) se colocam a prova as hipóteses científicas" (39: p. 22).

Raramente uma pesquisa converte-se em tese. Mesmo que tenha cumprido todo o ritual metodológico científico. O motivo parece evidente: o relatório de pesquisa, geralmente adstrito ao cumprimento de fases idênticas a qualquer pesquisa, não tem o compromisso com a originalidade e com a profundidade da construção teórica que a tese doutoral há de ter. Donde se conclui que o método científico é garantia de cientificidade tanto da pesquisa como da tese doutoral, ou seja, é condição necessária tanto para uma como para outra, mas não é condição suficiente. Isso não impede que didaticamente se possa aconselhar ao candidato à tese doutoral:

a) ao fazer sua tese, siga a metodologia da pesquisa científica, tomando seu processo, suas fases, suas técnicas, seu ritual, enfim, como paradigma (tanto para fazer a pesquisa como para comunicá-la em forma de tratamento escrito);
b) seu trabalho será legítima tese e transcenderá o mero relatório de uma pesquisa se essa sua pesquisa demonstrar originalidade e modo novo de achar o problema da pesquisa, e formulá-lo dentro de um marco teórico de referência em que sua abordagem revele reflexão, análise crítica significativa e se identifique sua posição pessoal em contraposição aos autores escolhidos.

É útil finalizar recorrendo novamente ao *Como se faz uma tese* de UMBERTO ECO.

Ao defender que a tese doutoral deva ser *científica*, diz que "um estudo é científico quando responde aos seguintes requisitos:

1) o estudo debruça-se sobre um *objeto reconhecível e definido de tal maneira que seja reconhecível igualmente pelos outros*;
2) o estudo deve dizer do objeto *algo que ainda não foi dito* ou rever sob uma óptica diferente o que já se disse;
3) *o estudo deve ser útil aos demais*;
4) o estudo *deve fornecer elementos para a verificação e a contestação das hipóteses apresentadas* e, portanto, para uma continuidade pública" (64: p. 21-3).

À *tese doutoral*, por ser a *monografia por excelência*, aplicam-se as mesmas técnicas de elaboração expostas a partir do próximo capítulo.

Capítulo X

Escolha do assunto

> *Para principiar mais vale que nos sirvamos das que se apresentam espontaneamente aos nossos sentidos [...] do que procurar outras mais raras e complicadas.*
> *Parecia-me que poderia encontrar muito mais verdade nos raciocínios que cada um forma sobre os assuntos que para si são importantes.*
>
> DESCARTES

Introdução. 1 – Importância da escolha. 2 – A lição da experiência: diretrizes para a escolha. 3 – O assunto como problema e hipótese da investigação científica.

A primeira fase no processo de elaboração de uma monografia é a determinação do assunto a tratar. Escolher um assunto significa:

a) preferir de acordo com as próprias inclinações e possibilidades uma questão em meio a tantas que surgem no âmbito de cada objeto científico;
b) descobrir um problema relevante que mereça ser investigado cientificamente e tenha condições de ser formulado e delimitado tecnicamente em função da pesquisa.

A escolha do assunto, sobre ser uma expressão de preferência pessoal, é um ato de especificação. Envolve problemas e fatores psicológicos e sociais, de um lado, e metodológicos, de outro.

Aquele que pela primeira vez se propõe escrever um trabalho científico (realizar uma pesquisa, um informe, uma monografia ou tese) arrosta com dificuldades reais. É comum depararmos com alunos, nessas circunstâncias, a solicitar ao professor sugestões e até "listas de temas"...

Bastaria essa colocação para justificar um capítulo neste livro sobre a escolha do assunto, em que teremos de considerar a importância, os fatores e as indicações práticas.

1 – Importância da escolha

Se o *problema* enfocado é o ponto de partida da investigação e, conseqüentemente, da própria monografia, torna-se importante por si mesmo: é *objeto da pesquisa*. Não menos importante é saber *escolhê-lo* com acerto.

Acabamos de identificar a escolha do assunto (ou do problema da pesquisa) como ato de especificação e preferência. Especificar implica: focalizar, abranger num relance determinado objeto ou lugar. Preferir é uma atitude que envolve processos psicossociais (tendência, percepção, socialização de valores, ajustamento, realização pessoal), julgamento e poder de decisão.

Estão nestas duas palavras, *especificação* e *preferência*, a síntese da importância de uma feliz escolha.

Um assunto a ser tratado cientificamente, pela primeira vez, deve significar algo de muito ligado à pessoa do iniciante na atividade científica. Deve ser um tema selecionado dentro das matérias que mais lhe interessaram durante o curso e que atendam às suas inclinações e possibilidades. Não esqueçamos que representa o início de uma opção transcendente: a da realização profissional. É lastimável o comportamento daqueles que escolhem, no curso de graduação, e sobretudo nos de doutoramento ou mestrado, temas que não os estejam introduzindo nas áreas de uma futura especialização: apenas que lhes garantam o cumprimento de uma obrigação acadêmica.

Verdade é que se trata de um problema complexo que reflete questões de tipologia psicológica, orientação profissional e mercado de trabalho. A solução pertence especificamente à Universidade moderna na dupla missão de formar o indivíduo e dar-lhe condições de incorporar-se aos quadros sociais, como autêntico integrante da época. Enquanto a Universidade não cumprir sua missão, teremos produção científica precária e a existência dos "anfíbios profissionais" de que falava MALPIQUE ou dos eternos "descontentes com sua sorte" retratados pelo poeta latino.

A escolha do assunto está concretamente relacionada com fatores psicossociais em termos até de causa-efeito: da adequação do tema ao indivíduo dependerá a *energia*, a *velocidade*, o *rendimento* e a *constância* exigidos para a realização de um trabalho científico. E em termos de efeito temporal, não se pode esquecer uma verificação constante: feito o primeiro trabalho, seguem outros como conseqüência natural.

Desse aspecto psicossocial deriva o metodológico: a monografia ou a tese constituem, normalmente, o primeiro passo para a ciência. Ainda que não se exija do iniciante uma extraordinária contribuição para o progresso científico, não se pode conceder-lhe o direito à mediocridade. Todo o desenvolvimento da monografia depende, obviamente, da escolha do assunto: se for feliz, terá mais condições de êxito; se infeliz, estará fadado ao fracasso.

Lembremos que um trabalho sério não se improvisa. Pressupõe tempo, para consultar com mão diurna e noturna toda a bibliografia existente, para lançar e amadurecer idéias e estabelecer as necessárias provisões.

A escolha específica do assunto deve ser uma deliberação de considerável antecedência em relação à data-limite para execução do trabalho.

Estou me referindo aos temas de *livre* escolha, como se espera nos tratamentos científicos ou trabalhos de alto nível. Temas marcados só têm sentido na fase dos "trabalhos de estágio", quando o professor procura auxiliar o aluno a programar atividades escolares em função da matéria ministrada. Seria ridículo por parte dos professores de cursos de pós-graduação especificar temas de monografia ou tese para os alunos.

Mas, como estou apresentando a metodologia do trabalho científico endereçada a uma diversificada gama de interessados, em que os alunos de cursos de graduação constituem a maioria, temos de levar em conta, também, as situações de temas marcados.

De qualquer maneira, só se pode esperar êxito quando o assunto é escolhido ou marcado de acordo com as tendências e aptidões do aluno.

A esta altura, o leitor poderia indagar: mesmo aceitando os fatores psicossociais que determinam uma feliz escolha do assunto monográfico, como escolhê-lo?

Meu propósito é ser objetivo e prático. Responderei à questão, indicando o resultado da lição da experiência de quantos que, já tendo elaborado trabalhos científicos, no-lo transmitiram. Um conjunto de diretrizes gerais e práticas que auxiliará a todos.

2 – A lição da experiência: diretrizes para a escolha

Aproveitando o relato dos que já percorreram os mesmos caminhos, é possível apontar esquematicamente um verdadeiro guia para o iniciante.

2.1 – Quanto à *origem dos assuntos* que resultaram em tratamento bem-sucedido na história da ciência, ocorrem as seguintes fontes principais de inspiração e de escolha:

1) A *observação direta* do comportamento dos fenômenos e dos fatos. Para se fazer ciência não basta deixar que "os fatos falem por si mesmos", é preciso também saber ouvi-los. Depende da curiosidade e da capacidade do pesquisador descobrir um problema que mereça ser investigado ou, tautologicamente, dum assunto de trabalho científico. Observando é que se surpreende a "uniformidade empírica" que demanda explicação.

A natureza sempre será a "causa e a ocasião de todos os livros". É preciso saber interrogá-la com interesse.

2) A *reflexão*. Perguntaram a Newton, de uma feita, como descobriu a lei da gravidade: "Pensando nela", respondeu. Quem sabe pensar encontra em si mesmo um manancial rico de assuntos que têm possibilidade de ser explorados. Pela reflexão é que surgem as relações mais imprevistas, as dúvidas dignas de atendimento, a descoberta de falhas em certas teorias e tantas outras questões relevantes. Todo tratado de metodologia lembra que uma das fontes mais freqüentes de hipóteses para a pesquisa é a própria teoria: da análise de uma teoria surgem hi-

póteses que, comprovadas, transformam-se em novas teorias (o "ciclo da ciência"). A teoria-fonte neste caso encontra-se na cultura geral em que a ciência se desenvolve e na própria ciência específica.

3) O *senso comum*. Não obstante ser "inimigo da ciência", porquanto não apresenta explicações ou as apresenta sem comprovação e fundamentação, constitui, até por isso mesmo, rica fonte de problemas científicos[1]. O pesquisador voltado para a descoberta de generalizações mais amplas ou em oposição a um grupo de generalizações existentes vê, em muitos conteúdos do senso comum, autênticos estímulos para a investigação.

4) A *experiência pessoal*. Todos nós temos maneiras peculiares de reagir não só às situações concretas da vida, como às influências culturais, científicas e ideológicas. No capítulo precedente vimos o que motivou LE PLAY a criar o "método monográfico": um acidente que o deixou inativo durante um período capaz de despertar-lhe a atenção para um problema social (a família operária e seu orçamento). A história da ciência está repleta de casos semelhantes. A vida de cada cientista está ligada à própria atividade.

5) As *analogias*. Muitos modelos e teorias pertinentes a uma ciência derivam de analogias com outras ciências. A "física social", a "ecologia humana", a "geografia política", a "teoria de campo" de KURT LEWIN são alguns entre dezenas de exemplos de formulações teóricas derivadas de um setor científico para outro, devido à aplicação de analogias, feita mediante exame meticuloso das relações e conceitos emitidos.

6) A *observação documental* e o "*mercado de idéias*". Os documentos no sentido mais amplo (desde os de campo até os

---

1. Costuma-se arrolar o "senso comum" ou "bom senso" entre os "inimigos da ciência" também denominados "barreiras do conhecimento científico" ao lado de outros como: preconceito, estereotipias, etnocentrismo, dogmatismo, autoritarismo, subjetivismo, impressionismo, especialismo.

bibliográficos) constituem, sem dúvida, um terreno fértil de assuntos científicos para quem os sabe usar com inteligência e agudeza. Sobretudo na leitura de trabalhos e revistas especializadas (o consagrado "mercado de idéias") é que se inspiram notáveis empreendimentos. Vê-se aqui a grande vantagem da prática da documentação pessoal de que falamos no capítulo IV.

7) A *serendipidade*[2]. Ultimamente se tem referido muito à serendipidade como a descoberta repentina e aparentemente casual que se dá à margem de uma pesquisa. MERTON, referindo-se a esse fenômeno como "o dado imprevisto, anômalo e estratégico que exerce pressão para iniciar a teoria", assim a definiu: "A pesquisa empírica frutífera não somente comprova hipóteses, teoricamente derivadas, como também dá origem a hipóteses novas. Isto pode ser chamado o elemento de serendipidade da investigação, ou seja, a descoberta, por casualidade ou por sagacidade, de resultados válidos que não eram procurados." (124: p. 172-3)[3] O "reflexo condicionado" de PAVLOV e a "penicilina" de FLEMING são dois exemplos clássicos de descobertas por serendipidade.

Sobre as chamadas descobertas por intuição ou por "estalo", é digno de nota que esses fenômenos não se dão gratuitamente (ao menos não há comprovação científica da gratuidade das intravisões). Dão-se provavelmente como arremate inesperado de um processo de longa reflexão ou de idéias anteriormente adquiridas que se associaram na mente, mesmo em períodos de inconsciência.

À "criação" precedem idéias previamente ordenadas e ordenadoras de constructos já existentes no espírito. Muitas intuições são, também, o efeito de pesquisas exploratórias; aliás, o objetivo da pesquisa exploratória é justamente este: conseguir intuições sobre o problema (confira JAHODA, 165: p. 57-75).

---

2. Do inglês *serendipity* – termo usado pela primeira vez por HORACE WALPOLE e derivado do conto de fadas *Serendipity and the three princes*, país imaginário onde os heróis encontravam continuamente, por pura sorte, artigos de valor.

3. A esse respeito cf. também BACHRACH (13: p. 18-22) e PARDINAS (140: p. 127), entre outros, citados em nossa referência bibliográfica.

8) Os *seminários*. Quando bem dirigidos, costumam ser campo propício de idéias novas. Provocam o senso analítico dos participantes e proporcionam o levantamento de questões que não aparecem freqüentemente nos livros de texto e obras originais consultadas e debatidas. Não é arbitrariamente que seu nome deriva, por etimologia, de *semen*: semente de temas que merecem estudo e pesquisa.

Os seminários completam-se com o próprio ambiente universitário, onde, no constante contato entre colegas de diversos níveis e cursos, entre professores e alunos, motivam-se os futuros pesquisadores.

9) É interessante notar que os temas mais fecundos nascem do campo das *controvérsias*. No setor da psicologia, por exemplo, quantos temas não surgiram de exaustivas discussões sobre os determinantes psicológicos, hereditariedade e meio, fatores ontogenéticos e fatores culturais!

2.2 – Critérios na escolha do assunto

Os três critérios de relevância (operativa, contemporânea e humana) formulados no capítulo V (p. 155) são os fundamentais na escolha de assunto digno de ser tratado cientificamente.

Para cumprir esse postulado da prática científica é de praxe recomendar aos iniciantes no trabalho científico, entre outros, os seguintes cuidados:

1) O assunto deve ser *adaptado* à capacidade, às inclinações e aos interesses de quem se propõe elaborar um trabalho científico.

Deve satisfazer às *exigências* do atual *status* social do pesquisador e ser acessível ao seu grau de estudo ou de cultura.

Compreende-se, pois, a necessidade de um exame sereno de si mesmo, do tema a ser tratado, das possibilidades de pesquisa.

A causa do insucesso de tantos alunos, que abandonam na metade o trabalho uma vez começado, está freqüentemente ligada ao fato de não terem previsto suficientemente as dificuldades inerentes ao próprio trabalho. Não mediram o próprio cabedal e não colocaram o assunto dentro de suas reais inclinações.

A escolha do assunto exige freqüentemente orientação de caráter pessoal (análise das próprias possibilidades e limitações) e de caráter metodológico (análise da natureza do tema, de suas diretrizes, das possibilidades de documentação etc.).

Além disso, o assunto deve estar sujeito aos seguintes elementos externos:

a) *tempo à disposição*: é condição imprescindível, a fim de não se ter de deixar o trabalho incompleto ou de sofrer as conseqüências duma aceleração final;
b) *existência de bibliotecas* para consultas e possibilidade de documentação; é fácil compreender a razão deste requisito;
c) *possibilidade de consultar especialistas* no assunto, de acesso às fontes e outros subsídios.

Denota perspicácia não escolher assunto sobre o qual se publicou recentemente algum estudo, pois em geral já são delimitações em que dificilmente se conseguiriam novas abordagens.

Um sinal evidente de escolha acertada é o *sentimento* que se prova, desde a decisão, de que se está trazendo uma *contribuição pessoal*.

Em qualquer situação que se tenha de escrever um trabalho, é aproveitável a lição incisiva de Mr. BELLINGS, douto bibliotecário de Washington, ao observar que "quem vai publicar um trabalho deve":

1. Ter algo de novo a dizer.
2. Dizê-lo.
3. Calar-se enquanto fica dito.
4. Dar à publicação títulos e ordem adequados (citado por LASSO DE LA VEGA, 110: p. 77).

2) Convém não empreender o trabalho antes de completados os estudos necessários ou, ao menos, antes de estar a par de todas as questões a desenvolver. Há pouco foi apontada a necessidade de pedir orientação; esta, sem discussão e análise meticulosa das reais possibilidades, teria pouco valor. Além disso, é preciso ser fiel à orientação recebida.

3) Mas, escolhido o assunto, com a consciência de que já existem as condições mínimas para se empreender o trabalho, convém que se *comece logo*. Quanto mais se protela, menos probabilidade existe de iniciá-lo um dia. A história de muitos "projetos engavetados" é mais rica do que a dos realizados.

3 – O assunto como problema e hipótese da investigação científica

Nesta seção desejo resumir o capítulo final de minha tese (*Da problematização no processo investigatório*) intitulado "Artesanato metodológico".

A pesquisa científica começa pelo problema. Não pela teoria, nem pela observação, nem "por premissas, como acreditava o velho racionalismo" (LARROYO). E problema é *dúvida*, é dificuldade, é quebra-cabeça, é curiosidade, é mistério, é assombro...

Quando se diz que a pesquisa começa com um problema, ainda não se propõe a necessidade de sua formulação. A consciência do problema envolve processos, sobretudo de natureza psicológica. Sua formulação, processos metodológicos de ordem lógica e de ordem técnico-operacional. Somos obrigados a pensar na formulação do problema em dois aspectos: lógica da formulação do problema e técnicas de formulação e delimitação do problema.

3.1 – Aspectos lógicos da formulação do problema

Formular um problema ou, como se diz na linguagem coloquial, "reduzi-lo a termos" é uma operação genuinamente lógica. À primeira vista parece evidente; mas na realidade não o é para a maioria de nossos alunos e iniciantes na pesquisa científica. Freqüentemente constatamos que muitos, apesar de estarem de posse de um rico problema de pesquisa ou de dissertação científica, confessam estar emaranhados no próprio problema, sem saber como formulá-lo; ou, então, nos solicitam recursos técnicos de metodologia para fazê-lo, sem sequer terem percebido que sua dificuldade é de lógica, e de lógica elementar.

Há necessidade de se estabelecer a distinção entre *lógica tradicional* (*formal*) e *lógica dialética*. Aquela, de origem aristotélica, é estática e eminentemente gramatical. Propôs-se ser a "teoria do pensamento", mas não consegue se ocupar do "pensar científico que põem em prática as ciências particulares", como observou LARROYO (109: p. 27). A lógica aristotélica fez-se de cega para esta fase inicial e geradora do processo investigatório. E justamente a partir desse ponto – que é o crucial – é que ela se distingue da *lógica dialética* ou *lógica da investigação científica*. Então é no terreno desta última lógica que vamos rapidamente incursionar e colher os pressupostos básicos para a formulação do problema.

O terreno que vamos percorrer situa-se num dentre os dois territórios de seu domínio: há o *analítico* – em que se estudam as operações lógicas fundamentais –, e o *sintético* – chamado "teorética" –, em que se estuda a estrutura global das ciências. Interessa-nos penetrar no primeiro. Aí localizamos uma seção que nos interessa: a *aporética* (do grego *aporia*: dificuldade, problema), que se ocupa da operação lógica que é a *pergunta científica*, ou seja, da formulação correta dos problemas ou dos objetos a investigar. Como diz LARROYO:

> Toda investigação começa com um problema. Uma lógica da investigação científica tem que tomar em consideração este fato. A ciência progride porque o homem de ciência, insatisfeito, lança-se à procura de novas verdades. Assim empenhado, o pesquisador primeiro suscita e propõe questões num determinado território do saber; depois, elabora um projeto ou um plano de trabalho destinado a dar resposta a seu problema. A aporética ou lógica do "interrogador científico" estuda as condições dos problemas válidos e das questões conexas (109: p. 143).

Para fundamentar a lição a extrair da "lógica dialética" na formulação do problema, há necessidade de recorrer à "doutrina do conceito" – que difere e suplanta a da "lógica formal". Para esta, por ser estática, os conceitos são de antemão dados e se relacionam, para formar a proposição, através da cópula: se os dois conceitos convêm, tem-se a proposição afirmativa; se não, a negativa (um conceito é o sujeito da proposição e outro, o predicado). Na dialética, o *conceito* ou *predicado* funciona como *determinante* de uma *matéria* (o sujeito). Assim, na investigação científica, a futura proposição científica a ser comprovada pela pesquisa (a hipótese) deve constituir-se como *resposta* (proposição afirmativa ou negativa) a uma *pergunta* dada: é *uma operação segundo a qual uma matéria de conhecimento se determina do ponto de vista que fixa o sentido de uma pergunta*. E o predicado do juízo (ou proposição) se chama "conceito" e representa o ponto de vista já determinado que permite uma nova determinação. O estudo do *conceito* pertence à predicação ou *apofântica*. E o estudo do *sujeito*, ou melhor, da matéria do juízo, pertence à *aporética*.

3.1.1 – *Princípios lógicos da formulação do problema*. Se vamos fazer uma pergunta logicamente bem-feita (e formular o problema é isso), é preciso compreender que estamos diante do "problema" e que algo é problema de conhecimento para nós, justamente porque é *novo* (estranho, confuso, misterioso...) e *confrontado* com nosso conhecimento até aquele momento. Daí os dois princípios da aporética:

1) *Princípio heterotético*: a realidade é dialética e o conhecimento, o pensamento, por serem também uma realidade, são dialéticos. Tudo é e não é ao mesmo tempo. Como nosso conhecimento anterior (tese) não é ainda o novo – que começa a surgir com o problema – e se situa em outro pólo (o oposto, a antítese), a formulação do problema, então, se faz sob o regime da contraposição, da contrastação, da contradição. Este é o princípio da *heterotesis*.

Desse princípio se extraem duas "regras" de formulação do problema:

a) fazer a formulação à maneira de pergunta ou proposição interrogativa;
b) fazê-la em função da contraposição ou simplesmente em contradição com o conhecimento anterior (o que temos até o surgimento do problema).

2) *Trânsito dialético*: está implícito no heterotético. Segundo a lógica dialética, todo conhecimento implica conhecimento anterior ou conhecimento já adquirido, suscetível de superar-se no trânsito dialético do saber ou do próprio processo de conhecer. Conseqüência: nenhum novo conhecimento surge do zero – supõe sempre um conhecimento anterior (uma teoria, uma lei, uma proposição científica) ao qual se opõe radicalmente ou parcialmente (acrescentando algo ou restringindo em parte ou modificando alguma coisa). E o conhecimento existente passa a funcionar como o suporte ou ponto de partida da evolução do novo conhecimento, da nova teoria. Daí por que em metodologia da pesquisa se recomenda que a formulação do problema e da hipótese (como resposta conjectural, provisória ao problema) se faça dentro dum contexto teórico bem determinado, o chamado "marco teórico de referência".

3.1.2 – Esses dois princípios fundamentam os *tipos lógicos* de formulação do problema, que são basicamente:

a) *Perguntas genéricas* (em que se focaliza o gênero conceitual da matéria do juízo ou do conhecimento a obter a partir do problema a ser formulado).
Ex.: A que tipo de neurose pertence o fetichismo sexual?

b) *Perguntas específicas* (focaliza-se dentro do gênero a espécie ou dentro desta a diferença específica). Ex.: Quais as espécies de fetichismo sexual?

c) *Perguntas de conceituação ou definição* (pedem a determinação da matéria do juízo – o sujeito da proposição – em forma de definição, conceituação – a essência. Geralmente o interrogativo é: "*o que é?*"). Ex.: O que é fetichismo?

d) *Perguntas de relação causal* (enfocam o problema da pesquisa em forma de causa-efeito, função, dependência, determinação... Geralmente o interrogativo é "*por quê?*"). Ex.: Por que certas pessoas têm fixação por pés?

e) *Perguntas que pedem respostas qualitativas* (afirmativas ou negativas). Ex.: É o fetichismo sexual realmente uma neurose?

f) *Perguntas que pedem respostas quantitativas* (referem-se à extensão e compreensão ou à extensão universal ou particular da proposição). Ex.: Quantos tipos há de fetichismo sexual?

g) *Perguntas que se referem às relações de comparação* (propõem questões como igualdade, maior, menor, mais, menos, semelhança, diferença...). Ex.: A prática do fetichismo sexual é mais freqüente entre os homens ou entre as mulheres?

h) *Perguntas de variação concomitante* (em que não se focaliza a causalidade entre dois elementos da proposição, mas a relação de concomitância em que a variação da presença, da quantidade e do grau de um corresponde à do outro). Ex.: Será que, à medida que aumentar o índice de incidência da AIDS, aumentará o índice da prática do fetichismo sexual?

Os tipos de perguntas não se esgotam com esse quadro. Outra maneira de classificar as perguntas em lógica é tomando como referencial os próprios interrogativos: o quê? por quê? para quê? onde? quando? como? quem? etc.

3.2 – Técnicas operacionais na formulação do problema (aspectos metodológicos)

Antes de apresentar algumas técnicas operacionais de formulação do problema, importa uma distinção entre *tema*, *tópico* e *problema*.

Este mesmo capítulo "Escolha do assunto" serve de ponto de partida. É correto dizer que seu tema foi "Escolha do assunto" e dentro desse tema escolheram-se vários tópicos, como "Importância da escolha", "Diretrizes para a escolha" etc. Em geral *tema* é termo que se usa, em metodologia do trabalho científico, para designar o assunto sobre o qual se discorre, e *tópico* consiste, como o nome indica, em um aspecto ou parte dessa abordagem. Apesar de abstratamente *tema* ter extensão maior (o tópico está contido no tema), nem sempre essa relação se mantém, quando se faz referência a um contexto concreto, podendo-se até os dois termos se identificarem.

Importa o referencial que se tem. Assim, a pesquisa não se faz sobre este ou aquele tema. Já pronta e no ato da comunicação, pode-se dizer que a pesquisa é sobre o tema tal, do mesmo modo quando se faz referência a uma conferência, a um artigo, a uma abordagem.

Em termos metodológicos, indica-se que, para se fazer um trabalho científico, sobretudo a pesquisa, deve-se delimitar o tema, convertendo-o em tópico e em seguida em problema. Exemplificando: o tema "A participação da comunidade na implantação de políticas de mudanças" pode ser convertido no tópico "Formas mais eficazes de participação de uma comunidade" e assim chegar-se ao problema central de uma pesquisa sociológica do tipo *survey*: "Na história da comunidade X, quais formas de participação têm sido utilizadas?" Deste problema é possível um desdobramento em outros, como: É possível detectar formas de participação e relacionar cada uma com objetivos alcançados? Quanto mais concreto o objetivo, maior grau de participação? Houve alguma mudança social nesta comunidade sem participação efetiva de seus membros? etc.

Na prática, freqüentemente a conversão do tema em tópico e em problema e o desdobramento deste em problemas mais delimitados e específicos costumam proporcionar toda a estrutura do trabalho monográfico ou da própria pesquisa.

É possível agora apresentar, em forma de guia, os *principais passos* a percorrer para uma *formulação do problema* correta e eficaz:

1) Formular o problema espontaneamente em forma de descrição ou dúvida, e de maneira clara.

2) Tentar em seguida estabelecer um confronto e uma relação: de um lado colocar a formulação espontânea anterior; do outro, tentar estabelecer o *contexto* (embrião do "marco teórico de referência" a ser adotado pelo autor do trabalho ou pelo pesquisador), que será formado por um conjunto de conhecimentos pessoais, adquiridos até aquele momento nas mais variadas formas e fontes, acrescidos das informações obtidas pelos primeiros levantamentos bibliográficos.

3) Tentar agora transformar a formulação já obtida em pergunta ou perguntas bem específicas e ordená-las de acordo com os princípios lógicos e os tipos de perguntas vistas atrás.

4) Para cada pergunta tentar um esboço de respostas. Talvez o trabalho daqui para a frente seja ater-se a uma parte das perguntas; talvez consista justamente em trabalhar essas respostas para transformá-las em legítimas hipóteses científicas.

5) A esta altura certamente o marco teórico de referência já está esboçado ou já se decidiu que linha de pensamento ou de abordagem será adotada. Então, fazer de cada resposta formulada no item 4 uma proposição bem definida. Relacionar a pergunta com a resposta correspondente e procurar identificar o tipo de questionamento que se está fazendo, em função dos tipos lógicos de pergunta, como: trata-se de conceituar? de definir? de classificar? de estabelecer relação de causalidade? de relação de variação concomitante entre variáveis? etc.

6) Obviamente perguntas e respostas envolvem *conceitos*, categorias, constructos abstratos. Então, há necessidade de selecionar os mais relevantes e procurar defini-los. Técnica indicada:

a) definir com as próprias palavras;
b) em termos operacionais (geralmente se faz através de descrições das operações que envolvem a pesquisa; ou de maneira evolutiva, assim: de colocações provisórias caminha-se para outras cada vez mais precisas, definitivas; de idéias ainda não precisas para outras mais precisas; de obscuras para claras e distintas, conforme o método cartesiano);
c) definir em relação aos outros conceitos encontrados em trabalhos anteriores ou – o que é mais freqüente – em relação ao contexto, ao quadro de referência teórico, dentro do qual se situou o problema[4];

4. O contexto (referido no primeiro passo) a esta altura já se converteu, provavelmente, no *quadro de referência teórico*, cuja importância para o pesquisador, nunca é demais insistir, está em ser o grande condicionador de segurança do trabalho científico e de progresso da ciência. E quando esse quadro teórico de referência é constituído de toda a documentação levantada, torna-se, por isso mesmo, a concreção do princípio denominado "trânsito dialético" e a prova empírica de sua eficácia.

d) de maneira aceita e comunicável e não como produto de um mundo privado ou hermético.

Observação importante: uma das técnicas usadas pelos *experts* é a da "definição em paralelo", provavelmente herdada da *disputatio* dos escolásticos da Idade Média. Consiste em levantar uma série de definições dadas por vários autores especialistas no assunto e cotejá-las entre si, duas a duas, anotando os elementos comuns e os diferentes, o que uma definição acrescenta à outra. Ao final, por ter-se efetuado verdadeira análise crítica das definições, obter-se-á uma síntese, que é a definição procurada.

Foi essa a técnica empregada por ALLPORT em seu clássico trabalho sobre a *Personalidade*, em que examinou mais de cem definições de personalidade até chegar à sua própria definição, em torno da qual desenvolveu toda sua teoria revolucionária.

7) Após o passo anterior, procurar estabelecer as chamadas "referências empíricas" do problema e de suas respostas. Nem sempre se consegue (afinal é a natureza do problema que o determina). Caso se consiga, ver nessa possibilidade a direção para o trabalho ou a pesquisa. Além de ser uma investigação de respostas conceituais, poderá ser também uma "pesquisa empírica" (como estudo de observação, experimento de laboratório, pesquisa de campo, *survey*, pesquisa participante etc.). Alimento nesse particular uma convicção metodológica: *se a pesquisa pode ser empírica, deve ser empírica* – o pesquisador não tem o direito de subtrair à instituição "ciência" este direito que lhe pertence e que se assenta no princípio da comprovação da hipótese. Parafraseando aforismos latinos clássicos, diria que *empirica empirice tratanda* (a realidade empírica deve ser tratada empiricamente), equivalente ao que defendeu SPRANGER, em psicologia: *psychologica psychologice tratanda*.

8) Alcançada a relação empírica, surge o momento de estabelecer-se nova relação entre as respostas (notadamente as hipóteses, a esta altura já em forma de proposições formuladas com rigor terminológico e técnico) e alguma teoria, com o objetivo de determinar:

a) até onde se decide aplicar ou aproveitar a teoria já existente para explicar ou esclarecer o problema;
b) em que pontos há divergências ou até oposições à teoria escolhida por não satisfazer como resposta ao problema.

9) Este nono passo pode, às vezes, permutar-se com o anterior: tentar relacionar o problema e as hipóteses com as técnicas que serão usadas para a "coleta de dados", a mensuração (caso seja usada) e a documentação.

10) Chega-se, enfim, àquela situação proporcionada pela *formulação do problema* e que metodologicamente constitui fator de êxito: *o planejamento*. Elaborar o *plano* da monografia ou da tese e o *projeto de pesquisa* já não será tarefa difícil, porque todos os passos anteriores já serviram para traçar-lhes as *coordenadas*. É questão apenas de formalização.

No adendo A apresento a "Conversão de tema em problema delimitado – passos para a formulação correta do problema". Um recurso didático em que procuro mostrar os passos para se formular corretamente o problema, do ponto de vista metodológico.

Capítulo XI

Uso de biblioteca e documentação

Se os meus escritos valem alguma coisa, possam os que os tiverem [...] utilizá-los do melhor modo que entenderem.

DESCARTES

Introdução. 1 – Biblioteconomia: noções em função do leitor. 2 – Repertórios bibliográficos – obras de referência e material específico. 3 – Documentação.

À escolha do assunto segue naturalmente, dentro do processo de elaboração da monografia, a fase da pesquisa bibliográfica. Não vamos ocupar-nos agora dela, diretamente, mas do uso da biblioteca e da documentação. Por uma questão lógica, antes de dizer a alguém como agir é preciso informar-lhe o que fazer. Se começássemos a indicar como pesquisar a bibliografia referente ao assunto escolhido, estaríamos supondo que todos têm noções sobre a biblioteca e os centros de documentação; seu funcionamento e os tipos de serviço que prestam. Ora, isso nem sempre ocorre.

Há mais razões que me movem a esta digressão importante. Uma delas é o fato de que hoje, dado o avanço da biblioteconomia e da documentação, todo interessado consegue praticamente o material ou fonte de que necessita. Já está se extinguindo o tempo em que os autores e defensores de tese tinham o direito de justificar lacunas em seu trabalho por falta de condições de acesso às fontes, lançando o libelo de culpa às bibliotecas locais, regionais ou nacionais.

Documentar-se não é apenas uma das fases da elaboração do trabalho científico: é um hábito do trabalhador intelectual e um tipo de pesquisa também: a pesquisa documental. Documenta-se até em fase anterior à escolha do assunto. Julgamos acertado dedicar um capítulo específico ao tema. Estarão aqui noções básicas com vistas ao trabalhador intelectual; não entramos em informações detalhadas que interessam a especialistas: compete aos biblioteconomistas e documentalistas fornecerem-nas.

1 – Biblioteconomia: noções em função do leitor

Todo leitor que se dirige a uma biblioteca com intenção de fazer pesquisa bibliográfica ou de documentar-se tem necessidade de e interesse nestas noções básicas.

1.1 – Biblioteconomia

Entende-se por biblioteconomia o estudo de tudo que se relaciona com a biblioteca. Ramo auxiliar da ciência, vem a biblioteconomia impondo-se cada vez mais por causa do papel fundamental que, na moderna sociedade, desempenha a biblioteca como precioso instrumento de cultura. O assunto é demasiado vasto. Exporemos aqui apenas rudimentos.

Quem deseja orientar-se numa grande cidade deve previamente consultar um guia turístico. Na biblioteca, o guia é o catálogo.

Todo endereço de residência é representado pelo nome da rua e pelo número da casa. Na biblioteca, o endereço do livro toma o nome de *número de chamada*, compreendendo o número que lhe compete na classificação de *assunto* e o número de *autor* que lhe compete nas respectivas tabelas. Como vimos no capítulo IV, é através de um número – o número de classificação decimal – que se faz referência ao assunto do livro.

Pela sua praticidade, a classificação decimal do americano MELVIN DEWEY é a mais usada.

Denomina-se decimal porque todos os ramos do saber humano estão divididos em 10 (dez) classes que se podem subdividir indefinidamente conforme já tivemos ocasião de informar.

Recapitulando as dez classes, temos:

000 – Obras gerais
100 – Filosofia
200 – Religião
300 – Ciências Sociais
400 – Filologia e Lingüística
500 – Ciências puras e naturais
600 – Ciências aplicadas
700 – Belas-Artes–Esportes–Divertimentos
800 – Literatura
900 – História–Geografia

Cada classe compreende dez divisões representadas por dezenas. Assim, as ciências puras (500) se subdividem em matemática (510), astronomia (520), física (530) etc. Os assuntos de que trata cada uma dessas subdivisões são representados igualmente por números que vão se sucedendo, na direção da esquerda para a direita, com possibilidade de prosseguir indefinidamente desde o mais abrangente até o mais específico. Os números, à medida que formam um grupo, são separados por ponto, tal qual ocorre no sistema decimal numérico. Então, um assunto é expresso por:

NÚMERO	•	NÚMERO	•	NÚMERO	•	NÚMERO
↓		↓		↓		↓
CLASSE		DIVISÃO		SUBDIVISÃO		ESPÉCIE

Tomemos como exemplo o assunto "Psicologia". Na classificação de DEWEY é assinalado sob o número 150 (psicologia é considerada divisão de filosofia).

Assim encontramos em seu *Manual de classificação decimal*, por exemplo:

150.11 – Teorias psicológicas
150.13 – Psicologia aplicada
150.19 – Sistemas de psicologia
150.72 – Psicologia experimental

O assunto "instinto", por exemplo, é classificado sob o seguinte número: 158.424, cuja razão é facilmente entendida:

100.000 – Filosofia
150.000 – Psicologia
158.000 – Movimentos (psíquicos e psicofisiológicos)
158.400 – Movimentos involuntários
158.420 – Movimentos involuntários inatos
158.424 – Instintos

Certas obras são comumente representadas de outra maneira. Assim, as obras de referência (enciclopédias, dicionários etc.) são designadas com um R, e as obras de ficção com um F, antes do número.

O livro não fica suficientemente identificado pelo título. É necessário recorrer a uma identificação também do *autor*.

Geralmente para esta última adota-se a Tabela de CUTTER. Nesta tabela o autor é representado pela primeira letra do último sobrenome, seguida de um número fornecido por tabela fixa. Assim, por exemplo: ADLER, Alfred é identificado pelo número e letra A237; CHAVIGNY, C512.

Deste modo, o endereço do livro nos será dado por dois números: o de classe ou assunto e o de autor. Como é possível que o mesmo autor tenha vários livros dentro do mesmo assunto, tornou-se necessário acrescentar um terceiro elemento de CUTTER. Suponhamos que o leitor procure na biblioteca a obra *Testes psicológicos* de ANNE ANASTASI. Consultando as tabelas decimais, ele saberá que está sob o número 159.9.018. Como, porém, discriminar, entre vários livros com o mesmo título existentes na estante, o de ANASTASI? Muito simples. O de ANASTASI terá o seguinte número de CUTTER: A534t (acrescentou-se ao número de CUTTER a letra "t" referente à primeira letra do título da obra). Com esses dois elementos o livro fica localizado na biblioteca de maneira inconfundível.

É oportuno lembrar que a classificação decimal de MELVIN DEWEY não é a única existente no mundo. Ao lado da deweyana existem outras, sendo uma das mais difundidas a Classificação Decimal Universal ou simplesmente C.D.U.

1.2 – Vindo à biblioteca, pode o leitor trazer um dos seguintes problemas a resolver:

a) Tem a biblioteca uma obra de tal *autor*?
b) Tem a biblioteca uma obra com tal *título*?
c) Tem a biblioteca uma obra que trate de tal *assunto*?

A estas três perguntas devem responder os catálogos existentes na biblioteca.

Tais catálogos podem ser organizados de duas maneiras: como *catálogos sistemáticos* e como *catálogos dicionários*.

O primeiro sistema, preferido pelas bibliotecas especializadas e universitárias, tem as fichas de assunto colocadas na ordem de classificação decimal. As fichas de autor e título ocupam um catálogo à parte, no qual se encontram, também, as fichas de biografado. No segundo sistema, usado em bibliotecas escolares e populares, todas as fichas (de autor, título, assunto) constituem um único catálogo e estão dispostas em ordem alfabética como em um dicionário.

Suponhamos alguém que vai à biblioteca cujo catálogo é sistemático (C.D.U.), em busca do livro *Testes psicológicos* de ANNE ANASTASI. Esse livro poderá ser procurado quer pela ficha de autor (ANASTASI), quer pela ficha de título (*Testes psicológicos*), quer pela ficha de assunto geral (Testes psicológicos, Testes em psicologia, Teste etc. ou 159.9.018) ou de assunto específico tratado no livro.

Em seguida reproduziremos as três fichas para melhor compreensão do leitor (são fichas estandardizadas no mundo inteiro, de tamanho 12,5 × 7,5 cm).

Um esclarecimento: quando à biblioteca chega um livro ou revista científica, o bibliotecário extrai-lhe a *ficha de título*. Esta passa a funcionar como *ficha matriz* para as demais (autor, assunto): as fichas de assunto são o resultado de um trabalho exaustivo do bibliotecário que percorre a obra toda e identifica os vários assuntos de que trata. É o trabalho de "desdobramento de fichas analíticas".

Cada ficha de assunto irá para o fichário respectivo, ocupando o lugar reservado a seu número: todas as que se referirem ao mesmo assunto estarão juntas, facilitando assim ao leitor em sua pesquisa bibliográfica.

Ficha de autor

159.9.018	Anastasi, Anne, 1908-
A 534t	Testes psicológicos, teoria e aplicação.
	XIV 762 p. ilus.
	Tradução de Dante Moreira Leite, São Paulo: Herder, 1965.
	Do original inglês: Psychological Testing 159.9.018 t. I,
	Dante Moreira Leite.

Ficha de título

	Testes psicológicos
159.9.018	Anastasi, Anne, 1908-
A534t	Testes psicológicos, teoria e aplicação.
	Tradução de Dante Moreira Leite, São Paulo: Herder, 1965.
	XIV 762 p. ilus.
	Do original inglês: Psychological Testing 159.9.018 t. I,
	Dante Moreira Leite, trad.

Ficha de assunto

	Testes – precisão
159.9.018	Anastasi, Anne, 1908-
A534t	Testes psicológicos, teoria e aplicação.
	Tradução de Dante Moreira Leite, São Paulo: Herder, 1965.
	XIV 762 p. ilus.
	Do original inglês: Psychological Testing 159.9.018 t. I,
	Dante Moreira Leite, trad.

2 – Repertórios bibliográficos – obras de referência e material específico

Junto com os catálogos da biblioteca, existem os repertórios bibliográficos que são publicados para satisfazer os reclamos dos trabalhadores intelectuais.

São de muitas formas os repertórios, variando quanto à extensão e aos objetivos. Geralmente classificam-se em gerais e especializados.

2.1 – Repertórios gerais

Abrangem:

a) *enciclopédias*: além de conter artigos, resumos, extratos que cobrem todos os setores científicos, trazem bibliografias consideradas básicas, cujo conjunto é verdadeiro repertório bibliográfico;

b) *dicionários especializados*: que funcionam como enciclopédias em miniatura, com a característica de serem mais profundos naquela área do que as enciclopédias;

c) *catálogos de bibliotecas*: é praxe as grandes bibliotecas periodicamente publicarem seus catálogos; todos podem calcular o serviço que tais publicações prestam às comunidades científicas e aos trabalhadores intelectuais;

d) *anuários bibliográficos* de editoras que, a título de publicidade comercial e guia aos interessados, informam todos os anos suas publicações, classificadas por áreas e em forma de *abstracts*.

2.2 – Repertórios especializados

Podem dividir-se em duas classes:

1) *Retrospectivos*: são os que contêm bibliografias até determinada data. Abrangem por sua vez:

  a) *Repertórios bibliográficos propriamente ditos*: são os que indicam a produção literária (manuscrita ou impressa) de determinada categoria de assuntos ou de determinada categoria de autores (escritos de tal país, de tal universidade, de tal associação ou corporação etc.) ou os trabalhos publicados sobre eles. Exemplos: *Bibliographie Géographique* (Paris), *International Bibliographie of Historical Sciences* (Londres), *Bibliotheca Philológica Clássica* (Leipzig) etc.

  b) *Repertórios manuscritos e incunábulos* (livros editados antes de 1501). Exemplos: *Annales Tipographici ad Annum 1536* (de PANZER, Nuremberg, 1793-1803, 11 v.), *Repertorium Bibliographicum ad Annum 1500* (Stuttgart, 1836-1838). Há alguns anos os alemães idealizaram um catálogo geral de todos os incunábulos conhecidos, o *Gesantkatalog der Wiegendrucke*, em curso de publicação desde 1925.

  c) *Coletâneas de livros raros*, como o *Manuel du Libraire et de l'Amateur de Livre*, de J. C. BRUNET, e *Trésor des livres rares et précieux*, de J. G. th. GRAESSE, a *Biblioteca Britannica*, de R. WATT etc.

2) *Atualizados*: compreendem boletins e periódicos. São em geral os repertórios bibliográficos mais ricos e mais úteis.

Quase todo periódico científico apresenta bom elenco bibliográfico, de acordo com o próprio ramo, acompanhado não raro de recensões ou críticas. Centros de biblioteconomia costumam lançar anualmente boletins bibliográficos.

Hoje os repertórios atualizados são publicados com imensa variedade. Exemplos:

- *Índices periódicos* que facilitam a localização de artigos periódicos sobre assunto específico, como: *Reader's Guide to Periodical Literature*, publicado desde 1900, *Agriculture Index*, *Education Index*, *Index to Legal Periodicals*, *Psychological Abstracts Writing in American History*.
- *Anuários* de vários tipos e que obtêm as informações de grande variedade de fontes, como: *Année Psychologique*, *The Statistical Yearbook*.

Mas são os materiais específicos, particularmente os *periódicos* ou revistas científicas, os mais requisitados pelo trabalhador intelectual. Não temos espaço para fazer um levantamento de todos os periódicos pertencentes aos diversos setores científicos. Cabe particularmente ao aluno interessar-se pelo problema e fazer desde cedo a resenha dos periódicos nacionais e estrangeiros especializados. Talvez seja o levantamento bibliográfico mais importante para sua vida de trabalhador intelectual.

3 – Documentação

No *Manual de documentación* de LASSO DE LA VEGA, uma das maiores autoridades internacionais sobre o assunto, colhemos as principais informações que se seguem (ver sua obra referenciada no final desta parte, 110: cap. X, p. 107-15).

Documentação é "uma técnica de nossos dias. Sua aparição é tão recente que o próprio nome é discutido, já que nem todos o aceitam" (110: p. 108).

A palavra começou a ser empregada desde quando o Instituto Internacional de Bibliografia a propôs em lugar de "bibliografia", devido ao aparecimento de documentos que não são livros: fotocopiados, microfilmados, microfichados, xerocados, compilados por computador, registrados e arquivados por meios mecânicos, elétricos e eletrônicos de seleção, reprodução e transmissão. Assim definia o Instituto: "Documenter c'est réunir, classer et distribuer des documents e tout genre dans les domaines de l'activité humaine." (110: p. 109)

Hoje, após tantos congressos internacionais e devido à necessidade de se organizar e transmitir a imensa quantidade de informações em todos os setores de atividade humana, já é tranqüila a função da documentação. Há, inclusive, centros de documentação que não são bibliotecas. Assim SCHÜRMEYER, que antevira essa possibilidade muito antes de sua concretização, já definia a documentação: "Aproveitamento e comprovação de toda classe de documentos, com o propósito de dar conta do estado dos conhecimentos e das experiências [...]; a documentação é um caminho para a racionalização do trabalho intelectual." (110: p. 111)

Os centros de documentação prestam relevantes serviços à ciência, especialmente ao trabalhador intelectual, de maneira mais completa do que as bibliotecas, mesmo as modernizadas com os sistemas decimais de catalogação.

Os centros de documentação espalhados pelo mundo se relacionam entre si e se filiam às sociedades internacionais dedicadas aos assuntos bibliográficos. Por isso, todo trabalhador intelectual pode recorrer a eles ou às referidas sociedades, quando necessitar de um documento. No final do capítulo VI forneci uma lista das principais entidades. Em LASSO DE LA VEGA (110: cap. XXVII, p. 466-87; cap. XLI, p. 779-807) encontram-se, de maneira exaustiva, listas de centros de documentação e entidades internacionais que estão à disposição dos interessados de qualquer parte do mundo. É por isso que anteriormente afirmei que por falta de documentação é que ninguém pode justificar o fracasso de um trabalho científico.

Capítulo XII

Como fazer uma monografia

Todo o meu intuito era conquistar a certeza e rejeitar a terra movediça e a areia para encontrar a rocha e a argila. O que me deu muito bom resultado, pois que, procurando descobrir a falsidade e a incerteza das proposições que examinava – não por meio de fracas conjecturas, mas com raciocínios claros e seguros –, não encontrava nenhumas tão duvidosas das quais não tirasse sempre alguma conclusão bastante certa, quando mais não fosse a de não conter ela nada de certo.

DESCARTES

Introdução. 1 – Fluxograma da elaboração. 2 – 1ª fase: Direção da escolha do assunto – Formulação do problema. 3 – 2ª fase: Pesquisa bibliográfica. 4 – 3ª fase: Documentação para o trabalho. 5 – 4ª fase: Crítica da documentação. 6 – 5ª fase: Construção. 7 – 6ª fase: Redação.

Chegamos ao topo da escala que vimos percorrendo desde o início de nosso empreendimento. É oportuno recapitular os passos, avaliando o trajeto vencido em função do que resta, para penetrarmos nesta última etapa com motivação e proveito. A incursão na atividade denominada "monografia" exige uma preparação: saber trabalhar intelectualmente, com hábitos de estudo, leitura e documentação pessoal. Em seguida surge a necessidade de aparelhar-se: é quando o trabalhador intelectual adquire conhecimentos claros a respeito da natureza daquilo que vai realizar. Além de informar-se do que é um trabalho científico, convence-se de que a única via que conduz a seu objetivo é a investigação metodologicamente planejada e rigorosamente executada. Aquele que evoluiu de *leigo* para *trabalhador intelectual* agora se converte também em *pesquisador*. Um problema surge-lhe à frente como desafio à sua capacidade: é preciso solucioná-lo para poder prosseguir. Decide pelo método de abordagem adequado ao obstáculo deparado e usa todo o instrumental técnico adquirido para a incursão. Superada a prova, deseja comunicar seu sucesso. Mas, até chegar ao alto, há o derradeiro trecho a percorrer. Precisa conhecer esse resto de caminho que para ele carece de ser aberto, ou seja, de ser "elaborado". Conseguindo-o, vive a sua terceira metamorfose: a de *pesquisador* para "*autor* de trabalho científico".

A elaboração da monografia é um processo que se percorre em seis fases: direção da escolha do assunto, pesquisa bibliográfica, documentação, crítica, construção, redação.

A sucessão dessas fases pode ser imaginada previamente como um fluxograma cujo modelo está na página seguinte. Merece um comentário, pois julgo que seu entendimento facilitará o emprego do guia que irei indicar para se conseguir uma elaboração bem-feita.

1 – Fluxograma da elaboração

De acordo com este fluxograma, a elaboração da monografia é a conseqüência natural da *escolha do assunto*. Desta já nos ocupamos no capítulo X. Segundo ficou esclarecido, o assunto (que, de início, toma forma de problema), antes de ser tratado por escrito, tem de o ser por investigação. O problema determina o tipo de pesquisa a ser empreendida: empírica (que demanda método indutivo: experimento, observação de campo, *survey* etc.) ou não-empírica (que se processa predominantemente pelo processo dedutivo, por não ter possibilidade de verificação empírica, recorrendo por isso à demonstração). Paralelamente ao processo da investigação, desenvolve-se o da elaboração da monografia[1]. Usando uma imagem grosseira: é possível que o pesquisador durante o dia esteja trabalhando no experimento e à noite levantando a bibliografia e documentando-se a respeito dos fundamentos teóricos e metodológicos de

1. O paralelismo é tanto quanto aparente, pois *pesquisa* e *elaboração da monografia* são partes integrantes do mesmo trabalho: a investigação científica do problema. São dois processos intercambiáveis. Assim, cada fase da pesquisa influencia no processo da elaboração, e cada uma das fases desta influencia no de pesquisa. Exemplificando: a pesquisa bibliográfica pode enriquecer o instrumental da pesquisa; dados detectados na pesquisa podem mudar o rumo da pesquisa bibliográfica.

Fluxograma da "elaboração de uma monografia"

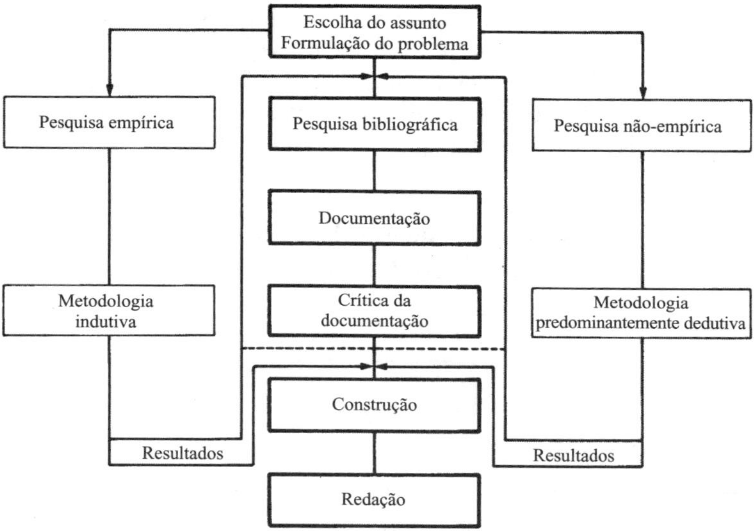

seu trabalho. Pode ocorrer que o processo da *elaboração* avance mais rápido do que o da *pesquisa*: neste caso é óbvio que, ao chegar à fase da construção, o autor terá de sustar a elaboração para aguardar a conclusão da pesquisa (isso é representado pela linha pontilhada).

O fluxograma é um tanto estilizado, mas tem a finalidade didática de orientar e esclarecer. Assim, por exemplo, mostra que, ao contrário do que muitos pensam, a monografia não é apenas um trabalho de redação ou de comunicação dos resultados de uma pesquisa. Aliás, já afirmamos que um relatório de pesquisa pode converter-se, realmente, numa monografia, dependendo da profundidade dos elementos teóricos e da dimensão do tratamento. Também esclarece que a pesquisa não-empírica pode coincidir com o próprio processo de elaboração da monografia, pois as fases são as mesmas: apenas que esse tipo de investigação exige o máximo do emprego do método dedutivo e da reflexão; talvez em maior grau do que o exigido pelo trabalho de pesquisa empírica quando entra nas fases da elaboração para justificar a comprovação da hipótese ("contexto da justificação" a que várias vezes me referi).

Feitos esses esclarecimentos, retomemos o processo de elaboração da monografia, detendo-nos em cada fase e indicando a estratégia e as táticas para superá-las.

2 – 1ª fase: Direção da escolha do assunto – Formulação do problema

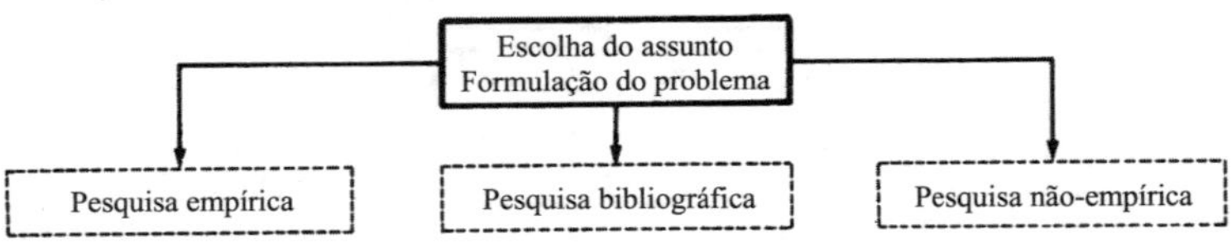

ESCOLHA DO TEMA
ECO, U. *Como se faz uma tese*, cap. 2, p. 7-34.

"Quanto mais se restringe o campo, melhor e com mais segurança se trabalha." (p. 10)

"[...] é possível ter uma boa tese de seis meses. Seus requisitos são: 1) o tema deve ser circunscrito; 2) o tema deve ser, se possível, atual, não exigindo bibliografia que remonte aos gregos; ou deve ser tema marginal, sobre o qual pouca coisa foi escrita; 3) todos os documentos devem estar disponíveis, num local determinado, onde a consulta seja fácil" (p. 16).

No capítulo X ocupamo-nos da escolha do assunto e da lógica e metodologia da formulação do problema. Uma das conquistas da ciência, em seu nascedouro há cerca de quatrocentos anos, foi mostrar que o processo de produção do conhecimento científico não se inicia por premissas universais aceitas como indiscutíveis e verdadeiras. Mas pela *dúvida*, pelo *problema*. Contemporaneamente se constatou, pela própria história da ciência, que o problema gerador da ciência (por ser gerador da pesquisa que a produz) surge justamente da contrastação entre um corpo de conhecimento existente e disponível e a realidade que este corpo de conhecimento não consegue explicar.

Bastaria esta referência para justificar a importância da colocação e da formulação do problema como o ponto de partida tanto da pesquisa científica como da monografia. Como esta questão já foi abordada há pouco, em capítulo especial, aqui cabe apenas recomendar sua consulta e apontar algumas técnicas metodológicas acrescidas às de formulação do problema, com o objetivo de fazer da própria formulação uma diretriz para o trabalho, particularmente para a elaboração de seu planejamento e o plano de sua estruturação. Tudo realmente é feito em função do problema, mas do problema bem formulado.

Como se consegue essa diretriz a partir da formulação?

1) Fazendo a colocação do problema de modo claro, preciso, e formulando-o em termos que permitam clarividência de como agir para atingir a solução.

2) Especificando os componentes do problema, através das seguintes questões-crivo:

a) Goza o problema de relevância humana, teórica, contemporânea e operativa?
b) Trata-se de algo concreto ou abstrato? Empírico ou não-empírico? É pessoa? Grupo? São idéias? Ações? Relações?...
c) Existe pessoa ou grupo que tenha o problema? Quem é o interessado? Há participantes? Quais os que são ou podem ser afetados pelo problema e por sua solução?

d) O interessado na sua solução tem algo em vista, algum objetivo? Qual?
e) Há meios à disposição para alcançar esse objetivo, "instrumentos" de pesquisa?
f) É realmente um estado de dúvida para o interessado? Representa alternativas? (Sem a dúvida não há o problema...)
g) É um problema específico a um determinado ambiente? Há circunstâncias que afetam o problema? Quais são as reais? Quais as supostas?
h) O problema possibilita formulação de hipóteses? Quais? Como? A hipótese é bem definida? Que tipos de hipóteses?
i) Possibilita conjecturar a solução com grande probabilidade de se concretizar?
j) É possível estabelecer os conceitos que ele envolve? Quais? É possível usar definições operacionais? Categorias? Classificações? Quais?

2.1 – Em síntese: *o que* vai ser realmente tratado? *Como? Para quê?*

2.2 – O pesquisador terá de responder a essas perguntas consciente de que está em estado de clarividência a respeito do assunto a tratar. Convém até fazê-lo escrevendo as respostas num papel: terá condições de decidir pelo tipo de pesquisa a empreender e traçar-lhe o planejamento. Para tal, se ainda não tem prática, recorrerá a um bom manual de metodologia da pesquisa a fim de orientar-se. Simultaneamente traçará seu primeiro esboço ou plano geral da monografia. É útil esquematizá-lo, usando itens bem definidos que possam funcionar como *indicadores* para a fase seguinte: a pesquisa bibliográfica. No fim do livro acha-se o adendo A, que oferece ao leitor um guia para a "conversão do tema em problema...".

3 – 2ª fase: Pesquisa bibliográfica

FICHA BIBLIOGRÁFICA – pesquisa
ECO, U. *Como se faz uma tese*, cap. 3, 3.2, p. 42-79.

"Organizar uma bibliografia significa buscar aquilo cuja existência ainda se ignora. O bom pesquisador é aquele que é capaz de entrar numa biblioteca sem ter a mínima idéia sobre um tema e sair de lá sabendo um pouco mais sobre ele." (p. 42)

–

" [...] o catálogo por autores é sempre mais seguro que o catálogo por assuntos" (p. 43).

–

"[...] não procurar ler, na primeira assentada, todos os livros encontrados, mas elaborar a bibliografia básica" (p. 45).

A bibliografia, como a documentação, constitui um ramo auxiliar da ciência: ensina-nos a procurar as fontes, os livros e outros materiais científicos que vamos utilizar em nosso trabalho.

É a descrição e a classificação dos livros segundo um princípio ordenador ou, mais simplesmente, um elenco de livros e publicações ordenadas para um fim determinado.

Os conhecimentos nesse campo, mesmo não muito aprofundados, serão de grande utilidade para elaborarmos com presteza o nosso trabalho. Constituem a decorrência natural das informações já dadas sobre biblioteconomia e documentação.

A pesquisa bibliográfica, fundamentada nos conhecimentos de biblioteconomia, documentação e bibliografia, e empreendida metodicamente, toma o nome de *heurística* (do grego *heuriskein*: achar, encontrar). Já apresentamos as noções básicas sobre biblioteconomia e documentação; resta-nos a bibliografia.

3.1 – Importância da bibliografia

O fim principal da bibliografia é pôr-nos em contato com tudo o que se tem feito em torno do assunto de que vamos tratar. Se omitirmos o devido esforço nessa pesquisa, pode ruir por terra todo o nosso trabalho.

Ao colecionarmos material não devemos nem podemos omitir nada, sob pena de deixar incompleto nosso trabalho. O tino científico fará com que arrolemos até as obras que aparentemente nada têm a ver com o que vamos estudar.

Em se tratando de tese ou monografia, as referências bibliográficas nelas contidas constituem parte integrante e não simples adorno ou indicação apenas de que as obras referendadas tratam do assunto. As referências bibliográficas em tais trabalhos científicos querem dizer que o autor está apresentando o que há de mais importante sobre o assunto tratado, e que ele as consultou.

3.2 – Fontes e bibliografia

É de suma importância o contato com as fontes. Daí a necessidade de darmos uma idéia do que sejam fontes.

Fonte é material de primeira mão donde haurimos diretamente o que interessará à elaboração de nosso trabalho; o lugar onde se encontra originariamente o material para nosso tema.

UMBERTO ECO, em lugar da clássica distinção entre fontes primárias e fontes secundárias, sempre usadas pelos historiadores em seus trabalhos de pesquisa, aponta para uma classificação importante: fontes de primeira e de segunda mão. Diz ele:

> Quando trabalhamos sobre livros, uma fonte de primeira mão é uma edição original ou uma edição crítica da obra em apreço. *Tradução não é fonte*: é uma prótese, como a dentadura ou os óculos, um meio de atingir de forma limitada algo que se acha fora do alcance. *Antologia não é fonte*: é um apanhado de fontes, que pode ser útil num primeiro momento; mas fazer uma tese sobre determinado autor significa tentar ver nele coisas que outros não viram, e uma antologia só me mostra o que ninguém ignora. *Resenhas efetuadas por outros, mesmo completadas pelas mais amplas citações, não são fontes*: são, quando muito, fontes de segunda mão (64: p. 39).

O conceito de "bibliografia" é bem distinto do de "fonte". *Bibliografia* é o conjunto de obras derivadas sobre determinado assunto, escritas por vários autores, em épocas diversas, utilizando todas ou parte das fontes.

Na prática nem sempre é fácil descobrir as fontes. Uma obra que para um trabalho pode ser simples bibliografia, para outro será fonte indispensável.

Existem as fontes gerais para cada ramo de ciência; por exemplo as obras de FREUD, para um trabalho de psicanálise, as de DURKHEIM, para determinados temas sociológicos, como o suicídio.

Numa palavra, a fonte compara-se à matéria-prima na indústria e a bibliografia, à matéria elaborada.

As obras de FREUD, por exemplo, que são fonte para quem vai escrever sobre psicanálise, serão bibliografia para quem vai desenvolver um tema sobre afetividade e educação.

Sabemos que é necessário colecionar material bibliográfico, compreendendo fonte e bibliografia. Mas onde encontrá-lo e por onde começar?

A prática ensina que o primeiro passo mais seguro é iniciar pelos repertórios bibliográficos (ver capítulo XI): primeiro os gerais (enciclopédias, dicionários científicos etc.), depois os especializados já atualizados. Em seguida recorre-se aos tratados científicos de caráter geral, aos compêndios monográficos, cujas referências de obras aumentam o resultado da pesquisa bibliográfica, e às revistas científicas.

Simultaneamente colhe-se o material bibliográfico existente nos catálogos de assunto das bibliotecas. Conforme o tema, será necessário recorrer aos centros de documentação e bibliotecas de outros locais.

A bibliografia mais rica costuma ser fornecida pelas publicações de *abstracts* (ver capítulo VI).

3.3 – Elaboração da ficha bibliográfica

A pesquisa bibliográfica se faz através de fichas bibliográficas, cujo formato internacional é de 12,5 × 7,5 cm (o tamanho adotado para as fichas das bibliotecas). Muitos preferem o tamanho 20 × 12,5 cm, por permitir espaço para anotações sobre o valor da obra.

Ao se preencher uma ficha bibliográfica, há de ter máxima exatidão e diligência na transcrição dos dados bibliográficos, a saber:

a) Palavra de ordem: sobrenome e nome do autor.
b) Título e subtítulo do livro ou artigo.
c) Notas tipográficas: lugar, casa editora, edição, data da edição. Quando a data não estiver na página de rosto do livro, procure-se em outra parte. Neste caso coloca-se entre dois colchetes. Não havendo todas as notas tipográficas, ponha-se: s. n. t. (sem notas tipográficas).
d) Notas bibliográficas: número de páginas, ilustração, formato em centímetros, nota da série (se for conveniente para a elaboração do trabalho).

Uma ficha bibliográfica exata evita perda preciosa de tempo durante a elaboração da monografia, pois dispensa o retorno ao lugar onde se localiza o documento para colher informações sobre ele (autenticidade, exatidão da autoria, editora, cidade, ano etc.). Além disso, o fichário bibliográfico cuidadosamente feito possibilita rapidez e segurança na montagem da referência bibliográfica do trabalho, quando terminado.

Em geral apresentam-se três casos distintos:

1º caso: *Ficha de um livro*. Encabeçando a ficha, à esquerda, colocam-se o sobrenome e o nome do autor separados por vírgula. Na segunda linha, três espaços adentro, o *título* e o *subtítulo* (em destaque). Em seguida, as notas tipográficas. Na linha seguinte, as notas bibliográficas.

Exemplo:

> Moreno, J. L.
>   Psicodrama. Traducido por Daniel Ricardo Wagner.
> Buenos Aires: Horné, [1961].
> 365. p. 20 cm ilus.

2º caso: *Ficha de um capítulo*. Às vezes num livro só nos interessa um capítulo ou alguns capítulos. Neste caso, a ficha, além de conter os elementos acima enumerados, terá, após as notas bibliográficas, o título ou os títulos do capítulo por completo, com a numeração da página inicial e final (colocar aspas no título do capítulo e fazer destaque para o título do livro).

Exemplo:

> Moreno, J. L.
>   Psicodrama. Traducido por Daniel Ricardo Wagner.
> Buenos Aires: Horné, [1961].
>   "El psicodrama y las psicopatologías de las relaciones interpersonales", p. 245-345.

3º caso: *Ficha de um artigo de periódico*. Consta dos seguintes elementos:

a) sobrenome e nome do articulista;
b) título do artigo;
c) título do periódico (com destaque), local de publicação, número (ou ano) do volume ou fascículo, páginas (inicial e final) do artigo, data.

Exemplo:

Campos, Dácio de Arruda
Cuba e o princípio da soberania. Revista Brasiliense. São Paulo, 36: 94-99, jul./ago. 1961.

3.4 – Observação importante

É regra comum que não se deve escrever no *verso* da ficha. Mas na ficha bibliográfica costuma-se pôr no verso algumas observações úteis (isso, naturalmente, se a ficha adotada for a de 12,5 × 7,5 cm):

a) a biblioteca em que se encontra o livro, sobretudo quando este é raro;
b) um sumário do livro, quando for útil, de acordo com o que será visto adiante;
c) algum juízo crítico, notas pessoais, extratos de prefácio, recensões[2] etc.

Exemplo: a ficha bibliográfica da obra: CHAVIGNY, P. – *Organización del trabajo intelectual.* Traducido del francês y anotado por Jenaro Artiles. 2. ed. reimpresión. Barcelona, Labor [1951], 173 p. ilustr. (Colección Labor, Sección II: Educación n. 305), mereceria ter no seu *verso* o seguinte:

2. Ver modelos já indicados no capítulo IV.

Esta edição é superior à edição original, porque o tradutor fez nela alguns comentários e vários acréscimos. Por exemplo, entre outros: sobre a classificação decimal (p. 87-97), sobre modelos de fichários (p. 106) e sobre noções de tipografia, revisão de provas etc., as quais constituem um capítulo inteiramente novo (p. 143-63).

A tradução é ainda valorizada com um índice de matérias.

Em fichas de formato maior, tais observações podem fazer parte do seu próprio corpo.

3.5 – Classificação das fichas bibliográficas

Durante a pesquisa bibliográfica, as fichas podem ser ordenadas provisoriamente segundo a ordem alfabética dos sobrenomes dos autores. Esta primeira disposição é útil para o melhor andamento do trabalho. E pode ser definitiva, caso se trate de pequeno número de fichas.

Tratando-se, porém, de trabalho de maior fôlego, que exija grande número de fichas, será conveniente distribuí-las logo em ordem cronológica, isto é, na ordem de publicação das obras, a fim de facilitar o roteiro da utilização.

Quando o assunto a tratar for muito complexo, não bastará a ordem alfabética nem a cronológica, sendo então necessário recorrer a tríplice fichário, isto é, cada ficha bibliográfica deverá ser desdobrada em três outras, de modo que possa constituir:

a) um fichário de autores em ordem alfabética;
b) um fichário de assuntos ou títulos;
c) um fichário cronológico.

Nota-se que este tríplice fichário só é realmente necessário quando se trata de trabalho muito extenso e muito complicado.

3.6 – Crítica bibliográfica

Antes de passar à leitura da bibliografia, deveremos formar um juízo prévio e sumário a respeito das obras que iremos ler.

Esse juízo nem sempre poderemos fazê-lo antes da leitura da obra. Por isso podemos dizer que a crítica da bibliografia inicia-se antes e continua durante a documentação.

O leitor que tem hábito de leitura veloz e técnica (ver capítulo II) obterá essas informações diretamente das obras bibliografadas.

Tais apreciações devem versar sobre a autoridade do autor e valor real da obra, podendo ser encontradas em enciclopédias, elencos bibliográficos, prefácios etc. Recorde-se que as anotações pessoais devem vir nitidamente distintas da documentação propriamente dita, isto é, da transcrição de textos. Para isso será conveniente escrevê-las sistematicamente ou no dorso da ficha ou em ficha à parte.

As diversas indicações críticas que tivermos colocado nas fichas nos ajudarão a classificar, ao menos mentalmente, todo o material conforme o seu valor: obras solidamente científicas, completas, metódicas, atuais, superadas etc.

4 – 3ª fase: Documentação para o trabalho

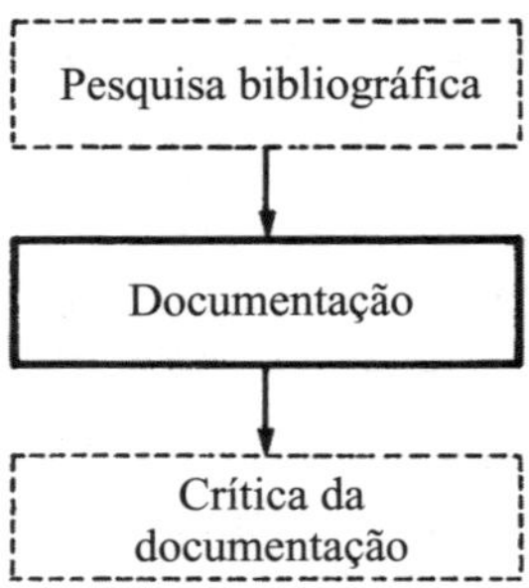

DOCUMENTAÇÃO – anotações de leitura MILLS, C. W. *A imaginação sociológica* – "Do artesanato intelectual" (apêndice), p. 211-43.
"Tudo isso exige notas. Teremos de adquirir o hábito de tomar grande número delas, de qualquer livro interessante que leiamos – embora, devo dizer, possamos obter coisas melhores de nós mesmos quando lemos livros realmente maus." "[...] a simples tomada de nota de um livro é quase sempre um estímulo à reflexão. Ao mesmo tempo, essa nota é uma grande ajuda para compreendermos o que lemos" (p. 215).

Com a documentação atingimos, talvez, a parte mais importante do trabalho científico[3]. Consiste em coligir metodicamente o material que nos vai fornecer solução ao problema estudado.

A pesquisa bibliográfica se completa e tem razão de ser com a documentação. Aquela, inclusive, pode ter sido brevíssima, de acordo com o assunto a tratar e, sem a documentação, é mero trabalho material. Exige-se apenas atitude seletiva em quem a faz. A documentação, ao contrário, constitui realmente um trabalho de inteligência, que supõe finura e crítica. Trata-se da escolha oportuna dos elementos a serem aproveitados.

Por este motivo, a documentação não pode ser feita sem plano preestabelecido. Surgem, naturalmente, aqui, as primeiras e reais dificuldades do trabalho científico. O pesquisador terá diante de si um acervo de fonte e bibliografia para consul-

3. A esta altura, o leitor poderá ter percebido que já aludi à documentação em três acepções: à documentação pessoal (como atividade habitual do estudioso em armazenar suas informações e leituras); à documentação como ramo paralelo à biblioteconomia e que se institucionaliza em centros e bancos de dados, e à documentação do trabalho científico, a que agora estou me referindo.

tar. Por onde começar? Deve ler tudo? Que seleção fazer na leitura? Que anotações tomar?

4.1 – Um *roteiro* ao menos provisório para a leitura do material se impõe. Pode ser fornecido pela ordem em que foram colocadas as fichas após a crítica bibliográfica.

Mas quase sempre é feito em função do *problema*, sobretudo porque sua formulação certamente proporcionou seu desdobramento em outros problemas e cada um destes passa a funcionar como elemento constitutivo do plano (conforme se verá em seguida).

Como se trata do primeiro esboço do plano, geralmente se faz em forma de esquema – funcionará como o roteiro da leitura e da documentação.

Tal esquema poderá ser modificado a cada momento diante das perspectivas novas que se vão abrindo no contato com as fontes e a bibliografia.

Este plano inicial é indispensável e tem por fim chamar a atenção durante a leitura de documentos para as questões que mais interessam. Não é possível dar normas taxativas e rígidas para a sua elaboração, porquanto cada tema tem as suas exigências. Evidentemente o plano ou esquema de um trabalho de alta especulação filosófica ou o de um que verse sobre a vida de determinado personagem não pode ser idêntico ao de outro que esteja ligado a experimento em laboratório.

Em linhas gerais, o esquema provisório deve conter, ao menos, as generalidades do assunto. Por exemplo: se tenho de escrever sobre a doutrina de um autor, farei um plano contendo aproximadamente os seguintes pontos: vida (dados biográficos, personalidade, ambiente); obras (cronologia, edições, autenticidade, manuscritos); doutrina (quadro geral, fontes, influências recebidas, evolução de seu pensamento, contribuição original do autor etc.).

Outro exemplo: imaginemos que se trate de um trabalho de natureza empírica, sobre um determinado fenômeno observado e submetido à experiência, a partir de uma hipótese formulada. Depois de concluída a pesquisa, colhidos os dados, feitas as devidas análises, tiradas as conclusões, o trabalho poderia obedecer ao seguinte plano provisório (ou definitivo):

a) objetivos de pesquisa, compreendendo uma análise e definição operacional das variáveis estudadas;
b) histórico e descrição dos instrumentos de medida;
c) características das amostras ou dos grupos;
d) condições da experimentação;
e) resultados obtidos;
f) análise estatística de significação;
g) conclusão e crítica dos dados.

A pesquisa bibliográfica e a respectiva documentação servirão durante a construção de todas as fases, sobretudo naquelas onde entram aspectos teóricos, conceptuais, históricos e metodológicos.

A elaboração de um esquema que funcione como plano provisório faz evitar muita perda de tempo e não raro fornece as idéias mestras do esquema definitivo.

O contato com as fontes e bibliografia sugerirá as modificações a serem feitas: capítulos eliminados, parágrafos subdivididos, títulos acrescentados.

4.2 – Uma vez elaborado o esquema inicial, trata-se de colher a documentação necessária. É o problema da leitura dos documentos, que é evidentemente da máxima importância. Deverá ser feito segundo um plano lógico e racional.

Já acenamos a um roteiro de leitura, na ordem em que foram colocadas as fichas, ao terminar a crítica bibliográfica. Damos agora indicações mais pormenorizadas[4].

Dois são os tipos de obras que fornecem o material para o trabalho, conforme já ficou por demais esclarecido: as fontes e a bibliografia.

---

4. No capítulo II estão indicados o método e as técnicas da leitura proveitosa e veloz.

Qual dos dois se examina antes? Em geral lê-se primeiro a bibliografia, que serve de introdução à interpretação das fontes.

Entre as obras que constituem a bibliografia, normalmente se lêem antes as mais recentes e mais solidamente científicas. A razão desta norma é que os estudos antigos podem estar superados por obras modernas. Depois da consulta aos principais trabalhos e aos mais recentes, passa-se gradualmente aos que estão em segunda ordem na linha cronológica e de importância.

Em síntese: procede-se em ordem inversa do tempo e da importância das obras. Mas não se omitirá a consulta de nenhuma obra que possa apresentar algum interesse para a questão, mesmo que seja falha e de pouco valor científico.

Quanto às fontes, serão consultadas seguindo a orientação fornecida pela bibliografia. Esse estudo e consulta das fontes e da bibliografia não pode ser feito de modo passivo; ele requer análise e crítica. Além disso, deverão ser anotados todos os elementos que sejam úteis ao desenvolvimento do trabalho.

A documentação a ser feita no decorrer da leitura há de possuir os seguintes requisitos[5]:

1) *Exatidão*: isto é, objetividade quanto ao conteúdo e precisão quanto à indicação dos documentos de proveniência. Toda a atenção e diligência aqui são poucas, se não se quiser depois perder tempo precioso. Tenha-se o máximo cuidado em não se intercalar observação pessoal aos textos reproduzidos, o que comprometeria a fidelidade das anotações.

2) *Utilidade*: não é sempre fácil distinguir entre o supérfluo e o útil quando se trata de recolher material para um determinado trabalho. Transcrevem-se os textos que, conforme se prevê, podem ser utilmente inseridos na dissertação, assim como os documentos de difícil consulta. É sempre preferível pecar por excesso, sobretudo quando se trata de obras que posteriormente não se possa ter com facilidade em mãos.

---

5. No capítulo III estão indicadas as técnicas de "como resumir", completadas pelas indicações para elaboração de recensão e *abstracts* no capítulo VI.

Mas é preciso evitar o exagero daqueles que medem a fecundidade de suas pesquisas pelo número de fichas acumuladas. É inútil fazer longas transcrições de obras que se podem ter com facilidade. Neste caso, bastarão breves acenos a conteúdos de tais obras.

Algumas vezes será de grande utilidade resumir obras extensas e complexas. Este sistema serve para fixar a ordem das idéias, ressaltar as teses principais e descobrir as falhas e lacunas.

Em resumo, convém transcrever todo dado científico que de qualquer maneira possa ser útil à solução do problema estudado.

Constituem dados a serem transcritos necessariamente os seguintes:

a) soluções apresentadas ao problema, com textos e argumentos, objeções e respostas;
b) documentos sobre os quais se apóiam tais soluções;
c) crítica e interpretações de textos;
d) hipóteses e conjecturas sobre a questão.

3) *Integridade*: a documentação não deixará de lado nenhuma informação útil ao trabalho. É de grande utilidade fichar também toda e qualquer idéia crítica, hipótese ou conjectura pessoal, que surge como reação natural no decorrer da leitura.

Tais fichas são de importância porque podem conter aquela idéia pessoal que vai servir de base e chave de verdadeira descoberta científica.

Não se ficha senão aquilo que se refere ao assunto estudado e apresenta fundamento científico; a não ser que se trate de opinião geralmente aceita, mas que será corrigida ou completada.

4.3 – Elaboração da ficha de documentação[6]

Agora indicam-se sumariamente as técnicas que parecem mais práticas e eficientes para confeccionar as fichas de documentação.

6. O leitor deve lembrar que o capítulo IV tratou, quase que exaustivamente, do assunto.

Não há argumento no sentido de convencer o leitor da conveniência de usar fichas: as vantagens são universalmente conhecidas.

Para o trabalho de documentação nem sempre se usam fichas de formato único.

Estas variam de acordo com a natureza e extensão das anotações a fazer. Para as transcrições mais extensas (assim como para a redação definitiva) aconselha-se a ficha de tamanho "ofício" (28 × 22 cm). Para as anotações menores usam-se outras de tamanho menor, como 25 × 15 cm ou 20 × 12,5 cm. Na prática, talvez, o melhor seja o formato "ofício" dividido em duas partes iguais.

As transcrições de trechos muito breves podem ser feitas em fichas de tamanho 12,5 × 7,5 cm.

Caso o leitor ache mais prático, como muitos fazem, usam-se as fichas já determinadas para o próprio fichário pessoal.

Cada ficha conterá uma anotação, sob o risco de se perderem as demais, na seleção do material documentado.

A ficha trará título e subtítulos bem definidos com indicações exata da proveniência.

Na escolha do título e subtítulo ter-se-á sempre em vista o plano provisório ou esquema do assunto.

Não deve faltar a indicação do autor pelo sobrenome e nome.

A experiência ensina que é bastante útil e prático o uso de três tipos diferentes de ficha de documentação:

a) fichas de citações;
b) fichas de resumo;
c) fichas de anotações pessoais, inspiradas na leitura do material coletado.

Indiquemos exemplos para cada um desses tipos.

1) *Ficha de citação*

A ficha que se segue contém: *a*) cabeçalho, onde se coloca um título para a ficha e logo abaixo a fonte; *b*) o corpo da ficha em que se encontra a citação extraída do documento lido e a indicação da página.

DOCUMENTAÇÃO PARA O TRABALHO MILLS, C. Wright. *A imaginação sociológica* (*The Sociological Imagination*). Rio: Zahar, 1965. Apêndice: "Do artesanato intelectual", p. 211-43.
"Desenvolvendo o arquivo, podemo-nos experimentar como escritor e, assim, como se diz, desenvolver nossa capacidade de expressão. Manter um arquivo é empenhar-se na experiência controlada." (p. 213)

2) *Ficha de resumo*

Como a anterior, esta ficha contém: *a*) um cabeçalho, onde se colocam um título para a ficha e logo abaixo a fonte; *b*) o corpo da ficha em que se lançam anotações resumindo a exposição do autor, cujo texto é objeto de documentação do próprio trabalho.

DOCUMENTAÇÃO PARA O TRABALHO
MILLS, C. Wright. *A imaginação sociológica* (*The Sociological Imagination*). Rio: Zahar, 1965. Apêndice: "Do artesanato intelectual", p. 211-43.

O cientista social usa a *experiência* de sua vida no seu *trabalho* continuamente. Mas tem de controlar essa interinfluência bastante complexa e há de saber usar o que experimenta como guia e prova de suas reflexões. E para fazer isso deve organizar um *arquivo*. O arquivo que W. MILLS descreve – que é o seu método de trabalho intelectual – junta o que está fazendo intelectualmente e o que está experimentando como pessoa. Necessidade de manter este arquivo sempre alimentado por anotações de leitura, registros pessoais, reflexões, projetos de estudo e pesquisa. O pensador bem realizado trata com cuidado sua mente, observa de perto seu desenvolvimento e organiza suas experiências. É confiante e cético em relação à sua experiência. "Essa confiança ambígua é indispensável para a originalidade de qualquer empreendimento intelectual, e o arquivo é uma das formas pelas quais podemos desenvolver e justificar essa confiança." (p. 213) O arquivo também nos ajuda a desenvolver o hábito de escrever. Devemos escrever alguma coisa pelo menos toda semana.

"Sob vários tópicos em nosso arquivo, há idéias, notas pessoais, excertos de livros, itens bibliográficos e delineamentos de projetos." (p. 214-5)

O autor sente necessidade de insistir nas notas: "Tudo isso exige notas. Teremos de adquirir o hábito de tomar grande número delas, de qualquer livro interessante que leiamos – embora, devo dizer, possamos obter coisas melhores de nós mesmos, quando lemos livros realmente maus." (p. 215) Aponta os dois tipos de notas de leitura: *a)* da estrutura da argumentação do autor; *b)* ao invés de ler o livro inteiro, lemos partes, do ponto de vista de algum tópico, e as notas só serão daquelas idéias que interessam.

3) *Ficha de idéias pessoais*

São idéias, críticas, associações que surgem durante a leitura. Pertencem ao leitor, não ao autor do documento que está sendo lido. Mas como foram inspiradas nele, nada contra-indica que se mantenha, no cabeçalho da ficha, a referência à fonte.

DISCURSOS DO MÉTODO março/75 MILLS, C. Wright. *A imaginação sociológica* (*The Sociological Imagination*). Rio: Zahar, 1965.
Acabo de ler pela terceira vez este livro. Confirma o deslumbramento da primeira leitura. Um verdadeiro discurso do método. Projeto que acaba de pintar: cotejar DESCARTES (*Discurso do método*), BACON (*Novum Organon*), GALILEU (*Os diálogos*), STUART MILL (*A System of Logic*), DURKHEIM (*As regras do método sociológico*) e MILLS (*A imaginação sociológica*)... Todos são legítimos *Discursos do método.* • metodologia (*metodo + logos*): discurso do método • teoria e prática (do método) • DESCARTES: "Não compreendi bem o que me objeta em relação ao título, pois não ponho Tratado do Método, mas Discurso do Método, o que é o mesmo que Prefácio ou Aviso Relativo ao Método, para mostrar que não tenho intenção de o ensinar, mas somente de falar dele, pois como se pode ver do que ali digo, ele consiste mais em prática do que em teoria" (Carta a Mersenne, de março de 1637. Apud Adam e Tannery, *Oeuvres de Descartes*, v. I, p. 349). MILLS: "[...] a ciência social é como um ofício [...] [o cientista social] está entre os que facilmente se impacientam pelas cansativas e complicadas discussões de método – e teoria – em geral, que lhe interrompe, em grande parte, os estudos adequados. [...] Devo expor, com algum detalhe, como realizo meu ofício" (p. 211).

Não existem normas rígidas para a elaboração da ficha de documentação. Os modelos apresentados parecem-nos de grande praticidade. É possível que, entre as fichas de documentação, haja interesse em ajuntar aquelas que contêm lembretes de idéias pessoais surgidas durante a leitura da bibliografia ou consulta às fontes. Outras vezes a própria ficha de documentação contém simples referência à obra ou parte dela ou a um ponto de vista pessoal do autor. De qualquer maneira prestará sua utilidade no cômputo geral.

O sistema da elaboração de fichas de documentação apresentado oferece, ainda, a possibilidade duma adaptação que, de certa maneira, significa pequena racionalização do trabalho: o título do livro, com as notas tipográficas e bibliográficas, pode ser substituído por um simples número que remete à ficha bibliográfica correspondente. Supondo a existência no fichário bibliográfico de uma ou mais fichas encabeçadas por MILLS, C. W., ao título de cada obra se poderá antepor um número (1, 2, 3...). Ao se fazer a ficha de documentação, após o nome do autor se colocará apenas o número. O exemplo atrás apresentado ficaria:

DOCUMENTAÇÃO PARA O TRABALHO (arquivo)
MILLS, C. Wright 1, p. 211-43.

"Desenvolvendo o arquivo, podemo-nos experimentar como escritor..."

Este número (1) remete para a correspondente ficha bibliográfica assinalada com o mesmo número, pois de C. W. MILLS haveria fichas bibliográficas numeradas, como:

1 – *A imaginação sociológica*
2 – *A elite no poder*
3 – *Os marxistas*
4 – ....

5 – 4ª fase: Crítica da documentação

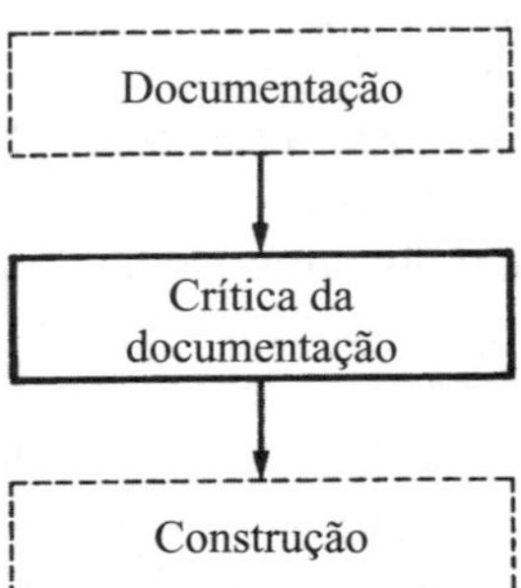

CRÍTICA – razão crítica – Popper
POPPER, K. R. *La lógica de la investigación científica*

"[...] sempre que propomos uma solução a um problema deveríamos esforçar-nos o máximo que pudéssemos, para derrubar nossa solução, em vez de defendê-la; infelizmente, este preceito não é seguido a não ser por poucos entre nós; entretanto outros formularão as críticas em nosso lugar, se deixarmos de fazê-lo. Mas a crítica será fecunda somente se enunciarmos de maneira totalmente clara e apresentarmos nossa solução numa forma bastante definida; ou seja, que possa ser discutida criticamente" (p. 17).

A crítica é um juízo de valor sobre determinado material científico. Praticamente o intelectual critica sempre, porque em seu trabalho tem um objetivo e segue um método que o obriga constantemente a fazer discriminação. Entretanto, depois de elaborada a documentação do material científico, requer-se a crítica desse material, que é uma das partes mais delicadas da pesquisa. Pode-se dizer que o trabalho atinge o seu momento decisivo.

Distinguem-se dois tipos de crítica: *externa* e *interna*, conforme vimos na seção sobre "recensão crítica" (p. 192).

5.1 – Crítica externa

É a que se faz sobre o significado, a importância e o valor histórico de um documento, considerado em si mesmo e em função do trabalho que está sendo elaborado.

Abrange a *crítica do texto*, a da *autenticidade* e a da *proveniência* do documento.

5.1.1 – *Crítica do texto*: trata-se de saber se o texto que estamos usando não sofreu alterações, interpolações e falsificações no decorrer dos tempos, sobretudo tratando-se de texto pertencente ao tempo da literatura manuscrita. Por exemplo: se tenho em mãos manuscritos, preciso saber se são autógrafos ou cópias; e, nessa última hipótese, se é uma cópia contemporânea ao autor e por ele revista, ou posterior.

Examina-se até que ponto se pode aceitar a sua fidelidade. Se existem várias cópias do mesmo manuscrito, a comparação entre elas se impõe, num trabalho talvez muito paciente.

A crítica textual tem valor preponderante em dissertação em que aparecem textos inéditos. Hoje o trabalho da crítica textual está facilitado por ciências auxiliares como a paleografia e a filologia ou por edições tecnicamente preparadas.

5.1.2 – *Crítica da autenticidade*: é a operação pela qual determinamos o autor, a data, o lugar e as circunstâncias de composição de um escrito.

Não é necessário insistir sobre a importância deste problema; pelo menos as circunstâncias em que foram escritas determinadas obras não devem escapar ao pesquisador se quiser compreender melhor a índole e a finalidade do que examina.

5.1.3 – *Crítica da proveniência*: trata-se de determinar os influxos históricos e doutrinais que deram origem à obra. É a chamada "questão das fontes de um documento" que muitas vezes é fundamental para a solução do problema da crítica interna.

Quando se trata de traduções, a crítica de proveniência importa ainda numa operação suplementar, isto é, na crítica da fidelidade pela qual se procura determinar até que ponto a tradução reproduz o original.

5.2 – Crítica interna

Destinada ao exame do conteúdo dos documentos. Enquanto a crítica externa se limita aos aspectos quase materiais do texto, a crítica interna visa ao conteúdo da obra, o seu significado. Requer-se muita perspicácia e objetividade. É preciso que o trabalhador se liberte generosamente de pontos de vista demasiado subjetivos e de preconceitos. O equilíbrio no julgamento dos dados objetivos, a capacidade de penetração, a fim de se descobrir a mentalidade do autor, suas intenções e, conforme a natureza da monografia, até os sentimentos, constituem preciosos méritos do pesquisador. Muitas vezes é indispensável o conhecimento do ambiente histórico, da língua, da cultura, da vida do autor.

A crítica interna pode reduzir-se a duas categorias: crítica de interpretação ou hermenêutica e crítica de valor interno do conteúdo.

5.2.1 – *Crítica de interpretação ou hermenêutica*: trata-se de determinar o sentido exato de um documento. Interpretar o sentido do que o autor quer dizer.

5.2.2 – *Crítica do valor interno do conteúdo*: chegamos à última e definitiva fase da crítica. Trata-se de saber o valor que representa determinada obra, fonte ou estudo. Qual o valor das idéias contidas neles.

Neste momento é que se pode afirmar que o autor da monografia determina de fato os fundamentos teóricos de seu trabalho. Estabelece de maneira nítida o quadro de referência e a linha de ligação entre teorias existentes e a "novidade" que trará com seu trabalho. Estará concretizando mais um passo no "processo cumulativo" da ciência, que, em breve, se oficializará com sua comunicação ao público em geral ou especializado. É preciso amor à verdade e aos dados objetivos. Pode-se dizer que o autêntico espírito científico está aqui. É evidente que esse juízo crítico não será dado sem boa preparação científica, sem maturidade (fruto de estudos anteriores, remotos e próximos) e sem espíritos de reflexão.

Para facilitar a formulação do juízo definitivo, servem de precioso auxiliar as recensões críticas feitas por autores competentes.

5.3 – A crítica também se faz em fichas do tipo das de documentação. Convém apenas anotar que, quando se trata de trabalho de crítica textual, dada a extensão que este trabalho assume, talvez se tenha de recorrer a fichas de formato grande.

6 – 5ª fase: Construção

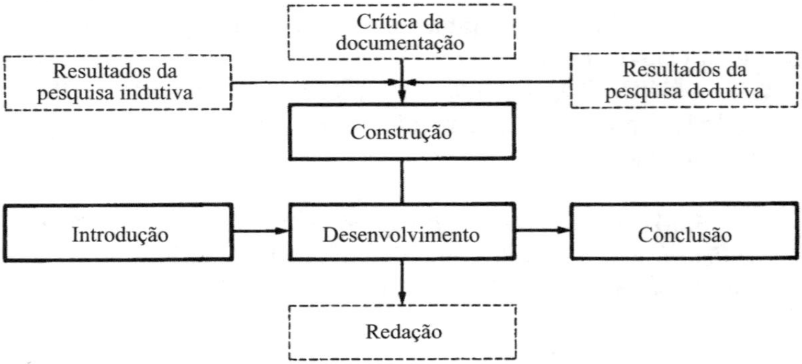

MONOGRAFIA – construção – estrutura
ASTI VERA, A. *Metodología de la investigación.* Buenos Aires: Kapelusz, 1968, p. 165.

"Quantas partes compõem um trabalho de pesquisa? Três; nem mais nem menos: a *introdução*, o *desenvolvimento* e a *conclusão*.

Observou-se que esta divisão é arbitrária: por que três e não duas ou quatro? Esta objeção implica não se terem compreendido duas coisas: 1º) que a estrutura do trabalho é uma unidade, um organismo; e 2º) que a divisão de um trabalho em três partes não é caprichosa, mas obedece a uma necessidade lógica. Com efeito, a introdução, o desenvolvimento e a conclusão são as partes relacionadas de uma configuração orgânica, os elementos integrantes de uma arquitetura lógica, a saber, de uma estrutura." (p. 165)

Após o longo trabalho de documentação e crítica, o pesquisador terá diante de si, no mínimo, tríplice fichário de documentação (fora o fichário bibliográfico): o de documentação das fontes, o de documentação bibliográfica e o de anotações e críticas pessoais. Costuma-se desdobrar cada um dos dois primeiros em um fichário de sínteses e resumo, outro para citações (para cada citação julgada relevante foi destinada uma ficha, como se viu).

1) *Documentação das fontes*. São os elementos colhidos diretamente nas fontes. Muitas vezes as fontes, embora conhecidas, foram mal utilizadas ou não foram suficientemente entendidas. Surge então agora a oportunidade de rever seu significado.

2) *Documentação bibliográfica*. É o material extraído de trabalhos anteriores ao próprio. Esses trabalhos podem fornecer preciosos elementos de crítica e de síntese da fonte. Em geral servirão para estabelecer a posição em que se encontra o problema.

3) *Críticas pessoais*. São as apreciações feitas tanto às fontes quanto à bibliografia, compreendendo reflexões próprias, juízos de valor, novas hipóteses, comparações, restrições etc.

Este tríplice grupo de fichas acha-se reunido num único fichário, cujas divisões correspondem ao plano provisório e se modificam com ele. Tais divisões são marcadas por meio de fichas-guias ou envelopes.

O trabalho de construção, materialmente, nada mais é do que a coordenação das diversas categorias de fichas e sua utilização. Trata-se de ordenar os elementos numa construção bem arquitetada que responda plenamente às exigências e aos objetivos do próprio estudo. Todo aquele acervo de dados colhidos ordena-se agora em torno de uma idéia dominante e cada elemento vai sendo destinado para seu lugar próprio.

Neste momento, o plano provisório, que foi precioso auxílio para orientar a pesquisa, será talvez substituído pelos resultados definitivos das nossas descobertas. A construção realiza-se de maneira dupla: seleção ou apuração do material, e síntese dos dados colhidos.

6.1 – Seleção ou apuração do material

Desde o momento em que se iniciou a crítica da documentação, muitas soluções foram se esboçando, muitas dificuldades superadas. O plano provisório passa a ter profundas modificações, pois antes fora levantado de maneira abstrata, independente do valor do material colhido. Como o material documentado se apresenta em fichas, estas passam a sofrer o processo de seleção: umas serão eliminadas fatalmente por serem supérfluas, outras serão destinadas ao prólogo do trabalho, outras à introdução de tal parte, aquelas irão para reforçar tal argumento, aquelas outras servirão para as conclusões, e assim por diante.

Esta seleção pode ser feita de *maneira prática*: escrevendo-se com tinta ou lápis de cor por cima das fichas as palavras que funcionam como indicadores do emprego das fichas.

Exemplificando: neste trabalho (*Como fazer uma monografia*), usei centenas de fichas de documentação. Veja as fichas a seguir e para que seção do plano foram destinadas:

PESQUISA
ASTI VERA, A. *Metodología de la investigación*. Buenos Aires: Kapelusz, 1968, p. 17-21.

O significado da palavra "*investigación*" não parece ser muito claro, ao menos não é unívoco: "ya que desde el presidente de la 'General Motors' hasta los miembros de la 'Phi Delta Kappa Fraternity' han intentado definirla" (p. 17).

– Refere-se ao fato de em 1929 terem sido propostas quatro definições para que vários estudiosos escolhessem uma delas. As quatro tiveram votos e houve quem dissesse que o conceito de pesquisa é indefinível.

– *Observações pessoais*: 1) Espanhol prefere "investigación" – no Brasil: "pesquisa"... 2) ASTI VERA deve ter extraído esta informação (1929): WHITNEY, F. L. *Elementos de investigación* (*The Elements of Research*). Barcelona: Omega, 1970, p. 19-20... mas não citou a fonte.

2ª parte
cap. 6

LEITURA – ESTUDO
MIRA Y LÓPEZ, E. *Como estudar e como aprender*. São Paulo: Mestre Jou, 1965.

"Muitos estudantes tropeçam com dificuldades graves na compreensão de certas matérias, pura e simplesmente por terem compreendido insuficiente ou equivocadamente, desde as primeiras noções, o significado de alguns termos básicos, que são depois repetidos a cada passo no texto." (p. 56)

• seu referencial: 30 anos de magistério

PROBLEMA e PESQUISA
POPPER, K. R. *La lógica de la investigación científica (The Logic of Scientific Discovery)*. Madrid: Editorial Tecnos, 1962.

"[...] estou inteiramente disposto a admitir que existe um método, que poderia chamar-se 'o único método da filosofia'. Mas não é característico somente desta, antes é o único método de toda *discussão racional* e, por isso, tanto das ciências da natureza como da filosofia: refiro-me ao de enunciar claramente os próprios problemas e de examinar *criticamente* as diversas soluções propostas" (p. 17 – Prefácio da edição inglesa, 1958).

PESQUISA BIBLIOGRÁFICA
ECO, U. *Como se faz uma tese (Como se fa una tesi di laurea)*. Tradução de Gilson Cardoso de Souza. São Paulo: Perspectiva, 1983.

"Naturalmente, para organizar uma bibliografia de base, cumpre manusear muitos livros. [...] é aconselhável não procurar ler, na primeira assentada, todos os livros encontrados, mas elaborar a bibliografia básica." (p. 45)

"[...] ter uma ficha para cada livro se mostrará útil, uma vez que, em cada uma delas, você poderá anotar a sigla da biblioteca e onde ele se localiza (uma ficha poderá conter várias siglas e várias localizações onde os livros se encontram; mas também haverá fichas sem siglas e isso será uma desgraça, nossa ou da nossa tese)" (p. 46).

"[...] o sistema mais cômodo é o de um pequeno *arquivo de fichas*" (p. 46).

"O arquivo bibliográfico [...] registrará *todos os livros a serem procurados e não só os que você encontrou e leu.*" (p. 47)

"*Freqüentemente o arquivo bibliográfico inicial [...] pode constituir a base para a redação da bibliografia final*." (p. 47)

6.2 – Síntese

Por um esforço constante de reflexão, crítica e invenção, vai a mente assimilando progressivamente os dados do problema, descobrindo-lhe a complexidade, comparando-os. Desta atividade surgem relações possíveis, prováveis, certas. Aparecem hipóteses que vêm suprir lacunas de informações; tais hipóteses, por sua vez, são criticadas, substituídas por outras.

Pouco a pouco as perspectivas se desenham, estabelece-se a harmonia, e a unidade se perfaz.

É a síntese final que se estende ao plano definitivo da dissertação.

O plano primitivo tivera por fim guiar metodicamente o trabalho de pesquisa e elaboração. O definitivo vai representar os resultados do trabalho que são agora demonstrados. E como as fases da pesquisa nem sempre interessam diretamente ao leitor, ordinariamente são expostas na introdução que se antepõe ao plano definitivo da dissertação.

6.3 – Para construir a monografia, o autor, provavelmente, não encontrará dificuldades, pois está de posse dos elementos essenciais: o conteúdo e o plano definitivo que irá seguir.

A respeito do plano, é interessante recapitular as técnicas do esquema apresentadas no capítulo, para que se revista das qualidades que o tornem eficiente:

a) clareza e simplicidade: evitem-se demasiadas subdivisões que podem trazer mais confusões do que vantagens;
b) economia: evitem-se repetições;
c) método: respeite-se a evolução natural do raciocínio.

6.4 – Plano de organização do material

Em função da construção do trabalho monográfico e de sua redação, há necessidade de fazer-se um plano. Evidentemente a feitura de um plano depende do tipo de trabalho que se empreende (tese, monografia, dissertação, ensaio, artigo, relatório de pesquisa, informe técnico etc.) e, particularmente, de seus objetivos.

TURABIAN, tendo como referencial a dissertação monográfica ou o *college paper* das universidades americanas, aponta os seguintes objetivos, em função dos quais extrai as diretrizes e técnicas de elaboração do plano:

a) descobrir quais informações já se têm sobre o assunto;
b) ver como essas informações podem ser dispostas numa ordem lógica;
c) escolher a idéia central (a tese) do próprio trabalho;
d) anotar os pontos em que as informações estão incompletas e aqueles que parecem irrelevantes (171: p. 46).

Resumindo as principais diretrizes e técnicas de elaboração do plano indicadas por TURABIAN:

1) Anotar espontaneamente, até ao acaso, todas as idéias que surgirem a respeito de seu tópico, procurando o que há de interessante para comunicar ao leitor.

2) Fazê-lo sempre em forma de frases e não de meras palavras-chave (por exemplo, sobre o assunto “harpa”: “A harpa tem sua origem provavelmente no arco do caçador”; não simplesmente: “origem”).

3) Depois de obter uma lista de frases, procurar ordená-las e selecioná-las a partir das “estatísticas vitais” (o que é? donde? como? por quê? para quê? quando?...).

4) Após essa distribuição, é possível a organização propriamente dita do material. Haverá necessidade, então, de separar o material em categorias que virão a constituir as partes gerais do plano e suas subdivisões (para o assunto “harpa”), após ter conseguido uma lista de dez frases e agrupá-las em torno de cinco “estatísticas vitais”, obtêm-se duas grandes partes: I – A harpa antiga; II – A harpa moderna.

5) Aplicar os principais critérios de construção de um plano:

a) o cronológico;
b) o espacial;
c) o lógico;
d) o raciocínio do geral para o particular;
e) o raciocínio do particular para o geral;
f) da causa para o efeito;
g) do mais para o menos extenso.

Desse modo será possível determinar o que fica na 1ª parte, na 2ª etc.

Foi assim que o assunto "harpa" ficou estruturado no seguinte plano:

I – A harpa antiga:
A – Antiguidade
B – Origem
C – Estilos
D – Uso

II – A harpa moderna:
A – Desenvolvimento
B – Uso

que, depois de trabalhado, resultou no plano de estruturação definitivo:

A harpa: antiga e moderna

Idéia central: a harpa, com cerca de cinco mil anos como instrumento de solo e como acompanhante da voz humana, tem sido vastamente substituída pelo piano e o violino, mas tem conseguido um lugar firme como instrumento de orquestra.

I – A harpa antiga:
A – Antiguidade
1. Referências nos escritos do mundo antigo
2. Formas na arte antiga
3. Exemplos encontrados pelos arqueólogos
B – Origem provável
C – Estilos dos principais tipos
1. A harpa arcada
2. A harpa angular
D – Uso
1. Solo e acompanhamento da voz humana
2. Instrumento de orquestra

II – A harpa moderna:
A – Desenvolvimento

1. A harpa cromática
2. A harpa de pedal

B – Uso

1. Como instrumento de orquestra
2. Como instrumento de solo (ver TURABIAN, 171: p. 45-51).

Quando se trata de uma monografia propriamente dita, sobretudo a resultante de uma pesquisa (bibliográfica e/ou de campo), este sistema de armação do plano talvez seja insuficiente, ao menos quanto à diretriz de começar por frases anotadas ao acaso até chegar-se a uma lista consistente. A experiência tem ensinado que tudo vai depender, no mínimo, de duas questões a serem resolvidas desde o início da confecção da monografia:

1) A definição de seu trabalho: é realmente uma monografia? Resulta de uma pesquisa bibliográfica exaustiva e se esgota na análise da documentação bibliográfica ou resulta de uma pesquisa empírica (de campo, laboratório, de um experimento *ex ante facto*, ou *ex post facto*)? É uma dissertação de mestrado? Uma tese de doutorado?...

2) Qual o seu problema? Já está lógica e tecnicamente bem formulado? Houve desdobramento do problema central em outros problemas? Irá tratar de todos?

Respondidas com clareza essas duas ordens de questões, não haverá grande dificuldade de montar o plano de trabalho, sendo possível, inclusive, servir-se daquelas diretrizes apresentadas por TURABIAN como referenciais para a feitura do plano inicial e, em seguida, o definitivo.

Minha experiência pessoal mostra-me que, realmente definido o tipo de trabalho que vou escrever, todo o plano depende da *formulação do problema*. Permita-me o leitor dar o exemplo de minha tese de livre-docência – *Da problematização no processo investigatório*. Havia longo tempo vinha documentando-me sobre metodologia nas ciências humanas e sociais. Estava preocupado em escrever um texto sobre a "formulação do problema".

A pesquisa bibliográfica e a leitura refletida e documentada sobre o que é problema e sua função na pesquisa científica fizeram-me um dia decidir não por um mero texto didático sobre a "formulação do problema na pesquisa em ciências humanas e sociais", mas por uma verdadeira tese de metodologia. Sabia que era de minha parte verdadeiro ato de ousadia fazer uma tese monográfica numa área disciplinar em que desconhecia a existência de alguma tese escrita e defendida, particularmente por ser a metodologia uma metaciência e estruturalmente interdisciplinar. O assunto escolhido não podia restringir-se a meras técnicas de formulação do problema de pesquisa: seu tratamento exigiria penetração no terreno da lógica, da filosofia da ciência, na psicologia do conhecimento, na sociologia do conhecimento – uma verdadeira incursão inter e transdisciplinar. Ao introduzir-me nestas áreas, sobretudo na lógica, na filosofia e na sociologia do conhecimento, vi que, além das questões epistemológicas e metodológicas, tinha de enfrentar o conflito ideológico, marcantemente o da dialética (que me apontava o pensamento interrogativo e problematizante) *versus* o positivismo lógico (que mantinha a tradição aristotélica e racionalista do pensamento absoluto e universal).

Desde o início surgiu-me a tese central de minha pesquisa: a problematização, com todo o seu poder de nos lançar no caminho correto e eficaz para a obtenção do conhecimento científico, foi iniciada formalmente por SÓCRATES; colocada em rumo diferente por PLATÃO; abandonada inteiramente por ARISTÓTELES, que a substitui em sua função pelo método silogístico; e durante cerca de vinte séculos permanece "esquecida", até que é ressuscitada, em outra perspectiva, por DESCARTES e, depois deste, pelo fato de o racionalismo kantiano a ter novamente desvirtuado, volta a caracterizar o método contemporâneo tanto da filosofia como das ciências particulares, mas de maneira contraditória (indo desde a dialética hegeliana, passando pelo materialismo histórico e dialético, pelo problematicismo e o "pensamento interrogativo" até o "racionalismo crítico popperiano").

Esta tese central levou-me a cogitar na abordagem e na análise das contribuições contemporâneas (tendo sempre como referencial o espaço metodológico), como o conflito entre razão analítica e razão dialética, tão profundamente analisado por SARTRE, na "complementaridade" de BACHELARD e várias outras contribuições de peso no campo da filosofia da ciência, na epistemologia e suas repercussões na metodologia científica. Por outro lado, tinha outro referencial concreto e desafiante: a formação do cientista social e o papel que nela desempenha a metodologia. Aqui consegui formular meu problema central e dele derivaram os problemas desdobrados que vieram a constituir o esqueleto de meu plano de trabalho: a problematização é relacionada com o processo investigátorio como: *a*) elemento caracterizador?; *b*) condição necessária?; *c*) condição necessária e suficiente? Como caracterizador, o é do processo na sua constituição total ou apenas no contexto da descoberta? É possível detectar presença e ausência, formas e expressões diferentes da problematização no processo investigatório, considerado dentro de sua concepção como processo histórico-social? Há sentido e eficácia diferentes de acepção do problema neste evoluir histórico-social do processo investigatório? Considerando o pensamento como processo investigatório que constrói e destrói filosofias e teorias científicas, qual a importância e eficácia da problematização neste pensar? Há contribuições relevantes de áreas afins da metodologia, especificamente das metaciências, que possam ser aproveitadas? Quanto à metodologia especificamente: *a*) há possibilidade de estabelecer regras metodológicas ou simplesmente recursos técnicos empíricos, mas não conceituais, para a legítima e eficaz formulação do problema?; *b*) ou tais regras são de natureza exclusivamente lógica?; *c*) se lógica, qual tipo de lógica teria condições de estabelecê-las?

Se o problema anterior for resolvido, há possibilidade de transformar as contribuições, através de levantamento bibliográfico condizente e análise de conteúdo, em um artesanato metodológico (à guisa do "artesanato intelectual" de W. MILLS)? Torna-se relevante detectar várias características na bibliografia comumente indicada para a prática docente da metodologia. Entre elas é possível verificar: *a*) o índice de importação de metodologia nos cursos de ciências humanas e sociais no Brasil?; *b*) a linha de pensamento metodológico adotada?; *c*) o índice de autores identificados com o positivismo lógico, de um modo geral?; *d*) o índice de autores identificados com a dialética, de um modo geral?; *e*) o índice de autores identificados como filósofos da ciência (sem experiência de pesquisa empírica) ou lógicos puros?; *f*) o índice de autores identificados como pesquisadores (relatores de sua prática em forma de métodos e técnicas de pesquisa)? Diante dessa problemática e procurando a delimitação do espaço metodológico, consegui o seguinte plano para minha tese:

Da problematização no processo investigatório

1ª parte: 1 – Esboço de uma concepção (de metodologia)
2 – Formulação do problema
3 – Do fato e do problemático

2ª parte: 4 – Do processo investigatório
5 – Problematizar é investigar?
6 – O problematicismo e o pensamento interrogativo na época contemporânea

3ª parte: 7 – Problema e dúvida
8 – Problema e mistério
9 – Problema e "serendipidade"
10 – Problema e "quebra-cabeça"

4ª parte: 11 – Tentativas e limitações da lógica na formulação do problema
12 – Formulação do problema em função de uma metodologia da decisão

5ª parte: 13 – Uma pesquisa metodológica (levantamento da bibliografia adotada nos cursos de ciências humanas e sociais no Brasil e análise de conteúdo das colocações dos autores quanto ao conceito de pesquisa e o papel da problematização nesta concepção)

• questionário aplicado aos autores
• análise estatística dos resultados deste levantamento

6ª parte: 14 – Artesanato metodológico (conclusão da pesquisa: a metodologia da pesquisa em ciências humanas e sociais a partir da problematização)

Em síntese: consegui planejar minha pesquisa e minha tese *a partir do problema formulado* e *seu desdobramento*. Um método que a experiência me comprovou ser bastante eficaz na elaboração do plano de estruturação de um trabalho científico.

Sobre a elaboração de plano de monografia, é interessante ver também o capítulo "El plan de investigación" em ASTI VERA (10: p. 106-14).

6.5 – A construção de um trabalho científico escrito se reduz fatalmente a três partes: *introdução*, *desenvolvimento* e *conclusão*. Ainda que o autor se interesse essencialmente por comunicar os resultados de sua pesquisa, tem necessidade de fazê-lo *demonstrando* o que descobriu.

ASTI VERA, ao referir-se à objeção de que a divisão de um trabalho científico em três partes (introdução, desenvolvimento e conclusão) possa parecer arbitrária: "por que três e não duas ou quatro?", responde:

> Esta objeção implica não se terem compreendido duas coisas: 1ª) que a estrutura do trabalho é uma unidade, um organismo; e 2ª) que obedece a uma necessidade lógica. Com efeito, a introdução, o desenvolvimento e a conclusão são as partes relacionadas de uma configuração orgânica, os elementos integrantes de uma arquitetura lógica, ou seja, de uma estrutura (10: p. 165).

6.5.1 – A *introdução*, como já tivemos ocasião de dizê-lo no capítulo referente ao "relatório de pesquisa", é a apresentação do assunto do trabalho. Será feita de maneira clara, simples e sintética, colocando o tema dentro do "quadro de referência teórico" atualizado, o estado da questão, fazendo-se rápida referência a trabalhos anteriores dedicados ao problema e justificando o aparecimento do próprio tratamento.

Aproveito mais uma vez a experiência alheia comunicando aqui alguns erros já observados em elaboração de introduções. ASTI VERA observou a existência de quatro tipos de erro comumente deparados e que se há de evitar. Resumindo-o:

a) Introduções grandiloqüentes, ambiciosas, que incluem intermináveis discursos, considerações marginais e lugares-comuns, como o de se afirmar que o tema escolhido é "complexo, interessante e discutido". É evidente que se não fosse não valeria a pena ocupar-se dele.

b) Introdução histórica que remete a questão a seus antecedentes remotos e se demora em sua descrição e análise.

c) Introdução exemplificadora, em que se formulam exemplos ilustrativos do tema. Às vezes, em medicina, se incorre nesse erro, incluindo casos desde a introdução do trabalho.

d) Introdução-solução em que se anunciam já os resultados da investigação, cometendo-se assim duplo erro: psicológico, porque priva o leitor da motivação de encontrar por si mesmo a solução, seguindo o desenvolvimento do trabalho, e lógico, porque se o resultado já foi alcançado, tem pouco sentido o desenvolvimento e a argumentação (10: p. 166).

6.5.2 – O *desenvolvimento* que, em termos de redação, se confunde com o próprio corpo do trabalho consiste na fundamentação lógica do tema e tem por objetivo expor e provar. É o momento em que, usando todo seu poder de raciocínio, o autor consegue transformar-se de pesquisador em expositor, desenvolvendo a passagem da lógica usada no contexto da investigação para a lógica da demonstração: é a reconstrução racional que tem por objetivo explicar, discutir, demonstrar. Como várias vezes repetimos, cabe agora ao autor evitar o escolho daqueles que desejam persuadir o leitor. Este se persuadirá por si mesmo, se a demonstração o convencer. Não adiantam artifícios para conseguir tal objetivo, por serem contrários à atitude científica. Sabemos que não é fácil agir aqui com objetividade, afinal está em jogo um processo de conciliação de duas atitudes mentais: a daquele que até agora estava voltado para a pesquisa e que a partir desse momento se dirige ao público e que vai comunicar seus resultados e conclusões. O fato é que se trata de dois momentos de uma atuação científica, os quais não se dão sobrepostos ou identificados. Usando uma comparação provavelmente claudicante, mas que didaticamente nos parece válida: o pesquisador, ao desenvolver para o leitor o assunto, deixa de ser por um momento o investigador, para se tornar o filósofo de seu trabalho. Abandona as técnicas da pesquisa com que já se habituara, para usar os recursos da lógica da demonstração.

A lógica da demonstração, no caso concreto de desenvolver o trabalho monográfico, é reclamada, no mínimo, em três fases: na explicação, na discussão, na demonstração.

6.5.2.1 – A *explicação*, como a etimologia da palavra indica (*ex*.: para fora; *plicare*: dobrar), é o ato de tornar evidente o que estava implícito, obscuro ou complexo. Quem explica, *desdobra* perante os outros uma realidade a fim de que a mente possa entendê-la. É o ato de analisar para que se consiga compreender. Ninguém chega a dar explicação completa de alguma coisa, como afirma muito bem ASTI VERA:

> Toda explicação está de algum modo aberta, porque é quase sempre parcial, condicional, aproximada, instrumental e heurística. Parcial, porque só são considerados *alguns* dos fatores que determinam um fato, um fenômeno ou uma idéia; condicional, porque toda explicação é válida em certo plano e aplicável dentro de certas condições; aproximada, porque nem as medidas nem as qualidades consideradas são exatas; instrumental, visto que a explicação produz um resultado pelo simples fato de ser comunicada; e, finalmente, heurística, pois é capaz de promover e orientar investigações ulteriores (10: p. 169).

É oportuno lembrar – sobretudo ao iniciante em pesquisa – que a alma da ciência é a *explicação científica*. Na gradação do conhecimento científico, o nível explicativo é o que se identifica com a ciência propriamente dita. É sabido que são quatro os degraus de conhecimento científico (em oposição ao conhecimento não-científico): o descritivo, o interpretativo, o explicativo e o preditivo.

A explicação científica se dá quando se consegue a relação de causalidade – a comprovação da hipótese da pesquisa, que, então, se converte em lei ou em proposição científica[7].

Tecnicamente se faz a explicação científica, em pesquisa, quando se conseguem relacionar duas ou mais variáveis. Mas, para atingir a relação de variáveis, há necessidade de operações lógicas preliminares como: a definição (seja nominal, descritiva, real ou operacional), a classificação, e a própria identificação do tipo de relação que se persegue (de causalidade, de variação concomitante, de reciprocidade, de interação etc.).

Provavelmente o pensamento científico se revela pela capacidade que tem o pensador (o pesquisador) de estabelecer legítimas explicações científicas. Seu raciocínio se desenvolve não a partir de premissas universais, princípios, axiomas, postulados (como propõe uma lógica formal), menos ainda a partir de metáforas e analogias, para delas extrair lições e conclusões. O pensamento científico procura a inferência, a generalização, e se movimenta com tentativas de relações possíveis, hipoteticamente estabelecidas, e não por associações casuais ou propositadamente extraídas da linguagem, em vez da realidade concreta, material, histórica.

É preciso esclarecer para o leitor que uma monografia no sentido estrito ou uma tese normalmente contém dois tipos de atividades: a pesquisa e o tratamento escrito. Na prática, esses dois tipos não constituem dois momentos separados: são dois contextos intimamente ligados, que chegam a fundir-se. É por isso que a explicação científica (objetivo de toda pesquisa que se propõe produzir conhecimento científico) se dá ao mesmo tempo que se realiza a pesquisa e se faz o discurso que a reproduz. Mas, como o processo de pesquisa se desdobra em três

---

7. Não se coloca aqui *explicação científica versus compreensão*, como fez DILTHEY ao propor a "compreensão" como o método (fenomenológico) das ciências históricas e sociais, deixando a "explicação" como o método das ciências naturais. A própria divisão de WEBER entre "ciências idiográficas" e "ciências nomotéticas" implica esta distinção entre compreensão e explicação.

grandes momentos (o heurístico, o da justificação e o da aplicação), é correto dizer que a explicação científica descoberta pela pesquisa logicamente se faz em pleno contexto da justificação.

Se se faz a explicação científica como operação lógica, é preciso ser exigente e rigoroso nesta operação, tanto em função da coerência, da consistência, da validade e da verdade do próprio raciocínio como em função da avaliação crítica do leitor de nosso trabalho.

6.5.2.2 – A *discussão* é a fase ou o momento em que o autor desenvolve seu raciocínio examinando colocações contrárias à sua, mostrando a falácia dos argumentos dessas colocações e anunciando a "tese final" como conseqüência da falta de sustentação dos pontos de vista opostos. Como se vê, a discussão representa o processo dialético do trabalho monográfico, em que tese e antítese se entrechocam conduzindo à superação que pode consistir tanto na vitória de uma e recusa da outra como na fusão das duas. Não há necessidade de que o autor apresente a "discussão" dentro do ritual rigorosamente filosófico, mas é imprescindível que comunique seu ponto de vista ou o seu "achado" de maneira racional e assim tenha condições de demonstrar a tese que está defendendo.

Aqui é oportuno lembrar a lição de LEFEBVRE, em sua *Lógica formal – lógica dialética*, a respeito da *superação*. Se ao leitor parecer uma digressão, revele-me. Resumindo-o e citando-o:

> A partir de Hegel, a palavra "superar" irrompeu no vocabulário filosófico, literário, até mesmo jornalístico. Instintivamente, não poucos intelectuais tomaram consciência de que toda história (não somente a história geral, mas aquela da nação, da ciência, da arte e mesmo do indivíduo) torna-se um absurdo quando cada época nova, ou cada doutrina, ou cada obra, não "supera" as precedentes. Instintivamente, muitos pressentem que é impossível adotar dogmaticamente essa ou aquela doutrina clássica, que formulam a propósito de tudo o dilema "ou ... ou". Em lugar do dogmatismo, é melhor – como se diz correntemente –

"tomar de cada doutrina o que ela tem de bom – superá-la". Mas, nesse caso, passa-se do dogmatismo a um erro talvez ainda pior: ao ecletismo (114: p. 229).

Isso leva tais pessoas a misturar doutrinas, pontos de vista, a fazer uma "salada", uma "sopa eclética".

> Essa nostalgia dos compromissos foi acompanhada pela depreciação dos dogmatismos no quadro social e político da democracia contemporânea, já que a democracia supõe a discussão, o livre confronto das idéias; mas ela prestou desserviços à própria democracia, ao provocar o amolecimento do pensamento, a verborréia inútil, ao emprestar uma aura de grandes "sistemas" a "sopas ecléticas" bastante vulgares. [...]
>
> A verdadeira superação é obtida não através de uma amortização das diferenças (entre as doutrinas e as idéias), mas, ao contrário, *aguçando* essas diferenças. Quando uma tese tem razão *em certo sentido*, e notadamente em sua crítica da outra tese, isso não anula o fato de que cada tese, até mesmo no que tem de positivo, permanece *unilateral*. Se nos contentássemos em misturar as teses em presença, tomando um pouco de uma e um pouco de outra, permaneceríamos no plano da unilateralidade; não aprofundaríamos o problema; não reapreenderíamos, para levá-lo a um grau superior, o *movimento profundo* que se dividiu nas duas posições contraditórias. Ora, se há superação possível, essa só pode nascer a partir desse movimento mais profundo (114: p. 229-30).

Como o conhecer (ou o produzir o conhecimento) é um processo, esse só se efetiva pela superação das contradições (das idéias, das teorias, das doutrinas). E, na superação, o que é superado é suprimido, abolido (num certo sentido, pois em outro sentido não deixa de existir, pois não recai no puro nada; ao contrário, é elevado a um nível superior).

> Uma realidade só é superada na medida em que ingressou na contradição, em que se revela ligada com seu contraditório. Então os dois termos se negam em sua própria luta, livrando-se mutuamente de suas estreitezas e unilateralidades. Da negação recíproca, surge a "negação da negação": a *superação*.

> [...] essa palavra é preferível ao termo "síntese", que sabe a ecletismo e a mecanicismo; a "síntese" é obtida pela mistura dos ingredientes, ou por uma construção ideal, a partir deles, de sua unidade. A superação exige, ao contrário, o confronto mais intenso, mais agudo, mais real das teorias ou dos seres (114: p. 231).

A superação implica *retorno* ao passado, mas para superá-lo mediante seu aprofundamento. "O *passado é reencontrado*, mas superado e, por isso mesmo, *aprofundado, liberado de suas limitações, mais real* que no início." (114: p. 231) Mas é preciso atentar para a ilusão metafísica do eterno retorno – tão comum nas pessoas que pensam estaticamente. Daí dizerem: "Nada existe de novo sob o sol. A vida é um eterno recomeço." Como se o mundo moderno fosse mera cópia do antigo.

> Mas a lei da natureza, da vida e do pensamento é a *espiral* e não o círculo, se é que desejamos usar uma figura geométrica. [...] Assim, *a superação revela o superado e imerge mais profundamente que ele no imediato*, embora o superado tenha sido o primeiro imediato. [...].
>
> A *superação*, por conseguinte, revela-se como um movimento simultaneamente lógico e concreto (psicológico, histórico, social, etc.) de capital importância.
>
> Do que precede, resultam as seguintes regras práticas:
>
> • Numa discussão, desconfiar do *ecletismo* sem contornos, sem rigor, sem força.
>
> • Aprofundar as teses, aguçar as diferenças, com o objetivo de rejeitar ambas (e de não aceitá-las ambas ao mesmo tempo), tomando o *conteúdo* delas. Dar toda força ao confronto, aprofundá-lo até a contradição (até descobrir a raiz da contradição), de modo tal que, nesse ponto, as teses "convertem-se uma na outra", ao invés de conservarem-se exteriores e opostas a partir de fora, descubram seu conteúdo no movimento que as atravessa e se superem nesse movimento.
>
> • Se o "fim" de um progresso reencontra o seu começo, não temos aqui um círculo vicioso, mas uma superação real, na condição de que o processo do pensamento seja efetivo e consista num *aprofundamento* do ponto de partida (114: p. 232-3).

6.5.2.3 – A *demonstração* é aplicação da dedução. Através de razões e partindo de proposições evidentes e aceitas, procura-se chegar a uma conclusão. Também aqui não se exige do autor o emprego de um raciocínio estruturado em lógica formal, menos ainda que aja sempre em forma silogística. Basta atender aos princípios básicos da lógica da demonstração que cumprirá plenamente sua missão.

Durante o *desenvolvimento* do trabalho é praticamente impossível separar em momentos distintos e sucessivos a explicação, a discussão, a demonstração. São operações intimamente vinculadas entre si e são expressões do mesmo processo: o processo do discurso científico.

A ação de demonstrar – que pode se dar durante a explicação ou mais freqüentemente durante a discussão – implica aspectos lógicos e aspectos metodológicos.

Quanto a aspectos lógicos, lembraria que no discurso científico não bastam as regras da demonstração, que ARISTÓTELES consagrou como leis do silogismo. A lógica da ciência é muito mais indutiva de um lado e concreta e dialética de outro do que dedutiva e formal. Seu universo não é como o desta: abstrato e ontológico. É o universo dos conteúdos reais, concretos, históricos. Se é verdade que a natureza, a sociedade, a cultura têm suas lógicas próprias, que nem sempre correspondem às lógicas reconstruídas, muito menos à formal, então o discurso demonstrativo há de procurar seguir tanto quanto possível as leis destas lógicas e não vestir a camisa-de-força do formalismo ditado por uma lógica formal suprema, com o poder de estabelecer o que é certo ou errado, verdadeiro ou falso em ciência.

O discurso científico usa de *argumentação*, mas seu principal argumento são os fatos comprobatórios das afirmações.

Quanto ao aspecto metodológico ou de ordem prática, lembraria, particularmente ao iniciante em trabalho científico, que uma das características do discurso científico é nada afirmar sem comprovar ou justificar. Comprova-se primeiro com fatos empíricos, observáveis, em seguida com argumentos racionais, e em último lugar com o chamado "argumento de autoridade" (de autores, escolas de pensamento, doutrinas, teorias científicas etc.). Evitar-se-ão as afirmações gratuitas e as manifestadoras de opinião pessoal. Não esquecer que o discurso científico, se é antidogmático, é também contra a insustentável leveza da opinião, do doxismo.

A atenção do "aprendiz de trabalho científico" há de voltar-se para dois defeitos não muitos raros em trabalhos publicados. O primeiro é o do emprego da "lógica passional" formulada em argumentos de "ordem sentimental", e que visa à persuasão, em lugar da "ordem racional" ou lógica propriamente dita. Essa atitude ficaria bem entre advogados e promotores durante um júri, não no contexto de um trabalho científico.

O outro defeito é o verbalismo: uso de palavras, frases e circunlóquios que nada dizem. DESCARTES já condenava em pseudopensadores de seu tempo esse velho hábito "que serve mais para explicar aos outros as cousas que já são sabidas" (58: p. 65).

O discurso científico reflete, na construção do objeto do conhecimento, uma realidade quase sempre complexa. Mas daí não decorre que a explicação, a discussão e, sobretudo, a demonstração devam fazer-se numa linguagem complicada, prolixa, confusa.

Parece-me que são duas, em última análise, as explicações para a exposição em linguagem verborrágica e ininteligível:

a) a falsa concepção de que o *status* científico e acadêmico exige tal tipo de linguagem;
b) o fato de grandes teóricos terem abandonado a observação (portanto, a realidade que é observada) e assim terem passado a identificar com a realidade o discurso, a linguagem ou os conceitos por eles criados. Então passam a teorizar sobre outra realidade: a construída no bojo do próprio discurso e com ele identificada.

Esta questão é tão relevante no mundo da produção científica que não posso furtar-me a fazer, para o candidato a escrever trabalho científico, duas importantes referências.

A primeira é a declaração de POPPER, no momento em que rompe com o positivismo lógico da Escola de Viena:

> Os analistas da linguagem crêem que não existem autênticos problemas filosóficos; ou que os problemas da filosofia, se é que há algum, são problemas de uso lingüístico ou do sentido das palavras. Creio, contudo, que ao menos existe um problema filosófico pelo qual se interessam todos os homens que refletem: é o da cosmologia, *o problema de entender o mundo – incluídos nós mesmos e nosso conhecimento como parte dele.* [...] Reconheço que entender as funções da linguagem é parte importante desta, mas não o é acabar com nossos problemas, apresentando-os como meros "quebra-cabeças" lingüísticos (148: p. 16).

A outra mais pertinente é a crítica que faz WRIGHT MILLS, em *A imaginação sociológica*, à linguagem complicada e confusa de "grandes teóricos" da sociologia, como TALCOTT PARSONS. Eis algumas de suas passagens:

> Jamais, como grandes teóricos, abandonam as altas generalidades para se ocuparem dos problemas em seus contextos histórico e estrutural. Essa ausência de um firme senso de problemas genuínos, por sua vez, é a responsável pela irrealidade tão perceptível em suas páginas. Uma característica resultante é uma elaboração aparentemente arbitrária e infindável de distinções que não ampliam nossa compreensão nem tornam mais sensível nossa experiência. Isso, por sua vez, se revela como uma abdicação, parcialmente organizada, do esforço de descrever e explicar a conduta humana e a sociedade, de forma clara.
>
> [...] a grande teoria embebedou-se de sintaxe e ficou surda à semântica. Seus praticantes não compreendem realmente que, quando definimos uma palavra, estamos apenas convidando outros a usá-la como gostaríamos que fosse usada, que o objetivo dessa definição é concentrar o raciocínio sobre o fato, e que o resultado adequado da boa definição é transformar o raciocínio sobre termos em desacordos sobre fatos, e assim franquear ao raciocínio uma nova pesquisa (126: p. 42).

E no apêndice intitulado "Do artesanato intelectual", em que desce ao terreno metodológico, MILLS pondera:

> Todos concordarão em que os trabalhos devem ser apresentados em linguagem clara e simples, na medida em que o assun-

> to e os pensamentos o permitam. Mas como poderemos notar, uma prosa empolada e polissilábica não predomina nas Ciências Sociais. Os que a empregam julgam, creio eu, estar imitando a "ciência física" e não têm consciência de que tal prosa não é totalmente necessária.
>
> [...] Acredito que essa falta de inteligibilidade fácil habitualmente nada tem a ver com a complexidade do assunto nem com a profundidade do pensamento. Relaciona-se quase totalmente com certas confusões do autor acadêmico sobre seu próprio *status*.
>
> Em muitos círculos acadêmicos, hoje, quem tentar escrever de forma simplesmente inteligível é condenado como "simples literato" ou pior ainda como "simples jornalista". Talvez o leitor já saiba que tais frases, tal como habitualmente usadas, indicam apenas uma dedução espúria: superficial, porque compreensível (126: p. 234).

6.5.3 – A *conclusão* representa o momento para o qual caminhou todo o desenvolvimento do trabalho. Em geral o trabalho de pesquisa completado pela elaboração da monografia apresenta mais de uma conclusão. De qualquer maneira, conclusão ou conclusões compreendem a síntese que se espera de todo trabalho científico. Segundo ASTI VERA:

> Concluir um trabalho de investigação não é simplesmente colocar-lhe um ponto final. A conclusão, como a introdução e o desenvolvimento, possui uma estrutura própria. A conclusão deve proporcionar um resumo sintético, porém completo, da argumentação, das provas e exemplos (se os apresentar) consignados nas duas primeiras partes do trabalho. Esta parte deve possuir as características do que chamamos síntese. Em primeiro lugar, a conclusão deve relacionar as diversas partes da argumentação, unir as idéias desenvolvidas. É por isso que se diz que, em certo sentido, a conclusão é uma volta à introdução: cerra-se sobre o começo. Esta circularidade do trabalho constitui um de seus elementos estéticos (de beleza lógica). Fica assim no leitor a impressão de estar diante de um sistema harmônico, acabado em si mesmo (10: p. 172).

7 – 6ª fase: Redação

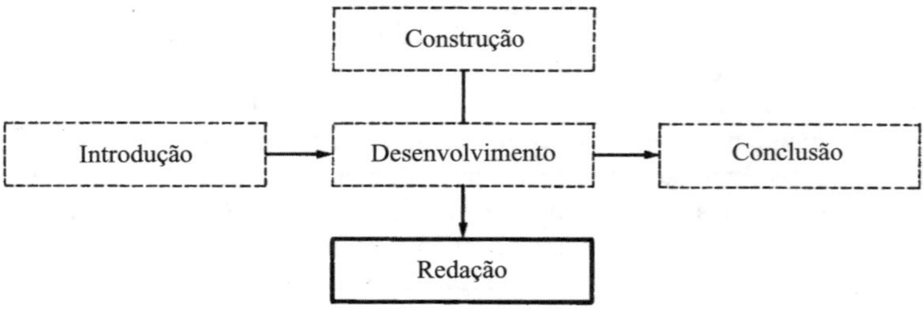

REDAÇÃO – do trabalho científico
ECO, U. *Como se faz uma tese*, cap. 9, p. 113-42.

"A quem nos dirigimos ao escrever uma tese? Ao examinador? A todos os estudantes ou estudiosos que terão oportunidade de consultá-la depois? Ao vasto público dos não-especializados? Devemos imaginá-la como um livro a andar nas mãos de milhares de leitores, ou como uma comunicação erudita a uma academia científica?

São problemas importantes na medida em que dizem respeito antes de tudo à forma expositiva a dar ao trabalho, mas também ao nível de clareza interna que se pretende obter." (p. 113)

A monografia é essencialmente um "tratamento escrito". Desde a fase de sua construção, o trabalho monográfico vem sendo redigido. É uma das operações mais delicadas e difíceis para o pesquisador, uma vez que demanda atendimento a certas normas de documentação, requisitos de comunicação, de lógica e até de estilo. Se os veteranos não estão isentos dessas dificuldades, elas aumentam ainda mais para os principiantes.

Assim como o trabalho literário, também o científico tem sua "arte própria" para se poder conciliar precisão, objetividade e clareza com elegância, vigor e agilidade.

Há ainda outros aspectos que denotam resistência do pesquisador em redigir: um deles, bastante relevante, é o receio de não ser compreendido ou de não ser aceito pelo público especializado ou geral. DESCARTES, já naquela época, em que a imprensa se expandia, deixou de publicar os fundamentos de sua física, por julgar que o momento era inoportuno devido ao ocorrido com Galileu: "Como é impossível que estejam de acordo com todas as diversas opiniões dos outros homens, prevejo que seria freqüentemente afastado dos meus trabalhos pelas oposições que eles provocariam." (58: p. 144-5)

Para o iniciante, sobretudo para quem deve defender tese, o temor de dar à luz a monografia é algo real e ponderável.

Acontece, porém, que parte dessa ansiedade se refere especificamente à ação de escrever e seria minimizada se o aluno fosse treinado ou, ao menos, informado dos recursos que facilitam a tarefa de redigir[8]. Tentaremos propor os mais práticos e fundamentais, enfeixando-os em cinco itens:

a) redação provisória;
b) redação definitiva (da introdução, do corpo do trabalho, das conclusões);
c) estrutura material da monografia;
d) linguagem científica;
e) detalhes importantes.

7.1 – Redação provisória

É uma praxe universalmente difundida fazer preceder a uma obra o esboço, o rascunho, o planejamento, a maquete. Para que a redação da monografia saia a contento, não basta que o plano esteja definitivo. É preciso desenvolvê-lo em caráter pro-

8. Por isso afirmei atrás que um bom início é fazer com que os alunos redijam recensões, *abstracts*, relatórios e apresentem o trabalho aplicando as normas metodológicas.

visório, quando serão experimentadas a expressão, a coordenação lógica, a sintaxe adequada e a disposição do conteúdo.

CHAVIGNY, revelando senso de praticidade, recomenda-nos "escrever sempre em papéis soltos, numerados e numa só fase" (49). Grande é a vantagem que esse hábito oferece: quando estivermos na contingência de acrescentar, mutilar, modificar alguma coisa, teremos o anverso livre; e ainda nos será possível um corte de tesoura e a introdução de novo elemento. Essa é uma boa maneira de poupar tempo (evitando-se reescrever trechos enormes por causa de alterações) e de manter a conexão clara das idéias.

7.2 – Redação definitiva

Uma vez realizadas as correções e emendas necessárias ao trabalho provisoriamente redigido, passaremos à redação definitiva, que vai constar das três partes de que se ocupou a construção: introdução, desenvolvimento ou corpo do trabalho, conclusão.

7.2.1 – Quanto à redação da *introdução*, a prática ensina-nos que é a primeira a aparecer no trabalho definitivo, mas a última a ser redigida. Deixando para o fim, teremos condições de cumprir aquilo que a caracteriza, e os seus objetivos, com maior facilidade:

a) expor as razões que levaram o autor a escrever;
b) referir-se ao quadro teórico em que se fundamenta o trabalho;
c) apresentar o "estado da questão" ou formulação do problema e da hipótese;
d) indicar trabalhos congêneres referentes ao mesmo tema e conseqüentemente resenha crítica, mostrando o que de novo se pretende, sem nos esquecermos de apontar o que é comum;
e) orientar o leitor sobre o assunto a ser abordado.

É praxe apresentar tudo isso em uma só seção destacada, antecedendo-a aos capítulos referentes ao desenvolvimento, e sob o rótulo "introdução". Entretanto não é uma exigência rígida. Pode acontecer que a introdução receba outro título e que seja desdobrada em capítulos: depende da natureza da monografia e dos interesses reais do autor. O importante é que o leitor a distinga das outras partes.

Costume bastante difundido é fazer preceder à introdução propriamente dita um *prefácio*, escrito ou não pelo autor. Quando é deste, geralmente seu objetivo é: *a*) definir seu trabalho (se é tese, memória, dissertação etc.); *b*) indicar a instituição que o promoveu; *c*) comunicar a orientação ou o patrocínio recebidos; *d*) traçar o plano geral; *e*) agradecer aos colaboradores e, conforme o caso, indicar a participação de cada um. Quando é de outro, reduz-se à apresentação da pessoa e títulos do autor, e a comentar a oportunidade e mérito do trabalho. Uma tese doutoral, é óbvio, jamais poderia ser prefaciada por outro, a não ser quando, após defendida, viesse a ser publicada ou reeditada. O prefácio redigido por pessoa convidada pelo autor, às vezes, recebe o nome de *prólogo* ou *apresentação*.

7.2.2 – *Corpo do trabalho* é a redação do desenvolvimento. Materialmente compreende os capítulos da monografia, excluindo a introdução e as conclusões. Para redigir o desenvolvimento é preciso atentar para a lógica da exposição e para as características de todo trabalho científico escrito: objetividade, clareza, simplicidade. Assim, serão evitadas as digressões inúteis, as repetições, o floreio literário, o excesso de metáforas e figuras de efeito estilístico. Observar-se-ão a ordem e a dependência racional entre as partes. O método tradicional da "tese" é o seguinte: exposição do estado da questão, apresentação sumária das razões opostas, dificuldades e argumentação a favor, refutando-se as objeções e interpretações contrárias, para em seguida fazer a interpretação e explicação que se oferecem e tirar as conclusões. Tratando-se de monografia que deriva de pesquisa empírica recém-concluída, tal método torna-se, muitas vezes, impraticável e monótono. Ultimamente, o costume tem sido o de, logo após a introdução, apresentar capítulos que se sucedem discutindo:

a) o problema e a hipótese (análise dos elementos);
b) as variáveis do problema e/ou da hipótese;
c) a opção de pesquisa e sua justificação;
d) seu planejamento;
e) o tipo de amostragem;
f) descrição das amostras usadas;
g) descrição dos instrumentos usados, sua precisão e validez;
h) apresentação dos resultados;
i) as técnicas de análise utilizadas e sua justificativa;
j) as generalizações e conclusões.

Enfim, o mesmo modelo do "relatório de pesquisa", porém desenvolvido com mais amplitude e profundidade. Isso se faz reservando-se para cada tópico um capítulo. O conjunto dos capítulos prepara a formulação das conclusões que são apresentadas no final como síntese de todo o trabalho.

7.2.3 – As *conclusões*, que provavelmente surgiram implicitamente durante o desenvolvimento, constituem o capítulo final e, geralmente, convém apresentá-las da maneira mais concisa possível, praticamente sem comentários. Na realidade este último capítulo é uma resenha das *proposições científicas* a que chegou o autor através de sua pesquisa. Faz parte das conclusões a indicação das hipóteses que não foram comprovadas e a daquelas que o estudo acaba de detectar para futuras investigações.

7.2.4 – Antes de ser impressa ou mimeografada, cabe ao autor *datilografar* a monografia ou encarregar alguém de fazê-lo. Ao datilografar ou mimeografar, convém aproveitar a lição da experiência alheia, a fim de não incorrer nas mesmas falhas. Assim, entre outros, são lembretes válidos:

a) Datilografar em espaço dois; entre parágrafos, usa-se espaço três. Os parágrafos começarão a sete espaços da margem esquerda do papel.

b) Visto que a máquina de escrever[9] não possui letras em itálico ou negrito, adotar a prática de sublinhar ou usar aspas para as palavras que devem ser destacadas ou empregadas em sentido específico (neologismos, termos técnicos e estrangeiros etc.).
c) Evitar o abuso de maiúsculas para chamar a atenção.
d) Manter a marginação estética: a margem direita com 2,5 cm, a superior com 3 cm, a inferior com 1,5 cm e a esquerda com 4 cm. Um sistema prático para manter todas as folhas identicamente marginadas é construir um gabarito: uma folha em branco com essas margens já traçadas em tinta preta (nanquim, hidrográfica etc.) que ficará sempre por baixo da primeira via a ser datilografada (ver modelo na página seguinte).
e) Quanto à impressão, é mais acertado confiar aos técnicos de tipografia e revisão as tarefas de distribuição de tipos, paginação e correção de provas. O autor previamente indicará a natureza e os detalhes de impressão. Isso não impede que esteja acompanhando de perto a execução do serviço, pois ninguém é o maior interessado do que o próprio autor. Julgamos ocioso apresentar guias de correção de prova tipográfica, pois é uma função específica do revisor e, quase sempre, o pior revisor é o próprio autor que habitualmente não localiza todos os erros e falhas tipográficas.

7.3 – A estrutura material da monografia

Referimo-nos aqui à monografia como livro. Ao vir a público, a monografia converte-se no que, popularmente, se chama “livro” e, tecnicamente, “documento”. O autor terá de satisfazer aos dois tipos de exigência: do leitor e dos serviços de documentação. Para que seu trabalho seja publicado de acordo com as normas técnicas, convém que consulte a *Normalização*

---

9. Esta afirmação, à época da primeira edição deste manual, tinha como referência a máquina de escrever comum, não a elétrica (com esferas) nem as impressoras de microcomputador, hoje tão difundidas e ao alcance de grande parcela de intelectuais, escritores, pesquisadores etc.

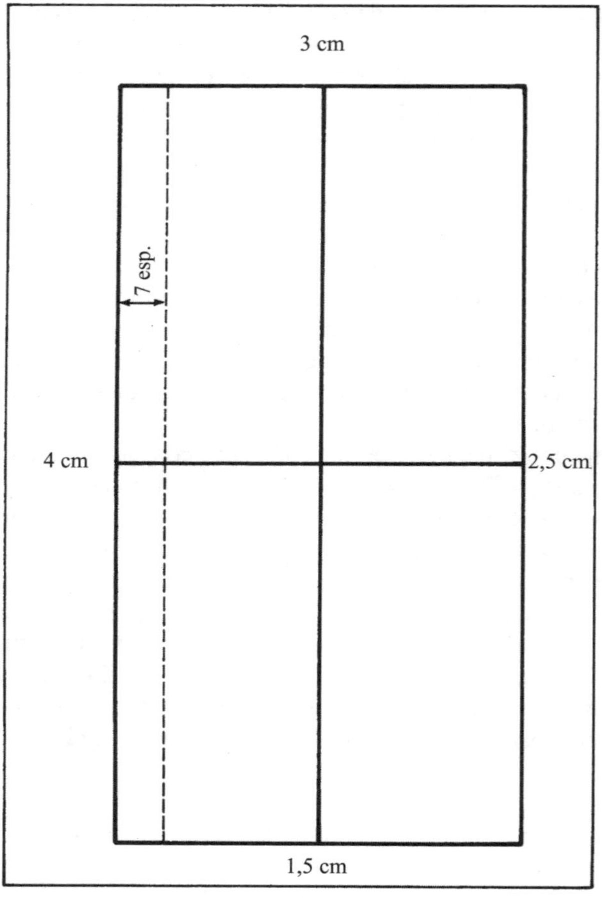

da documentação no Brasil editada pela ABNT (Associação Brasileira de Normas Técnicas) a que por várias vezes me referi.

Em geral a monografia como livro apresenta ordenadamente as seguintes partes:

a) capa, onde estarão o título, o nome do autor, a editora (a praxe é adotar a capa unicor, sem desenho, ou sóbria em imagens; o título da capa deve ser o mais sintético possível, vindo o título real na página de rosto);

b) dorso do livro com o título e nome do autor;

c) contracapa, geralmente sem gravação ou impressão, às vezes utilizada para apresentar um resumo da obra;

d) após a capa, uma a duas folhas em branco;

e) uma página que repete a capa do livro;

f) a página de rosto, que contém:

- na parte superior, o nome completo do autor, sem abreviaturas, com seus títulos ou cargos logo abaixo;
- o título real do trabalho com subtítulos, se houver;
- indicação de prefácio ou prólogo ou apresentação com o nome do apresentador (quando não houver apresentador, esse item não deve aparecer);
- nome da instituição;
- cidade, editora, ano;

g) página de dedicatória, se houver, ou página destinada a um pensamento, frase, dístico, se o autor achar conveniente;

h) índice completo (de todos os capítulos e suas seções) ou sumário (enumeração das partes principais) com a indicação das páginas iniciais dos capítulos ou partes destacadas;

i) prefácio, caso haja;

j) apresentação, caso haja;

l) introdução;

m) seqüência dos capítulos destinados ao corpo do trabalho;

n) capítulo(s) das conclusões;

o) apêndices ou anexos, tabelas, gráficos etc., ordenados de acordo com o desenvolvimento e ditados pela conveniência e clareza da exposição no corpo do trabalho;

p) bibliografia ou referência bibliográfica em ordem alfabética dos sobrenomes dos autores;

q) índice de autores citados em ordem alfabética (pode fazer parte do item anterior);

r) índice de assuntos em ordem alfabética;

s) glossário, caso se julgue importante;

t) uma ou duas páginas em branco antes da contracapa.

Quanto à *dissertação monográfica*, à *memória científica* ou aos trabalhos acadêmicos semelhantes que não têm a envergadura da monografia propriamente dita, far-se-ão as devidas adaptações, pois, em geral, costumam ser apenas mimeografados. A "fachada" desses tipos de trabalho convém ter um aspecto sóbrio e estético. A praxe é apresentá-la com os seguintes elementos (ver p. 357):

a) título do trabalho em maiúsculas, na parte superior;
b) nome do autor em destaque;
c) especificação do trabalho (dissertação, memória etc.);
d) dados referentes ao curso;
e) dados referentes à instituição com a respectiva localização;
f) data.

7.4 – A linguagem científica

Há, de modo geral, tendência a descuidar-se da linguagem quando se redige um trabalho científico ou técnico: talvez sob a alegação de que não se trata de trabalho literário. Entretanto, mesmo sem "fazer literatura", não se concebem, num tratamento científico escrito, certos defeitos relevantes. Importa respeitar, ao menos, os seguintes aspectos fundamentais:

a) correção gramatical: convém sempre solicitar a contribuição de um conhecedor da língua e da gramática para nos auxiliar;
b) exposição clara, concisa, objetiva, condizente com a redação científica;
c) cuidado em evitar períodos extensos;
d) preocupação em redigir com um estilo capaz de equilibrar a simplicidade com o movimento, evitando o colóquio excessivamente familiar e vulgar, a ironia causticante, os recursos retóricos;
e) linguagem direta;
f) precisão e rigor com o vocabulário técnico, sem cair no hermetismo.

Recomendamos ao leitor, entre outras, a leitura das duas páginas que ASTI VERA dedica a discutir rapidamente "o estilo e a expressão em trabalho científico" (10: p. 180-1).

Exemplo fictício:

LIMITAÇÃO DA LÓGICA FORMAL

NA FORMULAÇÃO DO PROBLEMA

Maria Cristina Rodrigues

Dissertação apresentada ao Curso de Pós-Graduação da Faculdade de Filosofia e Ciências Humanas da Universidade Federal de Minas Gerais para a obtenção do grau de Mestre em Filosofia.

Orientador
Prof. Dr. Otávio Severini

Belo Horizonte, agosto de 1989.

ASTI VERA alude à distinção de HEIDEGGER entre linguagem como *instrumento* e linguagem *instauradora* da realidade: a linguagem do poeta é *reveladora* da realidade (patenteia-a); já a linguagem como *meio de comunicação e expressão* é um conjunto de signos (ou unidades que a compõem, como o fonema, a palavra, a oração).

Do ponto de vista *instrumental*, as formas expressivas podem ser: *a*) a linguagem corrente ou *coloquial*; *b*) a linguagem *literária* (com objetivos estéticos); *c*) a linguagem *técnica*, que é o sistema de expressão da ciência e da filosofia.

Já do ponto de vista de suas *funções*, pode-se falar em três *usos* da linguagem: *a*) *expressivo* (para expressar e transmitir emoções e sentimentos, por exemplo a linguagem coloquial); *b*) *informativo* (as palavras ou signos têm a finalidade de transmitir informação ou conhecimento, por exemplo a linguagem científica); *c*) *diretivo* (para atuar sobre a conduta dos homens, por exemplo a da propaganda).

Quanto ao *estilo* de um trabalho de pesquisa, antes de mais nada há de caracterizar-se como *cognoscitivo*, isto é, deve refletir uma inquietação reflexiva.

Mesmo um estilo parcialmente literário pode coadunar-se com a *cientificidade* de um trabalho, desde que conserve *internamente* um estilo *cognoscitivo*. É o caso dos escritos de FREUD, sobretudo os sobre MOISÉS, MIGUEL ÂNGELO e sobre certas histórias clínicas. Parece que a exploração do individual justifica esta fusão do literário com o técnico ou científico.

Há o que se denomina *estilo acadêmico*, "caracterizado pela busca da precisão através de um vocabulário técnico".

É próprio da ciência e da filosofia a terminologia técnica. No caso de se usarem termos correntes, há necessidade de despojá-los de seus significados vagos ou indeterminados, definindo-os tecnicamente.

Há o estilo *erístico*, "no qual existe grande interesse em certos tipos de prova, como as estatísticas e os dados experimentais". É freqüente em obras de ciências da cultura.

Nos trabalhos de lógica e matemática, o estilo é predominantemente *simbólico* e *formal*, e até *postulacional*. Os símbolos são vazios de *conteúdo* e sua validez depende do *uso correto de regras* que os vinculam entre si.

O último parágrafo deste capítulo de ASTI VERA merece ser transcrito:

> O bom sentido é, em última instância, o que determina o estilo, já que, embora seja certo que em lógica e matemática convém o uso de expressões simbólicas formalizadas, nas ciências de fatos não se pode prescindir de uma linguagem formada por palavras técnicas e por expressões extraídas da linguagem coloquial. Algumas considerações análogas cabe formular em relação às ciências da cultura, salvando as exceções assinaladas em parágrafos anteriores (10: p. 181).

Retorno a *A imaginação sociológica* de WRIGHT MILLS – na parte "Do artesanato intelectual" – em que se detém sobre linguagem, estilo e redação do trabalho científico em ciências sociais. Diz ele: "Escrever é pretender a atenção dos leitores. Isso é parte de *qualquer* estilo. Escrever é também pretender para si um *status* pelo menos bastante para ser lido."

Após aludir ao estilo (e criticá-lo) de sociólogos que escrevem ininteligivelmente, na ilusão de conseguir *status*, e (paradoxalmente, para sua expectativa) acabam, por isso mesmo, perdendo o *status* desejado, comenta:

> Para superar a *prosa* acadêmica, temos de superar primeiro a *pose* acadêmica. É muito menos importante estudar a gramática e as raízes da língua do que esclarecer nossas respostas a estas três perguntas: 1) Quais, no final das contas, a dificuldade e a complexidade de meu assunto? 2) Quando escrevo, que *status* estou pretendendo para mim mesmo? 3) Para quem procuro escrever? (126: p. 235).

Quanto à terminologia técnica:

1) "Técnico não significa necessariamente difícil."

2) "As palavras da linguagem comum estão quase sempre 'carregadas' de sentimentos e valores, e por isso seria melhor evitá-las em favor de novas palavras ou termos técnicos." Certo. Mas muitos termos técnicos na ciência social também estão

carregados. Escrever com clareza é controlar tais "cargas", dizer exatamente o que queremos, e de forma que somente este sentido, e apenas ele, seja entendido pelos outros.

3) "[...] devemos distinguir duas formas de apresentar o trabalho de ciência social, segundo a idéia que o autor faz de si mesmo e a voz com a qual fala. [...] Uma forma nasce da idéia de que ele é um homem: confiante ou neurótico, direto ou complicado – é o centro de experiência e pensamento. Descobriu alguma coisa, e nos está falando dela, explicando como a descobriu. É essa voz existente atrás das melhores exposições. [...] A outra forma de apresentar o trabalho é não usar qualquer voz humana. Não é absolutamente uma 'voz'. É um som autônomo, uma prosa fabricada por uma máquina. [...] É pretensiosamente impessoal. [...] Qualquer escrito – com exceção talvez de alguns grandes estilistas – que não seja imaginável como discurso humano é um mau escrito" (126: p. 237).

4) Finalmente há a questão dos que devem ouvir a voz: "[...] É muito importante para qualquer autor ter em mente exatamente quais os públicos a que se dirige – e também o que realmente pensa deles."

5) "Há ainda outro ponto relacionado com a influência mútua entre a escrita e o pensamento. Se escrevermos apenas com referência ao que Reichenbach chamou de 'contexto da descoberta', seremos compreendidos por muito pouca gente [...]. Para tornar mais objetivo nosso pensamento [...] devemos trabalhar no contexto da apresentação. [...] Apresentamos nosso pensamento a nós mesmos, o que tem, com freqüência, o nome de 'pensar claramente'. Então, quando sentirmos o que temos em forma, o apresentamos a outros [...]. Por vezes observamos que, ao tentar apresentar nosso pensamento, o modificamos [...]. Surgirão novas idéias à medida que trabalharmos no contexto da apresentação. [...] Temos de nos movimentar entre esses dois contextos, e sempre que nos movimentarmos é bom saber para onde estamos indo" (126: p. 239).

UMBERTO ECO – em *Como se faz uma tese* – resume o problema da redação em dois pontos: *a quem nos dirigimos* e *como se fala.*

Sobre o primeiro ponto lembra que a resposta a tal pergunta é importante, pois diz respeito "antes de tudo à forma expositiva a dar ao trabalho, mas também ao nível de clareza interna que se pretende obter" (64: p. 113). Há necessidade de ser claro, mesmo quando se escreve para o examinador da tese ou para um público especializado. E lembra: "Se você ler os grandes cientistas ou os grandes críticos, verá que, com raríssimas exceções, eles são sempre claros e não se envergonham de explicar bem as coisas." (64: p. 113) E estabelece duas regras:

a) definir os termos usados, a menos que se trate de termos consagrados e indiscutíveis pela disciplina em causa;
b) não é necessário partir do princípio de que o leitor tenha feito o mesmo trabalho que nós.

Quanto ao segundo ponto ("como se fala"), dá alguns conselhos que merecem ser transcritos com a devida adaptação ao nosso caso:

1) Não imite Proust. Nada de períodos longos.

2) Não pretenda ser *e. e. cummings* (Cummings era um poeta americano que assinava com as iniciais minúsculas e outras inovações para assumir um papel de vanguarda). Ao falar do estilo dos futuristas, evite escrever como um deles. Esta é uma recomendação importante, pois hoje em dia muita gente se mete a fazer teses "de ruptura", em que não se respeitam as regras do discurso crítico. A linguagem da tese é uma *metalinguagem*, isto é, uma linguagem que fala de outras linguagens. Um psiquiatra que descreve doentes mentais não se exprime como doentes mentais.

3) Abra parágrafos com freqüência.

4) Escreva o que lhe vier à cabeça, mas apenas em rascunho.

5) Use o orientador como cobaia (fazendo-o ler com antecedência, em partes, toda a tese, antes de entregá-la).

6) Não se obstine em iniciar no primeiro capítulo. Comece pelo que está mais documentado.

7) Não use reticências ou pontos-de-exclamação nem faça ironias. Um ensaio crítico ou um texto científico deveriam de pre-

ferência ser escritos em linguagem referencial (em que as coisas são chamadas pelo seu nome mais comum – e os termos são bem definidos e unívocos). Às vezes é útil empregar uma metáfora, uma ironia, uma litotes (afirmar pela negação do contrário).

8) Defina sempre um termo ao introduzi-lo pela primeira vez.

9) Não comece a explicar onde fica Roma para depois não explicar onde fica Timbuctu (por exemplo: "O filósofo panteísta judeu-holandês Spinoza foi definido por Guzzo..."; Alto lá! Ou você está fazendo uma tese sobre Spinoza e então o leitor sabe quem é Spinoza e que Augusto Guzzo escreveu um livro sobre ele, ou está citando por acaso essa afirmação numa tese sobre física nuclear e então não deve presumir que o leitor ignore quem é Spinoza, mas saiba quem é Guzzo...).

10) Eu ou nós? Deve-se introduzir na tese opinião própria em primeira pessoa ou usar o "plural majestático"? ECO discorda da opinião dos que aconselham o "eu" em lugar do "nós". Segundo ele, usa-se o "nós" por presumir que a afirmação possa ser compartilhada pelo leitor (escrever é um ato social: escrevo para que o leitor aceite aquilo que lhe proponho). O melhor realmente é usar a forma impessoal, evitando o pronome pessoal ("cabe, pois, concluir que", "parece acertado que", "dever-se-ia dizer", "é lícito supor", "conclui-se daí que", "ao exame desse texto percebe-se que" etc. Em vez de "o artigo que citei" ou "citamos": "o artigo citado...").

11) Nunca use artigo diante de nome próprio ("o Marx", "o Dante"...).

12) Não aportuguese jamais os nomes próprios estrangeiros ("Jean-Paul Sartre" e não "João Paulo Sartre").

13) Só se deve aportuguesar os sobrenomes estrangeiros em caso de tradição consagrada (Lutero, Confúcio, Tomás de Aquino) (64: p. 113-21).

7.5 – Alguns detalhes importantes

Consideramos detalhes importantes na fase da redação: a referência bibliográfica (ou bibliografia de fim de livro), as citações, as notas de rodapé, os sumários de capítulo, a apresentação de tabelas e gráficos e o índice ou o sumário.

7.5.1 – Todo trabalho científico que se edita deve conter a *bibliografia* consultada e mais diretamente relacionada com o assunto. Há normas para apresentá-la. Como são tantas as possibilidades que surgem (autor nacional, autor estrangeiro, livro, artigo de revista, artigo de jornal, artigo de coletâneas e obras de referência, traduções, obra publicada por instituição, publicada por vários autores etc.), parece mais adequado indicar ao leitor a consulta à *Normalização da documentação no Brasil* da ABNT (6).

Os casos mais freqüentes são: referência de livro, de artigo de periódico, artigo de jornal e de coletâneas ou enciclopédias.

Se a pesquisa bibliográfica foi realizada corretamente, não haverá problema nesta fase, pois:

a) toda a bibliografia que vai ser arrolada já está pronta num fichário de "autor por ordem alfabética";
b) a técnica de fazer a ficha bibliográfica foi indicada já prevendo o momento de sua transcrição (dos elementos principais) para essa seção da monografia.

O interessado encontrará no apêndice deste manual a NBR 6023 – *Referências bibliográficas – norma brasileira*, ou seja, as normas estabelecidas pela Associação Brasileira de Normas Técnicas, que abrangem:

- objetivo;
- norma complementar;
- definições;
- localização;
- especificação e ordem dos elementos;
- fontes de informação;
- regras gerais de apresentação;
- autor;
- título;
- edição;
- imprenta;

- descrição física;
- notas especiais;
- lista ordenada de referências bibliográficas.

7.5.2 – As *citações* feitas com critério e como reforço a um ponto de vista ou aspecto abordado enriquecem qualquer tipo de trabalho. A *Normalização da documentação no Brasil* também se encarregou de indicar a técnica (6: p. 114-6). Uma das conseqüências da citação é a referência de rodapé, feita através do número indicador. Tal número no texto:

a) deve ser usado logo depois da pontuação que fecha a citação, nunca depois do nome do autor ou do verbo que a introduz ou da pontuação que a precede;
b) não se coloca entre parênteses.

Uma maneira prática, a fim de evitar muitas referências de rodapé, é a adotada neste manual: convencionar previamente com o leitor que as referências obedecerão ao número correspondente à obra referida no final do livro, colocar esse número entre parênteses, seguido de dois-pontos, e a página inicial e final da citação. Tal prática permite reservar o rodapé quase exclusivamente para notas explicativas.

7.5.3 – As *notas de rodapé*, como as citações, têm função específica dentro do texto. Já abordei esse aspecto no capítulo sobre relatório de pesquisa. Em síntese, suas principais funções são:

a) mostrar o relacionamento do que está sendo exposto com o quadro teórico de referência ou com outras abordagens;
b) indicar momentos de ligação entre o passado e o presente científicos;
c) orientar o leitor e esclarecer-lhe certos pontos possivelmente duvidosos, obscuros ou cujo conhecimento já se deve pressupor;
d) evitar digressões dentro do texto;
e) primar pela concisão e oportunidade.

7.5.4 – O *sumário de capítulo*, segundo ficou esclarecido, é a relação do conteúdo ou das seções do capítulo colocada logo abaixo do título. É uma técnica que muito auxilia o leitor. Completa-se com o resumo no final de cada capítulo que muitos autores usam para recapitular a exposição a servir de elo de ligação com o capítulo seguinte.

7.5.5 – O *sumário*, conforme define a ABNT, "é a enumeração das principais divisões, seções, artigos e contribuições de um volume ou fascículo de periódico, de um relatório ou qualquer outro documento, na mesma ordem em que a matéria nele se suceder" (6: p. 66).

Não se deve confundir sumário com *índice*, porque este contém todas as divisões, capítulos, seções. Por isso é mais indicado para livro, ao passo que o *sumário*, por conter apenas as principais divisões ou partes do documento, é mais indicado para dissertações, relatórios de pesquisa, fascículo de periódico etc.

7.5.6 – A *apresentação de tabelas, gráficos, figuras, desenhos* etc. é uma das questões que mais dependem do poder de decisão do autor: ou distribui esse material no corpo do livro, seguindo a exposição, ou agrupa-o no fim do livro em forma de anexo. Em geral, quando quadros e tabelas são muito variados ou ocupam grande dimensão espacial, é conveniente deixá-los para a parte de apêndice, fazendo durante o trabalho as devidas referências.

O iniciante não deve esquecer:

a) que há normas para apresentação de tabelas e gráficos (devemos recorrer a técnicos no assunto que muito nos auxiliarão);
b) que tabelas e gráficos são meio, não fim em si mesmos; valorizam o trabalho, quando fazem parte da análise e ilustram o raciocínio ou a interpretação, mas não provam coisa alguma por si mesmos.

7.6 – Será sobretudo útil consultar monografias, notando-lhes a estrutura e a apresentação, para servir de modelo.

7.7 – Chegamos ao fim. Se o leitor observou, meu objetivo foi *indicar* o que lhe poderia ser útil em termos de prática e de racionalização do trabalho intelectual e científico. Jamais assumi o papel de conselheiro ou de preceptor. Conscientemente evito essa atitude, pois afinal tinha sempre em mente a sábia lição daquele que muitíssimas vezes me tem guiado com seus ensinamentos, DESCARTES, quando em semelhante situação escreveu:

Os que procuram dar preceitos devem julgar-se mais hábeis do que aqueles a quem os dão; e se falham na menor cousa, são por isso passíveis de censura (58: p. 45).

ADENDO A

Conversão de tema em problema delimitado – passos para a formulação correta do problema

Este guia compreende quatro áreas: 1ª) Pergunta-Teste (PT); 2ª) Resposta (R); 3ª) Decisão e Técnica a usar (D-T); 4ª) Exemplos (Ex.). A seta → = passe para.

(1) PT: Formule seu problema espontaneamente. É capaz de colocá-lo em forma de descrição ou dúvida, de maneira clara?

R: Sim → D-T (2) | Não → D-T (3).

D-T: (2) = Então, há probabilidade de ser tecnicamente formulado. → (5).

D-T: (3) = Reflita mais. Pesquise a literatura sobre o assunto. Se nada conseguir talvez seja indicado abandonar o problema. Antes, consulte colegas especialistas da mesma área. Se nada conseguir, idem. Se conseguir → D-T (4).

D-T: (4) = É possível que agora consiga. Então → (5).

Ex. de (1) e (2): HUNT, cientista, tomou-se de curiosidade ao deparar com a seguinte "teoria" psicanalítica: "A falta de alimento durante a primeira infância favorece a sovinice e a gula no adulto." Viu nela fundamentos biológicos (sua especialidade): "Se for válida essa teoria, conseguirei demonstrá-la tanto nos homens como nos animais inferiores? Entre estes últimos, conseguirei constatá-la em ratos albinos?"

Ex. de (3): Alguém que quisesse pesquisar a origem do crime na sociedade ocidental...

---

(5) PT: Formule a resposta ao problema anteriormente colocado. Consegue?

R: Sim → D-T (6) | Não → D-T (7).

D-T: (6) = Sinal de que está com 50% do caminho andado → (10).

D-T: (7) = Tente verificar o porquê. Provavelmente é devido ou à amplidão ou à complexidade ou porque o problema ainda não está bem claro.

D-T: (8) = Se for amplo ou complexo → (10).
(9) = Se não estiver bem claro, volte para →D-T (3). → (4).

Ex. de (6): HUNT tentou resposta ao problema, ou seja, a hipótese: "os ratos sem alimento durante a primeira infância, ao atingirem a idade adulta, reagirão em termos de sovinice em confronto com os ratos não privados que não reagirão sovinamente".
(7): No caso anterior, o problema é por demais amplo (crime: qual? sob qual enfoque?...; origem: como? em toda sociedade ocidental?...).
(8): Talvez consiga restringir o crime ao de "furto" enfocado jurídica, sociológica e psicologicamente...

---

(10) PT: A resposta anteriormente dada é uma proposição bem definida?

R: Sim → D-T (11) | Não → D-T (12).

D-T: (11) = Então procure levantar as relações entre seus elementos (p. ex.: variável independente e dependente, variáveis correlatas...).
Em seguida, → (14).

D-T: (12) = Então provavelmente é porque o problema é amplo ou complexo.

D-T: (13) = Se amplo ou complexo, tente desdobrá-lo em subproblemas e sub-hipóteses. Se conseguir, → D-T

(14). Se não conseguir, reexamine o problema. Provavelmente está de tal forma amplo que deve ser restringido a um só aspecto relevante. Decida por qual. É o momento de usar o "poder de decisão".

Ex. de (11): No problema de HUNT: Vi = privação de alimento na primeira infância (variável independente); Vd = sovinice na idade adulta (variável dependente). Variáveis intervenientes, contingentes, contribuintes a serem controladas: idade dos ratos; sexo; hereditariedade; tempo de privação; grau de privação; grau de sovinice etc. Necessidade técnica de controle por "grupo experimental" e "grupo de controle".

(12) e (13): Reduzir o problema a "crime de furto praticado por menores abandonados em Minas Gerais – estudo a ser feito em termos de levantamento descritivo". Objetivo: Em outra etapa, estabelecer possíveis correlações. O levantamento ocupar-se-á de: *a*) classificar os tipos de furtos; *b*) elaborar escala desse tipo de prática criminosa; *c*) categorizar os jovens: idade, sexo, cor, situação socioeconômica, escolaridade, quadro familiar etc.

---

(14) PT: A resposta envolve conceitos. Tem possibilidade de defini-los: *a*) com suas palavras?; *b*) em termos operacionais (descrições concretas das operações que envolvem a pesquisa)?; *c*) em relação a outros conceitos encontrados em pesquisas anteriores ou no quadro de referência teórico?; *d*) de maneira comumente aceita e comunicável, e não como produto de um "mundo privado"?

R: Sim → D-T (15) | Não → D-T (16).

D-T: (15) = Então faça a lista desses conceitos e defina-os da maneira sugerida em (14) *a*, *b*, *c*, *d*. Pratique o item D-T (17).

D-T: (16) = Terá de consegui-lo, se quiser prosseguir. Talvez não consiga pleno êxito quanto às definições operacionais. Se isso acontecer (ou porque a natureza do problema não permite verificação empírica ou porque deverá contentar-se com o estádio atual das teorias relativas ao assunto), então: usar definições apenas nominais, as sugeridas em (14) *a*, *c*, *d*, as meramente descritivas e as sucessivas. É útil agir como no item D-T (3). Pratique o item D-T (17).

D-T: (17) = Convém pesquisar a literatura e levantar as principais definições sobre o mesmo conceito. Coloque-as em paralelo. Analise-as e procure os elementos comuns e os complementares. Tente com esses elementos elaborar a sua definição. Em seguida PT (18).

Ex. de (15): HUNT teve de definir: 1.º) privação de alimentos pelo número de horas e quantidade de ração (os ratos eram alimentados só durante 10 minutos, em intervalos variáveis ao acaso, desde 9 até 36 horas); 2.º) primeira infância: a experiência tinha de começar após a ninhada ter atingido 24 dias e a privação durou 15 dias; 3.º) término médio da primeira infância: 32 dias (daí a necessidade de um outro grupo experimental que começou a ser privado a partir do 32.º dia); o grupo de controle não sofreria privação; 4.º) idade adulta a partir dos 210 dias, data em que todos seriam submetidos à prova final; 5.º) sovinice: definida pelo comportamento "guardador" (quantas bolinhas de alimentos cada rato armazenaria na prova final); 6.º) hereditariedade: ratos das mesmas ninhadas de tal forma que cada grupo tivesse representantes bivitelinos e/ou univitelinos.

(16): No caso imaginado, o "furto": *a*) seria definido juridicamente e, em seguida, sociológica e psicologicamente; tenta-se uma síntese; *b*) estabelece-se graduação no furto, tomando como critérios: o valor do objeto e a intenção delituosa; *c*) confronto com a opinião do grupo social, suas atitudes e práticas, para conceituar o que é furto realmente para esse grupo social; *d*) conceito jurídico, sociológico e psicológico de "menor abandonado"; *e*) caracterização concreta das outras variáveis relevantes: situação socioeconômica, cor, região geográfica, residência, quadro familiar, educação, escolaridade, mobilidade social, marginalização grupal etc.; *f*) caracterização de "bando" para poder levantar incidência de furto individual *versus* coletivo; *g*) valores relacionados com a prática delituosa enfocada: valentia, esperteza, ostentação etc.; *h*) necessidades e motivações psicossociais do grupo em estudo etc.

---

(18) PT: A proposição tem referências empíricas?

R: Sim → D-T (19) | Não → D-T (20).

D-T: (19) = Sinal de que tem probabilidade de ser comprovada pela pesquisa empírica. Então, → D-T (21) e/ou D-T (24).

D-T: (20) = Sinal de que deverá ser objetivo de pesquisa não-empírica ou de se incluir no item (21). É o momento de decidir pela pesquisa não-empírica ou abandonar o trabalho ou → D-T (21).

Ex. de (19): Os dois exemplos apresentados já passam a unir-se: Têm referência empírica. Daí por que o 1º (HUNT) é objeto de experimento e o 2º, de um *survey* e observação documental.

(20): O mesmo problema "furto" pode ser estudado apenas juridicamente: análise – crítica dos conceitos de furto na ciência jurídica e legislação do país.

---

(21) PT: A proposição está colocando a questão em termos de valor ("deve", "deveria", "mau", "ruim", "bom" etc.)?

R: Sim → D-T (22) | Não → D-T (23).

D-T: (22) = Escoimá-la dos atributos de valor. Em seguida → D-T (24).

D-T: (23) = → D-T (24) pois está dentro do "figurino".

Ex. de (22): Em HUNT já está destituída de valores. A sovinice não está sendo enfocada como comportamento "mau"; apenas "diferente" ou "anormal", no sentido estatístico.

Idem o levantamento do furto conforme item D-T (16).

---

(24) PT: Tente mais uma vez o teste da especificidade. Sua proposição refere-se realmente a um só objeto?

R: Sim → D-T (25) | Não → D-T (26).

D-T: (25) = Saiba que está agindo de maneira correta cientificamente. Faça o teste da "previsão" do item (27).

D-T: (26) = Reveja e tente reduzir o objeto. Não terá condições de prosseguir se não o conseguir. Talvez seu objetivo esteja sendo grandioso, sem possibilidade de verificação. Tente dividir a hipótese em sub-hipóteses. Em seguida, faça o teste do item (27).

Ex. de (25): Nos dois exemplos, a formulação já está praticamente especificada.

---

(27) PT: Teste da previsão: Sua proposição encerra uma previsão limitada e concreta?: *a*) ela prevê relações, dando indícios?; *b*) é capaz de possibilitar especificações em termos numéricos, quantitativos, quando os dados forem coletados?

R: Sim → D-T (28) | Não → D-T (29).

D-T: (28) = Isso acontece quando se age de maneira "antiastrológica": os astrólogos e adivinhos é que colocam as previsões em termos vagos, a fim de abarcar incidentes não contemplados na profecia. O cientista age conforme a estatística: "Quanto mais específica for a previsão, menor a chance de ela se verificar como resultado de mero acaso." Então → (30).

D-T: (29) = Tente dividi-la em sub-hipóteses. Use hipóteses correlatas, se for o caso. Então → (30).

Ex. de (28): Para o caso HUNT, há elementos concretos de

previsão: número de dias, de horas, de ratos, de grupos, de bolinhas de ração etc. A amostra possibilitará uma generalização provavelmente segura, ao menos para "animais inferiores"...
Para o caso de "furto", as categorias já se especificam para prever o número de dados coletáveis em cada uma, possibilitando futuras correlações (ex.: número de meninos de tal faixa etária; cor; região etc., e grau e tipo de furto; há possibilidade de tratamento estatístico...).

---

(30) PT: A proposição ou as proposições estão relacionadas com as técnicas disponíveis de coleta de dados, mensuração, análises etc.?

R: Sim → D-T (31) → D-T (32) | Não → D-T (33) → D-T (34) → D-T (35).

D-T: (31) = Tudo indica que a pesquisa terá êxito → (36).

D-T: (32) = Se a proposição for do tipo que demanda pesquisa não-empírica → (36) → D-T (37) e, em seguida, → D-T (41).

D-T: (33) = Procure relatos escritos sobre o assunto, levante listas de técnicas usadas para medir os fatores relevantes do problema. Se não encontrar, faça pesquisa sobre as "técnicas de pesquisa" necessárias.

D-T: (34) = Pode ser também que o problema ainda seja amplo ou pouco concreto. Volte então ao item (10) e conseqüentes, até obter resposta positiva ao item (30).

D-T: (35) = É possível também que seu trabalho vá ocupar-se apenas de aspectos teóricos, com possibilidade de contentar-se com ensaio e não atingir o nível de monografia.

Provavelmente há aspectos "impossíveis" na hipótese, que merecem ser formulados: convém que o sejam, pois podem motivar outros a desenvolver novas técnicas.

Ex. de (31) e (32): Tanto em HUNT como no caso do "furto" as proposições já estão relacionadas com as técnicas de coleta de dados, mensuração, análise...

---

(36) PT: Está a proposição ou a hipótese relacionada com alguma teoria?

R: Sim → D-T (37) | Não → D-T (38).

D-T: (37) = Então tente fazer o relacionamento lógico com a teoria, mostrando que é uma dedução dela ou que tem com ela relações analógicas. Em seguida, → (39).

D-T: (38) = Pesquise literatura sobre o assunto, pratique o item D-T (3), até conseguir o relacionamento. Não se iluda: "Ciência é um processo cumulativo – tem sempre ligação com o passado"... Depois → (39).

Ex. de (37): O problema de HUNT está diretamente relacionado com a teoria psicanalítica enfocada desde o início (origem da hipótese) – com postulados referentes aos fundamentos biológicos da "hipótese psicanalítica". Talvez exigisse referências teóricas a respeito de "animais inferiores" e especificamente "ratos albinos".

(38): Talvez o problema do furto, devido ao enfoque polivalente (ciência jurídica, sociológica, psicológica) mereça ser aprofundado teoricamente e o pesquisador terá de optar pela relação com alguma teoria ou provocar formulação de uma nova abordagem.

---

(39) PT: A formulação da hipótese poderá ser comprovada através de um "desenho de comprovação" ou de "planejamento de pesquisa"?

R: Sim → D-T (40) | Não → D-T (41).

D-T: (40) = Então inicie sua pesquisa. Caso seja exigida apenas a investigação não-empírica, use com rigor o método dedutivo para demonstrar (não para convencer alguém...).

D-T: (41) = Examine profundamente o assunto. Aja como já foi sugerido nos itens D-T (3) e D-T (7). Talvez seja questão de tempo e de amadurecimento até ter condições de cumprir o item D-T (40).

Ex. de (40): O "desenho" da prova da hipótese em HUNT é do tipo clássico do experimento: grupo experimental (no caso usou dois) e grupo de controle; manipulação da variável independente; controle de outras variáveis; aplicação da lógica indutiva de STUART MILL (no caso, "o princípio da diferença") para estabelecer relação de causalidade: o que conseguiu.

No caso de "furto", a questão é colocada em termos de levantamento: não tem sentido ainda falar em hipótese e desenho de comprovação. Espera-se um diagnóstico que mostre a realidade: "Menores abandonados e prática do crime de furto."

Serve como primeira etapa para posterior formulação de hipótese em outros termos: gênese; diagnose; prognose; tratamento do menor delinqüente.

ADENDO B

Tabela de avaliação "metodológica" de trabalho monográfico

(Assinala-se "*x*" no quadrículo correspondente ao valor atribuído ao item, numa escala de 0 a 5.)

	5,0	4,0	3,0	2,0	1,0	0,0
1. Escolha do assunto – revela						
1.1 – Relevância contemporânea.						
1.2 – Relevância operativa.						
1.3 – Relevância humana.						
1.4 – Adaptabilidade ao nível do autor.						
2. Formulação do problema e/ou hipótese						
2.1 – Especificação bem-feita.						
2.2 – Formulação de posições.						
2.3 – Hipótese formulada em termos claros, precisos, de acordo com a técnica metodológica.						
2.4 – Variáveis bem-definidas.						
2.5 – Conceituações e definições.						
2.6 – Indicadores e categorias.						
2.7 – Referência empírica.						
2.8 – Relações entre variáveis (causalidade, correlação, alternância etc.).						
3. Introdução						
3.1 – Fez a introdução.						
3.2 – É equilibrada em relação às demais partes.						
3.3 – Elaborada de acordo com os requisitos da metodologia.						
3.4 – Aplicou as "normas da documentação".						

	5,0	4,0	3,0	2,0	1,0	0,0
4. Estrutura do trabalho						
4.1 – Revela elaboração de plano.						
4.2 – Apresentação das três partes distintamente: introdução; desenvolvimento; conclusão.						
4.3 – Organização lógica das partes.						
4.4 – Evita repetições e digressões desnecessárias.						
5. Pesquisa bibliográfica						
5.1 – Extensão (completa a bibliografia?).						
5.2 – Atualização.						
5.3 – Fidedignidade.						
5.4 – Consulta às fontes.						
5.5 – Revela pesquisa bibliográfica na referência, nas citações, notas de rodapé.						
6. Crítica bibliográfica						
6.1 – Revela-a, explícita ou implicitamente.						
6.2 – Revela critério na seleção.						
6.3 – Discernimento entre fonte e bibliografia.						
6.4 – O leitor será capaz de orientar-se entre bibliografia básica e secundária.						
7. Documentação						
7.1 – Revela documentação.						
7.2 – Revela assimilação e síntese.						
7.3 – Revela independência da documentação (soube evitar compilação).						
8. Crítica da documentação						
8.1 – Revela análise crítica do material documentado.						
8.2 – Citações oportunas e fiéis.						
8.3 – Revela inteligência e finura na "extração" dos documentos.						
8.4 – Resumos bem-feitos para evitar freqüentes citações.						
9. Desenvolvimento lógico						
9.1 – Revela raciocínio lógico.						
9.2 – Seguro nas explicações.						
9.3 – Sabe demonstrar.						
9.4 – Sabe evitar a "persuasão".						
9.5 – Clareza no raciocínio.						
9.6 – Prepara com habilidade as inferências.						
9.7 – Não extrapola o contexto.						

	5,0	4,0	3,0	2,0	1,0	0,0
10. Método e técnicas empregadas						
10.1 – O método é bem definido e justificado.						
10.2 – É adequado para abordar o problema.						
10.3 – Todas as fases da pesquisa são bem relatadas.						
10.4 – Metodologicamente a pesquisa foi correta.						
10.5 – A amostragem se justifica.						
10.6 – As amostras são representativas e significativas.						
10.7 – Descrição dos instrumentos de pesquisa e das técnicas utilizadas.						
10.8 – Julgamento da coleta de dados.						
10.9 – Julgamento da análise de dados.						
10.10 – Uso das estatísticas foi correto.						
10.11 – Há relação entre a lógica da investigação e a usada no tratamento escrito do problema.						
11. Conclusões						
11.1 – Revela uso adequado do processo e técnicas de inferência ou generalização.						
11.2 – As conclusões não extrapolam o contexto.						
11.3 – São apresentadas como parte final do trabalho, e de maneira sintética.						
11.4 – Relação entre conclusões e hipóteses.						
12. Redação e apresentação do trabalho						
12.1 – Linguagem correta.						
12.2 – Linguagem objetiva.						
12.3 – Linguagem clara.						
12.4 – Linguagem direta.						
12.5 – Movimento na exposição.						
12.6 – Apresentação material ou gráfica.						
13. Observância das normas da ABNT-IBBD						
13.1 – Observância de todas de um modo geral.						
13.2 – Observância do emprego de sinopses.						
13.3 – Observância do emprego de sumários.						
13.4 – Observância das normas de citação e notas de rodapé.						
13.5 – Observância das normas de referência bibliográfica.						
TOTAL						

ADENDO C

Como fazer referência bibliográfica

Neste Adendo C, apresentam-se os casos mais freqüentes de referência bibliográfica. Cobrirão, certamente, as necessidades do interessado. Na hipótese de algum caso não ser contemplado, o leitor é convidado a consultar o documento da ASSOCIAÇÃO BRASILEIRA DE NORMAS TÉCNICAS – ABNT. Referências Bibliográficas, NBR – 6023. A mais recente é a NBR 6023: 2002.

1 – Referência bibliográfica é o conjunto de elementos que permite a identificação de um *documento* (livro, periódico, artigo, coletânea, material audiovisual). Os elementos podem ser essenciais (os indispensáveis à identificação do documento) ou complementares (opcionais ou acrescentados aos essenciais para caracterizar melhor a identificação do documento).

2 – A entrada é feita pelo sobrenome e nome (pode ser abreviado) do primeiro autor, seguido de ponto-e-vírgula entre os nomes dos demais e observando espaço depois do ponto-e-vírgula.

Observação: Os elementos da referência bibliográfica (autor e título sobretudo) devem ser extraídos da página de rosto do documento e não da capa. Não é raro a capa ter um título "comercial" ou "de chamariz" e o verdadeiro título ser outro (o que se encontra na página de rosto). Também o autor pode estar com nome abreviado na capa e por extenso na página de rosto.

3 – A referência bibliográfica aparece:

a) em lista bibliográfica de fim de documento;
b) em nota de rodapé;
c) encabeçando resumos ou recensões.

Observações:

a) Na referência bibliográfica, a segunda linha e subseqüentes iniciam sob a *primeira letra* da primeira linha.
b) Os documentos de uma lista bibliográfica são separados por ponto, seguido de dois espaços.
c) A lista bibliográfica de fim de documento pode ser alfabética, sistemática (por assunto) ou cronológica, mas sempre numeradas em seqüência, em algarismos arábicos.
d) Em lista bibliográfica não se repete a mesma entrada (autor ou título). Usa-se travessão equivalente a cinco espaços. O título de várias edições de uma mesma obra, referenciada sucessivamente, deve ser substituído a partir da 2ª referência por um segundo travessão, também de cinco espaços e ponto (_____.). Ex.:

FURTADO, Celso. *A economia brasileira.*

_____. *Formação econômica do Brasil.*

_____. _____. 2. ed.

4 – Faz-se a referência bibliográfica do seguinte modo:

a) Pelo *nome do autor* ou, se este não existe, pelo título do documento.
b) Pelo *último sobrenome* do autor em caixa alta (letras maiúsculas), seguido de vírgula e do nome do autor. Só se colocam os demais prenomes e sobrenomes se assim figurarem no documento referenciado. Ex.:

BILAC, Olavo.
E não:
BILAC, Olavo Braz Martins dos Guimarães.

c) Se o autor é de *língua espanhola*, a entrada se faz pelo *penúltimo* sobrenome. Assim a referência de Javier Lasso de la Vega e de Emilio Mira y Lopez é, respectivamente:

LASSO DE LA VEGA, Javier.

MIRA Y LOPEZ, Emilio.

d) Se entre o nome e o sobrenome houver a preposição *de* (ou *do, da*) ou a conjunção *e*, estas partículas são colocadas após o nome. Ex.:

SILVA, Arthur da Costa e.

ANDRADE, Carlos Drummond de.

5 – Quanto aos *pseudônimos*: deve-se fazer a entrada pelo pseudônimo. Se se conhece o nome verdadeiro, colocá-lo entre colchetes. Ex.:

ATHAYDE, Tristão de [Alceu Amoroso Lima].

6 – Até *três autores*, deve-se mencionar todos eles. Se houver *mais de três autores*, indica-se apenas o primeiro, seguido de *et al.* (= et alii em latim = e outros). Exemplo dado pela ABNT:

URANI, A. et al. *Constituição de uma matriz de contabilidade social para o Brasil.* Brasília, DF: IPEA, 1994.

Observação: Nos projetos de pesquisa científica, na indicação de produção científica em relatórios para órgãos de financiamento etc., nos quais é indispensável mencionar todos os autores, é permitido indicar todos eles.

7 – Se, em vez de nome de pessoa, o autor for uma *instituição*:

a) Escrever-se-ão os nomes das instituições (sociedades, organizações etc.) em maiúsculas. Ex.:

UNIVERSIDADE FEDERAL DE MINAS GERAIS.

b) Se for uma unidade da instituição, esta será colocada logo depois da instituição principal, separada por ponto e usando maiúsculas só nas iniciais. Ex.:

UNIVERSIDADE FEDERAL DE MINAS GERAIS. Faculdade de Filosofia e Ciências Humanas.

c) Se a entidade é conhecida por sua *sigla* pode-se usá-la. Ex.:

FGV

IBGE

d) Os *órgãos dos poderes executivo, legislativo e judiciário* devem ser referenciados pelo nome do local de sua jurisdição. Ex.:

BRASIL. Ministério da Justiça. Polícia Federal.

e) *Congressos, simpósios, conferências* etc. são referenciados pelo nome do evento, colocando entre parênteses o respectivo número em algarismos arábicos, seguido de ponto, ano e local da realização. Separados por dois-pontos, novamente espaço. Ex.:

CONGRESSO BRASILEIRO DE FISIOTERAPIA (11. 1985: Belo Horizonte)

8 – Quanto às *coletâneas*, devem ser referenciadas do seguinte modo:

a) Se existir o *editor ou organizador*, entrar pelo seu nome, em seguida a abreviatura da sua função na coletânea, com inicial maiúscula e entre parênteses. Ex.:

AZEVEDO, Fernando de (Ed.). *As ciências no Brasil.*

b) Se não existir o editor ou organizador, a referência se inicia pelo título do documento. Neste caso não se usam expressões como autor desconhecido, anônimo etc. Começando pelo título, a primeira palavra do título (menos o artigo) fica em maiúsculas. Ex.:

ESTUDOS filológicos: homenagem a Serafim da Silva Neto.

9 – Quanto ao *título* do documento, importa observar:

a) Coloca-se depois do autor, separado por ponto e grifado: em **negrito**, *itálico* ou <u>sublinhado</u>. Só usar maiúsculas na primeira letra do título. Ex.:

ANDRADE, Carlos Drummond de. **Amar se aprende amando**.

SALOMON, Délcio Vieira. *Como fazer uma monografia.*

CALDEIRA, Jorge. <u>Viagem pela história do Brasil</u>.

b) Se houver *subtítulo*, colocá-lo após o título, se necessário para completar o título, dois-pontos, espaço. Não se usa maiúscula na primeira letra, nem negrito, itálico ou grifo. Ex.:

ESCOBAR, Carlos Henrique de. *Proposições para uma semiologia e uma lingüística*: uma nova leitura de F. de Saussure.

c) Se houver *mais de um título*, registra-se o título que estiver em destaque ou em primeiro lugar. Ex.:

NIETZSCHE, F.W. *Crepúsculo dos ídolos.*
E não:
NIETZSCHE, F. W. *Crepúsculo dos ídolos ou A filosofia a golpes de martelo.*

Observação: O recurso tipográfico utilizado para destacar o título (negrito, itálico ou sublinhado) deve manter-se uniforme em todo o documento.

10 – A *edição* do documento é colocada da seguinte forma: a partir da segunda, a edição deve sempre ser indicada e logo depois do título, separada por ponto, em algarismo arábico, seguida de ponto e da abreviatura da palavra *edição* na língua da publicação referenciada (ed. – para português, espanhol, francês, italiano, inglês; Aufl. – para alemão). Ex.:

ESDAILE, Arundell. *A student's manual of bibliography*. 2. ed.

ANDRADE, Carlos Drummond de. *Amar se aprende amando*. 6. ed.

11 – *Cidade, editora e ano* da publicação devem constar da referência bibliográfica. Assim: separado por ponto e espaço coloca-se a cidade (se houver mais de um local, transcreve-se o primeiro ou o que estiver em destaque). Logo em seguida a editora (como aparece na publicação), *precedida por dois-pontos*. Depois da editora, separado por vírgula e espaço, o ano da publicação. Esses dados, se não forem encontrados na página de rosto, geralmente estão na página seguinte. Ex.:

ANDRADE, Carlos Drummond de. *Amar se aprende amando*. 6. ed. Rio de Janeiro: Record, 1985.

FERNANDES, Florestan. *Mudanças sociais no Brasil*: aspectos do desenvolvimento da sociedade brasileira. São Paulo: Difusão Européia do Livro, 1960.

Observações:

a) Não se coloca a palavra "editora", nem sua abreviatura. Apenas seu nome.

b) Se houver mais de um título, registra-se o título que estiver em destaque ou em primeiro lugar.

c) Se o ano, a editora ou o local não aparecem em lugar algum do documento, coloca-se:

– na falta de local, entre colchetes: [s.l.]. Significa: sem local;

– na falta de editora ou de editor, entre colchetes: [s.n.]. Significa: sem nome;

– na falta de ano, entre colchetes: [s.d.]. Significa: sem data;
– se faltarem local, editora, ano, entre colchetes: [s.n.t.]. Significa: sem notas tipográficas;
– na falta de local e editor, entre colchetes: [S.l.: s.n.]. Ex.:

HEMPEL, C. G. *Filosofia da ciência natural* (*Philosophy of Natural Sciences*). Rio de Janeiro: Zahar, [s.d.].

Se o *ano não aparece na página de rosto*, mas na última página ou em outro local, colocá-lo entre colchetes. Ex.:

BACHRACH, A. J. *Como investigar en psicología* (*Psycological Research*). Madrid: Morata, [1969].

12 – Se o documento for *tradução*, costuma-se colocar o título original entre parênteses, logo após o título traduzido, como está no exemplo acima na referência do livro de BACHRACH, A. J. Esta era a orientação da PNB – 66. 1963 da ABNT, mas que a NBR 6023: 2002 da ABNT não repetiu. Apenas em sua Norma 8.11.1 colocou: *em documentos traduzidos, pode-se indicar a fonte da tradução, quando mencionada*. Exemplo dado:

CARRUTH, Jane. *A nova casa do Bebeto*. Desenhos de Ton Hutchings. Tradução de Ruth Rocha. São Paulo: Círculo do Livro, 1992. 21 p. Tradução de: Moving house.

13 – Quando se trata de *parte da obra* (capítulos, fragmentos, volumes), coloca-se o nome do autor como foi determinado anteriormente. Em seguida, ponto, espaço, o título da parte, ponto. In: SOBRENOME DO AUTOR da obra, prenomes. Título da obra em destaque. Ponto. Local, dois-pontos, espaço, Editora, vírgula, ano, ponto, página inicial-final da parte (separadas por hífen sem espaço). Ex.:

ORLANDO FILHO, José; LEME, Edson José de A. Utilização agrícola dos resíduos da agroindústria canavieira. In: SIMPÓSIO SOBRE FERTILIZANTES NA AGRICULTURA BRA-

SILEIRA, 1984, Brasília. Anais... Brasília: EMBRAPA, Departamento de Estudos e Pesquisas, 1984. p. 451-75.

HIRANO, Sedi. Projeto de pesquisa e plano de pesquisa. In: ABRAMO, Perseu et al. *Pesquisa social: projeto e planejamento.* São Paulo: T. A. Queiroz, 1979. p. 89-118.

14 – Para a referência bibliográfica de *publicações periódicas* (revistas, coleção) consideradas *no todo,* coloca-se o TÍTULO em caixa alta, ponto, Local, dois-pontos. Editor, espaço, ano de início-término da publicação. Ex.:

REVISTA BRASILEIRA DE GEOGRAFIA. Rio de Janeiro: IBGE, 1939-

BOLETIM GEOGRÁFICO. Rio de Janeiro: IBGE, 1943-1978.

15 – Quanto às *publicações periódicas consideradas em parte* (fascículos, suplementos, números avulsos ou especiais), coloca-se o TÍTULO DO PERIÓDICO em caixa alta. Título do fascículo ou suplemento, ou número avulso ou especial. Local, dois-pontos, Editora, número do volume, número do fascículo, data.

Observação: colocar volume, tomo e número abreviados; respectivamente: v., t., n. Ex.:

CONJUNTURA ECONÔMICA. As 500 maiores empresas do Brasil. Rio de Janeiro: FGV, v. 38, n. 9, set. 1984. 135 p. Edição especial.

PESQUISA NACIONAL POR AMOSTRA DE DOMICÍLIOS. Mão-de-obra e previdência. Rio de Janeiro: IBGE, v. 7, 1983. Suplemento.

Outra forma de referenciar os mesmos documentos:

AS 500 maiores empresas do Brasil. **Conjuntura Econômica**, Rio de Janeiro, v. 38, n. 9, set. 1984. Edição especial.

MÃO-DE-OBRA e previdência. **Pesquisa Nacional por Amostra de Domicílios**, Rio de Janeiro: v.7, 1983. Suplemento.

16 – A referência bibliográfica de *artigo de um periódico* deve observar a seguinte disposição: SOBRENOME DO AUTOR do artigo. Nome e prenome. Título do artigo. Título do periódico em destaque (negrito, itálico, grifado). Local da publicação, número do volume, número do fascículo, página inicial-final do artigo precedida por p., data. Tudo separado por vírgula. Ex.:

MOURA, Alexandrina Sobreira de. Direito de habitação às classes de baixa renda. *Ciência & Trópico.* Recife, v. 11, n. 1, p. 71-8, jan./jun. 1983.

TOURINHO NETO, F. C. Dano ambiental. *Consulex*, Brasília, DF, ano 1, n. 1, p. 18-23, fev. 1997.

Observação: os *meses* na data devem ser abreviados com as três primeiras letras seguidas de ponto. Regra válida para os meses em língua estrangeira. Ex.:

ene., feb., mar., abr.; jan., feb., mar., apr.; jan., fév., mars., avr.; Jan., Feb., Mar., Apr.; Jan., Feb., März., Apr.

Repare o leitor que os meses em inglês e em alemão são escritos em maiúsculas.

17 – Quanto aos *artigos de jornal*, o formato é: SOBRENOME DO AUTOR do artigo, vírgula. Nome e prenome. Título do artigo. Título do jornal em destaque (negrito, itálico, grifado). Local da publicação, data (dia, mês e ano). Número ou título do caderno, seção, suplemento, seguida da(s) página(s) do artigo e número de ordem das colunas. Ex.:

COUTINHO, Wilson. O Paço da Cidade retorna ao seu brilho barroco. *Jornal do Brasil.* Rio de Janeiro, 6 mar. 1985. Caderno B, p. 6.

BIBLIOTECA climatiza seu acervo. *O Globo.* Rio de Janeiro, 4 mar. 1985, p. 11, c. 4.

Observações:

1) c. 4 na referência acima significa: 4ª coluna da página 11;

2) para o caso de artigos de suplemento de jornal, procede-se como nos exemplos:

VILAÇA, Antonio Carlos. Deus é relação de amor, Deus é amante do homem. *Minas Gerais*, Belo Horizonte, 17 set. 1988. Suplemento literário, v. 22, n. 2206, p. 8-10.

SIMÕES, João Manuel. Camilo, autor e personagem. *O Estado de S. Paulo*, 26 maio 1990. Cultura, v. 7, n. 512, p. 4-5.

3) Quando não houver seção, caderno ou parte, a paginação do artigo ou matéria precede a data. Ex.:

LEAL, L. N. MP fiscaliza com autonomia total. *Jornal do Brasil*, Rio de Janeiro, p. 3, 25 abr. 1999.

18 – Quanto aos *acórdãos, decisões, sentenças das Cortes ou Tribunais*, a referência será feita assim: NOME DO LOCAL (país, estado ou cidade). Nome da Corte ou Tribunal. Título da ementa ou acórdão. Tipo e número do recurso (agravo, *habeas corpus*, embargo, apelação criminal etc.). Partes litigantes. Nome do relator precedido da palavra *Relator*. Data do acórdão sempre que houver. Indicação da publicação que divulgou o acórdão, decisão, sentença etc. Voto vencedor e voto vencido. Ex.:

BRASIL. Supremo Tribunal Federal. Deferimento de pedido de extradição. Extradição n. 410. Estados Unidos da América e José Antonio Fernandez. Relator: Ministro Rafael Mayer. 21 de março de 1984. *Revista Trimestral de Jurisprudência*, [Brasília], v. 109, p. 870-9, set. 1984.

19 – A referência bibliográfica de *leis, decretos, portarias* etc. obedecerá ao seguinte dispositivo: NOME DO LOCAL. Título da legislação, número e data. Ementa. Indicação da publicação. Ex.:

BRASIL. Decreto-lei n. 2.423, de 7 de abril de 1988. Estabelece critérios para pagamento de gratificações e vantagens pecuniárias aos titulares de cargos e empregos da Administração Federal direta e autárquica e dá outras providências. *Diário Oficial* [*da República Federativa do Brasil*], Brasília, v. 126, n. 66, p. 6009, 8 abr. 1988. Seção 1.

20 – A respeito das *patentes*, a referência deverá observar o seguinte: NOME E DOMICÍLIO DO DEPOSITANTE, DO INVENTOR OU TITULAR. Título da invenção na língua original em destaque (negrito, itálico ou grifo). Classificação Internacional de Patentes. País (sigla do país, segundo o Código Internacional, de 2 letras). Número do depósito. Número da Publicação e da patente expedida. Data do depósito ou da publicação do pedido ou da carta patente. Indicação da publicação onde foi citada a patente. Ex.:

EMBRAPA. Unidade de Apoio, Pesquisa e Desenvolvimento de Instrumentação Agropecuária (São Carlos, SP). Paulo Estevão Crunivel. Medidor digital multissensor de temperatura para solos. BR n. PI 8903105-9, 26 jun. 1989, 30 maio 1995.

21 – A referência bibliográfica *em resumos e recensões* seguirá a seguinte disposição: SOBRENOME do autor, prenomes. Título do artigo. Título do periódico, Local da publicação, número do volume, número do fascículo, página inicial-final, data. Título da publicação onde foi citado, Local de publicação, número do volume, número do fascículo, página, data. Número da referência. Resumo. Ex.:

FRIEDMAN, Wiliam J.; BRUDOS, Susan L. On routes and routines: the early development of spatial and temporal representations. *Cognitive Development*, Norwood, NJ, v. 3, n. 2, p. 167-82, Apr. 1988. *Psychological Abstracts*, Arlington, v. 76, n. 8, p. 1225, Aug. 1989. Ref. 25455. Resumo.

HAREVEN, Tamara K. Tempo de família e tempo histórico. História. *Questões & Debates*, Curitiba, v. 5, n. 8, p. 3-4, jun. 1984. Resumo.

WESTPHALEN, Cecília Maria; BEUTIN, Ludwig; KELLENBENZ, Hermann. Grundlagen des Studiums der Wirtschaftsgeschichte. Koeln: Boehlau, 1973. *Revista de História*, São Paulo, n. 534, p. 290, 1976. Resenha.

WACHOWICZ, Ruy. O olhar diferente de Wilson Martins. *Nicolau*, Curitiba, v. 4, n. 31, p. 27, mar. 1990. Resenha de: MARTINS, Wilson. *Um Brasil diferente*: ensaios sobre fenômenos de aculturação no Paraná. São Paulo: T. A. Queiroz, 1989.

22 – Sobre os *documentos eletrônicos*, há de se observar as seguintes determinações:

a) É preciso distinguir o tipo de documento: se for de curta duração, não se recomenda referenciá-lo.

b) Se for monografias e softwares *considerados no todo*: AUTOR. Edição. Local: Editora, data de publicação. Disponibilidade e acesso: Endereço eletrônico entre "brackets" < >. Data de acesso. ISBN. Ex.:

CARROLL, Lewis. Alice's Adventures in Wonderland. [online] Texinfo ed. 2.1. Dortmund, Germany: WindSpiel, Nov. 1994. [cited 30 March 1995]. Chapter VII. A Mad Tea-Party. Available from World Wide Web: <http://www.germany.eu.net/books/carroll/alice#SEC13>. ISBN 0681006447.

Observação: São considerados, no mesmo nível, os disquetes, CD-ROM, on-line etc. (basta nesse caso acrescentar as informações relativas à descrição física do meio eletrônico). Exemplo fornecido pela ABNT:

KOOGAN, André; HOUAISS, Antônio (Ed.). *Enciclopédia e dicionário digital 98*. Direção geral de André Koogan Breikmam. São Paulo: Delta: Estadão, 1998. 5 CD-ROM.

c) Se for *considerado em parte*: AUTOR DA PARTE. Título da parte. In: AUTOR DA OBRA. Título. Edição. Local: Editora, data de publicação. Volume ou páginas. Disponibilidade e acesso: <Endereço eletrônico>. Data de acesso. Ex.:

ALENCAR, José de. O guerreiro. In: ________. *Ubirajara*. [s.n.t.], cap. 3. Disponível em: <http://www.vestibaboom.com.br>. Acesso em: 30 nov. 2000.

POLÍTICA. In: *Dicionário da língua portuguesa*. Lisboa: Priberam Informática, 1998. Disponível em: <http://www.priberam.pt/dlDLPO>. Acesso em: 8 mar. 1999.

d) se for publicação periódica considerada *no todo*: *Título do periódico*. Local: Editora, data de publicação, [data de citação]. Disponibilidade e acesso: <Endereço eletrônico>. Data de acesso. ISSN. Ex.:

Journal of Technology Education. [online]. Blacksburg (Va): Virginia Polytechnic Institute and State University, 1989, [cited 15 March 1995]. Available from Internet: <gopher://borg/lib.vt.edu:70/ 1/jte>. ISSN 1045-1064.

e) se considerada *em parte* (artigo): AUTOR DO ARTIGO. Título do artigo. *Título do periódico*. Local, volume, fascículo, páginas, data. Disponibilidade e acesso: <Endereço eletrônico>. Data de acesso. Ex.:

PRICE-WILKIN, John. Using the World Wide Web to Deliver Complex Electronic Documents. Implications for Libraries. *The Public – Access Computer Systems Review*, v. 5, n. 3, p. 5-21, 1994. Available from Internet: <gopher://info.lib.uh.edu:70/00/article/e-journals/uhlibrary/pacsreview/v5/n3/pricewil.5n3>. Cited: 28 jul. 1994.

f) se for *artigo de jornal*: AUTOR DO ARTIGO. Título do artigo. *Título do jornal*, Local, data. Disponibilidade e acesso: <Endereço eletrônico>. Data de acesso. Ex.:

JOHNSON, Tim. Indigenous People Are Now More Combative, Organized. *Miami Herald*, 5 Dec. 1994. 29SA [online] Available from gopher: <//summit.fiu.edu/MiamiHerald-Summit-RelatedArticles/>. 5 Dec. 1994. 16 July 1995. 17 July 1995.

g) se for mensagem recebida via lista de discussão: AUTOR. Título da mensagem. In: Título da lista de discussão (itálico). Local, dois-pontos, Editora, data de publicação, [data de citação]. Disponibilidade e acesso: <Endereço eletrônico>. Data de acesso. Ex.:

PARKER, Elliott. Re: Citing electronic jornals. In: *PACS-L (Public Access Computer Systems Forum)*. Houston Libraries, 24 Nov. 1989. Available from Internet: <telnet://brsuser@acni.org>.

Observações:

1) Segundo a NBR 6023: 2002, quando se trata de consultas *online*, além das informações sobre o endereço eletrônico, apresentado entre os "brackets" (< >), deve-se *fazer preceder a expressão "Disponível em:"* e a data de acesso ao documento, precedida da expressão *"Acesso em:"*, opcionalmente acrescida dos dados referentes a hora, minutos e segundos. Exemplo fornecido:

ALVES, Castro. *Navio negreiro*. [S.l.]: Virtual Books, 2000. Disponível em: <http:www.terra.com.br/virtualbooks/freebook/port/Lport2/navionegreiro.htm>. Acesso em: 10 jan. 2002, 16:30:30.

2) Assim, um artigo em meio eletrônico obedeceria ao exemplo fornecido pela ABNT – NBR 6023: 2002:

SILVA, M. M. L. Crimes da era digital.Net, Rio de Janeiro, nov. 1998. Seção Ponto de Vista. Disponível em: <http://www.brazilnet.com.br/contexts/brasilrevistas.htm>. Acesso em: 28 nov. 1998.

ADENDO D

*Como fazer citação e nota de rodapé**

Como foi feito em *Referências bibliográficas*, também aqui se comunica somente o essencial a respeito das normas da ABNT sobre citações e notas de rodapé. O interessado em completar este resumo poderá recorrer ao documento NBR – 10520 da ABNT:

1 – *Citação* é a transcrição no próprio texto de informação extraída de outro documento (fonte ou bibliografia), com o objetivo de esclarecer o assunto que está sendo exposto ou reforçar argumento quando se defende determinado ponto de vista ou simplesmente para ilustrar o que se afirma ou se coloca.

Há citações *diretas* e *indiretas*. Direta é a transcrição literal, conservando-se a grafia, a pontuação e o idioma em que foi escrito. A respeito à fonte é que dita ao autor de um trabalho manter esta literalidade. A indireta é feita pelo autor citando apenas as idéias de outro autor ou de outra fonte. Mesmo sendo indireta, importa sempre indicar a fonte de onde foi tirada a idéia.

2 – Devemos distinguir uma citação de até *três linhas* de outra de mais de três linhas.

a) A *citação de até três linhas* deve ser inserida no parágrafo entre aspas. Se houver aspas no texto original, serão substi-

* Embora a ABNT, em sua NBR 10520: 2002, item 5, determine que as chamadas sejam com maiúscula somente na primeira letra do nome e sobrenome, preferi manter a caixa alta em todas as chamadas feitas no corpo do livro para manter o padrão usado nas edições e reimpressões anteriores.

tuídas por apóstrofo ou aspas simples. Após a citação, colocar entre parênteses o sobrenome do autor em caixa alta, o ano, a página, conforme o exemplo a seguir. Ex.:

> Para Sedi Hirano, "esta condição é necessária na medida em que não existe na Sociologia, como em outras ciências, 'técnicas capazes de garantir a uniformidade de ajustamento' entre o sujeito de conhecimento e o objeto que se pretende conhecer" (HIRANO, 1979, p. 93).

b) A citação de mais de três linhas deve ser feita em parágrafo distinto, a sete espaços da margem do texto (margem de parágrafo), com término na margem direita. É feita *sem aspas*, com *espaço simples* entre as linhas e *dois espaços entre a citação e os parágrafos anterior e posterior*. De preferência usar *letra menor*. Ex.:

> Ora, é tão somente da análise dos textos mesmos de Saussure e, comparativamente, de Saussure frente aos cientistas da história, que se poderá argüir o lugar efetivo de sua obra na problemática do corte, da novidade, enfim, de sua problemática junto aos discursos lingüísticos. Este lugar do corte, ou sua indicação dispersa, só pode ser determinado por uma leitura, na forma, digamos assim, sintomal, que Althusser teoriza para nós. (ESCOBAR, 1973, p.74)

Observação: A NBR 10520: 2002 determina o não-uso das aspas, mas não determina se o tipo de letra pode ser o itálico. Talvez seja este o motivo por que o manual de Júnia Lessa freqüentemente usa o itálico nas citações.

c) *Depois da citação*, fechar as aspas (no caso de três linhas ou menos) antes de colocar ponto final. Todas as citações deverão, ao término, fechar-se com o último sobrenome do autor em caixa alta, seguido do ano a que se refere o documento donde se extraiu a citação e que se encontra referenciado nas Referências Bibliográficas no fim do trabalho, tudo entre parênteses. Assim, no exemplo acima, a citação de

ESCOBAR, 1973, p.74, refere-se ao livro de Carlos Henrique de Escobar, *Proposições para uma semiologia e uma lingüística* (uma nova leitura de F. de Saussure), editado pela Editora Rio em 1973 e que consta das Referências Bibliográficas de fim de trabalho e teria sido citado pelo autor daquele trabalho.

d) *Caso o documento citado não faça parte das Referências Bibliográficas de fim de trabalho*, deve-se citar o documento como se fosse referência bibliográfica. A melhor maneira é fazê-lo *em nota de rodapé*. Ex.:

No texto:

Quando se aponta para a necessidade de hoje se fazer pesquisa em equipe, seja ela monodisciplinar, multidisciplinar ou interdisciplinar, está-se explicitando fato já constatado nas universidades e institutos de pesquisa: o pesquisador não é mais um solitário encastelado em torre de marfim a produzir conhecimento através da reflexão e da meditação. É o que se infere da leitura de todo o livro de Sedi Hirano, Florestan Fernandes e outros.[1]

No rodapé:

---

1. HIRANO, Sedi et alii. *Pesquisa social*: projeto e planejamento. São Paulo: T. A. Queiroz, 1989.

Observação: Obviamente se, no caso anterior, a citação for direta, depois do ano, coloca-se a página (p. seguido do número), precedida de ponto. Ex.:

No texto:

A terceira fase do plano é um esboço de introdução. Esta não é mais que o comentário analítico do índice (...) O objetivo dessa introdução fictícia (fictícia porque você a refundirá muitas vezes antes de acabar a tese) é permitir-lhe a fixação das idéias ao longo de uma diretriz que não será alterada exceto às custas de uma reestruturação consciente do índice.[1]

No rodapé:

---

1. ECO, Umberto. *Como se faz uma tese* (*Come si fa una tesi di laurea*). São Paulo: Perspectiva, 1983. p. 83.

3 – Quanto à citação de *poema*, observar: em parágrafo distinto, com espaço simples entre as linhas, sem aspas, a *sete espaços* da margem esquerda, mesmo sendo um verso de uma só linha. Usar preferencialmente *tipo menor de letra*. Ex.:

Fazer setenta anos é fazer
catálogo de esquecimentos e ruínas.
Viajar entre o já-foi e o não-será.
É, sobretudo, fazer 70 anos,
alegria pojada de tristeza. (ANDRADE, 1985, p. 41)

4 – Para a citação de trecho de diálogo de *peça teatral*, agir da mesma maneira como no poema. Ex.:

PROMETEU – Ela dará à luz um filho mais forte que seu pai.
IO – E Júpiter não poderá evitar esse golpe?
PROMETEU – Não... Antes que isso aconteça, eu estarei livre destas correntes.
IO – E quem te virá libertar, contra a vontade de Júpiter?
PROMETEU – Um de teus descendentes... É o que terá de acontecer.
(ÉSQUILO, *Prometeu acorrentado*. Tradução de J. B. Mello e Souza. Rio de Janeiro: Ediouro, [s.d.], p. 68)

5 – Quando há necessidade de fazer *omissões ou saltos* nas citações, colocam-se tais omissões ou saltos em reticências dentro de colchetes. Ex.:

> A ciência social é como um ofício [...], o cientista social está entre os que facilmente se impacientam pelas cansativas e complicadas discussões de método e teoria em geral, que lhe interrompe, em grande parte, os estudos adequados. (MILLS, 1965, p. 211)

Observação: em poema ou peça teatral, se for omitida linha inteira ou mais, esta omissão deve ser indicada por linha pontilhada. Ex.:

Ruazinha que eu conheço apenas
Da esquina onde ela principia...
....
Ruazinha em que eu penso às vezes
Como quem pensa numa outra vida...
(QUINTANA, 1961, p. 51)

6 – Pode-se acrescentar *observação, crítica etc. a uma citação*, colocando a observação ou crítica entre colchetes. Ex.:

> O trigo amarelecia e, sobre o ouro derramado nos campos, cintilavam sempre os pingos de tinha vermelha das papoulas [*deve ter havido um erro de impressão, pois em vez de "tinha" o autor deve ter escrito tinta*]. Mas até mesmo estas perderam o viço e a cor. E isso foi quando as curvas denteadas das foices começaram a cortar as hastes do trigo, num raspa-raspa contínuo de manhã à noite (...). (SARAMAGO, 1997, p. 111)

7 – Quando se quer *chamar a atenção ou mostrar incorreções ou incoerências* no texto citado, coloca-se a expressão latina *sic* entre colchetes logo após a ocorrência. Ex.:

> (...) eu e o Malan tomamos uma decisão corajosa e histórica [sic], sem que ninguém soubesse, nem o presidente da República, e compramos secretamente os bônus. Geralmente, quando você quer comprar esses títulos, você negocia com o governo americano, e eles então emitem uma série especial para o país. Nós não fizemos isso. Compramos no mercado secundário [sic], sem que ninguém soubesse. (...) Eles só descobriram no final, o Camdessus também, porque foi muito bem-feito. O Malan conversou comigo, e sugeriu a compra. (...) Ele disse: "Você autoriza?". Eu disse: "Pode fazer". Não informei nem o Itamar, assumi a responsabilidade sozinho [FHC confessa o crime de felonia com o maior cinismo]. (TOLEDO, 1998, p. 74-5)

8 – Quando se quer dar *ênfase a uma palavra ou expressão dentro da citação*, coloca-se ponto de exclamação entre colchetes. Ex.:

> É possível ter uma boa tese de seis meses [!]. Seus requisitos são: 1) o tema deve ser circunscrito; 2) o tema deve ser, se possível, atual, não exigindo bibliografia que remonte aos gregos; ou deve ser tema marginal, sobre o qual pouca coisa foi escrita; 3) todos os documentos devem estar disponíveis, num local determinado, onde a consulta seja fácil. (ECO, 1983, p. 16)

9 – Para *destacar palavra(s) ou frase(s)*, usa-se o grifo na palavra ou na frase e logo em seguida, dentro de colchetes, a expressão *sem grifo no original*. Ex.:

> *Além da afirmação e da negação só há lugar para a interrogação* [sem grifo no original]; além da atenção à vida e do sonho, há o amor; tão louco quanto o sonho, ele possui a estreiteza da atenção à vida e é tão presente quanto a atenção à vida (...) *nele se revela a transcendência interrogativa da existência, sua realidade, sua verdade.* [sem grifo no original] (DELHOMME, 1954, p. 2)

10 – E, se for apenas *dúvida na citação*, usa-se o ponto de interrogação dentro do colchete. Ex.:

> Estamos precisando de gente que produza quadros de referências. Sou presidente da República e os produzo por falta de outros [?]. Não é o meu papel. (TOLEDO, 1998, p. 292)

11 – E as citações de rodapé como se fazem?

No item 18 nos ocuparemos das *notas de rodapé*. Aqui estamos nos referindo apenas às *citações de rodapé*. A citação feita em nota de rodapé deve vir sempre entre aspas, tendo ou não 3 linhas. Inevitavelmente o tamanho da letra será menor. No WORD é fonte 10. Ex.:

No texto:

> Nesta colocação de Bunge há uma grande contradição no sentido lógico formal, não no sentido dialético.[1]

No rodapé:

---

1. A seguinte passagem de H. Lefebvre esclarece a afirmação: "A contradição dialética não é o absurdo lógico. Em outras palavras, se o pensamento dialético se baseia (ou se 'funda') naquilo que o lógico declara absurdo, até mesmo impossível, o dialético não concebe esse absurdo ou essa impossibilidade como tais; ao contrário, vê neles um ponto de partida e a inserção numa inteligibilidade que ele declara concreta". (LEFEBVRE, 1975, p. 19)

Observação: Obviamente a fonte citada implica que no fim do documento o trabalho de Henry Lefebvre está referenciado. No caso, trata-se de *Lógica formal / Lógica dialética.*

12 – Quando as *citações forem indiretas*:

Como se consideram citações indiretas as paráfrases, as condensações ou resumos, elas são feitas como as diretas, porque o corpo do texto corresponde à transcrição da citação direta. Assim:

a) Para a *paráfrase* (ou expressão da idéia do autor com palavras próprias, mantendo-se o sentido original): convém fazê-la em parágrafo próprio, isto é, em novo parágrafo destinado à citação indireta. Não precisa usar tipo de letra menor. Dispensam-se as aspas. Ex.:

> Toda pesquisa começa com um problema. A ciência progride porque o cientista insatisfeito lança-se à procura de respostas a indagações que formula num determinado território do saber. Só depois de tais interrogações é que ele pode pensar num projeto de pesquisa. Este no fundo nada mais é que a procura da resposta a seu problema. Por isso a lógica dialética denomina de aporética a esta parte. É a lógica do "interrogador científico", que estuda as condições dos problemas válidos e dignos de serem pesquisados. (LARROYO, 1975, p.143)

b) Para a *condensação ou resumo*: proceder como na paráfrase. Ex.:

> Em *O presidente segundo o sociólogo*, Roberto Pompeu de Toledo, através de entrevistas com o presidente Fernando Henrique Cardoso, procura abranger gama extensa de temas envolvendo a pessoa do sociólogo e a do presidente, como: a herança da escravidão na formação da sociedade brasileira, a igualdade e a mobilidade social no Brasil, a política, a globalização, o Plano Real, o Mercosul, a violência, as drogas, a vida urbana brasileira, a religião e a sociedade, os conceitos direita e esquerda, saúde, educação, o MST e a reforma agrária. O autor não emite opinião, mas não deixa de promover o entrevistado, evitando sempre qualquer observação crítica. (TOLEDO, p. 1998)

c) É comum ter que se fazer uma condensação *introduzindo o autor* (em caixa alta) e o ano (entre parênteses) antes da condensação (esta sem aspas). Isso na hipótese de o documento estar referenciado nas referências bibliográficas de fim de trabalho. Aproveitando o exemplo acima, teríamos:

> Toledo (1998), em *O presidente segundo o sociólogo*, procura abranger gama extensa de temas envolvendo a pessoa do sociólogo e a do presidente, como: a herança da escravidão na formação da sociedade brasileira, a igualdade e a mobilidade social no Brasil, a política, a globalização, o Plano Real, o Mercosul, a violência, as drogas, a vida urbana brasileira, a religião e a sociedade, os conceitos direita e esquerda, saúde, educação, o MST e a reforma agrária.

Observações:

1) Freqüentemente a condensação é de um pensamento, de uma teoria, de uma abordagem teórica, e não de um documento inteiro.

2) No caso de a condensação se referir a um documento não referenciado no fim do trabalho, recomenda-se colocar o autor (não em caixa alta) e em seguida a condensação. No fim desta inserir nota de rodapé e nesta colocar autor e documento de acordo com as normas de referência bibliográfica. Aproveitando o mesmo exemplo anterior, teríamos:

No texto:

> Toledo, em *O presidente segundo o sociólogo*, procura abranger gama extensa de temas envolvendo a pessoa do sociólogo e a do presidente, como: a herança da escravidão na formação da sociedade brasileira, a igualdade e a mobilidade social no Brasil, a política, a globalização, o Plano Real, o Mercosul, a violência, as drogas, a vida urbana brasileira, a religião e a sociedade, os conceitos direita e esquerda, saúde, educação, o MST e a reforma agrária.[1]

No rodapé:

> 1. TOLEDO, Roberto Pompeu de. *O presidente segundo o sociólogo*. São Paulo: Companhia de Letras, 1998.

3 – Segundo Júnia Lessa França, quando houver necessidade de, no meio de uma citação longa, fazer-se *uma interrupção para introduzir um comentário*, recomenda-se fazer a citação entre aspas, fazer o comentário e continuar da citação entre aspas. Eis o exemplo por ela dado:

> "Deste mistério e no fim de um trabalho executado a som e cinzel, fez-se a rapariga que temia a impostura da língua e que queria, através da palavra, fazer ressoar fortemente, o seu irmão morto". A autora escreve a partir de traços do passado, porém não escreve sobre o passado, já que os fragmentos do passado é que potencializam o futuro, o devir: "Creio que os meus textos sabem muito mais; eles não estão atrás, no meu passado autobiográfico; eles estão diante de mim, no meu futuro autobiográfico, atraem-me tanto a mim quanto a outros que o tocam, pra saber e não mais". (LLANSOL, 1996, p. 15)

13 – *Citação de citação*: faz-se pelo nome do autor original, seguido da expressão *citado por* ou *apud* e do nome do autor da obra consultada. Somente este é mencionado nas referências bibliográficas. Ex.:

> Segundo Bergson, citado por Delhomme (1954, p. 15), a memória profunda faz a profundeza do tempo; é ela que garan-

> te ser o presente presença; é ela que sabe, pois sabe o que não está lá, quando algo está lá; ela sabe onde há alguma coisa quando tudo está ausente.

Observação: em lugar de "citado por Delhomme" poderia ser usado: "apud Delhomme".

14 – Citação da *Bíblia*: é feita pelo nome do livro da Bíblia seguido de vírgula, em seguida o capítulo, dois-pontos e o versículo. Ex.:

> E ele lhes disse: Sem dúvida me direis este provérbio: Médico, cura-te a ti mesmo: faze também aqui na tua pátria tudo que ouvimos ter sido feito em Caphernaum. E disse: Em verdade vos digo que nenhum profeta é bem recebido na sua pátria. Em verdade vos digo que muitas viúvas existiam em Israel nos dias de Elias, quando o céu se cerrou por três anos e seis meses, de sorte que em toda a terra houve grande fome. (Lucas, 4: 23-25)

15 – Quanto à *tradução em citação*, há de observar o seguinte:

a) Textos estrangeiros podem ser citados no original ou traduzidos. Se traduzidos, logo após a tradução colocar a expressão *trad. por*. Ex.:

> Como diz Sartre: "Pode-se viver na má-fé, o que não significa que não se tenham bruscos despertares de cinismo ou boa-fé, mas implica um estilo de vida constante e particular". Trad. por Paulo Perdigão. (SARTRE, 1997, p. 95)

b) Se a citação for apresentada no idioma original, a tradução feita pelo autor do trabalho deve aparecer em nota de rodapé no texto. Ex.:

No texto:

> The greater number of undergraduate research *paper* are library studies – "a close searching" (to quote Webster's first definition of "research") of written materials, which involves not

only a studious inquiry into the subject but also a critical examination, assessment, and interpretation of the materials found[1]. (TURABIAN, 1970, p.11)

No rodapé:

---

1. O maior número de trabalhos de pesquisa da graduação são pesquisas de biblioteca – "pesquisa fechada" (repetindo a primeira definição de "pesquisa" feita pelo Webster) de material escrito, que envolve não apenas uma procura cuidadosa do assunto, mas também exame crítico, reflexão, e interpretação do material encontrado.

16 – A *indicação das fontes* se faz pelo autor:

a) O sobrenome em caixa alta, precedido de suas inicias ou prenomes. Ex.:

De acordo com A. Maranhão...
ou
De acordo com Antônio Maranhão...

b) Mais de três autores (citados entre parênteses) depois do primeiro, usar a expressão *et alii* (ou abrev. *et al.*) ou *e outros*. Ex.:

ABRAMO, Perseu et alii.
ou
ABRAMO, Perseu et al.
ou
ABRAMO, Perseu e outros.

c) Instituições conhecidas por *siglas* podem ser citadas pelas siglas, desde que tenham sido traduzidas por extenso à primeira vez citadas.

d) No caso de *eventos*, usar o nome completo e na ordem direta. Ex.:

A Carta de Minas aprovada no XI Congresso Mineiro dos Professores da Rede Pública.

e) *Títulos muito longos* podem ser mencionados pelas primeiras palavras (a primeira em caixa alta) seguidas de reticências. Ex.:

> Como já foi aqui registrado nas ATAS do Congresso... (1975, p.13)

17 – Quando se trata de *mais de uma citação* seguida ou bem próxima, mas todas do mesmo autor, a primeira citação se faz como foi mostrado acima; a partir da segunda poderão ser usadas as expressões latinas, seguidas dos números das páginas citadas, como:

Ibid. (= ibidem = no mesmo lugar ou na mesma obra)
Id. (= idem = do mesmo autor)
Id. ibid. (= do mesmo autor, na mesma obra).

Observação: Assim, em circunstâncias semelhantes, usam-se expressões latinas consagradas:

apud (= junto a, em)
cf. (= confer = compare, confira)
inf. ou infra (= abaixo)
loc. cit. (= loco citato = na obra citada)
passim (= aqui e ali)
seq. (=sequentia = seguinte ou que segue)
supra (= acima)

Suponhamos que depois daquela citação de Turabian, vista no item 15, viesse, poucas linhas depois, nova citação da mesma autora. Então a identificaríamos com *idem*, *ibidem* ou simplesmente *ibidem*. Como se segue:

> Turabian chama a atenção para as qualidades de um "*paper*" quando acentua: "For both must set forth the results of their investigations in written reports that are correctly, clearly, and forcefully expressed, well organized and properly documented." (idem, ibidem, p. 1)

18 – Freqüentemente os autores usam *notas de rodapé*. Quanto a seu emprego, importa lembrar:

Nota de rodapé é a informação, o esclarecimento, o complemento ao texto que o autor julga dever separar do próprio texto a fim de não interromper o discurso, mas que julga necessário colocar como pertinente ao desenvolvimento da explanação. Visam a não sobrecarregar o texto, mas são (na opinião do autor) imprescindíveis ao próprio texto. Em geral as notas são usadas: a) para prestar esclarecimentos; b) para citar autoridade no assunto; e c) para se fazer referência cruzada.

a) *Notas de rodapé para esclarecimentos*: como o nome indica, são notas explicativas, imprescindíveis, mas que não são colocadas no corpo do texto a fim de não sobrecarregá-lo. Devem ser breves, sucintas, claras. Ex.:

No texto (exemplo extraído de *Como fazer uma monografia*, p. 97-8):

> Numa proposição (científica) há essencialmente dois elementos: o sujeito e o predicado. O *sujeito* funciona como: o elemento "causa" do fenômeno.[1]

No rodapé:

---

1. Trata-se da proposição lógica e científica; não da proposição gramatical. Nesta é incorreto afirmar que o sujeito funciona como causa. Nem sempre. Ex.: A colheita foi prejudicada pela chuva – o sujeito (gramatical) é a colheita e a causa é a chuva.

b) *Citações de autoridade*: usadas para indicar determinado autor tido no trabalho como autoridade no assunto, cujo trabalho merece ser referenciado em nota de rodapé. Ex.:

No texto (extraída de FURTADO, Celso. *Formação econômica do Brasil*. Brasília, EUB, 1963, p. 24-5):

> Referindo-se aos objetivos de Richelieu com respeito à colonização da Martinica, observa um historiador francês: "il

devenait urgent d'avoir au plus tôt une forte milice et qu'elle fût durable. C'est de ce principe que l'on part et à ce principe que l'on s'accroche: il faut aux iles des colons nombreux, cultivateurs et soldats".[1]

No rodapé:

---

1. DELAWARDE, M. *Les Défricheurs et les Petits Colons de la Martinique au XVII*[e] *siècle*. Paris, 1935, p. 30.

c) *Referências cruzadas*: para indicar outra(s) obra(s) em que o assunto é tratado. Ex.:

No texto (supondo que esteja dissertando sobre "divulgação científica"):

> Para obter irradiação da ciência além dos muros das instituições científicas, atendendo às mais variadas modalidades de público, surgem os divulgadores do conhecimento científico. Fazem-no através dos mais diversificados meios de extração e comunicação (exposição oral, escrita, formal, informal, técnica, não-técnica, objetiva e até emocional[1]).

No rodapé:

---

1. A respeito da divulgação feita com objetivo de cativar emocionalmente o público ver GOODE, W.; HATT, P. *Métodos em pesquisa social*. São Paulo: Herder, [1968], p. 458.

d) Ao inserir a nota de rodapé, importa atentar para esta dupla regrinha de ouro da ABNT:

1ª) Para a numeração das notas, usar o número alto, tanto no texto quanto no rodapé. O número deve ser posto no texto logo depois da pontuação que fecha a citação, nunca depois do nome do autor ou do verbo que a introduz, ou da pontuação que a precede. Ex.:

Diz Rui Barbosa: "Tudo é viver, previvendo".[15]
E não:

Diz Rui Barbosa[15]: "Tudo é viver, previvendo".
Nem:
Rui Barbosa disse[15]: "Tudo é viver, previvendo".

2ª) Quando a *citação* aparece *intercalada numa sentença*, o número da referência deve ser colocado imediatamente depois do nome do autor referido ou do trecho transcrito. Ex.:

> Cristóvão Pereira de Abreu, "o desbravador do Rio Grande do Sul" como chamou Aurélio Porto[13], é o símbolo perfeito de todos os povoadores do Rio Grande.

Ou:

> Cristóvão Pereira de Abreu, "o desbravador do Rio Grande do Sul" como lhe chamou Aurélio Porto, é o símbolo perfeito de todos os povoadores do Rio Grande.[13]

19 – A *apresentação das notas de rodapé* deverá obedecer à seguinte norma:

a) Em número arábico e observando a seqüência numérica (ordem crescente) para as notas que se sucedem. Recomenda-se recomeçar a seqüência em cada novo capítulo ou artigo (quando se tratar de periódico).
b) Usar o *número arábico* sobrescrito acima da linha do texto. É permitido usar os números arábicos entre parênteses ou entre colchetes.
c) O *número* no texto deve figurar *após a pontuação* que encerra a citação.
d) O texto deve ser *separado* das notas de *rodapé por dois espaços duplos*.
e) As notas de rodapé devem ser feitas em *espaço simples e com letra menor*.
f) Entre uma nota e outra manter espaço duplo.
g) A primeira linha da nota de rodapé deve *iniciar na margem de parágrafo* e as *linhas seguintes na margem esquerda do texto*.
h) O número da nota separa-se do texto da nota por um espaço.

20 – Para citar a fonte de uma citação extraída de *documento eletrônico*, é necessário citar a fonte ou o endereço eletrônico, como foi indicado no Adendo C, sobre a referência bibliográfica de documento eletrônico. É comum nesses casos recorrer ao rodapé. Exemplos extraídos de FRANÇA, Júnia Lessa et al. *Manual para normalização de publicações técnico-científicas*, p. 113:

No texto:

> "Através da lista de discussão do COMUT on-line[1], soube-se que a mesma já conta com mais de 200 inscritos."

No rodapé:

---

1. listserv@ibict.br

No texto:

> Segundo Ferreira (1983, p. 3)[2] "as informações contidas em uma referência devem ser extraídas do próprio documento eletrônico ou da documentação que o acompanha. Em nenhum caso a referência deve incluir informação não disponível na fonte consultada".

No rodapé:

---

2. http:/www.eca.usp.br/eca/prof/sueli/intro

Observação: importa não omitir e referência do documento citado na lista bibliográfica de fim de trabalho.

21 – *Recomendação final*:

a) Quando o trabalho é um artigo de revista ou de periódico, ou pouco extenso ("*paper*", dissertação acadêmica etc.), recomenda-se colocar as notas de rodapé no final do trabalho e não ao pé de cada página onde é feita a nota.

b) Como a maioria dos trabalhos ("*papers*", dissertações de mestrado, monografias, teses, projetos, relatórios) hoje em dia é realizada no computador e geralmente no WORD, grande parte das normas de referência bibliográfica, citação, notas de rodapé, até a estrutura formal do trabalho, já está programada por aquela linguagem. O que facilita enormemente o trabalhado intelectual.

Referências bibliográficas

1. ACKOFF, R. L. *Planejamento da pesquisa social* (*The Design of Social Research*). São Paulo: Herder, 1967.
2. ALLPORT, G. W. The Use of Personal Documents in Psychological Science. *Social Science Research Council*, n. 1, 1942.
3. AMON, J. *Prejuicio antiprotestante y religiosidad utilitaria*. Madri: Aguilar, 1969.
4. ANDER-EGG, E. *Introducción a las técnicas de investigación social*. 3. ed. Buenos Aires: Humanitas, 1972.
5. ANDREWS, T. G. *Méthodes de la psichologie* (*Methods of Psychology*). Paris: PUF, 1952.
6. ASSOCIAÇÃO BRASILEIRA DE NORMAS TÉCNICAS. *Normalização da documentação no Brasil*. 2. ed. Rio de Janeiro: Instituto Brasileiro de Bibliografia e Documentação, 1964.
7. ______. *Informação e documentação – Resumo – Apresentação*. NBR 6028. Nov. 2003.
8. ______. *Informação e documentação – Referências – Elaboração*. NBR 6023. Nov. 2003.
9. ______. *Informação e documentação – Citações em documentos – Apresentação*. NBR 10520. Ago. 2002.
10. ASTI VERA, Armando. *Metodología de la investigación*. Buenos Aires: Kapelusz, 1968.
11. BACHELARD, G. *Filosofia do novo espírito científico: a filosofia do não* (*La philosophie du non*). Lisboa: Presença, 1972.
12. ______. *O novo espírito científico* (*Le nouvel esprit scientifique*). Rio de Janeiro: Tempo Brasileiro, 1968.
13. BACHRACH, A. J. *Introdução à pesquisa psicológica* (*Psychological Research; an Introduction*). São Paulo: Herder, 1969.
14. _____. *Como investigar en psicología* (*Psychological Research*). Madri: Morata, [1966].
15. BAKER, W. D. *Reading Skills*. Nova York: Prentice-Hall, 1953.

16. BARRASS, R. *Os cientistas precisam escrever*; guia de redação para cientistas, engenheiros e estudantes. São Paulo: T. A. Queiroz/Edusp, 1979.
17. BENEDI, D. T. *Técnica de la investigación pedagógica*. México: Unam, 1967.
18. BENOIT, B. Mes fiches... Comment les classifier. In: *Mes fiches*. Paris: [s.n.], 1937.
19. BERELSON, B. *Reader in Public Opinion and Communication*. Nova York: [s.n.t.].
20. _____; STEINER, G. *Human Behavior; and Inventory of Scientific Findings*. Nova York: Harcourt Brace and World, 1964.
21. BEST, J. W. *Cómo investigar en educación* (*Research in Education*). Madri: Morata, [1967].
22. BETH, E. W.; PIAGET, J. *Relaciones entre la lógica formal y el pensamiento real* (*Épistémologie mathématique et psychologie*; essai sur les relations entre la logique et la pensée réelle). Madri: Ciencia Nueva, 1968.
23. BLALOCK JR., H. M. *Estatística social* (*Social Statistics*). México, DF: Fondo de Cultura Económica, 1966.
24. BOUDON, R. *L'analyse mathématique des faits sociaux*. Paris: Librairie Plon, 1970.
25. _____. *Métodos quantitativos em sociologia* (*Les méthodes en sociologie*). Petrópolis: Vozes, 1969.
26. _____; LAZARSFELD, P. *Metodología de las ciencias sociales: conceptos e índices* (*Le vocabulaire des sciences sociales*). Barcelona: Laia, 1974.
27. _____; _____. *Metodología de las ciencias sociales*; *análisis empírico de la causalidad* (*L'analyse empirique de la causalité*). Barcelona: Laia, 1974.
28. BOYD, H. W.; WESTFALL, R. *Pesquisa mercadológica: testes e casos* (*Marketing Research: Test and Cases*). Rio de Janeiro: FGV, 1964, 2 v.
29. BRADFORD, S. C. *Documentação* (*Documentation*). Rio de Janeiro: Fundo de Cultura, 1961.
30. BRANDÃO, C. R. (Org.) et alii. *Pesquisa participante*. São Paulo: Brasiliense, 1981.
31. BRIET, S. *Qu'est ce que la documentation*? Paris: E. Documentaires Industrielles et Techniques, 1951.
32. BROWN, C. W.; GHISELLI, E. E. *El método científico en psicología* (*Scientific Method in Psychology*). Buenos Aires: Paidós, 1969.

33. BROWN, G. B. *La ciencia, su método y su filosofía* (*Science, its Method and its Philosophy*). Barcelona: Destino, 1954.
34. BROWN, J. I. *Efficient Reading.* Boston: D. C. Heath, 1952.
35. BRUYNE, P. de et alii. *Dinâmica da pesquisa em ciências sociais; os pólos da prática metodológica* (*Dynamique de la recherche en sciences sociales*). Rio de Janeiro: Francisco Alves, 1977.
36. BUGEDA, J. *Manual de técnicas de investigación social: detección y análisis.* Madri: Instituto de Estudios Políticos, 1970.
37. _____. *Curso de sociología matemática.* Madri: Instituto de Estudios Políticos, 1975.
38. BULLEJOS, J. *Método para la redacción de tesis profesionales*, México, DF: Unam, 1966.
39. BUNGE, M. *Intuición y ciencia* (*Intuition and Science*). Buenos Aires: Eudeba, 1965.
40. _____. *La investigación científica.* 3. ed. Barcelona: Ariel, 1973.
41. BUTTERWECK, J. S. The How to Study Problem. *Journal of Educational Research*, 18: 66-76, Nova York, 1928.
42. CABRAL, A. William James e a psicologia americana. In: _____. *Uma breve história da psicologia.* Rio de Janeiro: Zahar, 1967.
43. CAMDEN, E. *An Analysis of the Study Habit of the Students in a Catholic High School.* Nova York: Fordham University, 1943.
44. CAMPBELL, D.; STANLEY, J. *Diseños experimentales y cuasiexperimentales en la investigación social* (*Experimental and Quasi-experimental Designs for Research*). Buenos Aires: Amorrortu, 1973.
45. CAMPOS, D. M. S. *Introdução à pesquisa em psicologia: aspectos metodológicos.* Petrópolis: Vozes, 1973.
46. CASTRO, C. de M. *A prática da pesquisa.* São Paulo: McGraw-Hill, 1978.
47. _____. *Estrutura e apresentação de publicações científicas.* São Paulo: McGraw-Hill, 1978.
48. CHARTERS, J. How 258 Juniors College Women Study. *Journal of Educational Research*, 11: 41-8, Nova York, 1925.
49. CHAVIGNY, P. *Organización del trabajo intelectual.* Traducido del francés y anotado por Jenaro Artilles. Barcelona: Labor, 1936.
50. CHAZEL, F.; BOUDON, R.; LAZARSFELD, P. *Metodología de las ciencias sociales: análisis de los procesos sociales.* Barcelona: Laia, 1975.

51. COBLANS, H. Algunas notas sobre la organización de bibliotecas especializadas. *Boletín de la Unesco para las Bibliotecas*, 12 (11/12): 261-6, Paris, nov.-dez. 1958.
52. COHEN, M.; NAGEL, E. *Introducción a la lógica y al método científico* (*An Introduction to Logic and Scientific Method*). Buenos Aires: Amorrortu, 1968.
53. COLEMAN, J. S. *Introduction to Mathematical Sociology*. Londres: Collier/Macmillan, 1964.
54. CRIPPA, A. *A Universidade*. São Paulo. [s.n.t.].
55. CROSSON, F. J. *O impacto da ciência nas mudanças sociais* (*Science Contemporary Society*). Rio de Janeiro: Fórum, 1967.
56. CUFF, N. B. Study Habits in Grades Four to Twelve. *Journal of Educational Psychology*, 28: 295-301, 1937.
57. CUVILLIER, A. *La dissertation de philosophie au baccalauréat*. 8. ed. Paris: Armand Colin, 1949.
58. DESCARTES, R. *Discurso do método* (*Discours de la méthode*). Traduzido por João Cruz Costa. Rio de Janeiro: Edições de Ouro, [1965].
59. DEZSÉNYL, B. La normalización internacional en materia de documentación; resultados y perspectivas. *Boletín de la Unesco para las Bibliotecas*, 14 (2): 49-53, mar.-abr. 1960.
60. DIMNET, E. *A arte de pensar* (*The Art of Thinking*). Rio de Janeiro: Edições de Ouro, [1962].
61. DUMAS, G. *Nuevo tratado de psicología*. Traducción castellana. Buenos Aires: Kapelusz, 1948-1956. 8 t.
62. DURKHEIM, E. *Les règles de la méthode sociologique*. Paris: PUF, 1963.
63. DUVERGER, M. *Introduction to the Social Sciences*. Londres: George Allen and Unwin, 1964.
64. ECO, U. *Como se faz uma tese* (*Come si fa una tesi di laurea*). São Paulo: Perspectiva, 1983.
65. EDWARDS, A. L. *Experimental Design in Psychological Research*. Nova York: Holt, Rinehart and Winston, [1968].
66. _____. *Techniques of Attitude Scale Construction*. Nova York: Appleton Century Crofts, 1957.
67. EURICH, A. C. An Analysis of Self-ratings on Studiousness Traits. *Journal of Applied Psychology*, 14: 577-91, 1930.
68. FESTINGER, L.; KATZ, D. *Research Methods in Behavioral Sciences*. Nova York: Rinehart and Winston, 1953.
69. _____ et alii. *A pesquisa em psicologia social* (*Research Methods in the Behavioral Sciences*). Rio de Janeiro: FGV, 1974.

70. FEYERABEND, P. K. *Contra el método* (*Against Method; Outline of an Anarchist Theory of Knowledge*). Barcelona: Ariel, 1974.
71. FONCK, L. *Il metodo del lavoro scientifico*. Versione dal tedesco di Ubaldo Manucci. Roma: Pustet, 1909.
72. FRANÇA, Júnia Lessa et al. *Manual para normalização de publicações técnico-científicas*. 4. ed. Belo Horizonte: Ed. UFMG, 2000.
73. FRY, E. *Teaching Faster Reading*. Cambridge, Mass.: Cambridge University Press, 1965.
74. GALTUNG, J. *Teoría y métodos de la investigación social*. Buenos Aires: Eudeba, [1966].
75. GATCHELL, D. F. Results of a How-to-Study Course Given in High-School. *School Review*, 39: 123-9, 1931.
76. GIBSON, Q. *La lógica de la investigación social* (*The Logic of Social Inquiry*). Madri: Estructura y Función, [1964].
77. GILLI, G. A. *Cómo se investiga*; guía de investigación social para no especialistas (*Come si fa ricerca*). Barcelona: Avance, 1971.
78. GOLDMANN, L. *Dialéctica e ciências humanas*. Tradução de Margarida Garrido e J. Vasconcelos Esteves. Lisboa: Presença, 1973.
79. GOODE, W.; HATT, P. *Métodos em pesquisa social* (*Methods in Social Research*). São Paulo: Herder, [1968].
80. GRAMSCI, A. *Los intelectuales y la organización de la cultura* (*Gli intelettuali e l'organizzazione della cultura*). Buenos Aires: Nueva Visión, 1972.
81. GREENWOOD, E. *Metodología de la investigación social*. Buenos Aires: Paidós, 1972.
82. GUITTON, J. *El trabajo intelectual*; consejos a los que estudian y a los que escriben (*Le travail intellectuel*). Madri: Rialp, 1977.
83. GUTIERREZ SÁENZ R.; SÁNCHES GONZÁLEZ, J. *Metodología del trabajo intelectual*. México: DF: Esfinge, 1973.
84. HAGUETTE, I. M. F. *Metodologias qualitativas na sociologia*. Petrópolis: Vozes, 1987.
85. HAYS, W. L. *Quantificação em psicologia* (*Quantification in Psychology*). São Paulo: Herder, 1970.
86. HEGENBERG, L. H. B. *Introdução à filosofia da ciência*. São Paulo: Herder, 1965.
87. ______. *Lógica simbólica*. São Paulo: Herder, 1966.
88. ______. *Introdução à filosofia da ciência*; explicações científicas. São Paulo: EPU/Edusp, 1973.

89. HEMPEL, C. G. *Aspects of Scientific Explanation and Other Essays in the Philosophy of Science*. Nova York: The Free Press, 1955.
90. ______. *Filosofia da ciência natural* (*Philosophy of Natural Sciences*). Rio de Janeiro: Zahar, [s.d.].
91. HEUSH, L.; LEFEBVRE, H.; LÉVI-STRAUSS, C. et alii. *O método estruturalista*. Rio de Janeiro: Zahar, 1967.
92. HILGARD, E. R. *Teorias da aprendizagem* (*Theories of Learning*). São Paulo: Herder, 1966.
93. HIRANO, Sedi et alii. *Pesquisa social: projeto e planejamento*. São Paulo: T. A. Queiroz, 1979.
94. HYMAN, H. *Pesquisa: princípios, casos e processos* (*Survey Design and Analysis*). Rio de Janeiro: Lidador, 1967.
95. _____. *Planejamento e análise da pesquisa* (*Survey Design and Analysis*). Rio de Janeiro: Lidador, 1967.
96. HYMAN, Ray. *Natureza da investigação psicológica* (*The Nature of Psychological Inquiry*). Rio de Janeiro: Zahar, 1967.
97. JAPIASSU, H. *Introdução à epistemologia da psicologia*. Rio de Janeiro: Imago, 1975.
98. _____. *O mito da neutralidade científica*. Rio de Janeiro: Imago, 1975.
99. _____. *Interdisciplinaridade e patologia do saber*. Rio de Janeiro: Imago, 1976.
100. _____. *Para ler Bachelard*. Rio de Janeiro: Francisco Alves, 1976.
101. JOLLEY, J. L. *Ciencia de la información* (*Data Study*). Madri: Guadarrama, 1968.
102. JUDSON, H. *Techniques of Reading*. Nova York: Harcourt-Brace, 1954.
103. KAPLAN, A. *A conduta na pesquisa* (*The Conduct of Inquiry*). São Paulo: Herder, 1969.
104. KELLY, W. A. *Psicologia educacional* (*Educational Psychology*). Rio de Janeiro: Agir, 1959.
105. KERLINGER, F. N. *Metodologia da pesquisa em ciências sociais: um tratamento conceitual*. São Paulo: EPU/Edusp, 1980.
106. KLAUSNER, S. *El estudio de las sociedades* (*The Study of Total Societies*). Buenos Aires: Amorrortu, 1968.
107. LAKATOS, E. M.; MARCONI, M. de A. *Metodologia do trabalho científico*. São Paulo: Atlas, 1982.
108. _____; _____. *Metodologia científica*. São Paulo: Atlas, 1982.
109. LARROYO, P. *Lógica y metodología de las ciencias*. México, DF: Porrúa, 1975.

110. LASSO DE LA VEGA, J. *Manual de documentación*. Madri: Labor, 1969.
111. LAZARSFELD, P.; ROSEMBERG, M. (Eds.). *The Language of Social Research*. Nova York: Free Press of Glencoe, 1962.
112. LAZARUS, R. *Personalidade e adaptação* (*Personality and Adjustment*). Rio de Janeiro: Zahar, 1966.
113. LEBRET, L. J. *Manual de encuesta social* (*L'enquête urbaine; l'enquête en vue de l'amenagement régional*). Madri: Rialp, 1962. 2 t.
114. LEFEBVRE, H. *Lógica formal – lógica dialética* (*Logique formale – logique dialectique*). Rio de Janeiro: Civilização Brasileira, 1975.
115. LEVY, S. G. *Inferential Statistics in the Behavioral Sciences*. Nova York: Holt, Rinehart and Winston, 1968.
116. LEWIS, N. *How to Read Better and Faster*. Nova York: Rinehart, 1952.
117. LIARD, L. *Lógica* (*Logique*). 5. ed. São Paulo: Nacional, 1963.
118. MADGE, J. *Las herramientas de la ciencia social* (*The Tools of Social Science*). Buenos Aires: Paidós, 1969.
119. MANNHEIM, K. et alii. *Sociologia do conhecimento*. Organização e introdução de A. R. Bertelli, M. G. Palmeira e O. G. Velho. Rio de Janeiro: Zahar, 1967.
120. MANN, P. H. *Métodos de investigação sociológica* (*Methods of Sociological Inquiry*). Rio de Janeiro: Zahar, 1970.
121. MARCONI, M. A.; LAKATOS, E. M. *Técnicas de pesquisa*. São Paulo: Atlas, 1986.
122. MAQUET, J. J. *Sociologie de la connaissance*. Louvain: E. Nauwelaerts, 1949.
123. MERLEAU-PONTY, M. *La fenomenología y las ciencias del hombre* (*Les sciences de l'homme et la phénomenologie*). Buenos Aires: Nova, [1964].
124. MERTON, R. K. *Sociologia, teoria e estrutura* (*Social Theory and Social Structure*). São Paulo: Mestre Jou, [1970].
125. MILL, J. S. *System of Logic*. Londres: [s.n.], 1936.
126. MILLS, C. WRIGHT. *A imaginação sociológica* (*The Sociological Imagination*). Rio de Janeiro: Zahar, 1965.
127. MILLS, H. C. Teachers Attitudes Towards the Study Habits of High School Students. *Educational Administration and Supervision*, 20: 619-24, 1934.
128. _____; ECKERT, R. E.; WILLIAMS, N. W. Study Habits of High School Pupils. *School Review*, 42: 755-61, 1934.

129. MIRA Y LÓPEZ, E. *Como estudar e como aprender*. São Paulo: Mestre Jou, 1965.
130. MORENO, J. L. *Fundamentos de la sociometria* (*Who Shall Survive?*). Buenos Aires: Paidós, [1962].
131. MORGAN, C. T.; DEESE, J. *How to Study*. Nova York: McGraw-Hill, 1957.
132. _____; _____. *Como estudiar* (*How to Study*). Madri: Magisterio Español, [1966].
133. MURDOCK, G. P. et alii. *Guía para clasificación de los datos culturales*. Washington, DC: Unión Panamericana, 1963.
134. MYRDAL, G. *Objectividad en la investigación social* (*Objectivity in Social Research*). México, DF: Fondo de Cultura Económica, 1970.
135. NAGEL, E. *La lógica sin metafísica* (*Logic Without Metaphysics*). Madri: Estructura y Función, 1961.
136. _____; LEVY, I.; MORGENBESSER, S. et alii. *Filosofia da ciência* (*Philosophy of Science Series*). São Paulo: Cultrix, 1957.
137. NICOL, E. *Los principios de la ciencia*. Buenos Aires: Fondo de Cultura Económica, 1965.
138. NOGUEIRA, O. *Pesquisa social*. São Paulo: Nacional, 1968.
139. O'NEILL, W. M. *Introducción al Método en Psicología* (*An Introduction to Method in Psychology*). Buenos Aires: Eudeba, [1968].
140. PARDINAS, F. *Metodología y técnicas de investigación en ciencias sociales*. México, DF: Siglo XXI, 1969.
141. PARTEN, M. B. *Surveys, Folls, and Samples*. Nova York: Harper, 1950.
142. PIAGET, J.; MAYS, W.; BETH, W. E. *Psicología, lógica y comunicación* (*Épistémologie génetique et recherche psychologique*). Buenos Aires: Nueva Visión, 1959.
143. PIAGET, J. et alii. *Problemas de psicolingüística* (*Problèmes de psycholinguistique*). São Paulo: Mestre Jou, 1973.
144. _________ (Org.) et alii. Logique et connaissance scientifique. *Encyclopédie de la Pléiade*. Paris: Gallimard, 1967.
145. POINCARÉ, H. *La science et l'hypothèse*. Paris: Ernest Flammarion, 1938. 2 v.
146. _____. *La valeur de la science*. Paris: Flammarion, 1961.
147. POPPER, K. R. *El desarrollo del conocimiento científico* (*Conjectures and Refutations*). Buenos Aires: Paidós, 1967.
148. _____. *La lógica de la investigación científica* (*The Logic of Scientific Discovery*). Madri: Tenos, [1962] .

149. POULTON, C. *British Journal of Educational Psychology*. 1961.
150. PRADO JR., C. *História quantitativa e método de historiografia*. São Paulo: Hucitec, 1957 (Debate & Crítica).
151. PUCHKIN, V. N. *Heurística, a ciência do pensamento criador*. Rio de Janeiro: Zahar, 1969.
152. RAMÓN Y CAJAL, S. *Regras e conselhos sobre a investigação científica*. Tradução de Achiles Lisboa sobre a 6. ed. espanhola. Rio de Janeiro: Científica, [s.d.].
153. REEDER, W. G. *How to Write a Thesis*. Bloomington: [s.n.], 1930.
154. REICHENBACH, H. *Moderna filosofía de la ciencia* (*Modern Philosophy of Science*). Madri: Estructura y Función, 1965.
155. RICHARDSON, R. J. et alii. *Pesquisa social: métodos e técnicas*. São Paulo: Atlas, 1985.
156. RODRIGUES, A. *A pesquisa experimental em psicologia e educação*. Petrópolis: Vozes, 1975.
157. ROSS, C.; KLEISE, N. Study Methods of College Students in Relation to Intelligence and Achievement. *Educational Administration and Supervision*, 13: 551-62, 1927.
158. RUSSELL, B. *Delineamentos da filosofia* (*An Outline of Philosophy*). São Paulo: Nacional, [1956].
159. _____. *Princípios de reconstrução social* (*Principles of Social Reconstruction*). São Paulo: Nacional, [1958].
160. SALOMON, D. V. *Da problematização do processo investigatório*. Belo Horizonte: FAFICH/UFMG, 1976 (Tese de livre-docência).
161. SARTRE, J.-P. *Questão de método* (*Question de méthode*). São Paulo: Difusão Européia do Livro, 1957.
162. SCHALL, W. *Leitura dinâmica em sete dias* (*7 Days to Faster Reading*). Rio de Janeiro: Tridente, 1969.
163. SCHRADER, A. *Introdução à pesquisa social empírica*. Porto Alegre: Globo, 1975.
164. SCHWARTZMAN, S. et alii. *Técnicas avanzadas en ciencias sociales*. Buenos Aires: Nueva Visión, 1977.
165. SELLTIZ, C.; JAHODA, M.; DEUTSCH, M.; COOK, S. *Métodos de pesquisa nas relações sociais* (*Research Methods in Social Relations*). São Paulo: Herder, 1967.
166. SEVERINO, J. *Metodologia do trabalho científico*; diretrizes para o trabalho científico-didático na universidade. São Paulo: Cortez & Moraes, 1975.

167. SIERRA BRAVO, R. *Técnicas de investigación social; ejercicios y problemas*. Madri: Paraninfo, 1976.
168. SOLOMON, J. L. *Mathematical Thinking in Measurement of Behavior*. Glencoe: The Free Press of Glencoe, 1966.
169. SZILASI, U. *Qué es la ciencia?* (*Wissebschaft als Philosophie*). México, DF: Fondo de Cultura Económica, 1951.
170. TRUJILLO FERRARI, A. *Metodologia da pesquisa científica*. São Paulo: McGraw-Hill, 1982.
171. TURABIAN, K. L. *A Manual for Writers of Term Papers, Thesis, and Dissertations*. Chicago: The University of Chicago Press, 1967.
172. _____. *Student's Guide for Writing College Papers*. 2. ed. Chicago: The University of Chicago Press, 1970.
173. VAN STEENBERGHEN, F. *Directives pour la confection d'une monographie scientifique*. Louvain: Institut Supérieur de Philosophie, 1949.
174. _____. *Directives pour la confection d'une monographie scientifique avec applications concrètes aux recherches sur la philosophie médievale*. Paris, [s.d.].
175. WAGNER, M. E.; STROBEL, E. Teaching High-School Pupils How to Study. *School Review*, 43: 577-89, 1935.
176. WERNER, H.; HUNT, J. McV. *El método experimental en psicología y psicoanálisis* (*Enciclopedia of Psychology*). Buenos Aires: Paidós, 1967.
177. WHITNEY, F. L. *Elementos de investigación* (*The Elements of Research*). Barcelona: Omega, 1970.
178. WILFORD, A. T. et alii. *Sociedad: problemas y métodos de estudio* (*Society Problems and Methods to Study*). Barcelona: Martínez Roca, 1966.
179. WILSON, C. B. *Pupils Knowledge of Study Techniques Education*, 52: 362-3, 1932.
180. WISE, J. H. *Meaning in Reading*. Nova York: Harcourt Brace, 1953.
181. WITTY, P. *How to Become a Better Reader*. Chicago: Science Research Associates, 1953.
182. YOUNG, P. V. *Métodos de investigación en ciencias sociales*. México, DF: Unam, 1960.
183. _____. *Scientific Social Surveys and Research*. New Jersey: Englewood Cliffs, Prentice-Hall, 1966.
184. ZARATE, N. M. O. *Utilización pedagógica de la sociometria*. Madri: Rialp, 1961.

185. ZEISEL, H. *Say it with Figures*. 4. ed. Nova York: Harper, 1957.
186. ZETTERBERG, H. *Teoría y verificación en sociología* (*On Theory and Verification in Sociology*). Buenos Aires: Nueva Visión, 1968.
187. ZIZIEMSKY, D. et alii. *Métodos de investigación en psicología y psicopatología*. Buenos Aires: Nueva Visión, 1971.

Impressão e acabamento:

Orgrafic
Gráfica e Editora

tel.: 25226368